KB274284

보호관찰론

내일을여는지식 법 21

사회내처우와 교정복지 지침서

보호 관찰론

신석환 지음

한국학술정보(주)

머리말

무한경쟁시대에서 일어나고 있는 빈부의 격차, 경제적 박탈감, 실업률의 증가 등 사회적 갈등과 사회병리 현상이 더욱 심화될수록 개인의 안전한 삶을 위협하는 범죄는 더욱 증가할 것으로 보이며 이것이 곧 포스트모더니즘사회의 특징이라고 할 수 있다. 이러한 사회의 특징 속에서 1988년 말 보호관찰제도의 도입으로 인해 범죄인에 대한 처우는 크게 **시설내처우와 사회내처우**로 나누어지게 되었고 나아가 시설내처우보다 사회내처우로 교정의 중심이 옮겨갈 수 있는 계기가 되었다.

20세기에 이르러 각국의 형사정책 방향은 목적형·교육형주의로 대표되는 특별예방이론의 영향 아래 범죄자의 격리·구금을 통한 사회방위로부터 구금을 수반하지 않는 사회내처우를 통하여 범죄자를 개선·갱생시킴으로써 사회를 보호하려는 방향으로 발전해왔으며, 보호관찰과 갱생보호는 사회내처우제도의 중심축을 이루고 있다.

이러한 보호관찰제도는 '교정사회사업의 꽃'으로서 시초부터 사회사업의 한 방법론인 사회복지사업의 개별처우(Casework)와 결부되어 발전하였으며, 이미 19세기 후반에 영국과 미국에서는 단순한 자선사업의 영역을 벗어나 지역사회 전체의 입장에서 대상자의 치료와 자립갱생 운동으로 발전하면서 사회학적·심리학적 단계를 거쳐 복지 분야로 확대되어 사회사업과 결합하게 된 것이다. 또한 보호관찰제도는 사회의 보호, 범죄인의 교화·개선과 사회복귀 그리고 범죄의 예방이라는 측면에서 사회방위, 청소년복지, 인권보장이라는 세 가지 이념에 지배되고 있어 현대 교정이념의 실현에 가장 적합한 시도로 평가되고 있다.

그러나 우리나라는 보호관찰제도의 역사가 짧고 사회적 인식이 낮아 체계적으로 정착되어 있지 못한 실정이며, 보호관찰대상에 대한 집단처우프로그램의 개발이나 연구 그리고 이를 담당할 전문인력의 확보가 매우 미약한 수준에 있는 것이 사실이다. 또한 제도의 미비, 예산 및 시설의 부족, 실질적 처우기술의 미숙 등의 많은 문제를 내포하면서 불완전한 상태로 운용되고 있는 실정이다.

따라서 이 책자는 현행 보호관찰제도의 실태분석과 운용상의 문제점, 특히 소년보호관찰 운용실태를 중심으로 보호관찰기구 및 담당인력, 특히 혁신적 직렬통합 사례로서 보호관찰 및 소년보호의 조직통합 후 직무만족과 보호관찰제도 활성화 방안에 관한 요인, 보호관찰의 개시 전 활동 및 실행, 운영프로그램상의 문제점을 알아보고자 한다. 또한 이러한 문제점에 대한 개선방안으로서 기구의 확충을 비롯하여 전문인력 확보를 위한 사회사업적 접근방안을 소개하고, 보호관찰 개시 전 활동 및 실행에 있어서의 지도감독 및 원호업무와 판결전조사의 개선방안과 함께 집단처우프로그램에 있어서의 예절교육프로그램과 상담활동의 중요성을 소개함으로써 소년비행의 방지를 위한 보호관찰제도의 활성화 방안을 모색하고자 하였다.

이러한 면에서 볼 때 본 연구의 쾌거는 일선 보호관찰 현장에서 활동하고 있는 범죄예방정책국 공무원 300명을 대상으로 설문조사를 실시하여 이에 대한 결과를 분석하고 보호관찰제도의 문제점과 그에 대한 개선방안을 제시한 점이다.

보호관찰연구학습의 범위 및 방법은 위와 같은 목적하에 제1부에서는 보호관찰제도에 대한 전반적인 설명으로 다음과 같이 구성하였는데, 제1장은 서론으로서 보호관찰연구의 목적과 범위 및 방법에 대해 서술하였다. 제2장에서는 보호관찰제도에 대한 이론적 고찰과 비교법적 검토를, 제3장에서는 우리나라의 소년보호관찰제도의 운용현황을 분석하였다. 또한 제4장에서는 보호관찰직과 소년보호직의 직군 통합으로 운용되고 있는 보호관찰직공무원들을 대상으로 한 설문지를 통하여 나타난 논의를 토대로 하여 우리나라 보호관찰제도의 문제점과 활성화를 위해 제시되고 있는 주요 쟁점들을 하나하나 분석해 보기로 한다.

제5장에서는 제4장에서 나타난 논의를 바탕으로 하여 요약, 우리나라 보호관찰제도의 문제와 활성화 방안에 대한 제안사항을 결론으로 도출하였다.

제2부에서는 범죄이론과 범죄발생원인론에 대하여 설명하였는데

제1장에서 범죄원인과 범죄자 유형을, 제2장에서 범죄발생의 원인을 개인적 소질과 개인환경적 요인 및 사회환경적 요인으로 분리 설명하였으며, 제3부에서는 범죄대책과 형사사법기관의 이해를 통한 학습에 중점을 두어 제1장에서 범죄예방 및 범죄대책론을, 제2장에서 형사사법기관의 이해를 구체적으로 다루었다.

저자가 보는 경험으로 볼 때 보호관찰의 운용실태와 문제점을 파악하는 데 있어서 문헌연구나 비교법적 연구만으로는 한계가 있다고 본다. 우리나라 보호관찰의 운용실태와 그 문제점을 좀 더 정확하게 파악하고 좀 더 합리적인 개선방안을 제시하기 위해서는 보호관찰조직 내부 직원들의 의견이나 주장 등을 파악하는 것이 필수적이라고 할 수 있다.

따라서 이 연구에서는 공식적인 통계자료에서 획득할 수 없는 일선 범죄예방정책국 공무원들을 대상으로 혁신적 직렬통합사례인 보호관찰직 및 소년보호직의 직렬통합 후 직무만족도와 보호관찰제도 활성화 방안에 관한 설문을 통하여 우리나라 보호관찰제도에 대한 좀 더 심층적 분석을 시도하는 실증적 연구방법도 사용하였다. 설문조사를 통해 얻은 결과에 대한 빈도분석과 상관관계 분석 및 타 기관과의 협력 및 현장운용에 관한 주요 쟁점 논의들에 대한 비교방법(Comparative Method)적 분석을 통하여 우리나라 보호관찰 제도의 문제점과 개선방안 내지 활성화 방안을 실무경험을 바탕으로 하여 제시하고자 노력하였다. 특히 본서는 최근 개정 보완된 '보호관찰 등에 관한 법률'과 '형의집행및수용자처우에 관한 법률', '소년법' 등 법률체계에 따라 집필되었으며 대학에서 보호관찰론이나 교정학을 배우는 학생들에게 기본교재로 손색이 없도록 내용에 충실하게 집필하려고 노력하였을 뿐만 아니라 법무부 자원봉사자인 범죄예방위원의 교육자료는 물론 현재 교정·보호직으로 재직하는 공무원의 현장실무 및 교재용으로도 적합하다고 본다. 그러나 저자의 인식부족이나 이론과 지식의 부족으로 집필과정에서 오류나 수정해야 할 부분이 발견될 수도 있을 것이다. 독자 여러분의 진심어린 조언과 지도편달을 바라며, 이 교재를 통하여 사회내처우제도의 발전을 기대해 본다. 이 책이 출간되는 데 도움을 주신 출판사의 관계자 여러분들께 심심한 사의를 표한다.

2009. 8.

신 석 환

목 차

PROBATION

제**1**부

보호관찰제도론

제1장 서론

제1절 보호관찰의 연구목적

1988년 말 보호관찰제도의 도입으로 인해 범죄인에 대한 처우는 크게 시설내처우와 사회내처우로 나누어지게 되었고 나아가 시설내처우보다 사회내처우로 교정의 중심이 옮겨 갈 수 있는 계기가 되었다. 범죄인을 사회에서 정상적으로 생활하도록 하면서 보호관찰관의 감독, 원호를 받게 한다고 하는 보호관찰제도의 도입은 범죄인의 교정이 사회에서 이루어져야 하고 나아가 사회 전체가 범죄인의 교정에 참여해야 한다는 새로운 사고방식을 요구하게 되었다.[1]

이러한 제도의 태동은 교정을 세계적인 형사정책의 조류에 발맞추어 나가는 계기가 되었고 보호관찰제도에 거는 일반국민들과 사법기관 종사자들의 기대도 매우 크다고 할 수 있다.[2]

이러한 기대 속에서 출발한 보호관찰제도와 관련하여 살펴보면,

---

[1] 오영근, "보호관찰시행 10년의 회고", 형사정책연구 제10권 4호, 한국형사정책연구원, 1999, 6면.

[2] 이러한 기대에 대한 법원의 대표적인 판결은 대법원97도 703판결과 대법원 98도 98판결을 들 수 있다. 앞의 판결에 대한 평석으로 이재홍, "보호관찰과 형벌불소급의 원칙", 형사판례연구 제7권, 1999. 18면; 오영근 앞의 논문, 6면)

범죄로부터 사회를 보호하는 방법으로서는 범죄의 사전적 예방활동과 범죄를 저지른 자의 재범방지를 위한 감시·감독 및 보호활동이 있다. 전통적으로 범죄의 사전적 예방활동보다는 범죄자의 재범방지에, 그리고 재범방지를 위하여 범죄자를 교도소 등에 수감하여 사회로부터 격리시키는 시설내처우가 그 중심이 되어 왔다.[3]

그러나 범죄자를 일정기간 시설 내에 격리·구금한다고 하여 사회가 완전히 보호되는 것은 아니며, 범죄자를 영원히 격리시키지 않는 이상 언젠가는 다시 사회의 일원으로 되돌아올 수밖에 없기 때문에 범죄로부터 사회를 보다 더 온전히 보호하기 위해서는 범죄의 사전예방과 함께 범죄자를 개선·교화시켜 다시는 범죄를 저지르지 않게 하는 것이 중요할 것이다.

따라서 20세기에 이르러 각국의 형사정책 방향은 목적형·교육형주의로 대표되는 특별예방이론의 영향 아래 범죄자의 격리·구금을 통한 사회방위로부터 구금을 수반하지 않는 사회내처우를 통하여 범죄자를 개선·갱생시킴으로써 사회를 보호하려는 방향으로 발전해 왔으며, 보호관찰과 갱생보호는 사회내처우제도의 중심축을 이루고 있다.[4]

특히 보호관찰제도는 유죄가 인정된 범죄자에게 선행을 조건으로 일정기간 형을 유예함으로써 자유로운 가운데 사회생활을 영위하게 하는 한편, 국가의 감독을 받게 함으로써 범죄자의 재사회화를 돕고자 하는 제도이다. 그 근본에 있어서는 형벌적인 법제도의 테두리 안에서 발달해 온 것이나 고도의 비형벌적인 범죄 처우방

---

3) 이윤호, 교정학개론, 박영사, 2002, 36~39면.
4) 법무부, 범죄예방활동실무Ⅱ, 법무부 보호국, 2005, 82면.

법으로서 범죄자가 아닌 일반 개인으로 취급하는 것인바, 원조만 있다면 자유롭게 사회생활을 영위하면서 범죄로부터 벗어날 수 있을 것으로 기대되는 범죄자를 선정하여 여러 가지 비형벌적 방법으로 개선·갱생과 사회복귀를 도와주는 형사사법제도라 하겠다.[5]

이러한 보호관찰제도는 '교정사회사업의 꽃'으로서 시초부터 사회사업의 한 방법론인 사회복지사업의 개별처우(Casework)[6]와 결부되어 발전하였으며, 이미 19세기 후반에 영국과 미국에서는 단순한 자선사업의 영역을 벗어나 지역사회 전체의 입장에서 대상자의 치료와 자립갱생 운동으로 발전하면서 사회학적·심리학적 단계를 거쳐 복지 분야로 확대되어 사회사업과 결합하게 된 것이다. 또한 보호관찰제도는 사회의 보호, 범죄인의 교화·개선과 사회복귀 그리고 범죄의 예방이라는 측면에서 사회방위, 청소년복지, 인권보장이라는 세 가지 이념에 지배되고 있어 현대 교정이념의 실현에 가장 적합한 시도로 평가되고 있다.[7]

그러나 우리나라는 보호관찰제도의 역사가 짧고 사회적 인식이 낮아 체계적으로 정착되어 있지 못한 실정[8]이며, 보호관찰대상에 대한 집단처우프로그램의 개발이나 연구 그리고 이를 담당할 전문인력의 확보가 매우 미약한 수준에 있는 것이 사실이다. 또한 제도

---

5) 이상현, 소년비행학, 박영사, 2003, 350면.

6) 정신적·육체적·사회적으로 부적응 상태에 있는 개인이나 가정을 상대로 하여 문제를 해결 또는 지도하여 주는 사회사업방법론의 하나이다. 대상자와 환경과의 관계를 조사·진단한 후 본인의 자주성을 해치지 않는 범위 내에서 간접적으로 원조를 행한다. 공적인 부조(扶助), 가정·아동복지, 결혼·상담, 교육 상담, 의료, 정신 위생, 법원 따위의 기관에서 행하여진다. 국어사전 참조(caseworker: 사회 복지활동의전문가. 정신적, 육체적, 사회적 문제를 안고 있는 개인이나 가족을 대상으로 문제의 해결을 위한 지도활동을 한다).

7) 문선화, 보호관찰제도와 실천, 아시아미디어, 2000, 28~29면.

8) 법무부, 외국의 소년사법제도, 법무부, 2005, 7면.

의 미비, 예산 및 시설의 부족, 실질적 처우기술의 미숙 등의 많은 문제를 내포하면서 불완전한 상태로 운용되고 있는 실정이다.9)

특히 보호관찰제도의 사회복지적 성격에 비추어 볼 때, 전문인력의 확보에 있어서 사회사업적 접근이 매우 중요하다. 보호관찰의 전문인력으로서 사회사업가들의 개입 필요성에 대한 인식이 확대되고 있는 것은 사실이지만, 실제적으로 보호관찰업무를 담당하고 있는 보호관찰관들 중 사회사업을 전공한 사람들은 매우 적을 뿐만 아니라 사회복지사가 범죄예방자원봉사위원으로 활동하는 경우도 아직까지 미흡한 실정이다.10)

이러한 시점에서 대두되고 있는 보호관찰에 대한 회복적 사법의 등장과 소년비행에 대한 관심고조와 그에 따른 조기개입의 중요성 강조, 청소년복지의 강조 등과 같은 국내외적으로 청소년보호정책의 변화에 따라 현행 소년보호제도에 대하여 다양한 문제점이 제기되고 있는 실정이다.11)

처우프로그램에 있어서도 개별처우보다는 집단처우의 방식을 적극적으로 활성화할 필요가 있다. 즉 한 사람의 치료사와 집단과의 만남에서는 보다 새로운 교육적 프로그램이 도입되어야 하며, 집단과 집단의 만남에서는 같은 눈높이에서 공감대를 형성할 수 있는 상담활동프로그램이 만들어져야 한다.12)

따라서 이 연구는 현행 보호관찰제도의 실태분석과 운용상의 문

---

9) 법무부, 외국의 소년사법제도, 법무부, 2005, 7면.

10) 이창한, "범죄소년에 대한 양형의 결정요인에 관한 연구", 동국대학교 대학원 박사학위논문, 2005, 13~15면.

11) 심재무, "한국소년보호처분제도의 문제점과 그 개선방안", 비교형사법연구 제10권 제2호, 한국비교형사법학회, 2008, 595면.

12) 박정선, "소년범의 범죄화 과정 및 보호방안 연구", 한국형사정책연구원, 2004, 121~126면.

제점 및 소년보호관찰 운용실태에 이르기까지 보호관찰기구 및 담당인력, 특히 혁신적 직렬통합 사례로서 보호관찰 및 소년보호의 조직통합 후 직무만족과 보호관찰제도 활성화 방안에 관한 요인, 보호관찰의 개시 전 활동 및 실행, 운영프로그램상의 문제점을 알아보고자 한다. 또한 이러한 문제점에 대한 개선방안으로서 기구의 확충을 비롯하여 전문인력 확보를 위한 사회사업적 접근방안을 소개하고, 보호관찰 개시 전 활동 및 실행에 있어서의 지도감독 및 원호업무와 판결전조사의 개선방안과 함께 집단처우프로그램에 있어서의 예절교육프로그램과 상담활동의 중요성을 소개함으로써 소년비행의 방지를 위한 보호관찰제도의 활성화 방안을 모색하고자 한다.

또한 소년법이 2007년 12월 21일 전면 개정되어, 2008년 6월 22일 전면 실시되고 있는 상황에서 보호관찰의 최근 변화에 따른 앞으로의 전망을 살펴보고, 일선 보호관찰 현장에서 활동하고 있는 범죄예방정책국[13] 공무원을 대상으로 설문조사를 실시하여 이에 대한 결과를 분석하고 보호관찰제도의 문제점과 그에 대한 개선방안을 제시하기로 한다.

---

13) 법무부직제개편(2008. 2. 29.)으로 법무부 정책홍보관리실이 기획조정실로, 보호국이 범죄예방정책국으로 개편되었다. 보호국 산하의 보호기획과와 범죄예방정책과는 각각 사회보호정책과와 범죄예방기획과로 재편성되었고 소년보호과와 보호관찰과, 법문화진흥팀은 그대로 유지되었다.

제2절 보호관찰연구 범위 및 방법

1. 보호관찰연구의 범위

위와 같은 목적하에 이 연구는 다음과 같이 구성된다.

제1장은 서론으로서 보호관찰연구의 목적과 범위 및 방법에 대해 서술한다.

제2장에서는 보호관찰제도에 대한 이론적 고찰과 비교법적 검토를 하기로 한다. 보호관찰제도의 문제점을 발견하고 개선방안을 제시하기 위해서는 보호관찰제도가 어떠한 이론적 근거에서 발전하여 왔고, 외국에서는 어떤 모습으로 운용되는가를 살펴보아야 할 필요가 있기 때문이다.

제3장에서는 보다 많은 이해와 학습을 위하여 우리나라의 소년보호관찰제도의 운용현황을 구체적으로 분석하기로 한다. 보호관찰제도는 소년에 대한 것과 성인에 대한 것이 있지만, 이 책에서는 소년보호관찰제도의 운용현황을 분석하기로 함은 성인에 대해서까지 분석하는 것은 지나치게 방대한 작업이 되어 집중력을 떨어뜨릴 수 있고, 소년중심의 보호관찰제도의 운용현황만을 분석하여도 우리나라 보호관찰제도 전반의 문제점을 발견하고 그 개선방안을 제시할 수 있는 기초 자료가 될 수 있다고 생각하였기 때문이다.

제4장에서는 보호관찰직과 소년보호직의 직군 통합으로 운용되고 있는 보호직군 1/3에 해당하는 보호관찰직공무원들을 대상으로 한 설문지를 통하여 나타난 논의를 토대로 하여 우리나라 보호관찰제도의 문제점과 활성화를 위해 제시되고 있는 주요 쟁점들을

하나하나 분석해 보기로 한다.

제5장에서는 제4장에서 나타난 논의를 바탕으로 하여 보호관찰 제도의 활성화 방안을 제시하기로 한다. 활성화 방안은 보호관찰조직 및 운영과 관련된 방안, 법제도적 개선방안, 소년보호관찰의 전문화 방안 등의 전반적인 문제의 활성화 방안을 고찰하기로 한다. 또한 결론으로서, 앞에서의 논의를 요약하고 우리나라 보호관찰제도의 문제와 활성화 방안에 대하여 전반적인 제안을 하기로 한다.

2. 보호관찰연구의 방법

이 연구에서는 주로 문헌연구방법을 사용하기로 한다. 보호관찰제도의 문제점과 개선방안을 제시하고 있는 기존의 단행본, 논문 등을 참조하고, 보호관찰제도의 운용실태를 파악하기 위해 각종의 통계자료를 분석한다. 특히 정부의 공식통계자료를 통하여 공공서비스로서의 보호관찰제도와 소년보호제도의 현황 및 최근 변화를 정리한다.

우리나라 보호관찰제도의 문제점과 활성화 방안을 찾기 위해서는 외국의 보호관찰제도와 우리의 제도를 비교, 분석해 볼 필요가 있다. 따라서 이 연구에서는 미국·영국·독일·일본·호주·캐나다 등의 보호관찰제도를 살펴보고, 우리나라의 제도와 비교한 후 우리의 문제점과 개선방안을 찾는 비교법적 연구방법도 사용한다.

보호관찰의 운용실태와 문제점을 파악하는 데 있어서 문헌연구나 비교법적 연구만으로는 한계가 있다. 우리나라 보호관찰의 운용실태와 그 문제점을 좀 더 정확하게 파악하고 좀 더 합리적인 개선방안을 제시하기 위해서는 보호관찰조직 내부 직원들의 의견이나 주장 등을 파악하는 것이 필수적이라고 할 수 있다. 왜냐하면 공식적인 통계자료나 외부적인 관찰만을 통해서는 알 수 없는 자료들도 이들을 통해 얻을 수 있기 때문이다. 따라서 이 연구에서는 공식적인 통계자료에서 획득할 수 없는 일선 범죄예방정책국 공무원들을 대상으로 혁신적 직렬통합사례인 보호관찰직 및 소년보호직의 직렬통합 후 직무만족도와 보호관찰제도 활성화 방안에 관한 설문을 통하여 우리나라 보호관찰제도에 대한 좀 더 심층적 분석을 시도하는 실증적 연구방법도 사용한다. 설문조사를 통해 얻은 결과에 대한 빈도분석과 상관관계 분석 및 타 기관과의 협력 및 현장운용에 관한 주요 쟁점 논의들에 대한 비교방법(Comparative Method)적 분석을 통하여 우리나라 보호관찰제도의 문제점과 개선방안 내지 활성화 방안을 제시하고자 한다.

제2장 보호관찰제도의 제도적 배경

제1절 보호관찰제도의 개요

1. 보호관찰제도의 의의

보호관찰제도는 범죄인에 대한 사회내처우의 하나로서, 유죄가 인정된 범죄자에 대하여 교도소 또는 소년원 등 교정시설에 수용·처벌하는 대신 일정한 기간 동안 사회 내에서 정상적인 자유활동을 허용하면서 전문지식과 소양을 갖춘 보호관찰관의 지도·감독과 원호를 받게 하여 건전한 사회복귀를 도와줌으로써 재범을 방지하고 범죄로부터 사회를 방위하고자 하는 새로운 형사정책수단[14]이다.

오늘날의 보호관찰은 구금, 즉 자유형의 폐해에 대한 인식의 확산과 구금형에 비하여 상대적으로 월등한 비용 감소 효과에 따른 실용성으로 인하여 구금형에 대한 대체처분으로서 활발하게 사용되는 형사제재수단이라 할 수 있다. 이 제도는 유죄가 인정된 범죄자에게 사회 내에서 기본적인 자유, 예컨대 직업의 자유, 교육을

---

14) 법무연수원, 범죄백서, 2007, 343면.

받을 권리, 정상적인 가정생활·사회적 교제·종교활동 등의 자유를 허용하면서도 단순한 형의 유예나 석방이 아니라 일반의 선량한 시민에게 요구되는 준법의무 이상의 강도 높은 준수사항 이행의무를 부과한다. 보호관찰관은 범죄인의 준수사항 이행을 지도·감독하고, 무보수의 강제근로 등을 집행함으로써 일면 구금형에 내재된 처벌적 요소를 갖게 하여 국가형벌권을 구현하는 동시에 시민의 법적 정의 관념의 충족을 도모한다. 이러한 내용을 갖는 보호관찰제도는 개혁적이고 전향적인 형사정책수단으로서 범죄자의 성공적인 사회재통합(Reintegration)은 물론이고 사회안전의 확보 면에서도 적극적인 형사제도로 평가받고 있다. 또한 오늘날의 보호관찰은 세계적으로 그 법적 성격에 있어서도 형벌의 일종 또는 최소한 형벌의 대체적 처분으로 재규정되고 있을 뿐만 아니라 그 기능 면에서도 단순히 경미한 범죄자에 대한 전환절차(Diversion)로서의 역할수준을 넘어 상당수의 중범자에 대한 형벌수단으로 활용되고 있는 등 구금처우를 능가하는 중추적인 형사정책수단으로 발전하기에 이르렀다.

우리나라에 있어서 보호관찰제도의 연혁을 살펴보면, 종래에는 갱생보호법, 소년원법, 사회보호법등에 부분적으로 보호관찰에 관한 규정을 두고 있었는데 보호관찰제도를 전면적으로 도입하기 위한 준비단계로서 1983년 2월 4일부터 가석방자와 가퇴원자를 대상으로 보호관찰의 시험실시를 하였으며 그 성과를 바탕으로 1988년 12월 31일 보호관찰법이 제정되어 1989년 7월 1일부터 우선 소년범죄자에 대한 전면적이고 체계적인 보호관찰제도를 실시하기에 이르렀다. 성인범죄자에 대해서는 1989년 3월 25일 사회보호법의 개정으로 보호감호가출소자 등에 대하여 한정적으로 보호관찰을 실시하여 오다가 1994년 4월 1일 성폭력범죄의처벌및피해자보호등에관한법률의 시행으로 성인 성폭력범죄자에게도 보호관찰을 확대하였다.

특히 1995년 12월 29일 개정된 형법(법률 제5057호)규정에 따라 1997년 1월 1일부터 선고유예자에 대한 보호관찰(동법 제59조의 2), 집행유예자에 대한 보호관찰, 사회봉사·수강명령(제62조의 2)과 가석방자에 대한 보호관찰제도(제73조의 2)가 시행됨으로써 비로소 성인범을 포함한 전체 형사범에 대해서도 보호관찰제도가 운용되기에 이르렀다.

따라서 보호관찰제도(Probation, Bewährungshilfe)는 범죄자의 자유를 박탈하지 않고 사회 내에서 생활하게 하면서 부과된 준수사항의 이행을 위해 지정된 보호관찰 담당자(보호관찰관)의 지도와 원호를 통하여 개선·교육함으로써 재범을 방지하고, 관찰의 기간이 종료되면 원만하게 사회에 복귀할 수 있도록 돕기 위한 제도이다.[15] 이는 자유로운 상태에 있는 범죄인에 대한 사회적 지도에 의하여 범죄인의 사회복귀와 교육목적을 달성하는 범죄인에 대한 외래적 치료 또는 외래적 보호감호라고 말할 수 있다.[16] 이러한 의미에서 보호관찰이란 미국에서 보호관찰부 형의 집행유예를 지칭하는 Probation과 보호관찰부 가석방에 해당하는 Parole[17]의 경우에 사용되는 사회내처우제도의 두 종류의 의미로 나눌 수 있으나[18]

---

15) 배종대, 형사정책, 홍문사, 2005, 379면, 이재상, 사회보호법론, 경문사, 1981, 165~167면.
16) 박상기 외 공저, 형사정책, 2003, 329면.
17) 菊田幸一, 保護觀察の理論, 有信堂, 1969, 3面.
18) 박상기 외 공저, 앞의 책, 2003, 333면.

양자가 의미를 내포하고 있어[19] 통합되어 사용되는 것이 보편적이다. 이 제도는 전통적으로 크게 두 기능으로 나눌 수 있는바, 첫째는 보호관찰관이 대상자에 대한 개별적인 상담자로서 범죄자를 보호·감독하는 기능이고, 둘째로는 보호관찰관이 사회자원의 활용자의 입장에서 범죄자(관찰대상자)의 개선·교육을 위해 사회단체와 관련을 맺으면서 원호와 보도하는 일에 역점을 두는 기능이다.[20] 그러나 1980년대 이후에 보호관찰은 범죄자를 사회에 복귀시키기 위한 수단이 아니라, 범죄행위에 상응하는 제재(Sanction) 내지 형벌의 일종으로 이해되어 범죄자의 자유를 제한하며 범죄에 대하여 범법자에게 재정적으로 책임을 물음으로써 범법자의 책임을 증대시키고 범법자의 범죄행위로 초래된 비용의 얼마라도 피해자에게 보상하게 되는,[21] 피해자에 대해 배상(Restitution)을 행할 것을 내용으로 삼는 경향이 있으나,[22] 이 연구에서는 전통적인 기능을 중심으로 연구하였다.

2. 보호관찰제도의 발전과정

1) 영미법계의 보호관찰제도

한 국가 내에 존재하는 관행이나 제도들이 생성되기까지에는 그 국민들의 민족성에 기한 독특한 기질과 그들이 활동하고 있는 환경에 의해 부지불식간에 깊은 영향을 받게 되는데, 이것은 사회의

---

19) 이무웅, 보호관찰제도론, 풍남, 1991, 3면.
20) 오영근, "보호관찰제도의 활성화 방안", 형사정책 제1호, 한국형사정책학회, 1986, 86면, 197~198면.
21) 이윤호, 교정학, 박영사, 2007, 425면.
22) 이태언, 신보호관찰론, 학현사, 2005, 15면.

공통적인 이상이 일반인의 요청에 의해 현실적으로 구체화되기 때문이다. 보호관찰제도도 영미인의 오랜 역사 속에 용해되어 기질화되어 있는 자유와 인권존중 및 개인존중의 사상이 그들이 관행인 불문법주의와 결부되어 발아되고 생성되었으며, 이것이 세계적으로 전파되어 각국에서 계수하게 된 것이다.

이 제도의 기원은 12~13세기 이래 영국의 보통법(Common Law)상의 몇 가지 재판상의 관행들이었고, 직접적인 시작은 19세기 중엽의 몇몇 헌신적인 독지가들의 노력의 결과였다. 영국의 보통법상에 존재했던 이들 관행들은 당시의 가혹한 형벌로부터 범죄자를 보호하기 위한 목적으로 이루어진 것이다.[23] 즉 성직자의 특혜(Benefit of Clergy)와 선행의 서약(Recognizance)이라고 하는 이 관행은 처음에는 성직자를 보호하기 위하여 교회 측의 요구에 따라 일반법원에는 성직자에 대해서는 재판권이 없다는 입장에서 이들을 석방한 데서 비롯되었다.[24] 이 관행은 보호관찰제도의 가장 오래된 선구(Forerunner)라고 할 수 있는데[25] 그 뒤에는 일반인 중에서도 죄질이 가벼운 사람에게까지 대상이 확대되어 적용되었다. 그 후 14세기경에는 좀 더 구체적인 모습으로 나타나서 선행의 서약(Recognizance) 및 보증부유예(Bail)가 행하여지게 되었으며, 이 관행들은 범죄자들로부터 선행의 유지를 약속받거나 보증금을 받고 석방하는 것으로서 공식적으로 사후적인 관찰이 수반되지 않았기 때

---

23) 신창언, "미국의 보호관찰제도", 해외 파견검사연구논문집(제2집), 1979, 법무부, 103면, 이태언 외, 앞의 책, 31면.

24) 이무웅, 앞의 책, 11면.

25) Charles L. Chute Majorie Bell, "Crime, Courtd and Probation", New York: Macmillan Co., 1956, pp.12 – 13.

문에 오늘날의 보호관찰제도는 근본적인 차이가 있음에도 불구하고 진정한 의미에 있어 보호관찰제도의 최초의 기초적 단계로 간주되고 있다.26) 이러한 입장에서 일부 학자들이 보호관찰제도(Probation)의 기원을 중세시대의 성자의 특혜나 범죄자 자신의 선행서약에 의한 석방, 보석보증에 의한 일시적 석방(Provisional release on Bail), 그리고 그 뒤의 일시적인 판결의 보류(the Provisional Filing of a Cases) 등에서 구하고 있지만, 엄밀한 입장에서 보면 이러한 초기의 제도들이 계속적으로 발전되어서 오늘날의 Probation 제도와 연결되었다고 보기는 어렵다. 결국 초기의 이러한 제도들은 선행을 조건으로 한 유예와 관계가 있는 것으로 특수한 경우에 예외를 인정하려는 창조적이고도 독자적인 그 시대의 산물이라고 보는 것이 옳다고 보겠다.27) 그럼에도 불구하고 오늘날 영미의 Probation제도는 적어도 외형적으로는 중세 보통법 시대의 법원에서 부분적으로 인정해 오던 유예나 석방의 제도를 폭넓게 확장한 것으로 볼 수 있다. 결국 오늘날의 Probation제도는 직접적으로는 중세의 '성직자의 특혜' 등의 관행에서 유래되었다고 말할 수는 없어도, 적어도 외형적으로는 영향을 받았다고 볼 것이다.

영국에 있어서 보호관찰제도의 기원을 10세기경 「아덜스턴왕의 법률」(a Law of King Athulstan)에서 찾는 사람도 있으나, 이 법률은 사형에 처해야 할 15세 소년에게 형을 집행하지 않고 승정(Bishop)의 감독 아래 본인이 다시 법률에 위반되는 행위를 하면 실

---

26) U. N. "Department of Social Affairs, Probation and Related Measure", New York: 1951, p.22.

27) ibid., pp.15 - 26.

형에 처하도록 하는 것을 내용으로 하고 있었다.[28] 따라서 일반적으로 영국의 보호관찰제도의 기원은 전술한 바와 같이 13세기 이래 영국의 보통법상의 관행에 기한 법원의 선고에서부터라고 한다.[29] 그러나 실질적으로 영국의 Probation제도는 York 주의 하급 법원 판사들에 의해 시작되었다고 하는바, 기록에 의하면 1820년경부터 York 주의 사계법원(Warwickshir Quarter Session) 판사들은 소년범죄에 대하여 필요에 따라 단 하루의 구금에 처한 뒤 바로 부모에게 인계, 위탁하여 주의 깊게 관찰하도록 명하는 방법을 사용하였다.[30] 그 뒤 1841년에 버킹검 지방의 판사인 Mattew Davenport Hill의 활약에 의해 본격적으로 이 제도가 활용되었다. Hill 판사는 소년범죄 중에서 개전의 정이 농후하다고 믿을 충분한 이유가 있는 자로서 적당한 보호자가 있는 경우에는 그 보호자의 감독하에 두는 것이 개선의 가능성이 높다고 판단하여 범죄소년을 보호자에게 위탁한 뒤 판사가 예고 없이 보호자를 방문하여 피보호자(= 대상자)에 관한 성적표를 작성하게 하였다. 그 뒤 25년간 그는 이러한 활동을 계속하였는데 17년간의 실행보고서에 의하면 483명의 석방자 중 78명만이 재범하여 처벌되었고 나머지 405명에 대해서는 성공을 거두었다고 한다. 그가 행한 방법은 미국의 John Augustus와 달리 석방 후 철저한 사후관리를 하지 않은 점에서는 미비한 부분도 있었지만 이 행위가 그 후 영국 법원의 판결에 큰 영향을 주었다. 포츠머스 지역의 Edward W. Cox 판사 등도 범죄

---

28) ibid., p.370.

29) 신창언, 앞의 논문, 103면.

30) N. S. Timasheff, "One Hundred Years of Probation", (高橋正己(譯), 日本 : 前野書店, 1970, 23面)

자에 대해 선행의 보증을 받고 석방시킨 후 특별조사관으로 하여
금 관찰을 담당하게 하는 방법으로 발전시켰는데, 1881년에는 민간
단체인 Howard Vincent가 주도하는 Howard[31] 협회의 노력으로 더
욱 발전되었다.

입법상 Probation제도의 효시가 될 만한 것으로는 1878년의 '약
식재판법'(Summary Jurisdiction Act)을 들 수 있으나, 이 법은 그동
안의 관행들을 입법화한 것에 불과한 것[32]으로 범죄자를 형사서약
에 의해 석방시키도록 한 규정은 의미가 있다고 생각된다. 1887년
전기한 Howard협회의 노력으로 '초범자 보호관찰법'(The Probation
of First Offender Act)이 제정되었으며, 이 법은 의회의 통과과정에
서 초안에 규정된 석방자에 대한 보호관찰을 비롯한 Probation 조
항이 많이 삭제되었으며, 보호관찰의 대상도 초범자에 국한되었다.
그 후 이 협회의 완전한 보호관찰제도를 목표로 한 투쟁이 결실을
거두어 드디어 1907년 '범죄자 보호관찰법'(The Probation of
Offender Act)[33]이 제정됨으로써 미국의 보호관찰제도와 거의 접근
하게 되었다. 즉 위의 법에서는 보호관찰의 대상자를 초범에 국한
시킨 조항을 폐지하고 유급의 보호관찰관을 두고서 이들의 관찰의
무, 조건의 부여 그리고 조건위반 시 보호관찰을 취소할 수 있는
조항 등을 갖추게 되었다. 그 후 1925년의 '형사재판법'은 이 법을

---

31) John Howard(1726~1790): 감옥개량가, 막대한 사재를 투자하여 세계 각국을 순방하면
서 각국의 감옥제도를 관찰하고, 자료를 수집하였으며 또 많은 저서도 남겨 감옥개량의 개조
로 추앙받는다. 1779년 감옥개량법안을 의회에 제출하여 가결하는 데 영향을 끼쳤다.

32) 菊田幸一, 前揭書, 56面.

33) 본 법은 종래의 경찰감시적 요소를 불식하고 관찰명령을 집행하기 위하여 1명 또는 수명의
보호관찰관을 선임하고 선임법원의 감독하에 보호관찰사무에 종사하도록 하고 있다. 즉 대상
자를 방문하고 서약조건의 이행 여부에 대한 감시를 하며, 본인에 대한 방문보고와 취업 알
선도 한다.

더욱 보강하여 법원이 보호관찰관을 의무적으로 임명하도록 하고, 또한 그들을 전문가로 훈련시키기 위한 제도도 규정하였다. 1948년의 '형사재판법'(Criminal Justice Act)에서는 미국의 제도를 대폭 도입하여 판결전조사제도(Presentence Investigation), 개별지도(Casework)적인 감독과 보호 그리고 보호관찰의 기간을 1년 이상 3년 이하로 하여 보호관찰의 취소와 해제사유의 설정 등의 작업을 행함으로써 입법적인 완성을 이루게 되었다.[34] 동법은 1961년과 1967년에 개정이 있었으나 보호관찰에 관한 규정은 변경이 없었다. 영연방국인 뉴질랜드에서는 영국보다 10년이나 앞선 1886년에 미국의 매사추세츠 주법에 이어 세계에서 두 번째의 보호관찰법인 '초범자 보호관찰법'이 제정되었다. 이는 Howard Vincent가 미국 매사추세츠 주법과 영국의 입법자료를 상세히 소개함으로써, 영국에서는 입법을 위한 논쟁을 하고 있는 사이에, 뉴질랜드에서 입법이 이루어지게 된 것이다. 그 외에도 캐나다, 남아연방, 인도, 이스라엘 등 영연방 국가들은 영국의 입법례에 따라 속속 입법이 이루어졌다.

2) 대륙법계의 보호관찰제도

성문법을 중심으로 하는 대륙법계 국가는 민족성에도 차이가 많으나, 법제도 발전의 사상적인 배경도 보통법을 중심으로 발전해 온 영미법계와는 달라서 보호관찰제도를 채용함에 있어서 애로점이 많았다. 1841년에 영미지역에서 시작된 보호관찰제도가 여러 문명국으로 확산된 것은 사실이나 각국의 특수한 사회구조나 법운용의 상이 때문에 본제도의 이용에는 선결문제들이 많았을 뿐만 아

---

34) U. N. Department of Social Affairs, op. cit., pp.111 - 129.

니라, 수용한다고 해도 영미의 보호관찰제도와 같은 형태로는 도입이 어려웠기 때문에 자국의 실정에 맞는 변형된 형태를 취할 수밖에 없었다. 일반적으로 볼 때 유럽에서는 영미에서보다 40년 정도가 늦은 1880년에 들어와서 집행유예(Sursis)에 부하여지는 '조건부유죄판결제도'(Bedinge Schuldigen)를 원형으로 하여 이루어졌으며,35) 보호관찰제도의 목적도 영미에 있어서의 인권이나 인간존중의 사상에 입각한 개인의 갱생을 위한 것이라기보다는 사회방위라는 입장이 더 강조되었던 것이다. 물론 유럽대륙에서도 개선 가능한 범죄자에 대해서는 좀 다른 처우를 해야 할 필요성을 교정 일선의 담당자와 관계자들이 인식은 하고 있었지만 성문법체계 자체의 경직된 성격 때문에 이들 개선 가능한 범죄자에 대하여 성문법상의 특별한 처우를 할 수 있다는 법률의 규정이 없는 한 법원에서 재량에 의해 처우함은 불가능한 것이다. 이러한 분위기에서 보호관찰제도가 도입되기 위해서는 먼저 입법적 해결이 전제되어야만 했다. 각국은 영미에서 인도적이면서 재범방지에 탁월한 성과를 거두고 있는 보호관찰제도를 자국에 도입하기 위한 입법을 서둘렀지만 1900년대까지는 국가 내부에서 많은 반대에 부딪혔기 때문에 편법으로 보호관찰제도의 변형이 이루어지게 되었다.36) 그러나 Lombrose 등에 의한 신파형법이론37)의 등장과 Franz von Listz에 의한 범죄자 처벌의 개별화 이론38)이 대두되자 보호관찰제도가 도입될 절호의

---

35) 菊田幸一, 前揭書, 61面.

36) N. S. Timasheff, (高橋正己(譯), 前揭書, 151面.

37) 형벌의 목적은 응보가 아니라 교육이기 때문에 특별예방주의의 입장에서 범죄자를 개선 교육하여 재범을 방지하는 것이 그들의 반사회적인 성격을 교정하여 사회복귀를 가능하게 하는 길이라고 주장한다(황산덕, 형법총론, 방문사, 1986, 17면).

38) 유기천, 형법학(총론), 일조각, 1981, 48면, 이태언 외, 앞의 책, 31면.

기회를 맞게 되었다. 신파이론가들의 범죄자 처벌에 관한 보호형주의(Theorie der Schutzstrafe)는 형벌에 의한 사회의 보전은 범죄인을 개선·교육하여 선량한 시민으로 재사회화(Resozialisierung)시킴으로써 완전을 기할 수 있기 때문에 형벌은 동시에 범죄자를 개선, 교육하는 입장이 되어야 한다[39]고 주장했는데, 이러한 사상은 독일의 리프만(Moriz Lipmana, 1869~1928) 등에 의해 교육형주의[40](Theorie der Erziehungsstrafe)로 전환되었다. 이것은 보호관찰제도와 그 사상적인 기초를 같이한다고 보아야 할 것이다. 이러한 시대적 배경하에서 1889년 벨기에의 브뤼셀에서 Liszt가 주최한 제1차 국제형사학회[41]가 개최되어 학술회의주제로서 Probation제도가 논의된 이후 계속하여 국제학술회의에서 논의를 거듭하다가 드디어 1897년 제5차 감옥회의에서 보호관찰제도를 채용하는 결의가 극적으로 이루어졌다. 이리하여 19세기 말에서 20세기에 걸쳐 대륙제국에서는 형법개정을 통해 입법적으로 이 문제를 해결하였다.

3. 보호관찰제도의 성격

보호관찰이란 용어는 한자사용권국가에서는 일본에서 처음으로 사용되었다.[42] 이는 영미법계의 Probation제도와 Parole제도를 대륙

---

39) 정영석, 형법총론, 법문사, 1985, 43면, 이태언 외, 앞의 책 2005, 31면.

40) 범죄를 범죄자의 반사회적 징표라 하면서 범죄를 예방하는 방법으로서의 형벌은 범죄자의 반사회적인 성격을 개선하고 교육하는 데 있다고 한다(정영석, 앞의 책, 43면 참조).

41) Listz와 네덜란드의 Hamel, 벨기에의 Prins 등에 의해 창립된 것으로, 각국에 저명한 형법학자 등 1500명 회원이 있었으며 각국에 지부를 두었고 12차에 걸쳐 회의가 개최되었으나 1차 세계대전으로 분열되었다가 1937년에 해산되고 말았다(권인호, 행형사, 국민서간, 1973, 27~28면 참조).

42) 菊田幸一, 前揭書, 8面.

법계의 선고유예제도와 통합한 입장에서 명명한 것으로 그 정의는 매우 다양하게 쓰이고 있다. 처음부터 두 제도는 그 연혁적인 면이나 활용의 면이 전혀 달랐었기 때문에[43] 양 제도를 결합한 보호관찰제도의 법적 성격을 어떻게 파악할 것인가 하는 문제는 쉬운 일이 아니었다. 그렇기 때문에 보호관찰제도는 그 용어의 정의만큼이나 그 법적 성격도 다의적일 수밖에 없고,[44] 더욱이 보안처분제도와의 관계를 고려해 볼 때 그 한계의 규정도 어려운 일이라 아니할 수 없다.[45]

1) 영미법계의 성격

영미에서는 보호관찰제도를 Probation의 입장에서 이해하고 있으나, 본래 이 제도는 대상자에게 형의 집행을 개시하지 않고 일정한 준수사항을 제시하여 국가기관의 감독을 조건으로 형을 유예하는 제도이기 때문에 외견상 형의 집행유예(Sursis)나 선고유예(Suspended Sentence)와 비슷한 것으로 볼 수 있다. 그러나 양자는 그 지향하는 목적은 같지만 제도의 시행 취지가 전혀 다르기 때문에 반드시 같은 것으로 볼 수는 없다. 따라서 형의 유예제도는 실시상 감시와는 다른 개념이며 범죄인과 보호관찰관 사이에 인격적 교섭이 이루어지고 범죄인에 대한 인간적인 가치존중과 선량한 시민으로의 사회복귀를 도모하기 위한 적극적인 활동을 의미한다.[46]

---

43) 菊田幸一/西村春夫, 犯罪非行と人間社會, 東京: 評論社, 1984, 496面.

44) Grünwald, "Sicherungsverwahrung, Arbeithaus vorbeugende Verwahrung und Sicherungsaufsicht in Entwurf", 1964, ZStW 76, S. 662.

45) 이재상, 보안처분의 연구, 법문사, 1979, 150면.

46) E. H. Sutherland/D. R. Cressey, "Principle of Criminology", 10th edition, New York: J. B. Lippincott Co, 1978, p.498.

미국에서는 1948년 이후 Probation order는 독자적 제재수단으로 범죄자가 정신질환 상태에서 범행한 경우에 실시되어 왔기 때문에[47] 대륙에 있어서의 보안처분과 같은 취지로 실시되었다고 볼 수 있겠다. 또한 영국에 있어서도 1948년 '형사재판법'에서 Probation order(집행 및 선고유예 없이 이행시키는)의 조건으로 Probation Hostel 또는 Probation Home제도에 의하여 범죄자를 시설 내에 수용하도록 하고 있다(동법 제3조). 또한 미국의 모범형법전 제301조 및 몇몇 주에서 시행하고 있는 중범죄자를 Probation 기간 중 일정 기간만 교도소 내에 구금하고 나머지 기간 동안은 Probation에 부하는 Shock Probation[48]과 같은 것도 행위자에 대한 원호와 지도에 중점을 두고 있는 것이다.[49] 또 일부 주에서는 Probation기간의 일부는 군교도소(County Jail)에 복역하는 것을 전제로 하여 Probation에 처하는 경우도 있다.[50]

이런 제도들을 생각해 보면, 특히 shock Probation은 Parole에 유사한 제도임을 알 수 있는데, 이는 범죄자를 사회 내에 처우하여 원조한다고 하는 Probation의 본래의 의미와는 차이가 있음을 알 수 있다.

---

47) J. E. Hall Williiams, "Criminology and Criminal Justice", London: Butterworths, 1982, p.198.

48) shock probation이란 straight probation에 대한 용어로 후자는 피고인을 전혀 구금하지 않으나 전자는 일정기간 동안 피고인을 구금하는 점에서 차이가 있다.

49) Clemens Bartollas, "Introduction to Correction", New York, Harper and Row Publishers Inc., 1981, p.147.

50) E. H. Sutherland/D. R. Cressey, "Principle of Criminology", 9th edition, New York: J. B. Lippincott, 1974, p.499.

2) 대륙법계의 성격

영미법계는 Common Law 전통에 따라 구체적인 사례에 입각한 합리적인 형벌제도의 도입이 가능하나, 대륙법계에서는 성문법의 바탕 위에서 법제가 운용되기 때문에 새로운 제도가 도입되기 위해서는 우선 법적인 바탕이 마련되어야 하는 등 해결해야 될 단계들이 많다. 독일에서는 보호관찰제도를 광범위하고도 다의적으로 이해하고 있으나 대체로 세 가지 입장으로 나눌 수 있다. ⅰ) 형의 집행유예나 가석방에 수반되는 보호관찰제도(Bewährungshilfe), ⅱ) 법률에 규정된 범죄에 한하여 형의 집행종료 후에 적용되는 보호관찰, ⅲ) 집행유예 또는 가석방을 받은 경우에 적용되는, 보안처분으로서의 보호감호(Schutzaufsicht) 또는 지도관찰(Führungsaufsicht) 등으로 나누어 볼 수 있다.

이러한 면에서 볼 때, ⅱ)와 ⅲ)의 경우는 보안처분의 한 방법으로 보는 것이 일반적인 견해이므로[51] ⅰ)의 경우만이 보편적인 의미의 보호관찰제도라고 말할 수 있다. 이 경우에 있어서도 그 성격은 다음 세 가지 측면에서 고찰해 볼 수가 있다.

첫째, 보호관찰을 자유형의 변형(Modifikation der Freiheitstrafe)[52] 또는 형집행의 변형(Modifikation der Vollstreckung)[53]으로 보는 견해이다. 이 견해에 의하면 보호관찰은 준수해야 될 일정한 사항을 제시하고 이의 시행을 지도·감독하고 보도·원호함으로써 개과천선하게 하려는 것으로, 준수사항을 위반하게 되면 집행유예나 가석

---

51) Schönke/Schöder/Stree, StGB, 27 Aufl., 2006, § 68 Rn. 1.

52) Schönke/Schöder/Stree, a.a.O., § 56 Rn. 4.

53) Lackner, StGB, 20 Aufl., 1993, § 56 Rn. 2.

방을 취소하거나 재구금하게 되는데 그렇지 않는 경우에도 보호관찰의 기간을 잔형기간과 일치하도록 하고 있으므로 형벌과 보호관찰제도와는 깊은 관계가 있다.[54] 또 범죄가 발생한 것을 전제로 하여 부과되므로 시설 내 수용처분과 자유로운 상태와의 중간단계적 형식으로 파악될 수 있기 때문에 결국 자유형의 변형이라고 말할 수 있다는 것이다.[55]

둘째, 독립된 제재수단으로 보는 견해이다. 이 견해에 의하면 만약 보호관찰제도를 단순히 자유형의 변형으로 본다면 이는 고유의 의미의 보호관찰제도라고 할 수 없을 것이며, 또 보호관찰에 의해 자유형이 변형되는 것이 아니라 전혀 내용이 다른 제도로 대체되는 것이라고 보아야 하므로[56] 보호관찰제도를 형벌도 보안처분도 아닌 제3의 형법적 제재방법(eine dritter Weg der kriminalrechtlichen Sanktionen)[57]으로 보는 견해이다. 이는 범죄자를 사회 내에서 자유롭게 생활하게 함으로써 시설 내에 수용할 경우 야기되는 소위 단기 자유형의 폐단을 피할 수 있으며 또한 범죄자를 장래 범행의 위험으로부터 보호함으로써 재사회화를 실현하는 데 있어서 현실적으로 최선의 방법이라고 볼 수 있다. 따라서 보호관찰은 자유형의 변형도 보안처분의 하나도 아닌 제3의 유형(eine dritte Spur in Strafrecht)[58]이라고 말할 수 있다는 것이다.

---

54) 松本勝, 保護觀察制度の諸問題, 日本の矯正と保護(第3卷), 有斐閣, 1981, 83面.

55) 이재상, 보안처분의 연구, 법문사, 1979, 150－151, 이태언 외, 신보호관찰론, 형설출판사, 2005, 31〜33면.

56) 이재상, 앞의 책, 151면.

57) Jescheck/Weigend, Lehrbuch des Strafrechts, Allgemeiner Teil, 5 Aufl., Berlin, 1996, S. 79.

58) Burns, Rechtsgrundlage und Zulässigkeitsgrenzen strafrechtlicher Auflagen und

셋째, 보안처분의 일종이라는 견해이다.[59] 이는 범죄자의 특별예 방을 목적으로 하는 보안처분에는 자유박탈적인 면이 있고, 또 이 와 같이 자유형의 집행종료 후의 보호관찰과 같은 보안처분이 있 으므로 양자 간에는 전혀 차이가 없다고 한다.[60]

그러나 보안처분은 제도의 목적이 책임무능력자에 대한 사회방 위처분이지만 보호관찰제도는 범죄자의 갱생보호를 목적으로 하기 때문에 양자는 구별된다고 보아야 하며, 또 보안처분은 시설 내의 처우를 원칙으로 하며 장래에 범죄위험이 있는 자를 대상으로 하 는 데 비해 보호관찰제도는 사회내처우를 원칙으로 하며 범죄행위 자를 대상으로 하는 점에서 중대한 차이점이 있다고 볼 것이다.

현대사회에 있어서 범죄원인이 다양한 것처럼 그 대책에 있어서 도 다양성이 요구되는 것이므로 범죄자의 성향이나 범죄의 질에 따라 어떤 경우는 형벌로, 어떤 경우는 보안처분의 방법으로, 또 경우에 따라서는 보안처분과 완전한 자유와의 중간단계로서의 보 호관찰처분으로 다양화되어야 한다고 볼 때 보호관찰제도를 독립 된 제3의 처분이라고 보는 것이 좋을 것 같다.

그러나 현실에 있어서는 제도의 도입과정이나 발전과정에 있어 서 보안처분제도와 보호관찰제도가 혼합적으로 교류되고 있어 명 확하고도 분명한 구별은 어려운 일이라고 하겠다.[61]

Weisungen, GA, 59, S. 386.

59) Schmidt, "Reform des Strafvollzugs", ZStW 64, 1952, S. 7.

60) 독일형법은 보안처분의 장 제215조에 규정하고 있다.

61) Sutherlland/Cressey, op. cit., p.499.

제2절 외국의 보호관찰제도

1. 미국의 보호관찰제도

보호관찰제도의 유사한 원형은 13세기 영국의 보통법에서 연유한다고 볼 수 있으나 실질적인 현대의 보호관찰제도의 시초는 미국에서 마련되었다. 1841년 Boston 시에 살고 있던 제화업자 John Agustus(1785~1859)[62][63]가 당시 금주협회 회원으로 있으면서 Boston 시의 알코올 중독자인 한 범죄자를 형의 선고 전 자기의 보증하에 보호관찰부로 석방을 받아 관찰·보호를 하기 시작한 이래로 18년간 계속 이와 같은 일에 헌신하였는데, 그동안 약 2,000명의 범죄자를 맡아 보호관찰을 실시한 결과 단 10명만이 재범하여 처벌을 받았을 뿐 거의 100%에 가까운 놀라운 성과를 거둠으로써 본 제도의 효과가 인정되었다. 그는 최초로 Probation이라는 용어를 사용했을 뿐 아니라 개별처우(Casework)의 방법을 첨가하여 현대적인 보호관찰제도의 원형을 완성하였다.[64]

그의 이러한 사업은 동역자인 John. M. Spear, Boston 시 시법원

---

62) 그는 1841년 8월 어느 날 Boston 시에 있는 한 즉결재판에서 어떤 술꾼의 재판을 지켜보았는데 형의 선고가 있기 직전에 그와 잠깐 대화를 하던 중 그에게 개선의 여지가 다소 있다고 보고 그자를 자기의 보증하에 석방시키고 3주 후에 다시 재판을 받으려 법원에 출두할 것을 법원에 간청하여 허락받았다. 3주 후 범죄자의 모습은 완전히 변하였기 때문에 그를 심문하던 사람조차도 그가 전에 범죄자라고 믿지 않을 정도였다. 법관은 기뻐하면서 교정원에 보내는 대신 1센트의 벌금과 소송비용 약 3.76불을 선고함에 그쳤다. 여기에 자신을 얻은 그는 그 후 18년 동안 이런 일을 성공적으로 수행하여 probation의 아버지로 존중되었다(菊田幸一, 前揭書, 41~42面 참조).

63) 오영근 외 공저, 한국교정학, 한국교정학회, 2007, 652면(처음에는 성인범죄인만을 대상으로 하였으나 차차 여성과 소년에게도 그 대상을 확대하였다).

64) 이재상, 앞의 책, 146면, 이태언 외, 앞의 책, 27면.

판사로 이 제도를 많이 활용했던 Peter O. Thacher, 1851년 '천사의 집'을 세우고 5,000여 명의 청소년 범죄자를 교화시킨 George F. Haskins 신부, 상급법원에까지 이 제도를 확대 실시하게 한 Rufus R. Cook, 아동보호회의 일원으로 주로 소년범죄에 대해 적격성 판단을 위한 사전조사를 시행했던 Miss L. P. Burnham, 그리고 그의 사후 사업을 계승 발전시킨 B. C. Clark 등의 노력에 의하여 체계화되었다.[65]

형식상 세계 최초로 보호관찰제도를 입법화한 것은 1869년의 매사추세츠 주법이다. 그러나 이 법은 보호관찰이란 용어도 사용하지 않았고, 다만 소년범죄에 대해서만 오늘날의 보호처분에 유사한 선고유예 및 관찰을 규정한 데 불과하였다. 그러나 형식적으로는 주지사가 임명하는 방문관(visiting agent)이 있어 가석방자에 대한 관찰과 보호업무를 행할 것을 규정하고 있었다. 그러나 실질적인 최초의 보호관찰법은 1878년의 매사추세츠 주법[66]으로 여기서는 처음으로 Probation이란 용어를 사용하는 등 오늘날 본 제도가 가지고 있는 모든 요소를 갖추고 있어 보호관찰제도의 Magna Carta라고 하기도 한다.

그 후 1880년에는 새로운 입법을 통하여 교도소에서 가석방된 자에 대한 보호에 관해서도 규정하여 Probation과 Parole을 통합시키는 최초의 제도가 이루어졌다.[67] 이러한 일련의 입법을 통해 체

---

65) N. S. Timasheff, op. cit; 高橋正己(譯), 前揭書, 9∼10面.

66) 이 법은 Boston을 중심으로 한 Suffalk군에 한정적으로 시행되었는데, Boston 시장이 보호관찰관을 임명했으며 대상자의 선정을 위해서도 판결전조사를 하도록 했고 대상자에 대한 법적 제한은 없었다. 보호관찰관이 관찰사항을 보고하며, 위반 시에 체포하여 처벌하는 등 오늘날 보호관찰제도의 원형이 거의 마련되었다(菊田幸一, 前揭書, 47∼48面 참조).

67) N. S. Timasheff, op. cit; 高橋正己(譯), 前揭書, 17面.

계화된 보호관찰제도는 1898년 버몬트 주를 시작으로 하여 1971년까지는 21개 주가 성인에 대해 보호관찰제도를 실시하게 되었으며, 1925년에는 연방보호관찰법이 제정되기에 이르렀다. 특히 1917년에는 소년범죄에 대해서는 Wyoming 주를 제외한 모든 주가 본 제도를 채용하게 되었으며, 1933년까지는 34개 주, 1940년까지는 40개 주, 1950년에는 44개 주, 1957년에는 New Mexico 주를 끝으로 49개 주 모두가 입법화했으며, 1959년에 주로 승격된 알래스카는 1963년에 보호관찰법을 제정함으로써 전국에 걸쳐 입법활동이 완료되었다. 이들 각 주의 Probation법은 대부분이 1878년 매사추세츠 주법을 모델로 하고 있기 때문에 각 주 간에는 본질적으로 제도상의 상이가 없다고 할 것이다. 그러나 운용의 면에 있어서는 각 주마다 약간의 차이가 있다.

각 주와 연방법원이 모두 별개의 형사입법 기관을 가지고 있고, 더욱이 각 주는 그들의 지방적 특성을 중시하기 때문에 보호관찰의 대상이나 적용의 범위 및 조직에 이르기까지 개별화되어 있다. 그러나 이들을 합리적으로 표준화(Standardization), 통일화(Centralization)함으로써 제도의 발전을 기해야 한다는 강한 여론이 대두되었고, 실제 상당한 성과를 거두고 있다.

이 운동의 시작은 '전국보호관찰 및 가석방위원회'(N.P.P.A: National Probation and Parole Association)와 그의 후신인 '전국범죄 및 비행대책회의'(N.C.C.D.: National Council on Crime and Delinquency), 그리고 '법집행 및 사법운영에 관한 대통령특별위원회'(the President's Commission on Law Enforcement and Administration of Justice) 등을 들 수 있다. 이들 단체들의 활동으로 1939년에는 '주의 감독에 관하

여'(for State Supervision of Probation)라는 책이 간행되었고, 1940년에는 '성인보호관찰표준법'(Adult Probation Law of the United States)을, 그리고 같은 해에 주 성인보호관찰(State Administration Adult Probation), 가석방제도(Parole System)라는 3개의 표준화를 위한 법을 제정하였고 1955년에는 이들을 개정하여 '표준보호관찰법'(Standard Probation and Parole Act)을 제정하여 발표하였다.[68]

1955년의 이 표준보호관찰법안은 판결전조사제도의 강화, 사회내 처우 및 개별처우를 명실 공히 확립하여 그 가치를 높이 평가받고 있으며, 한편 대통령위원회에서도 1967년 '보호관찰표준'(Standard for Probation)을 발표하고 이것을 Model로 하여 시행할 것을 권장하고 있다. 특히 1962년 '미국모범형법전'(Amercian model Penal Code)에서도 제17조의 10에 규정된 요건하에 제602조에서 Probation을 규정하고 있으며, 제404조 1에서는 가석방자에 대하여, 제406조 1 이하에는 집행유예에 관련된 보호관찰에 관하여 규정을 하고 있다.[69] 그러나 가석방제도에 관하여 무시하지 못할 비판[70]의 조류가 형성되고 있음도 주목되고 있다.[71][72]

한편 소년에 대해서도 1925년에 '표준소년법'(the Standard Juvenile Court Act)을 제정한 후 N.P.P.A 후신인 N.C.C.D에 의해서 소년 보호관찰에 관한 표준법이 몇 차례에 걸쳐 개정되어 오다가,[73]

---

68) 菊田幸一, 前揭書, 104〜112面.

69) 이재상, 사회보호법론, 경문사, 1981, 170면, 이태언 외, 앞의 책, 29면.

70) 비판의 조류는 1971년 아티카 교도소(Attica Prison in New York State) 폭동 후 한 보고서에서 가석방이 폭동의 원인이 되었으며 가석방의 운용이 교도소의 긴장과 무정의 원인이고 비밀의 베일(Veil) 속에서 운영되고 있다고 주장한 데서 비판과 반성의 논쟁이 강해졌다.

71) The Official Report df the New York State Special Committee on Attica, 1972, p.93.

72) 이무웅, 앞의 책, 21면.

1963년에는 '모범양형법안'(Model Sentencing Act)을 발표하는 등의
노력을 계속하고 있다. 이러한 노력은 미국에서 통일적인 보호관찰
제도의 시행을 위한 큰 진전의 계기가 되었다. 그리고 이러한 보호
관찰의 통일을 위한 노력은 일반여론의 지지를 받게 되면 더 강하
게 확대 추진되어 갈 것이 확실하다.

2. 영국의 보호관찰제도

영국 보호관찰제도의 기원은 영국의 보통법상 관행에 의한 법원
의 선고에서부터라고 본다. 영국의 보호관찰제도가 실질적으로 시
작된 것은 1820년경 영국의 욕－크(York State)의 사계법원(Warwi-
ckshir Quarter Session) 판사들이 소년범죄인에 대하여 필요시 단
하루만 구금하고 그들의 부모에게 인계 위탁하여 주의 깊게 관찰
하도록 명하는 방법을 사용한 데서부터 비롯된다.[74]

영국에서 보호관찰업무의 관장기관은 내무부(Home Office)의 형
사국이나 각 지방자치단체의 보호관찰위원회이며, 이들 위원회의
책임하에 보호관찰이 실시되고 있다. 대상자로서 우리나라와 비슷
한 보호관찰부 집행유예 및 선고유예, 보호관찰부 가석방 대상자가
주류이다. 영국보호관찰의 특징으로 가장 두드러진 점은 사회봉사
명령이 광범위하게 활용된다는 점이다. 유기징역형을 선고할 수 있
는 16세 이상의 소년과 성인에 부과 가능한 사회봉사명령이 보호
관찰관이 작성한 사회조사보고서를 토대로 폭넓게 선고되고 있다.

---

73) 菊田幸一, 前揭書, 113~118面.
74) N. S. Timasheff, op. cit; 高橋正己(譯), 前揭書 23面, 이무웅, 앞의 책, 16면.

그리고 미국과 마찬가지로 판결전조사보고서가 재판상 중요한 위치를 차지하고 있다. 우리나라와 가장 큰 차이점은 보호관찰업무별로 보호관찰소가 구분되어 있다는 것이다. 즉 판결전조사를 담당하는 보호관찰소는 법원 내에 위치하여 보호관찰관이 작성한 판결전조사보고서가 직접 재판에 활용하기 용이하도록 하고 있고, 가석방보호관찰소, 사회봉사명령보호관찰소, 보호관찰교육센터, 집단교육전담보호관찰소 등으로 구별하여 각 대상자별 전문적 처우가 가능하도록 하고 있다는 것이다. 그리고 판사의 반구금 명령이나 가석방된 자들을 위한 일종의 중간처우시설로 호스텔이 폭넓게 활용되고 있는 것도 영국 보호관찰의 주요 특징이라고 할 수 있다.

최근에는 1982년 범죄자전자감시협회(OTA: Offender Tag Association)[75]가 설립되었고 이 단체를 중심으로 구금의 대체수단과 범죄를 줄이기 위한 수단으로서 전자감시가 추진되었다. 처음에는 보호관찰소나 기존의 형벌개량운동가, 시민단체 등의 강한 반대가 있었으나 시간이 흐르면서 점차 지지를 받았다. 영국 정부도 처음에는 범죄자전자감시협회의 활동에 거의 관심을 기울이지 않았으며, 범죄자전자감시협회가 내무부(Home Office)에 제출한 최초의 계획은 가택구금이 형벌로서 불충분한 제도라는 이유로 거부되었다. 그 후 1984년 내무성은 범죄자전자감시협회의 종전의 계획을 재검토하였다. 영국 하원도 교도소의 과밀현상에 관한 보고를 받고 미국이나 캐나다의 전자감시프로그램이 영국에서도 적용가능한지의 여부를 평가할 목적으로 연구해야 한다는 결론에 이르렀다. 1988년 정부의

---

75) OTA는 선데이 타임스(Sunday Times)지의 기자이며 소설가 그리고 교화위원인 톰 스테이시(Tom Stacey)에 의해서 창설되었고, 이후 정치가를 비롯하여 전과자, 교회 성직자, 대학교수, 전자산업의 대표자, 교도관인 스테팬 튜민(Stephen Tumin) 등이 참여하였다.

'형벌, 구금 및 지역사회'(Punishment, Custody and the Community)라는 보고서에서 비구금적 처우수단의 채택에 관한 논의를 환기하면서, 그 한 방법으로 전자감시에 관심을 보였으며, 전자감시는 범죄를 줄이고 교도소의 과잉구금을 완화하는 방안이 될 수 있다고 보고하였다. 전자감시는 14세에서 16세까지의 소년범죄자들[76][77]에 대한 구금형의 유력한 대체수단이 될 수 있고, 동시에 범죄자의 '감시와 처벌 그리고 통제'를 임무로 하는 종래의 보호관찰소의 역할을 '조언과 지원 및 보살핌'을 하는 기관으로 변혁하는 효과도 얻을 수 있다고 하였다.

이 보고서로 인하여 영국에서 전자감시에 대한 논의가 활발해졌다. 전자감시에 대하여 영국의 보호관찰관협회(National Association of Probation Officers)는 자신들의 종전의 역할이 크게 변화될 것으로 예상하여 처음에는 반대하였다.

이와 같은 일련의 논의과정을 거친 후 1989년 보석자를 대상으로 전자감시를 최초로 시험 실시하였으나 성공하지 못했고, 1991년 형사사법법(Criminal Justice Act)의 개정으로 전자감시를 조건으로 하는 통금명령(이하 '통금명령'이라 함)을 법에 규정하였다. 1995년 7월부터 1997년 6월까지 맨체스터 광역시(Great Manchester), 노포크(Norfolk), 버크셔(Berkshire)에서 1, 2차에 걸쳐 시험적으로 통금명령을 실시하였다. 이들 세 지역에서의 시험적 실시가 성공적이라는 평가가 나오자 1997년 7월에 가석방자들에 대하여 전자감시에

---

76) 영국에서 'young offender'와 'young adult offender'라는 용어가 있는데 전자는 14세 이상 17세 미만인 자를 말하고, 후자는 17세 이상 21세 미만인 자를 말한다.
77) 선우 영, 영국의 소년사법제도, 각국의 소년사법제도의 연구, 법무자료 113집, 1989, 59면.

의한 가택구금(이하 '가택구금'이라 함)을 시험 실시하였고, 1998년 범죄와 비행에 관한 법률(Crime & Disorder Act)을 제정하고, 1999년 1월 28일부터 전국적으로 확대 실시하였다. 통금명령은 그해 12월 1일부터 전국적으로 실시하였다.

3. 독일의 보호관찰제도

독일에서는 직접적으로 Probation제도를 채용함에 어려움이 있었다. 독일의 보호관찰제도는 벨기에 – 프랑스형의 집행유예제도와는 다른 조건부특사제도(Bedingte Begnadigung)의 형태로 채택되었다.[78] 1930년의 형법에 집행유예제도가 도입되었으나, 이것은 특사권에 근거한 일종의 행정조치[79]에 불과하였다.[80] Polligheit가 정신이상자에 대해서만은 1907년 영국에서 제정된 '범죄자 보호관찰법'과 같은 법을 제정해야 한다고 강력하게 제창한 결과로 1911년의 형법개정안에서 처음으로 보호관찰(Schutzaufsicht)이라는 용어가 사용되었는데 이것이 1922년 '소년복지법'(Reichsgesetz für Jugendwohlfahrt)에 명문화됨으로써 소년범죄의 경우 심신의 타락을 방지하기 위하여 필요한 경우에는 유능한 적임자를 통하여 보호관찰을 시행하도록 규정하였다.

1953년의 제3차 형사법 개정법률(Drittes Strafrechtsänderungsgesetz v.4.8 1958, BGBl., S.735)의 제37조 이하에는 시험적 형벌의 연기(형의 집행유예)를 규정했고, 제26조에서는 가석방을 규정하였다.

---

78) 이무웅, 앞의 책, 25면.

79) 행정조치 (영) administrative measure[action], (독) Verwaltungmassnahme

80) Agg, "Das neue schwedische Strafgesetzbuch", ZStW, Bd. 1. 76, 1964, S. 115.

이 경우에는 형의 집행 전후에 관계없이 보호관찰에 부치게 함으로써 영국의 Probation에 매우 유사하게 되었다. 그러나 엄밀한 의미에서 보면 이 제도 역시 단기자유형의 대체 수단에 불과할 뿐 Probation으로서의 적극적인 의도는 없었다고 볼 것이다.

또한 이 법에서는 보호관찰을 위해 보호관찰관(Bewährungshelfer) 이외에도 경찰감시(Polizeiaufsicht)를 인정하고 있어 영미의 Probation과는 큰 차이가 있었다.[81] 1956년의 형법초안에서는 보호관찰부 형의 유예(Strafaussetzung zur Bewährung) 제도와 보안관찰(Sicherungsaufsicht)이라는 두 가지의 유사한 제도를 규정하였는데, 전자는 1953년 개정형법에 있어서의 집행유예와 비슷하고, 후자는 경찰감시가 특정 범죄자에게만 적용될 뿐 아니라 행위자의 개선이나 사회복귀에 별다른 효과를 거둘 수 없다고 보아 소년법원법 제9조 제2항의 내용인 보호관찰 사항을 성인범죄의 경우에 적용시킨 것이다.

1962년 초안 중에서 경찰관찰은 법률에 특정한 범죄에만 적용되므로 행위자의 개선이나 사회복귀를 기대할 수 없기 때문에 경찰관찰제도를 폐지하고 보안관찰제도가 규정되었던 것을 1975년 제12차 형법 개정법률에서는 보안관찰을 지도관찰(Führungsaufsicht)로 용어를 변경한 것이다. 독일에 있어서는 1956년 이래의 시험적 형의 연기는 위 개정법률에서도 계속 규정되었고, 보호관찰의 적극적인 면인 행위자의 지도와 원호에 중점을 두게 됨으로써 영미형의 Probation정신에 거의 일치하게 되었다.

독일에서는 1953년에 형법과 소년법의 개정으로 집행유예제도와

---

81) 이재상, "보호관찰제도의 연구", 법조, 1977. 3. 129면.

보호관찰제도가 도입되었으나 영미의 Probation을 모형으로 한 것이 아니라 대륙의 프랑스 - 벨기에식 조건부 판결제도를 기초로 했기 때문에 보호관찰제를 도입하면서도 이를 집행유예와는 직접 결합하지 않는 형식을 취했다.[82] 그것은 Probation이 피고인에게 형을 선고하지 않는 면에서는 사회복귀에 도움이 되는 장점이 있으나 집행유예가 취소되는 경우에는 형이 확정되어 있지 않기 때문에 행위책임 원리보다는 유예기간 동안의 태도에 의해 형이 가중될 위험이 있고 또 유죄가 확정되어 상당한 기간이 지난 뒤에 새삼스레 형을 확정하는 것은 법치주의 원칙과도 일치할 수 없다는 점에 근거를 두고 있기 때문이다.[83]

독일의 보호관찰제도는 법관이 임의로 부과할 수 있는 지시(Weisung)의 하나에 불과한 것으로 이것은 집행유예와 가석방의 두 경우에 공통되는 사항이다. 그러나 소년법에서는 소년이 집행유예나 가석방을 받은 경우에는 형법에서와는 달리 보호관찰관의 지시와 보호를 받을 것을 의무로 규정하고 있다(소년법 제24조, 제88조). 이렇게 볼 때 소년범죄의 경우는 영미에서의 Probation과 성격이 비슷하다고 할 것이다. 1975년에 시행된 독일 형법 총칙에서는 보호관찰(Schutzaufsicht) 이외에도 지도관찰(Führungsaufsicht)이라는 보안처분적 성격의 제도가 신설되었다. 이것은 위험한 범죄자에게 자유의 박탈에서 자유로 전환하는 데 필요한 도움을 제공하고, 동시에 위험한 범죄자로부터 사회의 안전을 지키는 것을 보장하기

---

82) 이재상, "독일의 보호관찰제도", 소년보호관찰제도연구보호자료 제5집, 1986, 11면, 이태언 외, 앞의 책, 2005, 63면.

83) Lackner, Niederschfriten, Bd. 1, Bonn, 1956, S. 185.

위한 것이다.[84] 또한 형기종료 후에도 사회복귀가 어렵다고 판명된 위험한 범죄자에게까지 그 지도가 보호관찰관에게 맡겨지고 있는 것으로 보아 독일에서는 다른 나라에 비해 보호관찰의 과제가 더 넓다고도 말할 수 있다.[85]

4. 일본의 보호관찰제도

일본에서는 1949년에 범죄자 예방갱생법의 제정으로 협의의 갱생보호제도와 함께 집행유예자에 대한 보호관찰도 실시되었다. 그 후 몇 차례의 형법개정작업을 통하여 집행유예자뿐 아니라 선고유예자의 경우에도 보호관찰이 실시되는 등의 발전을 거듭하여 미국과 더불어 가장 모범적인 보호관찰제도를 수립하게 되었다.[86] 일본의 보호관찰제도는 다음 몇 가지 점에서 미국과 구별된다.[87] ① 미국과는 달리 아직도 선고유예부 보호관찰제도가 없다. ② 가정법원의 보호처분을 받은 자나 부인보도원에서 가퇴원된 자도 보호관찰에 부치는 점이다. ③ 미국에서는 보호관찰제도를 주지사가 관장하나 일본에서는 법무성에서 취급한다. ④ 보호관찰의 직접 담당자는 지역사회의 명망가이며 독지가인 보호사들이나, 미국에서는 전문적인 공무원인 보호관찰관이 직접 담당한다.[88]

---

84) Jescheck, "Die kriminalpolitische Konzeption des Alternativ Entwurfs", ZStW, 80, 1968, S. 86.

85) 이재상, 앞의 논문, 13면.

86) 1974년 법제심의위원회의 부회초안에는 선고유예제도가 규정되었으나 총회에서는 선고유예 제도가 삭제되었다.

87) 문건식, 앞의 책, 103~107면.

88) 이태언 외, 앞의 책, 49면.

보호관찰이 소년과 성인, Probation과 Parole 등으로 구분하지 않고 통일된 조직으로 운영되는 것이 특색[89]이었다.

현행 일본의 보호관찰은 아래와 같이 5종류로 나누어지는데 1호 관찰은 독립처분으로서의 보호관찰이고, 4호 처분은 Probation형 보호관찰이며, 2호, 3호 그리고 5호 관찰은 Parole형 보호관찰이다.[90] 종류, 대상자, 관찰기관, 주요 관계법의 관계를 도표로 그리면 〈표 1〉과 같다.[91]

표 1 일본 보호관찰제도의 종류

종류 (명칭)	대상자	보호관찰의기간		주요 관련 법률
1호 관찰	가정법원에서 보호처분을 받아 보호관찰에 부처진 소년	보호처분 확정일로부터 20세까지 단 2년 미만일 경우는 2년		소년법 제24조 갱생법 제33조
		단기보호 관찰기관	• 교통단기보호관찰 : 3~4개월	소년심판규칙 제38조 제2항
			• 사회체험보호관찰 : 6개월 이내	
2호 관찰	소년원에서 가석방된 소년	가퇴원 기간(20세에 달할 때까지)		범죄자예방갱생법 제33조
3호 관찰	형무소에서 가석방된 자	• 잔형기간 • 무기형 가출옥자는 은사가 없는 한 종신 • 무기형 가출옥자 중 소년은 10년(재판 시)		갱생법 제33조 소년법 제59조
4호 관찰	보호관찰부 집행유예 선고를 받은 자	확정일로부터 집행유예기간 만료일까지		형법 제25조
5호 관찰	부녀보도원에서 가퇴원된 자	부인보도원에서의 가퇴원일로부터 잔여기간		매춘방지법 제26조

---

89) 枌木一久, 保護觀察運營の諸形式, 日本の矯正と保護 第3券, 有斐閣, 1981, 57면.

90) 森下忠, 刑事政策(Ⅱ), 東京: 成文堂, 1985, 319面.

91) 이태언 외, 앞의 책, 49~50면.

보호관찰의 기간은 법으로 정하고 있으며 그 기간은 위와 같이 보호관찰 종류에 따라 다르다. 그 법정기간 동안 실시되나 보호관찰 효과를 올리기 위하여 필요·상당한 기간은 보호관찰의 종류, 사안에 따라 다르기 때문에 일률적으로 논할 수는 없다.[92]

보호관찰이 종료되는 경우는 집행유예 또는 가석방의 기간이 만료되거나, 취소 및 정지되는 경우이며 1호 관찰의 경우는 해제되는 경우이다.

① 보호관찰이 정지되는 경우는 3호 관찰의 경우 가석방자가 주거로 지정받은 장소를 이탈하여 소재불명이 된 경우인데, 이 경우 보호관찰소장은 그 사정을 조사한 후 정지가 필요한 때에는 담당자의 의견을 들어 지방위원회에 신청하며, 지방위원회에서는 이를 결정할 수 있다. 정지기간 중에는 형기가 진행되지 않으며 소재가 판명되는 즉시 정지가 해제되어 다시 보호관찰이 진행된다. 다만 정지기간 중에 준수사항을 위반한 때에는 가석방이 취소되지 않는다.[93]

② 보호관찰의 해제 및 가석방: 1호 관찰의 경우에 보호관찰소장은 대상자의 갱생이 명백하여 더 이상 보호관찰이 불필요하다고 생각되는 경우 담당자의 신청에 의해 해제를 결정할 수 있다. 이것은 보호관찰의 종료를 뜻하는 것으로 보호관찰이 최소한 1년 이상 행해진 자 중에서 3개월 동안 계속 성적이 양호한 자(1호 관찰의 양호정지)에 한하여 시행한다.[94]

---

92) 김철호, 일본보호관찰제도론, 수원보호관찰소, 2002, 16면.

93) 森下忠, 前揭書, 323~324面.

94) 일본의 1호 관찰 성적양호자 처우는 두 가지로 구분하는데 해제와 양호정지이다. 해제는 종국적으로 그 처분이 종료된다는 것이 우리나라의 가해제와 다르고 양호정지는 양호정지자가 재차 준수사항을 지키지 않을 때 다시 양호정지를 취소할 수 있다는 점이 우리나라 가해제와 같다. 즉 양호정지는 해제의 전 단계라 할 수 있다.

1호 관찰에 대해서 그 기간 중 필요가 없다고 인정되는 때에는 보호관찰을 정지시키거나 또는 해제할 수 있는데 이가 곧 가해제 및 양호정지제도이다.[95]

가석방은 종합 성적이 양호한 상태가 6개월 이상 계속되어 더 이상의 보호관찰이 불필요한 경우에 행하여지는데 완전 해제될 때까지 준수사항을 지킬 의무는 계속된다. 왜냐하면 가해제는 취소조건부의 시험적인 해제로서, 필요한 경우에는 언제든지 가해제를 취소하고 다시 보호관찰을 실시할 수 있기 때문이다.[96] 가해제의 실익은 이 기간 중에는 준수사항의 위반으로 집행유예가 취소되지 않는 것인데 재범 등 형법에 규정된 특수한 사유가 있을 때에만 취소된다. 따라서 조사결과 여러 가지 정황으로 보아 보호관찰 해제 기준에 해당한다고 인정될 때는 해제하고 보호관찰을 재개할 필요가 인정될 때에는 양호정지처분을 취소하여야 한다.[97][98]

③ 보호관찰의 취소는 1호 관찰의 경우 대상자가 준수사항을 지키지 않을 뿐만 아니라 갱생의 의욕도 없어 지도감독상 좀 더 강력한 조치가 필요한 때에 한해 보호관찰소장이 가정재판소에 통보한 경우 동 재판소에서 이를 심리하여 결정한다. 이때 취소가 결정된 경우에는 다시 소년원으로 송치되는데 20세가 넘는 경우에는 23세

---

95) 일본은 3호 관찰(가석방)에도 정지용어가 있다. 이것과는 전혀 다른 것이며 또한 1호 처분이 부과된 자가 유죄판결이나 새로운 보호처분에 의해 교도소나 소년원에 수용된 때의 사실상 보호관찰 정지도 여기의 양호정지와는 전혀 다른 것이다.

96) 菊田幸一, 前揭書, 175~176面.

97) 이 제도는 우리에게 시사하는 바가 크다. 우리나라는 대상자를 가해제시킨 후 그 대상자가 재범하는 사례가 종종 있으므로 일본처럼 그 전 단계인 양호정지처분을 한 후 그 추이를 관찰해 가면서 가해제시킴이 좋을 것이다.

98) 김철호, 앞의 책, 38면.

가 넘지 않는 기간 내에서 수용기간을 정할 수 있다(범죄자예방 갱생법 제42조).

2호 관찰로 인해 가퇴원된 자가 준수사항을 위반하였거나 위반의 염려가 있을 때에는 보호관찰소장의 신청에 의해 지방위원회에서 심리하며, 심리가 있을 때에는 가정재판소에 통보하고 동 법원의 결정으로 소년원의 재수용 여부가 결정된다. 이때에도 대상자가 20세가 넘는 경우에는 23세 이내의 기간까지 수용할 수 있으며 정신상태에 현저하게 이상이 있어 가퇴원허가가 부적당한 경우에는 26세까지 의료소년원에 수용할 수 있다.[99]

3호 관찰은 가석방자가 준수사항을 위반한 경우나 소재불명으로 보호관찰을 계속할 수 없게 된 경우에 보호관찰소장의 신청에 의해 지역위원회에서 보호관찰의 정지를 결정할 수 있는데 이때부터 형기가 진행된다. 그러나 결정 후 소재가 다시 판명된 경우에는 해제결정을 하고 그 소재불명의 원인 대상자의 고의가 없을 때에는 정지결정은 취소될 뿐 아니라 형기는 소급하여 진행한다.

4호 관찰의 경우는 형집행유예 판결확정 통지를 받고 수리 수속이 행하여짐으로써 개시된다.[100] 보호관찰부 집행유예자는 보호관찰이 확정된 요지의 통지를 검찰관으로부터 받고 우선 보호관찰소는 사건을 계속(係屬)시킨다. 따라서 사건계속일과 보호관찰소 수리일은 약간의 차이가 날 수 있다.[101] 보호관찰부 집행유예자가 준수사항을 이행하지 않고 또 그 위반의 상태가 중대한 경우 보호관

---

99) 森下忠, 前揭書, 320面.

100) 김철호, 앞의 책, 61면.

101) 우리나라는 판결 확정의 날로부터 보호관찰이 개시되므로 사건계속일, 판결확정일과 보호관찰 수리일의 개념이 없다.

찰소장이 집행유예취소의견서를 작성하여 검찰관에게 제출하고, 검사가 대상자의 소재지나 주소지를 관할하는 지방재판소에 집행유예취소를 청구하는데 이 경우 재판소는 구두변론을 거쳐 유예의 취소여부를 결정한다.[102] 또 대상자는 준수사항 위반 이외의 경우에도 형법규정에 의해 유예기간 중 금고 이상의 형을 선고받거나 선고 전에 범한 죄로 금고 이상의 형선고를 받았던 사실이 발견되면 유예가 취소되고, 자동적으로 보호관찰도 취소된다.[103]

5호 관찰의 경우 부인보도원에서 가퇴원한 대상자가 준수사항을 위반한 때에는 보호관찰소장의 신청에 의해 지방위원회에서 심리하여 가퇴원의 취소를 결정하는데 그 절차는 3호 관찰인 가석방취소의 경우와 같다.

5. 호주의 보호관찰제도

호주[104]는 영미법계 국가로서 영국, 미국과 더불어 보호관찰제도가 발달된 대표적인 국가이다.[105][106] 법원이 보호관찰업무를 담당하는 주무부처이었으나 1985년 정부 조직개편으로 인해 교정부로 이관된 후 현재에 이르고 있다. 호주 N.S.W 주[107]에는 63개의 보

---

102) 長鳥淳, 犯罪防止と犯罪者の處遇, 東京: 成文堂, 1984, 253面.

103) 문건식, 앞의 논문, 100면.

104) 호주는 6개 주 정부로 구성된 연방국가이며, 6개의 주 정부 중 이하 연구보고서에는 시드니 지역을 중심으로 한 N.S.W. 주를 중심으로 분석하였다.

105) 강호성, "선진국보호관찰에 관한 다양한 기법연구", 법무부, 단기국외연구보고서, 2007, 1~4면.

106) 이를 나타내는 대표적인 척도로서 1) 전체 형사사건 중 보호관찰 사건의 비중, 2) 판결전조사의 활용 정도 및 보호관찰소의 업무량에서 차지하는 비중, 3) 전자감독 등 선진 감독기법의 활용 유무, 그리고 보호관찰관들의 전문성 정도 등을 들 수 있는데 호주는 위 모든 척도에서 영국, 미국과 더불어 모두 긍정적인 평가를 받고 있다.

호관찰소가 있으며, 이중 전자감독업무만을 전담하는 I.S.P. 보호관찰소가 9개 포함되어 있다.

이를 담당하는 인력은 〈표 2〉에서 보는 바와 같이 2006년도 현재 총 836명이며 이중 순수한 행정업무만을 담당하는 직원은 전체의 26.3%인 220명이고 그 외 616명은 보호관찰, 사회봉사명령 집행 등 보호관찰 본래적 업무만을 전담한다. 보호관찰업무를 기준으로 할 때 직원 1인당 보호관찰대상자 관리인원은 약 30명 정도로 우리나라의 1/5수준에 불과하다.

표 2 호주(N.S.W 주) 보호관찰 담당인력 현황(2006년)

계	행정 담당	보호관찰 (지도감독)	제재 조치	사회봉사	수강명령	판결전조사	비고
836	220	394	–	102 (환산인원)	–	120 (환산인원)	
비율(%)	26.3	47.1	–	12.2	–	14.4	

호주의 일선 보호관찰소는 일반적으로 보호관찰과 사회봉사명령으로만 크게 업무분장이 되어 있으며 판결전조사업무는 보호관찰을 담당하는 직원이 병행하여 실시하고 있다.

사회봉사명령 집행은 우리나라처럼 공공기관과 복지기관에서 주로 집행하고 있으며 집행방식은 주로 협력집행방식이고, 담당직원이 1주일에 1~2회 순회감독을 실시한다는 점 등에서 우리나라와 유사하나, 우리나라는 연속집행을 원칙으로 하고 있으나 호주는 1주

---

107) New South Wales: 호주의 연방 6개 주 중 가장 큰 주의 이름으로 원래 뉴사우스웨일스라는 이름은 1770년 영국의 탐험가 제임스 쿡 선장이 오스트레일리아를 영국령으로 선포할 당시 그 동쪽 해안 전체를 가리키는 뜻으로 쓰였다. 뉴사우스웨일스는 오스트레일리아의 기업적 농업, 산업, 문화의 중심지이다.

일에 1~2일 정도로 1회당 3시간에서 5시간 정도 집행한다는 점에서 큰 차이를 보이고 있으며, 또한 사회봉사명령 판결 시 본인의 동의를 전제로 한다는 점에서 차이를 보이고 있다.

그러므로 이하에서는 우리나라와 비교적 많은 차이를 보이고 있는 보호관찰 분야와 판결전조사, 그리고 대상자분류체계(LSI – R)를 중심으로 살펴보고, 우리나라에서는 아직 도입·시행하고 있지 않는 Court Duty Officer와 Parole – Unit제도 등 몇 가지 분야를 소개하고자 한다.

호주 NSW 주 2006년도 보호관찰 등 총 접수 건수는 17,957건이며 이 중 전자감독을 병행한 가택구금 216건, 사회봉사명령 4,457건, 가석방 3,964건이며 보호관찰은 11,873건이다.

또한 벌금미납자에 대한 환형처분으로 사회봉사명령을 실시하고 있으며 그 건수는 2006년도 78건이다. 보호관찰은 주로 선행의무 등을 충실히 이행하도록 하는 Bond(section 9, 10)가 7,934건으로 가장 많으며, 명령을 위반하면 교도소에 수감되는 Suspended Sentence (section 12)로 2,830건이다.

수강명령제도는 따로 없으며 우리나라의 수강명령과 가장 유사한 형태는 음주방지나 가정폭력방지 등의 프로그램참가명령이며 686건이다.[108]

〈표 3〉은 2006년 8월 한 달간 종료자 수는 총 2,442명이며, 이 중 명령이행을 완료하였거나 기간이 만료된 경우(Completion)는 1,339명이고 준수사행 이행상태가 양호하고 재범의 우려가 적다고

---

108) 대상자의 죄명이 2개 이상인 경우 예컨대 음주운전과 폭행죄를 범했을 때에는 음주운전에 대해서는 사회봉사명령과 프로그램참가명령을 내리며, 폭행에 대해서는 bond를 부과하는 것이 일반적이라고 한다(즉 2개 이상이 병과됨, 각주 87 참조).

판단되는 자에 대해 실시하는 가해제(Termination) 된 자는 606명이다.[109)110)]

표 3 호주 보호관찰대상 종료자 현황(2006년 8월 말 기준)

구분	명령의 종류	종료	가해제	이송	성공률(%)	위반	사망	기타	합계
주거제한	가택구금	35	0	0	85	4	0	2	41
사회봉사명령 (Reparation)	work only	436	0	1	77	114	1	16	568
	fine default	9	0	0	47	8	0	2	19
가석방	심사위원회	70	0	0	58	46	1	3	120
	법원	269	0	1	70	98	5	11	384
	기타	1	0	0	100	0	0	0	1
보호관찰	bond	280	523	6	87	101	1	16	927
	프로그램 참가명령	54	0	0	73	19	0	1	74
	bail supervision	49	0	0	88	5	1	1	56
	Drug court	4	0	0	31	9	0	0	13
	Suspended sentence	220	94	0	83	59	1	3	377
총계		1,339	606	8	80	426	10	53	2,442

표 4 호주 보호관찰대상자 현황(2006년 8월 기준)

구분	명령의 종류	남자	여자	모름	합계
주거제한	가택구금	185/43	29/7	2/0	216/50
사회봉사명령 (Reparation)	work only	3,731/396	631/65	17/2	4,379/463
	fine default	57/10	21/4	0/0	78/14
가석방	심사위원회	1,571/112	145/13	1/0	1,717/125
	법원	2,030/309	213/30	0/0	2,243/339
	기타	1/0	3/0	0/0	4/0

---

109) 가해제는 담당자의 신청에 의해 보호관찰관이 결정하며(unite leader) 다만 가택구금자에 대한 가해제는 가석방심사위원회에서 결정한다.

110) www.dcs.nsw.gov.Au/information - research

구분	명령의 종류	남자	여자	모름	합계
보호관찰	bond	6,531/681	1,379/161	24/9	7,934/851
	프로그램 참가명령	612/56	72/7	2/0	686/63
	bail supervision	188/48	34/10	0/0	222/58
	Drug court	167/13	34/2	0/0	201/15
	Suspended sentence	2,420/303	404/43	6/0	2,830/346
총계		15,266/1,779	2,642/321	49/11	17,957/2,134

〈표 4〉는 호주 보호관찰대상자 현황으로 보호관찰대상자가 준수사항을 위반(Breach/Revocation)하여 준수사항 내용이 변경되든지 교도소에 수감되는 등의 처분을 받지 않고 성공적으로 명령이행을 완수한 경우는 80%에 이르나 벌금미납자에 대해 실시하는 사회봉사명령의 경우에는 47%에 불과하다.[111]

호주의 보호관찰은 우리나라처럼 보호관찰소 선도위탁에서부터 집행유예, 가출소까지 전 형사사법체계의 모든 스펙트럼에 걸쳐 있는 것이 아니라 Probation과 Parole 두 부분에 대해서만 실시하고 있다.

호주 보호관찰의 특징 중 하나는 준수사항이 세분화되어 있어 대상자마다 많게는 준수사항이 20개 이상인 경우도 있다. 이들이 자신에게 부과된 준수사항을 위반하면[112] 2차례까지는 기회를 주

---

111) 보호관찰 등의 처분을 받고 2년이 경과한 후 재범하여 재차 보호관찰을 받은 경우는 17.6%이며 교도소에 수감된 경우는 29.6%로 우리나라보다 약 10% 이상 재범률이 높은 편이다.
112) 지정된 날짜에 출석하지 않거나, 지정된 병원에서 소변검사에 응하지 않거나, 프로그램이나 사회봉사명령을 받지 않을 경우 등이 대부분이다.

며(이 경우에도 우리의 경고장과 유사한 Notice를 줌), 3번째 이상
의 경우에는 우리나라가 구인장을 발부받아 직접 또는 경찰의 지
명수배를 통해 신병을 확보하는 것과 달리, 호주에서는 보호관찰관
이 소장의 결재를 받은 후 법원에 보고서(일명 Breach of Parole)를
보내기만 하면 된다.

준수사항 위반자로 법원에 보고되면 법원에서는 위반의 경중에
따라 1) 계속 보호관찰을 하도록 하는 경우, 2) 준수사항의 내용을
변경하는 경우, 3) 영장을 발부하여 교도소에 수감하는 경우 등이
있으며 이는 경찰관이 집행한다.

특이한 점은 집행유예 전체가 취소되는 우리나라와 달리 처음
판결 시 보호관찰기간(예컨대 2년)과 함께 위반 시 교도소 수감기
간(주로 1년 이하, 심지어는 3개월까지 있음)을 함께 판결문에 명시
하고 고지한다.

한편 호주의 판결전조사는 업무량과 대상영역, 작성방법 등에서
우리나라와 많은 차이점을 보여주고 있다. 우선 업무량과 관련하여
보호관찰대상자 현재 인원과 비슷한 인원 수준을 매년 실시하며[113]
전체 업무량에서 차지하는 비중은 20~30% 수준으로 일선 보호관
찰소의 업무 중 핵심업무로 분류되고 있다.

호주의 판결전조사서는 법관이 요구하거나 범죄인이 이미 보호
관찰소의 감독을 받고 있을 경우에만 작성되며, 범죄인이나 검사
또는 피고인 측의 요구에 의해서는 작성하지 않고 있다.[114] 또한

---

113) 우리나라는 연간 약 4천여 건으로 보호관찰 현재원 45,000여 명의 약 10% 수준에 불과
하다.

114) 전체 형사사건의 60~70% 수준에 이른다고 한다(www.dcs.nsw.gov.Au/information-
reserch).

특이한 점은 판결전조사와 유사한 석방전조사(가석방심사자료)도 널리 활용되고 있으며, 이는 교도소에 근무하는 보호관찰관들이 작성하며 양이나 질적인 면에서 오히려 판결전조사보고서보다 높은 수준으로 작성되고 있다.

호주에서 실행하고 있는 판결전조사는 다음과 같이 크게 3가지 형태가 있는데, 가장 일반적인 형태는 일선보호관찰관이 작성하는 일명 정식 판결전조사서이다. 이는 별도의 전담직원을 두지 않고 일반 보호관찰업무를 담당하는 직원이 보호관찰업무와 병행하여 작성하고 있다. 다음으로 법원에서 근무하는 보호관찰관이 작성(이들을 C.D.O라고 함)하는 약식 또는 요약 판결전조사서가 있으며 이는 분량이 1~2페이지에 불과하며 주로 피고인이 사회봉사명령이나 주말구금 등에 적합한지 여부를 판단하는 데 활용되고 있다. 마지막으로 교도소에 근무하는 보호관찰관(Parole Unit)이 작성하는 석방전조사가 있다.

판결전조사서의 조사기간은 유형에 따라 다소 상이하나 통상 5주 정도를 요구하고 있으나, 요약 조사서나 사회봉사명령 또는 주기적 구금 조사서(Community Service Order or Periodic Detention Assessment)는 3주 이내에 작성하여야 한다.

6. 캐나다의 보호관찰제도

캐나다 보호관찰제도는 1950년대에 구금형의 대체수단에 대한 관심으로부터 시작되었다. 보호관찰제도 초창기에는 지역별 시설, 주거센터, 그룹홈, 특정 분야 보호관찰 서비스 등이 구금형의 대체수단으로 도입되었다. 1960년대 말에 보호관찰제도의 2번째 발전기를 맞아 다양한 다이버전 프로그램들이 구금형의 대체수단으로 형사사법체계 내에 자리 잡게 되었다.[115] 1960년대와 1970년대에 정부에 재정압박이 심해지면서 형사사법정책 입안자들에게 구금형의 대체수단으로서 보호관찰제도는 한층 더 매력적인 것이 되었다. 보호관찰은 정부의 예산지출을 줄여 주는 제도인 동시에 형사사법 정책에 인간적인 색채를 더해 주는 제도로 제시되었다.[116]

1980년대 이후 캐나다의 교도소 수용인구 급증현상의 대안으로 보호관찰제도가 널리 활용되고 있다. 캐나다와 미국은 서구 민주주의 국가들 가운데 가장 높은 구금형 비율을 나타내고 있는데, 1995년 캐나다 교정부 통계에 따르면, 인구 10만 명당 130명이 수용되어 있다고 한다.[117] 캐나다의 교도소 수용인원은 1990년에 12%, 1995년에 22%로 급증하였다.[118] 캐나다 국회는 최근 교도소 수용인원 감축을 위한 법률을 제정하였다. C-41법으로 불리는 양형개혁법은 형법에 양형의 목적과 원칙 부분을 삽입하였다. 이 부분은 법원에 양형기준을 제시함을 목적으로 한다. 그중 하나의 원칙은

---

115) Blomberg, T. "Community control: An Assessment of an Alternative to Prison", Draft Paper. Florida State University, 1984(http://www.johnhoward.ab.ca/PUB/C29.htm 에서 재인용).

116) A. Scull, "Decarceration: Community Treatment and the Deviant-a Radical View", Englewood Cliffs, N.J.: Prentice-Hall, 1977(http://www.johnhoward.ab.ca/ PUB/C29.htm에서 재인용).

117) Correctional Service of Canada. 1995. Basic facts about. Corrections in Canada. 1994 Edition. p.4. Ottawa: Minister of Supply and Services Canada (http://www.johnhoward.ab.ca/PUB/C29.htm에서 재인용).

118) "Deputy Solicitor General of Canada & Deputy Ministers and Heads of Corrections", 1996, "Corrections population growth": Report for federal/provincial/territorial ministers responsible for justice, Ottawa(http://www.johnhoward.ab.ca /PUB/C29.htm에서 재인용).

구금형을 대신할 형사제재수단을 모든 형사사건에서 합리적으로 고려하여야만 한다는 것이다. 이처럼 캐나다 보호관찰제도는 구금형의 합리적 대안으로서 그 중요성이 날로 커져 왔고 지금은 확고한 형사사법제도로서 자리매김되었다.

캐나다 보호관찰제도는 형사사법과 소년사법체계 양면에 걸쳐 공히 다이버전 프로그램, 재판 전 보호관찰(pretrial supervision), 통상의 보호관찰, 판결전조사, 벌금형 결합프로그램 등을 포괄하고 있다. 형법과 소년법(Young Offenders Act, Youth Criminal Justice Act)은 보호관찰제도에 관해 상세한 규정을 두고 있다. 형법과 소년법의 보호관찰 관련 규정은 서로 중첩되거나 유사한 내용을 많이 가지고 있으며, 다양한 보호관찰프로그램의 운영기준을 규정하고 있다.[119)]

다이버전 프로그램은 상대적으로 경미한 범죄자를 형사사법절차에서 조기에 벗어나게 하려는 것이다. 처음에는 소년범에게만 적용되던 것이었으나, 형법 S. 717(1), CCC에서 성인에게도 적용되는 것으로 규정하고 있다. 피고인이 범행을 시인하고 다이버전 프로그램에 참석하는 것에 동의하면 절차가 개시되며, 프로그램을 잘 완료하면 더 이상 처벌할 수 없게 된다. 캐나다의 프린스에드워드아일랜드, 노바스코샤, 뉴브런즈윅, 퀘벡, 마니토바, 사스카츄완, 앨버타, 브리티시컬럼비아, 유콘 주에서는 성인범에게도 다이버전 프로그램을 제한 없이 시행하고 있고, 노스웨스트 지역과 누나부트 주는 제한적으로 실시하고 있으며, 뉴펀들랜드와 래브라도, 온타리오

---

119) Canadian Centre for Justice Statics, "Community Corrections in Canada", 2004, pp.7 - 13.

주는 성인에 대해서는 실시하지 않고 있다.

재판 전 보호관찰은 판결선고 전 재판 진행 중에 피고인에게 조건을 붙이고 이를 이행하도록 하는 것이다. 재판기간 중 법정출석을 담보하기 위해 보호관찰관에게 보고를 하도록 하거나, 지역 보호관찰소에서 실시하는 프로그램에 참석하도록 하는 등의 내용을 갖고 있다. 온타리오, 마니토바, 사스카츄완, 앨버타, 브리티시컬럼비아, 유콘, 누나부트 주는 일반적으로 재판 전 보호관찰제도를 활용하고 있고, 프린스에드워드아일랜드와 노스웨스트 지역은 제한적으로 실시하고 있으며, 뉴펀들랜드, 래브라도, 노바스코샤, 뉴브런즈윅, 퀘벡 주는 실시하지 않고 있다.

통상의 보호관찰은 피고인에게 보호관찰명령을 선고하고 조건을 부과하는 것이다. 통상의 보호관찰은 단독으로 부과될 수도 있고, 형의 선고유예나 집행유예와 함께 부과될 수도 있으며, 벌금형이나 2년 이하의 징역과 함께 선고될 수도 있다. 보호관찰명령의 지도감독은 보호관찰소의 가장 주요한 임무이다. 보호관찰에는 의무적 준수사항과 선택적 준수사항이 수반된다.

의무적 준수사항은 모든 보호관찰대상자에게 부과되는 것으로서, 재범금지와 선행유지, 법원의 소환 시 출석, 보호관찰관에게 주소, 성명, 근로관계 등의 변동사항 신고 등이 포함된다. 선택적 준수사항은 알코올이나 약물남용 금지, 무기소지 금지, 가족부양 의무 이행, 18개월 이내에 240시간 이하의 사회봉사명령 등이 포함되며 이외에도 법원이 적합한 준수사항을 부과할 수 있다.[120]

---

120) 캐나다 형법 S. 732.1(2)(3)
　　732.1 Compulsory conditions of probation order
　　(2) The court shall prescribe, as conditions of a probation order, that the offender

do all of the following:
(a) keep the peace and be of good behaviour;
(b) appear before the court when required to do so by the court; and
(c) notify the court or the probation officer in advance of any change of name or address, and promptly notify the court or the probation officer of any change of employment or occupation.
Optional conditions of probation order
(3) The court may prescribe, as additional conditions of a probation order, that the offender do one or more of the following:
(a) report to a probation officer
  (i) within two working days, or such longer period as the court directs, after the making of the probation order, and
  (ii) thereafter, when required by the probation officer and in the manner directed by the probation officer;
(b) remain within the jurisdiction of the court unless written permission to go outside that jurisdiction is obtained from the court or the probation officer;
(c) abstain from
  (i) the consumption of alcohol or other intoxicating substances, or
  (ii) the consumption of drugs except in accordance with a medical prescription;
(d) abstain from owning, possessing or carrying a weapon;
(e) provide for the support or care of dependants;
(f) perform up to 240 hours of community service over a period not exceeding eighteen months;
(g) if the offender agrees, and subject to the program director's acceptance of the offender, participate actively in a treatment program approved by the province;
(g.1) where the lieutenant governor in council of the province in which the probation order is made has established a program for curative treatment in relation to the consumption of alcohol or drugs, attend at a treatment facility, designated by the lieutenant governor in council of the province, for assessment and curative treatment in relation to the consumption by the offender of alcohol or drugs that is recommended pursuant to the program;
(g.2) where the lieutenant governor in council of the province in which the probation order is made has established a program governing the use of an alcohol ignition interlock device by an offender and if the offender agrees to participate in the program, comply with the program; and
(h) comply with such other reasonable conditions as the court considers desirable, subject to any regulations made under subsection 738(2), for protecting society and for facilitating the offender's successful reintegration into the community.

감독하며, 앨버타와 퀘벡, 사스카츄완 주에서는 보호관찰관과 협력기관이 함께 지도감독을 실시하는 경우도 있는데, 사회봉사명령이나 피해배상명령이 병과된 경우가 대표적인 사례이다. 구세군과 같은 비영리단체들이 협력기관이 되는 경우가 일반적이며, 협력기관은 대상자의 준수사항 위반을 보호관찰관에게 보고할 책임이 있다. 대상자가 준수사항을 위반하면 2년 또는 1년 6개월 이내의 구금형과 함께 또는 단독으로 2,000달러 이내의 벌금형을 집행받게 된다.

사회봉사명령은 보호관찰의 조건으로 부과될 수도 있고, 보고의무 없는 보호관찰 명령에 병과하는 수도 있다. 형법은 사회봉사명령의 상한시간을 240시간으로 하고 그 이행기간은 18개월 이내로 규정하고 있다(S. 732.1(3)(f), CCC). 보호관찰의 조건으로 부과되는 사회봉사명령은 모든 주에서 실시하고 있다. 아무런 제한 없이 사회봉사명령만을 단독으로 부과하는 제도는 노바스코샤, 퀘벡, 마니토바, 앨버타, 노스웨스트 지역, 누나부트 주에서 실시하고 있으며, 프린스에드워드아일랜드 주는 제한을 두고 있다. 뉴펀들랜드, 래브라도, 뉴브런즈윅, 온타리오, 사스카츄완, 브리티시컬럼비아와 유콘 주는 단독 사회봉사명령은 실시하지 않고 있다.

판결전조사는 보호관찰관이 피고인이 유죄를 시인하거나 유죄평결을 받은 이후에 법원에 조사서를 제출하는 것이다. 이 조사서는 법원이 피고인에게 적합한 형량을 결정하는 것을 지원하기 위한 것이다(S. 721(1), CCC). 조사서의 필수적 기재사항은 피고인의 연령, 성숙수준, 행태, 태도, 범죄전력, 과거의 보호관찰 전력, 보호관찰 당시의 대상자 집행상황·반응 등이다. 또한 법원은 대상자의 성격이나 기타 법원이 필요로 하는 사실에 관한 정보를 조사할 것을 요청할 수 있다(S. 721(4) CCC).

보호관찰의 지도·감독에 중추적인 역할을 하는 부문은 위험성과 욕구사정 부문이다. 실증적인 사정 척도들은 대상자의 위험성에 상응하는 지도·감독 수준을 제시하고 대상자가 스스로 사회에 통합되기 위해 필요한 개입 프로그램에 대한 자신의 욕구를 깨닫게 하는 데 활용된다. 위험성과 욕구사정은 대부분의 보호관찰대상자들에게 실시된다.

제3절 우리나라의 보호관찰제도

보호관찰의 사전적 의미는 범죄인을 교도소나 기타의 시설에 수용하지 않고 사회생활을 영위하면서 개선·갱생시키는 제도이다. 즉 유죄가 인정된 범죄자를 구금시설 안에서 수용·처벌하는 대신 일정기간 범행하지 않는 것을 조건으로 형의 선고 또는 집행을 유예하여 사회에서 자유로운 활동을 할 수 있도록 허용하면서 동시에 전문적 지식과 소양을 갖춘 보호관찰관의 개별적 지도, 감독, 원호를 받게 하여 범죄인의 재범을 방지하고 관찰의 기간이 종료되면 사회복귀가 용이하도록 도와주는 제도를 말한다.[121]

이러한 일반적 의미의 보호관찰제도는 범죄인에 대한 사회 내 개별처우로서 형의 유예제도와 결부된 '보호관찰부형의 유예제도' 및 가석방제도와 결부된 '보호관찰부 가석방제도'의 두 종류로 나눌 수 있으나 일반적으로 보호관찰부형의 유예제도와 보호관찰부 가석

---

121) 배종대, 형사정책(제5전정판), 홍문사, 2003, 361면.

방제도의 양자를 통합하여 보호관찰로 이해되며 사용하고 있다.

보호관찰의 업무 유형을 크게 나누면 보호관찰관의 지도·감독, 사회봉사·수강명령의 집행, 그리고 조사·심사 등으로 크게 구분할 수 있다. 이때 보호관찰관의 지도·감독업무는 대상자 면담 및 지도, 생활현장 방문감독, 소재불명자 추적조사, 구인·유치·처분취소 등 제재조치, 직업훈련, 취업알선 등이다. 사회봉사·수강명령 집행업무는 사회봉사·수강명령 집행 프로그램 개발, 봉사현장정기·수시감독, 수강명령 집행감독, 협력기관 발굴 등이며, 나머지 조사·심사 업무는 판결전조사, 보호관찰 사안조사, 환경조사, 가석방·가퇴원 결정 및 취소 심사, 보호관찰 가해제·정지 심사 등이다.

1. 보호관찰 관련 법률

보호관찰제도는 10여 년간의 준비기간을 거쳐 1988년에 보호관찰법이 제정됨으로써 구체화[122]되었는데 이듬해인 1989년 7월 1일부터 이 법이 시행됨으로써 전국에 걸쳐 일제히 보호관찰소가 개소되어 실질적인 활동이 시작되었다. 우리나라 보호관찰제도의 기본법인 보호관찰 등에 관한 법률은 보호관찰에 관하여 일반법이 갖는 보편적 특성을 가지고 있다. 그러므로 보호관찰에 관한 일반적 기준을 제시하며 실질적 보호관찰법[123]에 대한 기본이 된다.

또한 보호관찰 등에 관한 법률상 죄를 범한 자에 대한 법규범성

---

122) 이태언, "보호관찰의 전문화 방안에 관한 연구", 부산외대논총 제30집, 2005, 7면.

123) 보호관찰법은 1988년 12월 31일 법률 제4509호로 제정되었으며, 전문 61조 부칙 제1항, 제2항으로 구성되었고, 1993년 3월 10일 법률 제4543호, 1995년 1월 5일 법률 제4933호로 보호관찰 등에 관한 법률로 전문 개정되었으며, 1996년 12월 12일 법률 제5178호로 전문 개정되었고 1997년 12월 13일 법률 제5453호로 일부 개정이 있었다.

의 형법의존, 보호관찰을 조건으로 하는 형의 선고유예나 형의 집행유예에 관한 특례규정, 보호관찰대상자의 구인, 유치와 그 집행에 관한 사항의 형사소송법 준용 규정은 형사일반법에 대한 특별법적 성격을 가진다.

보호관찰 등에 관한 법률은 제1조에서 "범죄인에 대한 체계적인 사회내처우로 건전한 사회복귀를 촉진하고 개인 및 공공의 복리를 증진함과 아울러 사회를 보호함을 목적으로 한다."라고 규정하여 동법이 사회복지실현을 도모하는 법임을 분명히 하고 있다. 보호관찰의 실제에 있어서 범죄인에 대한 환경조사 및 개선활동이나 사회의 인적·물적 자원을 매개로 한 보호관찰대상자의 사회적응지도, 위기대처능력 함양, 원호 및 응급구호 등은 사실상 개인 및 공공의 복지향상을 위한 국가 차원의 노력이라 할 수 있다.

또한 범죄인의 재범예방활동이나 개인 및 사회공공복지가 동법에 근거한 국가행정기관에 의하여 이루어진다는 점과 보호관찰 기관의 조직, 설치, 보호관찰업무 처리 전반에 걸쳐 규정하는 것을 감안할 때, 동법은 사회복지법적 성격과 행정법적 특성을 지니고 있다. 1989년 5월에 보호관찰소직제[124]도 공포되었다.

2. 보호관찰의 목적과 기능

보호관찰의 첫 번째 기능은 범죄통제로서, 이는 범죄자의 행위에 대한 적절한 감시와 감독을 통하여 보호관찰대상자들이 재범을 하거나 새로운 범죄를 저지를 가능성을 줄이는 것으로 보호관찰의

---

124) 직제는 1989년 5월 26일 대통령령 제12713호로 공포되었는데 전문 9개조와 부칙으로 구성되었다.

목표이자 기능이다.

다음으로 사회재통합 기능을 들 수 있는데, 범죄자를 그들의 지역사회에 두는 것은 범죄자들이 직업을 찾고 이를 수행하며, 그들의 피부양자를 조력하고, 그들의 행위에 대한 책임을 수용하게 하는 것을 가능하게 한다. 이들은 준법적인 삶을 이끌어 나가기 위해 자신이 다양한 결점을 극복해 나가는 데 필요한 처우를 받을 수 있다.

또한 보호관찰을 받고 있는 범죄자들은 자신을 개선하거나 사회에 복귀할 수 있는 기회를 갖는다. 이들은 자신의 보호관찰관으로부터 다양한 형태의 원호를 받아야 하며, 고용의 기회를 제공받거나 새로운 직업으로의 인도를 받을 수 있다. 또 자신의 안정을 위하여 가족과 함께 살 수 있다.

보호관찰의 또 다른 중요 기능은 바로 처벌인데, 보호관찰대상자들은 항시 영장 없는 수색 및 체포에 종속되어 있다. 이들은 엄격한 보호관찰프로그램 요건과 조건에 충실해야 한다. 한 가지 또는 그 이상의 이 같은 요건 또는 조건을 따르는 데 있어서의 실패는 자신의 보호관찰프로그램이 취소될 수 있는 결과를 가져올 수 있다.

더 나아가 보호관찰관들은 대상자들의 행동을 감시한다. 이들은 개별 또는 집단요법 혹은 카운슬링과 같은 서비스에 범죄자들이 참여하는지를 감독할 수 있다. 이 같은 활동들의 일부 또는 전부에 있어서 범죄자들의 개선도를 지속적으로 점검하는 것은 대상자의 범죄를 제지하는 데 효과적인 것으로 믿어지고 있다.

3. 보호관찰대상자

보호관찰대상자는 ① 보호관찰을 조건으로 형의 선고유예를 받은 자, ② 보호관찰을 조건으로 형의 집행유예를 선고받은 자, ③ 가석방 또는 가퇴원된 자, ④ 소년법의 규정에 의하여 보호처분을 받은 자 등이다(보호관찰법 제3조).

보호관찰에 관한 사항을 심사·결정하기 위하여 보호관찰심사위원회를 두고(제5조 1항), 보호관찰사무를 관장하기 위하여 보호관찰소를 두고 있다(제14조 1항). 보호관찰은 법원의 판결이나 결정이 확정된 때로부터 시작되며, 보호관찰대상자는 대통령이 정하는 바에 따라 주거·직업·생활계획 기타 필요한 사항을 관할 보호관찰소장에게 신고하여야 한다(제34조).

보호관찰대상자가 지켜야 할 준수사항은 ① 주거지에 상주하고 생업에 종사할 것, ② 악습을 버리고 선행을 하며 범죄성이 있는 자들과 교제, 회합하지 아니할 것, ③ 보호관찰관 및 보호위원의 지도·방문에 응할 것, ④ 주거를 이전하거나 1개월 이상의 국내외 여행을 할 때는 보호관찰관에게 신고할 것 등이다.

그러나 보호관찰대상자에게는 각자 범죄의 동기, 주위환경, 성격적 특성 등[125]이 다르기 때문에 일반적으로 부과되는 법적 준수사항만으로는 각자의 특성 있는 범죄성향을 교정하기란 매우 어려운 일이다.

---

125) 이무웅, 보호관찰제도론, 풍남, 1991, 200면.

4. 보호관찰의 지도·감독

지도·감독이란 보호관찰관이 대상자의 재범을 방지하고 건전한 사회복귀를 촉진하기 위하여 행하는 보호관찰의 핵심이자 실질적 내용이 되는 조치를 말하며, 보호관찰관은 대상자와 긴밀한 접촉을 갖고 항상 그 행동 및 환경 등을 관찰하고 대상자에 대해 준수사항을 이행함에 적절한 지시를 행하는 것이다.

또한 원호는 보호관찰대상자의 자립갱생을 완성시키기 위한 조치라 할 수 있고 그 방법은 우선 본인에게 자조의 책임을 인식시켜 원조를 제공함으로써 그의 자립 갱생을 위하여 숙소나, 취업을 알선하는 것, 직업훈련의 기회를 제공하는 것, 환경을 개선하는 것 등이다.[126] 이 원호는 피보호관찰자가 필요(Need)로 하는 부분에 대한 것이 아니면 안 된다. 이와 같이 보호관찰의 방법으로서 지도, 감독은 물론, 원호도 보호관찰의 실질적인 효과를 거둘 수 있는 수단이다.

또한 원호란 대상자에게 자조의 책임을 인식시켜 자력갱생의 의욕을 촉진시키고, 대상자가 자력갱생을 수행하기 위하여 자발적으로 노력하는 과정에서 자기의 힘으로는 해결할 수 없는 직면한 장애가 있거나 문제가 있을 때 그 해결방법을 몰라 고민하는 경우 물심양면으로 도와주는 일체의 조치이기도 하다.[127][128]

요컨대 원호는 보호관찰대상자의 개선과 자립갱생을 위하여 구체적으로 숙박, 취업알선, 직업훈련의 기회제공, 환경개선 및 기타 행

---

126) 정주영, 보호관찰법론, 해양문화사, 2000,·466면.
127) 藤本英雄, 刑事政策, 日本評論社, 1968, 95面.
128) 小川太朗, 自由刑の 展開, 一粒社, 1964, 178面.

정지원, 사회적 자원의 수혜대상이 되도록 주선해 주는 조치를 말하고 이는 비권력적이며 은혜적, 복지적 성격을 띠고 있는 것이다.[129]

따라서 보호관찰담당자에 의한 이 원호활동이야말로 대상자를 자립 갱생시키는 유형적 담보인 동시에 마지막 단계인 최후의 보루를 의미하는 것으로서 매우 중요한 것이다. 보호관찰관은 이러한 막중한 업무목적을 수행하면서, 원호 및 응급구호를 위해 필요한 경우에는 국공립기관, 갱생보호기공단, 기타 단체에 대하여 수용보호 기타 적절한 원조 또는 협력을 요청할 수 있다.

제4절 소년보호관찰과 보호관찰의 내용

1. 소년보호관찰제도

한국 보호관찰제도의 발전에 대하여 그리고 개략적인 보호관찰제도에 대하여 앞 절에서 설명한 바와 같이 1997년에 이르러 성인범에게까지 확대되어 실시하기 이전까지 초창기의 한국의 보호관찰제도는 소년중심의 보호관찰을 해 왔으며 수강명령 집행과 봉사명령 집행도 마찬가지였다. 이에 따라 이해를 돕기 위하여 소년보호관찰에 대하여 초창기의 성격을 간단히 설명한 후 초창기 교육중심의 보호관찰과 수강명령 등의 집행에 대하여 살펴보고자 한다.

1) 소년보호관찰의 성격

우리나라의 최초 보호관찰법에서는 제도적으로 소년범죄인에 국

---

129) 차용석, "보호관찰제도의 효율적 시행방안", 청소년범죄연구 제7집, 1989, 20면.

한해서 보호관찰법을 적용한다고 규정한 것이 하나의 특성이다.

실질적 의미의 보호관찰법인 사회보호법상에는 성년범죄인인 가출소나 친족에게 치료 위탁된 피치료감호자 등이 보호관찰대상자로 되어 있기는 하나 이는 단지 사회보호법상 "보호관찰담당자는 보호관찰법상의 보호관찰관 및 보호위원으로 한다."라는 규정에 의해 담당하는 것뿐이며 형식적인 보호관찰법과는 내용과 절차가 상이하여 사실상 보호관찰법상의 대상자로 볼 수 없었다.

우리나라 최초 보호관찰법상의 보호관찰대상자는 가석방 또는 가퇴원된 소년범죄인, 형법상 보호관찰을 조건으로 하는 형의 선고유예나 형의 집행유예를 받은 소년범죄인, 소년법상 보호처분으로서의 보호관찰처분을 받은 소년 등으로 하여 동법 적용대상자는 소년에 국한한다는 것을 명백하게 규정하고 있다.

우리나라가 보호관찰법상 그 적용대상자를 소년범죄인만으로 국한한 것은 소년은 인격적으로 미성숙단계에 있고 쉽게 개선할 수 있는 가소성이 풍부하여 시설내처우보다는 사회내처우를 실시함으로써 범죄의 악성감염을 방지하고 실생활을 바탕으로 하여 선량한 시민으로 지도 육성하려는 것이다.[130]

보호관찰제도를 이미 도입하여 실시하고 있는 다른 나라들도 대다수 국가가 먼저 소년범죄인을 대상으로 보호관찰을 실시한 후에 성인범죄인까지 점차 확대 실시하는 것이 상례였다.

우리나라가 소년에 국한하여 보호관찰을 실시하는 것은 이러한 외국의 실례와 새로운 제도의 도입단계에서 필요로 하는 국가의 예산문제가 가장 큰 문제였으며 둘째 문제로는 전문인력의 확보

---

130) 이무웅. 앞의 책, 145면.

등이 어려운 문제점이었다. 또한 지도·감독에 있어서 기법이 개발되지 않은 문제점 등 여러 가지 실정을 감안한 것이었으며 이러한 실시를 통하여 제반 여건이 성숙한 다음 성인범죄인까지 확대 실시하고자 하는 바람도 있었을 것으로 본다.

2) 초기의 운용프로그램

보호관찰법이 제정되어 보호관찰이 소년중심으로 실시된 초창기에는 수강명령의 집행은 토요교실과 지역사회 청소년 관련 기관과의 협력하에 희망교실, 푸른교실, 청소년 건강교실 등에서 위탁교육을 실시하여 왔다.

토요교실은 서울보호관찰소에서 1993년 10월부터 실시하고 있는데 매주 토요일 1시부터 5시까지 4시간으로 토요일 오후 여가시간을 이용하여 청소년들이 탈선하기 쉬운 시간을 박탈함과 동시에 개혁을 위한 정신교육과 심성순화를 통해 비행성을 교정하고 있다. 준법교육, 윤리·도덕·가치관·예절·성·약물 등의 교육, 심리극, 레크리에이션, 시청각교육 등을 실시하는데 수강명령대상자 외에도 보호관찰을 받은 소년도 참가하였으나(1회에 100~150명 정도) 현재는 실시하지 않고 있다.

희망교실은 서울시립 동부아동상담소에서 실시하는데 원래는 비행, 가출, 도박, 환각제 사용, 학교부적응 아동을 일시 수용하였으나 서울보호관찰소의 요청으로 1989년 12월부터 비행청소년의 치료프로그램을 실시하고 있다.

교육은 3단계로 나눠 1단계는 50시간 수강명령 받은 자를 대상으로 월 1~2회 5일간 실시한다.

2단계 교육은 100시간 수강명령을 받은 소년으로서 1단계 교육을 마친 소년들을 대상으로 하며, 2개월에 1회 실시한다. 3단계는 범죄예방위원과의 만남으로서 수강명령을 받은 소년들에 대한 사후관리의 형식을 가진다. 교육내용은 심리검사, 심성계발, 시청각교육, 대화의 시간, 집단상담, 역할극 연출, 놀이 및 등산, 개별상담, 부모상담 등이다

푸른교실은 양천적십자회관에 의해서 운영되는 프로그램이다. 수강명령대상자를 위한 교육은 1989년부터 시작되었다. 그 이전에는 복지관 자체적으로 비행소년에 대한 교육을 실시하였다. 푸른교실의 교육대상은 법원으로부터 보호관찰과 함께 수강명령을 받은 16세 이상의 소년이다. 교육목적은 단기간의 집중적이고 일관성 있는 교정전문교육을 통하여 비행청소년들로 하여금 자신의 문제를 인식하게 하고 가정과 직장(학교), 또는 사회 속에서 바람직한 민주시민으로 성장 발전할 수 있도록 돕는 데 있다.

교육은 월 1~2회 격주로 실시하며 1회에 20명 내외의 소년을 대상으로 교육을 실시한다. 푸른교실의 교육내용은 인간관계훈련, 보호자교육, 시청각교육 및 강의(약물)교실, 이성교실, 직업교실(직업흥미검사 직업특강) 특강, 자유토론, 역할극, 기타(레크리에이션 체육활동, 전통문화 배우기) 등으로 구성되어 있다.

또한 청소년 건강교실은 1992년 면목사회복지관에서 시작하였다. 청소년들의 약물남용이 증가하고 있는 현실에서 약물남용 전문상담기관이 전무하여 지역사회복지관에서 비행소년 예방교육 상담프로그램을 실시할 필요가 있는 데서 출발했다. 따라서 대상도 유해화학물관리법을 위반하여 보호관찰처분을 받은 15~20세의 남녀

청소년 및 그 가족으로 한정되었다. 프로그램은 월 1회 월~금 5일 간 운영하며 한 번에 5~8명 소그룹으로 수강하게 한다.

건강교실 교육목적은 약물의 영향에 대해 교육하고 약물남용 문제의 심각성을 인식시키고 약물중독에 이르는 것을 예방하고 치료가 필요한 경우에는 이를 받아들이도록 격려하여 건전한 삶을 위한 잠재력을 최대한으로 돕는 데 있다.

교육내용은 오리엔테이션, 대화의 시간, 체육, 약물강의, 심리검사(자아개념 검사), 약물남용 경력 시 불암산 등반, 가족상담, 시청각교육, 약물에 대한 인식과 태도 사후검사 등으로 이루어졌다.

2. 사회봉사명령제도

1) 의의 및 연혁

사회봉사명령제도란 유죄판결을 받은 범죄인에게 자유형을 집행하는 대신 사회에 유익한 활동이나 급부를 제공토록 하여 자신이 저지른 죄의 대가를 지불하고 사회에 정상적으로 복귀하도록 하는 제도로 1970년 영국의 형벌제도자문위원회(The Advisory Council on Penal System)에서 작성한 「사회내 형벌과 중간적 형벌」(Non-custodial and Semi-custodial Penalties)이라는 보고서가 바탕이 되어 1972년에 최초로 형사재판법에서 입법화되었다. 이 제도 외에도 영국에서는 21세 미만의 소년에 대해서는 감독명령(Supervision Orders)[131]과 보호명령(Care Orders)[132]이 있고 성인에 대해서는 보호관찰

---

131) 감독명령은 17세 미만의 소년에 대한 보호관찰로서 대상자는 3년 이내의 기간 동안 그 지역의 사회사업가나 보호관찰관 중에서 지명된 감독관의 지도를 받게 되는 제도인데 소년의 비행이 유죄로 인정된 때나 보호명령이 해제된 때 또는 보호절차 중에서 선고할 수 있다.

명령(Probation Orders)과 감독명령부 형의 유예(Suspend sentence Supervision)가 있다. 이미 언급한 것처럼 사회봉사명령제도는 영국에서 먼저 실시되었다. 이미 16세기의 교정원(House of Correction)에서는 오늘날의 사회봉사명령제도와 유사한 제도로서 노예들을 노동에 동원시키기 위해 식민지로 이송한 것에서 기원을 찾을 수 있다.133)134)135)

위에서 언급한 제도들에 대해서는 우리 실정에 적합한 방법으로 응용하여 도입할 필요성이 있는데 보호관찰의 기법은 법정되어 고정되어서는 안 되고 계속적으로 연구, 개발하여 다양하게 실시하는 것이 제도의 취지에도 적합하다.136)

이 제도는 대상자에게 일정기간 자유를 박탈함과 동시에 범죄로

---

132) 보호명령은 자유형에 처할 중한 죄를 범한 비행소년에 대해 소년법원이나 지방법원에서 그 주거지를 관할하는 지역 기관인 부모가 가지는 권한을 다른 적절한 기관이 대행하도록 위촉하거나 그 기관의 책임 아래 두면서 언제든지 필요한 조치에 응할 것을 요구할 수 있는 보호조치를 말한다.

133) Sol Rubin, "The Law of Criminal Correction", 2ed, St, Paul: West, Publishing Co. pp.20 – 21.

134) 영국 본토에서의 실업문제를 해결하고 동시에 식민지에서의 노동력을 보충하는 양면적인 효과가 있었는데, 처음에는 아메리카 식민지에 매년 2,000명씩 아메리카가 독립할 때까지 범죄인을 이송하였다. 미국이 독립된 이후인 1787년부터는 호주가 주된 대상지가 되어 이후 60년간 10만 명 이상의 범죄인이 이송되었으나 1967년부터 정착민들의 반대로 중단되었다.

135) 편집부 편, "사회봉사명령제도에 관한 비교법적 연구", 한국형사정책연구원, 1992, 29면 (현대의 제도는 1970년 영국의 Wootton 위원회 보고서 및 1976년 범죄 문제에 관한 유럽위원회(The European Committee on Crime Problems)의 보고서 및 같은 해 유럽평의회(Council of Europe) 각료회의 결정 등에 연유하고 있다. 특히 유럽위원회에서는 회원국이 기존의 보호관찰제도나 벌금형을 활용하도록 할 뿐만 아니라 구금형에 대체할 수 있는 새로운 형벌수단을 입법에 반영하도록 권고하고 있는데, 이 권고에 의해 1986년 유럽평의회는 '회원국에서 구금형의 대체수단을 도입하는 상황에 대해 연대기적 조사보고서'를 작성하였으며, 여기에서 정식으로 사회봉사명령제도가 거론되었다.

136) 기법을 개발하기 위해서는 보호관찰의 결과는 반성하면서 또는 외국의 제도를 우리의 실정에 대비하면서 연구해야 할 것이다. 각 보호관찰소마다 지역의 특성에 맞는 개별적인 방법을 개발하여 시행하는 것도 무방할 것이다.

인해 자신이 피해를 입힌 사회를 위해 피해보상의 의미에서 봉사한다는 이중적인 취지를 가지고 있다.

우리나라에서는 1989년부터 소년보호사건에 대해 보호관찰과 함께 사회봉사명령제도와 수강명령제도가 도입·시행되었는데 1996년 12월 보호관찰 등에 관한 법률의 개정으로 1997년 1월부터 성인범에 대해서도 사회봉사명령제도가 전면적으로 실시되었다. 그동안 우리나라의 사법제도가 구속수사를 원칙으로 운용되어 왔으나 법의 취지와 정신에 맞게 불구속수사, 나아가서 초범이나 과실범 등에 대해서는 실형보다는 사회내처우인 사회봉사명령 등을 활용하는 것이 여러 면에서 유익하다고 본다.

2) 사회봉사명령의 법적 성격

우리나라의 소년법에서는 사회봉사명령을 16세 이상의 소년에 대해 소년법원이 보호관찰처분을 하도록 하고 있다. 이와 병과하여 6개월의 단기보호관찰을 선고하는 경우는 50시간 이내에, 2년 이하의 장기 보호관찰의 경우는 200시간 이내에 사회봉사명령을 부과하도록 규정되어 있다. 사회봉사명령은 보호관찰관이 담당하는데 본인의 일상생활에 방해가 되지 않도록 실시하고, 보호관찰이 종료되거나 해제되면 집행할 수 없다. 현행 소년법상 보호관찰제도는 범죄소년, 우범소년, 촉법소년에 대하여 보호처분의 한 형태로 부과하고 있다.

이러한 관점에서 사회봉사제도의 이념을 요약하면 ① 처벌적 요소로 여가시간의 박탈이나 강제노역 등으로 적극적으로 범인을 처벌한다는 것이고, ② 배상적 요소로 범죄로 인해 침해를 받은 사회에 대해 범죄인 스스로의 노력을 통해 사회에 다소나마 공헌함으로써 침해를 배상한다는 의미, 그리고 ③ 사회복귀 또는 재융합적 요소로 봉사작업을 통해 사회의 일원으로서의 책임감과 근로의식을 함양하여 사회복귀를 촉진하고 건전한 시민정신을 길러 사회와 다시 융합할 수 있도록 하자는 것이다.

이러한 사회봉사명령의 법적 성격을 살펴보면, 무보수의 의무적 봉사를 부과함으로써 시간과 자유가 제한되는 점에서 처벌의 성격,[137] 그 무보수의 의무적 봉사작업은 범죄로 인한 피해를 상쇄할 수 있는 대가로 사회에 되돌려 준다는 배상의 성격, 자신의 범죄에 대한 속죄적 성격, 그리고 근로를 통하여 건전한 시민으로서 사회와 재융합할 기회를 주는 사회복귀적 성격[138]이 있기 때문이다. 따라서 이 제도는 처벌(Punishment), 배상(Reparation), 속죄, 사회복귀적 재사회화 요소가 합체된 제도[139]라고 할 수 있다. 이와 같은 사회봉사명령제도가 도입되어 시행하는 요인은 우선 자유형에 대한 폐해 등에서 비롯된다 할 것이다.[140] 이러한 제도의 중요한 장점은 첫째로 신체자유를 완전히 박탈하는 자유형제도 자체에 대한 반성에 있고, 둘째로 자유형은 사회내처우보다 형벌의 효과를 얻을 수 없다는 것이고, 셋째로 시설 내 수용인원이 증가함에 따라 수용비

---

137) 법원행정처, 앞의 책, 233면.

138) 정주영, 앞의 책, 646면.

139) 이 제도의 요소에 관하여 첫째, 형벌적 요소, 둘째, 배상적 요소, 셋째, 범죄자의 재융합(reintegration)의 요소가 포함된다는 견해가 있다(정동기, "사회봉사명령제도에 관한 소고", 법조 통권450조, 1994, 13면, 정동기, "영국의 사회봉사명령제도", 법무부, 각국의 소년선도보호제도 연구, 법무자료 제135집, 1990, 95~132면 참조).

140) Young, Warren, Community service order : the development and use of a new penal measures, heinemann, London, 1979, pp.33－50 참조.

용을 절감한다는 점이다.[141]

사회봉사명령이 보호관찰과 어떻게 다르며, 다른 사회내처우와 어떻게 다른가 하는 문제가 제기되는데 아래에서는 특별히 보호관찰제도와의 차이점을 고찰하려 한다. 두 제도는 기본적으로는 다른 바가 없으나 실시 방법이나 내용에서 차이가 있다.

① 보호관찰은 사회사업적 방법(Social Casework)[142]에 따라 대상자가 결핍되고 실패한 자라는 전제하에 부조를 하는 데 중점을 두고 있으나, 사회봉사명령은 적극적으로 범죄인은 사회에 대해 빚을 진 사람이라는 입장에서 출발한다.

② 보호관찰은 보호관찰소와 같은 사무실이나 범죄예방위원들의 가정방문 등을 통해 이루어지나, 사회봉사명령은 외부에서 사회적 책임을 부담해야 한다는 입장에서 다루어진다.

③ 보호관찰의 내용은 모호할 뿐만 아니라 산만하지만, 사회봉사명령은 명확한 목적을 가지고 현장에서 객관적으로 이루어지는 것이다.

3) 사회봉사명령의 입법례

보호관찰제도는 이를 시행하는 국가마다 법률체계 및 사회·문화적 여건에 따라 다양한 차이가 있어 쉽게 일반화하기 어려우나, 사회봉사명령제도를 이용하는 형태에 따라 입법형태를 분류하면 다음과 같다.

① 단기 구금형에 대한 대안으로 사회봉사명령을 시행하고 있는

---

141) 정주영, 앞의 책, 647면.

142) 국어사전: 사회관계나 인간관계에 있어서 스스로 해결하기 곤란한 문제를 가진 개인 또는 가정에 대하여 사회적인 원조를 제공하여 주는 활동.

국가로는 영국, 독일, 프랑스, 덴마크, 네덜란드, 노르웨이, 포
르투갈 등이 있으며, 이들 나라에서는 독립된 처분으로 부과되
거나 형의 유예에 따른 부가처분 조건으로 행해지기도 한다.
② 벌금 미납에 따른 대안적 제재로 사회봉사명령을 이용하고
있는 국가로는 이탈리아, 독일, 스위스 등이 있다.
③ 사면의 조건으로 사회봉사명령을 이용하고 있는 국가로는 룩
셈부르크, 네덜란드, 노르웨이 등이 있으며, 사면에 의하여
구금형 또는 벌금형의 대체로 부과된다.
④ 기소유예의 조건으로 사회봉사명령을 이용하고 있는 국가로
는 독일이 있다.

다음에는 사회봉사명령제도를 부과하는 단계에 따라 분류하면
다음과 같다.
① 기소단계에서 기소유예의 조건으로서 봉사명령을 부과한다(독일).
② 공판단계에서 공판절차중지의 조건으로서 사회봉사명령을 부
과한다(독일).
③ 양형단계에서 사회봉사명령을 부과한다.
  • 독립된 처분으로서 사회봉사명령을 부과한다(영국).
  • 형의 선고유예에 따른 조건으로서 사회봉사명령을 부과한
    다(독일).
  • 형의 집형유예에 따른 조건으로서 사회봉사명령을 부과한
    다(독일).
④ 행형단계에서 사회봉사명령을 부과한다.
  • 가석방에 따른 조건으로서 사회봉사명령을 부과한다(독일).

- 벌금미납에 따른 환형처분의 대안으로서 사회봉사명령을 부과한다(독일).
- 감형에 따른 집행면제의 조건으로서 사회봉사명령을 부과한다(네덜란드).

4) 사회봉사명령의 내용

우리나라에서의 사회봉사명령은 영국에서 시행하고 있는 사회봉사명령제도를 보호관찰 등에 관한 법에서 도입하여 시행하고 있는데 내용은 반드시 영국의 경우와 같지 않아 법원은 형법 제62조의 2 규정에 의한 사회봉사를 명할 때에는 500시간, 수강을 명할 때에는 200시간의 범위 내에서 그 기간을 정하도록 하고 있으며 법원에서 시회봉사, 수강명령대상자가 사회봉사를 하거나 수강할 분야의 장소를 시정할 수 있도록 하고 있다(형법 제59조). 법원에서는 봉사의 시수나 기간 그리고 봉사활동의 관리에 대하여 일정한 기준을 정한 바는 없으나 대상자를 교화함에 족한 정도여야 할 것이며 보편적인 준수사항을 제시하는 경우 기간과 작업의 정도를 비교 교량하여 정해야 할 것이다. 사회봉사의 방법은 정신적인 것과 육체적인 것이 있는데 육체적인 활동이 주로 활용되겠으나 작업을 통해 교화와 생활에의 의미를 인식할 수 있어야 한다. 개인적인 업무보다는 단체생활을 연습하기 위한 작업이 더욱 유용할 것이다. 대상자의 작업에 대해서는 무보수를 원칙으로 하지만 경우에 따라서는 식사비나 교통비에 해당하는 금액을 지급하는 것이 좋을 것이다. 농번기 때에는 농촌봉사활동도 바람직한 일인데 이런 작업을 통해 자신도 사회에 무익한 존재가 아니라는 자신감을 심어 주는 것이 바람직하다.

이 분야는 현재 적극적으로 실시하고 있기 때문에 성과를 면밀히 분석하여 내용을 다양하게 개발하는 것이 좋을 것이다. 그러나 어느 경우에도 유의할 점은 봉사활동을 하는 과정에 자존심을 상할 여건이 조성되어서는 안 되며 본인이 보람을 느낄 수 있는 여건 속에서 작업이 이루어져야 하는 것이다. 이하 사회봉사 및 수강명령에 대해서는 성격이 유사함을 감안하여 함께 설명하고자 한다.

(1) 사회봉사, 수강명령 집행담당자

우리나라는 형법의 개정으로 1997년 1월 1일부터 성인범에 대해서도 보호관찰제도가 확대 실시되고 있는데 법원은 형법 제62조의 2의 규정에 의한 사회봉사 명령이나 수강을 명하는 판결을 선고한 때는 10일 이내에 판결문 등본을 피고인의 주거지를 관할하는 보호관찰소의 장에게 송부하도록 하고 있다(형법 제60조 ①). 이 경우 사회봉사명령이나 수강명령의 집행에 참고가 될 만한 자료를 첨부하여 관할 보호관찰소장에게 송부할 수 있을 뿐 아니라(형법 제60조 2) 법원이나 법원의 장은 통지한 관할 보호관찰소의 장에게 사회봉사명령이나 수강명령의 집행상황에 관해 보고토록 요구할 수 있도록 하여 법원과 연계하여 집행되도록 하고 있다. 그리고 사회봉사명령이나 수강명령은 형벌의 하나이기 때문에 집행은 보호관찰관이 주도하지만 보호관찰관이 국·공립기관 기타 단체에 집행의 전부나 일부를 위임할 수 있도록 하고 있어 이 제도가 최대한의 실효를 거둘 수 있도록 융통성을 인정하고 있다(형법 제61조 1). 그러나 보호관찰관이 사회봉사나 수강명령의 집행을 위와 같이 국・공립기관이나 단체에 위탁한 때에는 법원이나 법원의 장에게 통보해야 하는데, 이때는 집행위탁을 받은 기관의 명칭 및 주소, 위탁인원, 집행위탁의 내용 등을 기재한 서면에 의해야 하며, 법원에서는 소속공무원으로 하여금 사회봉사나 수강할 시설이나 강의가 사회봉사, 수강명령대상자의 교화・개선에 적당한지 여부와 그 운영실태를 조사, 보고하도록 하고 부적당하다고 인정하는 경우에는 그 집행의 위탁을 취소토록 하고 있다(법 제61조 3). 이 경우 보호관찰관은 남은 기간의 사회봉사, 수강명령을 직접 집행하거나 적합한 다른 국・공립기관 기타 단체에 위탁하여 집행하여야 한다(시행령 제38조).

(2) 대상자의 준수사항

사회봉사명령이나 수강명령은 넓은 의미로 보호관찰의 하나이지만 내용이 다르기 때문에 보호관찰과는 다른 준수사항이 요구된다. 대상자는 주거, 직업, 기타 필요한 사항을 관할 보호관찰소의 장에게 신고해야 할 뿐 아니라 ⅰ) 보호관찰관의 집행에 관한 지시에 따를 것, ⅱ) 주거를 이전하거나 1개월 이상 국내외 여행을 할 때에는 미리 보호관찰관에게 신고하도록 하고 있다(법 제62조 2). 이와 같은 준수사항뿐만 아니라 본인의 특성을 고려하여 특별준수사항도 부과할 수 있는데 어느 경우이든 준수사항은 서면으로 고지하도록 하고 있다(법 제62조 4).

(3) 사회봉사명령・수강명령의 종료

사회봉사나 수강명령이 일정한 요건이 충족되면 종료[143]가 되는

---

143) 이태언 외, 앞의 책, 220면.

데 ① 사회봉사명령 또는 수강명령의 집행을 완료한 때, ② 형의 집행유예기간이 경과한 때, ③ 형법 제64조 2항의 규정에 의해 집행유예의 선고가 취소될 때, ④ 사회봉사, 수강명령 집행기간 중에 금고 이상의 형의 집행을 받게 된 때이다(제63조). 사회봉사나 수강명령의 집행이 완료한 때는 말할 필요도 없이 종료가 되는 것이고 집행유예부 사회봉사명령 등은 집행유예기간 동안에 국한되므로 집행유예기간이 만료되면 자동적으로 종료되게 되어 있고,(형법 62조의 2, 3항) 형법 제62조 2항에 의한 경우는 준수사항이나 명령을 위반하고 그 정도가 무거운 때에는 집행유예의 선고를 취할 수 있도록 하고 있다(형법 제64조 2).

사회봉사나 수강명령을 받고 있는 기간 중에 확정 판결에 의해 금고 이상의 형의 집행을 받게 된 경우에는 교도소에 수감되어야지 보호관찰의 혜택을 줄 수는 없는 것이다. 보호관찰 등에 관한 법 제34조의 원호, 제35조의 응급구호, 제36조의 갱생보호사업자 등의 원조 및 협력 제54조 직무상 비밀과 증언 거부, 제55조 보호관찰사건의 이송, 제56조의 군법 피적용자에 대한 특례 및 제57조의 형사소송법의 준용의 규정은 사회봉사, 수강명령대상자에 대해서도 준용이 되며, 제37조의 보호관찰대상자들의 조사, 제58조의 경고, 제39조의 구인, 제40조의 긴급구인, 제48조의 구인기간, 제42조의 유치의 해제, 제45조의 유치기간의 형기산입, 제46조의 준용규정, 제47조의 보호관찰을 조건으로 한 형의 집행의 실효 및 집행유예의 취소의 규정은 사회봉사나 수강명령대상자의 준수사항이나 명령위반으로 인한 경고, 구속, 유치 및 집행유예의 취소 등에 관해서도 준용케 함으로써(제64조 1, 2) 사회봉사명령이나 수강명령이 넓은 의미로 보호관찰의 범주의 하나임을 명시하고 있다.

사회봉사명령과 수강명령은 법원이 보호관찰처분을 하면서 이에 병과하여 단기보호관찰(6개월)의 경우에는 50시간 이내에, 장기보호관찰(2년)의 경우에는 200시간 이내의 명령을 부과하도록 되어 있다.

3. 수강명령제도[144]

1) 의의 및 성격

수강명령이란 유죄판결을 받은 범죄인이 자유형의 집행 대신에 지정된 사회교육시설 내지 교화시설에서 일정기간 동안 교육이나 학습을 받도록 명하는 것[145]으로 경미한 범죄자에 대해 심성을 계발하고 바른 가치관을 심어 주며, 성행을 교정하여 사회에 정상적으로 복귀하도록 도우는 데 있다.

우리나라에서는 1989년에 보호관찰법 시행으로 이 제도가 실시되었는데 처음에는 비행청소년에 대한 선도조건부기소유예처분으로 실시했던 것을 1988년 개정 소년법에서 보호관찰처분을 받은 16세 이상 소년에게 사회봉사명령과 택일적으로 할 수 있게 되어 보호관찰관이 수강명령 집행을 담당해 왔다. 그러다가 1997년 1월 1일부터 집형유예를 선고받은 성인범죄자에 대해서도 확대 적용되게 되었다. 그동안 소년범에 대하여 실시한 결과 수강명령제도에 대한 긍정적 평가를 내리게 되었고[146] 이를 기초로 전에 형사범까

---

144) 이태언 외, 앞의 책, 388~390면.
145) 김일수, 새로 쓴 형법총론, 박영사, 2006, 787면.
146) 편집부 편, 수강명령제도와 교육내용에 관한 연구, 한국형사정책연구원, 1995, 131면.

지 확대 실시하게 된 것이다.

우리나라의 수강명령제도는 영국의 Attendance Centres Order에서 나온 것이다. 소년법에서는 소년부법원의 판사가 소년법 제32조 2~3호의 보호처분을 할 경우에 부과하여 16세 이상 소년에게 사회봉사명령과 선택적으로 수강명령을 명할 수 없다. 이때 6개월 이하의 단기보호관찰의 경우는 50시간을, 2년 이상의 장기보호관찰의 경우는 200시간을 초과할 수 없도록 되어 있다.[147]

현행법에서는 형의 선고유예자나 집행유예, 가석방선고를 받은 자에 대해서도 보호관찰, 사회봉사명령 등과 택일적으로 수강명령을 명할 수 있다. 성인범죄자에 대한 수강명령은 소년법과는 달리 보호관찰과 독립하여 법관이 부과하도록 하였다.

2) 외국에 있어서의 수강명령

영국의 경우 수강명령제도는 사회봉사명령제도와 함께 실시된 제도로서 21세 미만의 범죄자 등에게 토요일 오후에 2시간씩 6회 이상의 강의에 참석하게 함으로써 육체훈련이나 수공예 등과 같은 활동을 통해 여가선용방법을 익히도록 하는 것이다. 이러한 수강센터(Attendance Centers)는 경찰에서 운영하지만 소규모의 것은 보호관찰기관에서 운영하기도 하는데 학교 수업이 끝난 뒤의 학교 교실이나 기타 청소년클럽의 강당을 이용하기도 한다. 이 제도의 취지는 대상자의 여가시간을 박탈함으로써 처벌의 효과를 얻는다는 것과 여가를 효율적으로 이용함으로써 보람 있는 삶을 살 수 있는 기틀을 제시하는 데 있다. 이 제도는 비행의 전력이 없는 경미한

---

147) 이태언 외, 신보호관찰론, 2005, 390면.

죄를 범한 자에게 시행하는 데 효과가 큰 것으로 되어 있다.

수강명령의 실시는 법원에서 명령을 함과 동시에 총 수강시간과 최초의 참석시간을 지정하며 그 후의 시간들은 센터의 책임자가 지정하는데 수강시간은 12시간 이상 36시간 이하가 대부분이나 14세 미만의 대상자에 대해서는 12시간 미만으로도 할 수 있다.

강의는 2시간 단위로 매주 토요일 오전이나 오후에 실시되는데 육체훈련과 수공예, 기타 시간으로 운영한다. 수강자가 수강명령을 이행하지 않거나 다른 중대한 비행행위를 했을 때에는 법원에 이송되어 다른 처벌로 바뀌게 된다.

미국에서는 영국이나 우리나라와는 달리 유사한 프로그램이 실시되고 있다.

주간처우센터(Day Treatment Center)에서 실시하는 GUIDE(Girls Unit for Intensive Daytime Education) 프로그램은 13세에서 19세까지의 비행소년들에 대해 교육하며 집단활동을 하거나 상담을 목적으로 하는 것으로 1964년 California 주에서 처음으로 실시하였다.

그것은 3년간의 정규학교 교육과 병행하여 교육하는데 여러 가지의 방법들을 동원하여 소녀들의 자아개념을 변화시키고 가정문제에 대한 해결책을 제시하는데 9시부터 2시 40분까지 센터에 참석하며, 학교에서와 같이 주 5일 연 50주의 프로그램으로 교육계획이 짜여 있다. 이 제도는 우리나라의 수강명령과는 다른 점이 많지만 지역사회와 밀접한 관계를 가지면서 이러한 프로그램을 운영한다는 점에서 취지에 있어 다를 바 없다고 하겠다.

3) 법률의 규정

형법의 개정으로 1997년 1월 1일부터 성인범에 대해서도 보호관찰제도가 확대 실시되고 있는데 법원은 형법 제62조의 2의 규정에 의해 수강을 명하는 판결을 선고한 때는 10일 이내에 판결문 등본을 피고인의 주거지를 관할하는 보호관찰소의 장에게 송부하도록 하고 있다(법 제60조 ①). 이 경우 수강명령의 집행에 참고가 될 만한 자료를 첨부하여 관할 보호관찰소장에게 송부할 수 있을 뿐 아니라(제60조 2) 법원이나 법원의 장은 통지한 관할 보호관찰소의 장에게 수강명령의 집행상황에 관해 보고토록 요구할 수 있도록 하여 법원과 연계하여 집행되도록 하고 있다. 이하 사회봉사명령에서 기술한 부분과 같다.

4. 판결전조사제도

1) 제도의 의의

판결전조사제도(Presentence Investigation)란 형사소송절차에 있어서 유죄가 인정된 피고인에 대하여 그 인격과 환경에 관한 상황을 조사하고 이를 양형의 기초 자료로 이용하게 하는 제도로서 양형의 합리화 방안의 하나로 이용되고 있다. 즉 판결 전에 피고인의 소질이나 환경에 관한 조사를 하여 법관이 합리적인 양형을 할 수 있게 함으로써 형의 집행과 범죄인 처우를 효과적으로 시행할 수 있도록 하는 기초 자료로 활용되고 있다.

판결전조사는 심리학, 사회학, 교육학 등의 여러 행동과학의 전문적 지식을 종합하여 과학적 근거를 가진 정상 판단 자료를 법관에게 제공한다는 점에서 단지 책임능력 판단의 기초 자료로 삼기 위하여 피고인의 행위 시 정신상태를 조사하게 하는 정신감정보다는 넓은 개념이다.

판결전조사제도는 미국에서 프로베이션(Probation: 보호관찰부집행유예)제도의 발전과 함께 피고인에 대한 과학적 조사를 기초로 하여 법관이 형을 선고하는 것에서 유래하였다. 이후 영국과 기타 국가에서 보호관찰법의 제정으로 판결전조사제도가 보급되었으며, 또한 독일의 경우에서는 사법보조제도로서 판결전조사제도가 시행되어 대륙법체계에서 이 제도의 발달을 촉진하기도 하였으나 미국의 제도와는 그 내용에 있어 다른 특징을 지니고 있다.

2) 조사대상의 내용 및 방법

판결전조사에 있어 대상과 범위에 관하여 문제가 있다. 연혁적으로는 Probation제도가 판결전조사와 밀접한 관련을 가지고 발전된 것이기 때문에 집행유예부 보호관찰 등에 있어서는 판결전조사제도를 실시하지 않을 수 없는데 관련된 모든 범죄자가 조사의 대상이 된다고 보아야 한다.[148] 캘리포니아, 미시간, 콜로라도 주 등에서는 중벌로써 유죄가 될 수 있는 전과자에 대하여 판결전조사를 통해 형의 양을 정한다고 한다. 모범형법전, 'Probation & Parloe' 등에서도 중요한 사건에 대해서는 반드시 판결전조사를 해야 하는데, 이때는 그 범죄가 중죄인가 경죄인가를 분류하여야 할 필요가 있고 그 분류한 내용에 따라 전체 범죄 사실에 대하여 조사를 실시하는 것이다.[149]

---

148) 김선수, "보호관찰제도의 연구", 경남대학교 법학연구소 경남법학(제4집), 1988, 15면, 이태언 외, 신보호관찰론, 390면.

조사의 내용은 미국의 관련법에서는 추상적으로 규정하고 있다. 미국의 모범형법전 제1203조 10은 피고인의 가계, 성격, 생활력, 가정환경, 범죄 사실 등을 조사의 대상으로 규정하고 있다. 미 법무성 자료 등을 통하여 종합해 보면,150) 범죄나 비행은 본인이 사회환경에 적응하지 못하여 일어나는 것으로 현재 문제가 된 범죄를 포함하여 과거의 범죄와 비행경력도 조사하여 형을 가중하는 자료로 삼는다. 법원에서는 검찰에서 피고인의 진술을 확인하기 위해 증거조사와 구형, 공범의 유무, 진술의 태도, 범죄의 계획 등을 조사한다.

① 사회조사: 전문적인 조사관이 직접 담당하는 판결전조사제도는 중요한 의의를 갖는다. 인터뷰로써 조사할 내용은 다음과 같다.151) ⅰ) 가족관계에 있어 생장과정, 보호자의 주소와 직업, 자신의 건강 상태, 부모의 성격, 가족과 화목의 정도, 가정 내의 분위기, 규율, 가정의 이상, 부모처자에 대한 피고인의 태도, ⅱ) 피고인의 학력, 학업성적, 좋아하고 싫어하는 과목, 학교와 교사에 대한 태도, 퇴학 이유, 진학 희망, 학우와의 관계, ⅲ) 가까운 거주지의 환경, 피고인에 대한 가족과 이웃에서의 신용과 감정, 이사한 상황, 과거와 현재의 교육상태, ⅳ) 직장경력, 전·퇴직의 이유, 출근상황, 봉사의 성적, 직업에 대한 희망과 태도, 동료와의 관계, ⅴ) 과거와 현재의 수입·지출, 재산의 정도, 저축이나 보험투자에 대한 태도, 부채

---

149) 이태언 외, 신보호관찰론, 2005, 390면.
150) 菊田幸一, 前揭書, 298∼299面.
151) 김선수, 앞의 논문, 16면.

의 이유, 변제의 계획, vi) 질병력, 과거와 현재의 신체상황과 위생태도, vii) 도덕, 종교, 오락, 습관, 취미, viii) 결혼·성생활 관계 등의 상황이다. 물론 위의 사항을 반드시 다 조사할 것은 아니나 필요한 부분들에 대해서는 인터뷰를 해야 할 뿐 아니라 진지한 대화를 통해 진심을 알도록 해야 한다.[152]

② 확인조사: 조사관이 피고인의 가정, 직장, 학교 등을 방문하여 가정, 이웃 사람, 고용주, 동료, 교사 등과 면담하여 환경조사를 하고 피고인과 행한 면담내용의 진위를 확인한다.

③ 심신감별: 이것은 전문가들이 실시해야 하는데 법원에는 심신의 상실이나 미약의 의심이 있는 사람들을 조사하여 신체나 신경상의 결함 때문에 범행을 저지르지 않는가 하는 것과 또 질병과 범죄와의 관계 등도 알아보는 것이 좋다. 이를 위해서는 정신의학, 법의학, 심리학 등의 전문가들에게 감정을 의뢰하여야 한다. 미국에서는 이상과 같은 자료들을 종합적으로 검토하여 처우방법을 선택하고 있다.

3) 소송구조와의 관계

경우에 따라서는 판결전조사가 당사자 주의 소송구조에 모순되는 것이 아닌가 하는 문제가 있으나, 형의 양정자료와 같은 것은 사실상 직접적인 범행 사실과는 달리 간접적인 사실을 대상으로 하는 경우이고 또한 판결 전의 조사에 의해서 수집된 사항은 반드시 반대신문을 거쳐야 할 필요는 없다.

그러나 실제로는 판결전조사제도를 채용하는 경우 그 보고서가

---

152) 菊田幸一, 前揭書, 290～291面.

비밀로 되어 있기 때문에 피고인에게 그 내용에 대해 다툴 수 있는 기회가 주어지며, 이러한 경우에 있어서의 피고인의 권리는 일종의 적법절차의 보장(Due Process)의 하나라고 보아야 한다.[153)154)]

미국 변호사회에서는 판결전조사의 내용을 유죄 확정 후에는 공개하는 것이 바람직하다고 보고 있고, 법관과 보호관찰관은 의무적인 공개(Compulsory Disclosure)는 반대하는 입장인데 비록 피고인에게는 공개하지 않더라도 변호인에게는 공개해야 한다고 하는 제3의 견해도 있다.[155)]

그러나 기왕 판결전조사제도를 채용한 이상 그 조사보고서에 대해서는 피고인 또는 변호인에게 사전에 열람권을 인정해 줄 뿐만 아니라 공판정에서도 이를 다툴 수 있는 기회를 제공하는 것이 바람직하다고 하겠다.[156)] 동시에 검사도 이 보고서를 구형의 자료로서 이용할 수 있도록 사전에 열람할 수 있게 해야 할 뿐만 아니라 공판정에서 이를 이용하는 것도 무방하다고 보아야 할 것이다. 그러나 기소유예처분을 할 때 판결전조사를 시켜 이를 활용해도 되겠는가에 관해서는 뒷조사를 시킨다는 의미에서 인권과 관련되는 면이 크기 때문에 이 문제는 신중히 검토해 보아야 할 것이다. 판결전조사제도는 영·미법계에서는 넓게 활용되고 있으나 대륙법계

---

153) 차용석, 앞의 논문, 26면.

154) Williams사건이 대표적이며, 상세한 것은 Note. "Employment of Social Investigation Reports in Criminal and Juvenile Proceedings", Col, Law, Rewien, 1958, p.702 참조할 것. 이 사건 판결은 정보자료 제공자에 대하여 피고인의 반대신문권을 부정함으로써 열람권을 부정한 사건이었다. 이러한 열람권의 기회를 부여하지 않고 재판을 진행함에 대해 변호인이 이의신청을 했는데 이러한 법원의 판결은 위법이 아니라고 판결하였다.

155) 菊田幸一, 前揭書, 303~304면.

156) 김선수, 앞의 논문, 18면.

에서는 흥미를 가지고 연구를 하고 있는 단계에 있는데 일본의 경우에는 1955년도에 최고재판소에서 '판결전조사제도협의회'라는 것을 만들어 이 제도의 도입을 위해 연구한 바 있는데 그 결과 다음과 같은 강령을 발표하였다.[157]

① 법원의 조사관에 의한 조사: 피고인이 기소장에 기재한 모든 원인에 따라 유죄임을 인정하는 진술을 한 때에는 법원은 법원조사관에게 명하여 형의 양정에 참고가 될 정상의 조사를 하게 할 것, 조사를 함에 대해 피고인이 이의를 제기하지 않을 경우에도 같다.

② 조사를 하게 하는 결정: 법원은 조사를 하게 함에 있어 먼저 소송관계인의 의견을 듣고 조사의 방향을 결정하도록 할 것

③ 조사보고서: 조사는 피고인의 경력, 성행, 경제상태, 가정, 기타 환경에 관해서 행하고 가능하면 의학, 심리학, 기타의 전문적 지식을 활용하여 행사할 것

④ 조사보고서의 제출: 법원조사관은 조사를 행할 때 조사보고서를 작성하고 법원의 지시에 따라 이를 법원에 제출토록 할 것

⑤ 조사보고서의 개관: 조사보고서가 제출되었을 때 법원은 그 요지를 곧 소송관계인에게 통지하고 이를 열람할 수 있는 기회를 갖도록 할 것

⑥ 조사보고서의 검토: 조사보고서의 검토는 공판기일에 하도록 할 것, 이 검토는 적당하다고 인정되는 방법으로 행하게 할 것

⑦ 증거능력: 조사보고서에 대해서는 형사소송법 제320조(전문증거 금지의 원칙)의 규정을 적용하지 않는 것으로 할 것

---

157) 신진규, 앞의 책, 602면.

⑧ 증거제한: 조사보고서는 범죄 사실에 대한 증거로 할 수 없는
  것으로 규정할 것

이와 같은 요강을 작성하여 법무성과 변호사연합회에 보내어 그
들의 의견을 물었는데 다 같이 반대의 견해를 표시했다. 법무성 측
의 반대사유는 ⅰ) 판결전조사를 맡은 조사관을 법원에 소속하게
한 것은 사법권에 의한 행정권의 침해이고, ⅱ) 재판부에 의한 조
사행위는 당사자 주의 소송구조와 배치되며, ⅲ) 그것은 유죄·무
죄의 확인절차와 양형절차의 구분이 뚜렷하지 않은 현재의 소송구
조하에서는 어울리지 않는다고 하였다. 변호사협회에서도 비슷한
이유로 반대하고 있어 일정기간 냉각기를 두고 연구하기로 하여
지금에 이르고 있다.[158]

이와 같이 일본에서는 1956년 이래 이 문제에 관해 별 진전이
없었으나, 가정법원에서는 죄질과 환경에 대해 조사를 진행하여 소
년범을 원칙적으로 심판에 부치기도 하며 특별한 필요가 있을 때
에는 감별이라는 명목으로 판결전조사를 하고 있다. 그러나 실제에
있어서는 조사기능과 조사기관이 분리되었기 때문에 조사가 중복
되는 바가 있어 문제가 되고 있다. 소년법 개정에 있어서도 조사기
관의 독립을 요구하는 소리가 있기도 하여 법무성에서는 나름대로
의 구상을 하였다.

우리나라의 보호관찰 등에 관한 법률에서는 이 제도를 채택하고
있는데 이는 바람직한 일이다. 다만 공정한 조사를 하여 보고서가
작성되어야 할 것인데, 기왕에 실시된 이 제도가 많이 활용되도록

---

158) 신진규, 앞의 책, 603면.

해야 할 것이다. 미국에서는 판결전조사보고서가 법원의 결정에 많은 영향을 미치고 있는데 법원에서는 판결전조사보고서의 내용을 수용하는 것이 관례이다. 우리나라의 경우에는 판결전조사가 미국보다는 제한적으로 활용되는 데 불과하다. 즉 판결법원이 요구하는 경우에 대해서만 조사하도록 했을 뿐 아니라 선고유예나 집행유예 등의 결정을 하고 난 뒤에 다만 보호관찰이나 사회봉사·수강명령 등의 결정 여부를 위한 경우로만 활용할 수 있도록 하고 있으며, 선고유예를 결정하는 데도 다만 참고로 하도록 하고 있다.

판결전조사보고서의 공신력을 높이기 위한 방법으로서도 그 조사보고서의 내용이 공정해야 하고 객관적이어야 하는데 이를 위해 필요하다면 보호관찰소 내에 전담 전문기구를 설치하여 활용하는 것도 검토해 볼 필요가 있다.[159) 미국에서 일반적으로 인정되고 있는 것처럼 조사 보고된 내용에 대해 대상자나 변호인이 열람할 수 있도록 하는 것도 좋겠다. 현행 우리의 판결전조사제도는 법원의 보호관찰을 결정한 뒤 준수사항을 정하기 위한 자료를 위해 조사를 임의로 위촉할 수 있는 것처럼 되어 있으나(법 제19조) 이 제도의 진정한 취지를 살리기 위해서는 유죄 여부를 심증 형성에 의해 결정한 뒤에 보호관찰에 부칠 것인가의 여부를 결정하는 단계에서는 필수적으로 활용해야 할 것이다. 우리 법은 미국에서와 같은 절차 이분(二分)제도를 채택하지 않고 있지만 현실적인 적용은 판결전조사보고서를 기초로 하여 보호관찰 여부를 결정하는 것이 좋다.

미국에서는 보호관찰관이 경찰이나 피고인 등을 면담하고 때로는 피고인의 집을 방문하여 조사도 하며 다른 보호관찰기관, 공공기관,

---

159) 菊田幸一, 前揭書, 309〜310面.

사설기관 등으로부터 피고인에 대한 정보를 수집하기도 한다. 미국 보호관찰기관(U.S. probation service)에서 판결전조사서를 작성할 때에는 반드시 다음과 같은 사항을 포함해야 한다고 한다.[160]

즉 ⅰ) 범죄에 대한 것으로서 범죄에 대한 공식적인 견해(official version), 피고인의 견해(defendant's version), 공동피고인에 대한 정보, 증인, 고소인, 피해자 등의 진술, ⅱ) 전과에 대한 것으로서, 소년사건의 경력, 성인이 된 후의 구속사실 여부와 유죄 인정 여부, ⅲ) 경력 및 가족 상황에 관한 것으로서, 피고인, 부모형제에 대한 정보, 결혼, 교육, 직업, 육체, 정신, 정서적인 건강, 군복무, 자산, 부채 등 자산 상태, ⅳ) 처우계획, 판결자료 등의 평가, ⅴ) 의견 등이다. 이렇게 볼 때 미국에서는 이 제도가 광범위하게 인정되고 있는데 우리나라는 가장 기본적인, 잘못하면 피상적인 조사에 불과할 가능성이 많다고 볼 것이기 때문에 우리의 제도를 운용함에 있어 미국의 경우를 많이 참고해야 할 것이다.[161]

5. 범죄예방위원회 활동

비행과 범죄에 대한 대책들 중 지역중심의 대책이라 함은 넓게는 앞 장에서 살펴본 사회내처우도 포함하는 개념이라 할 수 있겠지만, 대개는 지역자원봉사자들을 중심으로 한 민간기관이나 개인의 자원봉사활동을 통한 범죄대책을 주로 의미한다고 하겠다. 이는 비행이나 범죄를 저지른 자들이 결국 돌아갈 곳인 지역사회의 주

---

160) 차용석, 앞의 논문, 27면.
161) 이정수, "보호관찰에 있어 보호위원의 역할", 청소년범죄연구 제7집, 1989, 83면.

요 자원이 적극적으로 활용되지 않는 범죄대책은 그 실효성이 떨어질 수밖에 없는 상황임을 전제로 하여 지역 자원봉사활동의 중요도와 범죄예방(방범)과 범죄인의 사회복귀라는 목표 달성을 위해 차지하는 위치가 그만큼 높다는 것을 의미하는 것이다.

1) 범죄예방의 개념 및 필요성

범죄예방(방범Crime Prevention 또는 Anti-crime)이란 범죄가 일어나지 않도록 막는 것,[162] 즉 범죄의 실질적 수준을 감소시키거나 범죄공포를 감소시키기 위하여 사전에 행하는 행동을 말하며, 방범이란 용어와 같은 의미로 사용하고 있으며, 장래에 대한 범죄의 방지를 의미한다.

이 외에 최근에 나타나고 있는 범죄예방의 개념으로 '범죄의 위험을 예견, 인식, 평가하여 범죄를 감소, 근절시키기 위한 사전활동'이라고 정의되고 있다.[163] 이렇게 볼 때 범죄예방(방범)이란 범죄가 발생하지 않도록 미리 그 원인을 제거하고 범인성 활동을 정비하며 또 그 피해가 확인되는 것을 방지하는 제반 활동이라고 요약할 수 있다. 여기에는 범죄환경에 대한 직접적 통제뿐만 아니라 간접적인 활동도 포함되고 범죄의 근본원인이 되는 사회적, 경제적 환경의 개선활동, 범죄자들이 범죄를 범하지 않도록 하기 위한 활동도 포함된다.

이러한 점으로 볼 때 광의의 범죄예방(방범활동)은 범죄의 원인을 제거하거나 감소시키는 모든 활동을 뜻한다. 여기에는 범죄의

---

162) 참국어사전, 서울: 동아출판사, 1997, 532면.

163) "National Crime Prevention Institute, Understanding crime Prevention", Boston, MA: Butterworth-Heinemann, 1986, p.2.

수사, 재판, 행형, 교정 등과 같은 형사과정뿐만 아니라 정치, 경제, 사회, 문화의 모든 정책도 포함된다. 광의의 범죄예방에 관련해서 볼 때, 이러한 업무는 어느 하나의 행정이나 사회기관에 의하여 전담될 수 있는 성질의 것으로 볼 수 없고, 국가 및 모든 사회구성원, 사회단체가 공동하여 해결해야 할 과제로 여겨진다.[164] 따라서 이러한 활동은 자원봉사자라는 인적 활동으로 이어지는데, 그중 경찰(이하 교정포함)자원봉사란 비행청소년이나 범죄인이 사회에 복귀하여 적응하고자 할 때 자신들의 개인적, 환경적인 장애를 극복할 수 있도록 이들 혹은 이들의 가족을 돕는 한편, 비행과 범죄의 예방을 위해서 교정현장의 실무자들로부터 지도를 받으며 교정사업에 참여하는 시민의 활동이라 할 수 있다. 물론 이러한 활동은 일반자원봉사에서 강조하는 바와 같이 정기적이고 지속적이라야 할 것이다.

경찰(교정)자원봉사는 결국 범죄인 및 비행청소년의 재활에 시민이 참여하는 일이다. 그러므로 경찰(교정)자원봉사의 필요성은 곧 교정사업에 시민이 참여함으로써 보다 효과적인 범죄의 예방과 범죄인의 재활이 가능하다는 정당성을 규명하는 일이기도 하다. 경찰(교정)자원봉사의 필요성을 몇 가지로 요약하면 다음과 같다.[165]

(1) 다양한 접근방안

경찰(교정)현장의 실무자가 단독으로 교정사업에 개입하여 활동하는 것보다는 지역사회의 인적, 물적 자원이 투입되는 것이 효과

---

164) 김상균·이상원, 경찰학개론, 대명출판사, 2005, 327면.
165) 최옥채, 교정복지론, 학지사, 2006, 278면 이하.

적이라 할 수 있다. 특히 범죄인의 재활에는 다양한 전문인력이 요구되는바, 지역사회의 자원봉사자가 활동함으로써 새로운 방안이 지속적으로 개발되어 현장에 적용될 수 있을 것이다. 뿐만 아니라 모든 사업이 계획대로 잘 이루어지기 위해서는 주변 여건이 합당하게 마련되어야 하며, 이러한 점에서 경찰(교정)자원봉사활동은 큰 도움이 될 수 있다.

(2) 시민연대의식의 강화

범죄인의 재활에 시민이 참여하여 시민연대의식을 강화시킬 수 있다. 이는 범죄예방에 관한 일이 범죄인만의 노력으로 이룩되는 것이 아니라 지역사회의 시민도 책임을 나누어 져야 한다는 의미와 맥락을 같이하는 것이다. 그럼으로써 지역사회의 병리현상을 막을 수 있을 것이고 스스로 치유해 갈 수 있는 자정능력을 갖게 되어 건강한 지역사회가 가능할 것이기 때문이다.

(3) 재정적인 도움

자원봉사활동은 시설에서보다 지역사회를 중심으로 보다 활발히 이루어질 수밖에 없다. 또한 자원봉사자가 개입하는 프로그램이 다른 시설중심의 프로그램보다 적은 비용이 들 것이며 나아가 자원봉사자 자신의 활동과 재정적인 지원이 가능하므로 정부는 재정적인 압박으로부터 탈피할 수 있다.

(4) 교정제도 발전의 촉진

범죄인을 위한 재활이나 범죄예방이 담당국 단독으로 이루어지는 것은 그 일이 독단적으로 치우칠 가능성이 높아 교정제도의 발전에 장애가 될 수 있다. 경찰(교정)사업에 자원봉사자가 참여함으로써 경찰(교정)현장이 개방될 것이고, 이 분야에 자원봉사자가 협력자로서 때로는 감시자로서 경찰(교정)제도의 발전에 기여할 것이다.

2) 한국 자원봉사의 발전과정

우리나라의 지역자원봉사는 크게 두 가지로 구분하여 이해할 수 있다. 즉 법적인 근거에 따라 시행되고 있는 자원봉사와 시설 및 기관의 지침에 의한 자원봉사활동이 그것이다. 법무부와 경찰청 등의 자료에 의하면 범죄예방자원봉사위원은 매우 적극적이고 정기적인 활동을 하여 왔고 현재도 하고 있다. 따라서 각부에서 활동하고 있는 지역사회 인사들에 대하여 포괄적인 관점에서 우리나라 지역자원봉사활동의 역사에 대해 법적 근거를 가지고 있는 부분을 중심으로 간략히 살펴보기로 한다.

(1) 갱생보호위원

갱생보호위원의 활동은 구갱생보호법(1995 보호관찰등에 관한 법률로 통합)이 규정하고 있었다. 갱생보호법은 1942년에 제정된 조선사법보호사업령이 모태가 되어 1961년에 제정되었다. 이 법은 출소자와 퇴원생들의 사후관리와 경제적 지원을 주요 업무로 삼고 있는데 여기에 갱생보호위원이 참여하여 사업을 돕고 있는 것이다. 그러므로 법적으로 볼 때 갱생보호위원의 활동이 우리나라에서는 최초의 교정자원봉사활동이라고 할 수 있다.

(2) 소년선도위원

1970년대 후반부터 검찰당국은 비행청소년의 특성을 고려하여

이들의 비행에 따른 지도 및 감독이 지역사회 안에서 이루어져야
함을 강조하여 왔다. 이에 1981년 소년선도보호지침을 제정하여 선
도조건부 기소유예제도를 시행하게 되자 자원봉사자인 소년선도위
원이 비행청소년의 재활에 도움을 주도록 하였다.

(3) 보호위원

법무부는 물론 형사정책 관련 분야의 단체가 꾸준히 보호관찰제
도의 필요성을 정부에 건의하면서 1988년에 보호관찰법이 제정되었
다. 이에 1989년부터 보호관찰제도가 시행되자 보호위원[166]이 보호
관찰의 주요 대상자인 비행청소년의 재활에 협력하기 시작하였다.

(4) 범죄예방자원봉사위원

법무부훈령 제363호(1996. 6. 12.)에 의하여 갱생보호위원, 소년
선도위원, 보호위원이 범죄예방자원봉사위원으로 통합되었다. 이
훈령은 인구 1,000명당 1인의 범죄예방위원을 위촉하게 하고 이의
업무를 관장하는 범죄예방지도협의회를 지방검찰청 혹은 지청에
두도록 규정하고 있다. 또한 각 지역협의회에 5개 분과위원회(학교
폭력예방지도분과위원회, 상담분과위원회, 보호관찰분과위원회, 취
업알선 및 재정지원분과위원회, 의료지원분과위원회)를 구성하여
운영하도록 하고 있었으나 1998년 훈령의 개정으로 5개 분과위원
회를 폐지, 통합하여 현재에 이르고 있다.

---

166) 보호위원의 명칭은 1995년에 보호선도위원으로 변경되었다.

제3장 소년보호관찰제도의 운용실태 및 분석

제1절 소년보호관찰제도의 실태

1. 소년에 관한 보호관찰

1) 소년법상 보호관찰

(1) 발전과정

사회가 발전함에 따라 소년범죄는 수적인 면에서의 증가뿐 아니라, 질적인 면에서도 흉포화하는 현상이 현저하여 각국은 소년범죄를 심각한 사회문제로 인정하고 이의 해결을 위해 노력하고 있다. 한 걸음 더 나아가 성인범죄를 해결하는 참된 방법은 바로 소년범죄를 효과적으로 예방·처우함으로써 가능하다는 각성하에 현재 소년범죄 문제는 형사학 내지 형사정책학의 가장 중요한 연구대상이 되고 있다.[167] 소년범죄자는 일반 성인범죄자와 동일한 형사사건으로 취급하여 전과자로 만들기보다는, 미숙한 소년의 비행[168]을

---

167) 김기두, 한국소년범죄연구, 박영사, 1970, 9면.

168) 비행소년 또는 비행청소년의 개념은 형사법(특히 소년법), 사회학, 교육학 등에서 사용된다. 하지만 각 영역의 개념정의 내용이 각각 달라서 형사법에서는 단 한 번의 규범위반행위도 이에 해당되는 것으로 보지만, 사회학·교육학 등에서는 어느 정도 지속적인 비행만이 소

보호의 차원에서 특별히 취급하여 소년으로 하여금 건전한 사회인으로 육성되도록 지도하는 것이 최선의 방법이라고 하겠다.

우리나라 최초의 소년보호에 관한 법률은 1942년 일제에 의해 실시된 조선소년령이었다. 그 후 1958년에는 현행 소년법의 근간이 된 소년법이 제정되었고 지금까지 4차에 걸친 개정이 있었다.[169] 현재 사용하고 있는 보호관찰이란 용어는 1958년 소년법이 제정되면서[170][171] 처음으로 명문화된 이후 일부의 형사법규에도 규정되었으며, 또 소년선도의 경우는 법규의 근거도 없이 실시되고 있을 뿐 아니라, 현실적으로 이에 대한 전문적인 기구의 설치가 미흡한데다 대부분의 경우 피관찰자에 대한 보도·원호 등의 복지적인 면보다는 감호와 감독의 면에 중점을 두어 실시함으로써 본래의 보호관찰제도에서 의도하는 효과를 크게 거두지 못하고 있다고 하겠다.

영·미를 비롯한 다른 나라의 경우와 같이 소년범죄는 범죄라는 차원이 아니라 비행이라는 차원에서 대책이 이루어져야 한다. 종래의 시설 내의 처우는 교육형 이론의 영향을 받아 많은 연구와 개선을 위한 노력이 있는 것은 사실이다. 그러나 시설내처우 그 자체에 많은 문제점이 내포되어 있기 때문에 인도적인 요청이나 사회 공리적 요청 면에서도 시설 내에 수용하는 처우방법을 필요한 최소한의 범위로 제한하고 이에 대체할 수 있는 방법으로서의 사회내

년비행 또는 청소년비행이 된다고 본다(배종대, 형사정책, 홍문사, 2005, 459면).

169) 이태언 외, 앞의 책, 342면.

170) 소년법은 1958년 7월 24일 법률 제489호로 제정되었는데, 1963년 7월 31일과 1977년 12월 31일, 1988년 12월 전면 개정을 거쳐 1996년 1월 5일 법 4929호로 개정되어 오늘에 이르고 있다. 소년법은 4장 71개조와 부칙 3개조로 구성되어 있다.

171) 2007년 12월 21일 법률 제8722호로 소년법의 일부 개정, 공포된 후 6개월이 경과하는 2008년 6월 22일부터 시행되고 있다. 소년법은 4장 71개조와 부칙 6개조로 구성되어 있다.

처우를 적극 활용하는 것이 바람직하다. 최근에는 소년부법원 등에
서도 소년사건의 심리에 있어 이 제도를 많이 활용하고 있는 추세
이다. 결국 시설내처우와 사회내처우의 양면을 유기적 관련성을 가
지고 운용하는 것이 소년범 해결에 최선의 방법이 될 것으로 본
다.172)173)174) 사회 적응력이 부족한 소년범들이 사회에 정착할 수
있도록 '교도소와 사회를 이어 주는 다리' 역할을 함으로써 출소자
들의 건전한 사회복귀 촉진 및 재범을 방지하고, 효율적인 범죄예
방활동을 전개하여 개인 및 공공의 복지를 증진, 즉 소년법원에서
단기처우 후 형기에 해당하는 대부분의 기간 동안은 보호관찰에
처함으로써 양자를 유기적인 방법으로 관련지어 운용하는 것이 바
람직할 것이다. 일반적으로 소년원의 퇴원은 가퇴원의 형식으로 행
하여지고 있으나, 가퇴원 등의 조건에 위반하는 경우 사후 관찰조치
로서의 가퇴원의 취소나 사후에 지도하는 일이 거의 없이 가퇴원한
소년들이 방치상태에 처해 있었기 때문에 가퇴원 이후에 대한 효율
적인 보호·개선이 거의 이루어지지 못했던 것이 사실이었다.

(2) 보호처분의 내용 및 취소 변경

우리나라 소년법의 특색은 비행소년에 대한 보호주의를 원칙으로
하는 점에서 영·미의 소년법제와 가까우나, 송검(소년법 제7조 제2
항) 등에 나타나 있는 '소년의 비행으로부터의 사회방위'의 성격으로
볼 때, 대륙법계의 형사정책의 성격을 가미하고 있음을 알 수 있다.

---

172) 갱생보호회, 갱생보호의 직원직무교육교재, 1986, 127면.

173) 한국갱생보호공단, 경영혁신계획, 2007, 1면.

174) 법률 제9168호(2008. 12. 26.)로 갱생보호라는 용어의 부정적 이미지를 개선하고 갱
생보호사업을 효율적으로 추진하기 위하여 '한국법무보호복지공단'을 설립하고, 공포
후 3개월이 경과한 날부터 시행하는 '보호관찰 등에 관한 법률'을 일부 개정하였다.

소년보호사건이 소년법원에 접수되는 경로는 입법론적으로 검사선의주의[175]와 법원선의주의[176]로 나눌 수 있다. 우리나라는 법원선의주의를 택하고 있다(소년법 제3조). 이미 언급한 바와 같이 소년은 인격적으로 성장의 도중에 있기 때문에 비록 일시적으로 비행을 범했다 하더라도 건전한 사회인으로 성장할 무한한 가능성이 있으므로 그 비행에 대해서는 응보나 책임을 추궁해서는 안 되며 가능한 한 그 비행성(범죄성)을 조기에 발견하여 비행성에 적합한 교육과 교정을 실시해야 할 것이다.[177][178][179] 소년부판사는 심리의 결과 보호처분의 필요가 있다고 인정될 경우에는 결정으로서 다음 7가지 처분을 2008년 6월 21일까지 실시하여 왔다.[180]

이제까지 실시된 법을 살펴보면(소년법 제33조), ① 2호 처분과 같은 보호관찰기간이 단기인 경우는 보호기간을 6개월로 하고, ②

---

175) 검사선의주의는 소년비행이 발생했을 때 일반형사사건과 마찬가지로 검사가 먼저 사건을 수리·검토한 후 소년법원에의 송치 여부를 결정하는 법제이다(독일, 프랑스, 오스트리아, 이탈리아 등).

176) 법원선의주의는 소년비행을 일괄하여 소년법원이 수리·조사하고, 그 후 형사처분이 상당하다고 인정될 때에 한하여 검사에게 송치하는 제도이다(우리나라, 미국, 일본 등).

177) 한상호, "소년심판제도의 운용현황 및 개선방향", 청소년범죄연구 제1집, 1983, 51면.

178) 1985년 실시된 2호 처분의 소년위탁 현황을 보면 서울적십자 청소년복지회관 90명, 성지보도원(대전) 195명, 연성원 70명, 여광원 5명으로 합계 360명이었다(보호국 1985년 통계자료(청소년범죄연구 제4집, 1986, 57면)).

179) 또한 소년법원에서 보호처분을 받은 약 20,000명의 비행소년 중 제2호 처분을 받은 소년은 2%에 불과하고, 3호 처분을 받은 소년은 한 명도 없으며, 68%에 해당하는 대부분이 보호자에게 되돌아가는 1호 처분을 받았고, 12%가 소년원에 보내지는 5호 처분을 받았다(심영희, 소년보호위탁을 위한 위탁단체 육성방안, 청소년범죄연구(제4집), 1986, 96∼97면).

180) 개정된 소년법이 시행되기 전 법 제32조 1항에는 소년보호처분에 관해 소년부판사는 결정으로서 ① 보호자 또는 보호자를 대신하여 소년을 보호할 수 있는 자에게 감호를 위탁하는 것(1호 처분), ② 보호관찰관의 단기보호관찰을 받게 하는 것(2호 처분), ③ 보호관찰관의 보호관찰을 받게 하는 것(3호 처분), ④ 아동복지법상의 아동복지시설 기타 소년보호시설에 감호를 위탁하는 것(4호 처분), ⑤ 병원·요양소에 위탁하는 것(5호 처분), ⑥ 단기로 소년원에 송치하는 것(6호 처분), ⑦ 소년원에 송치하는 것(7호 처분) 등이다.

3호 처분의 경우는 보호기간이 2년인데 보호관찰관의 신청이 있을 경우 1년의 범위 내에서 1차에 한해 기간 연장을 할 수 있도록 하여 최고 3년까지 보호할 수 있도록 하고 있다. ③ 2호, 3호 처분의 경우 16세 이상의 소년에 대해서는 사회봉사명령 또는 수강명령을 가하는데 2호 처분의 경우는 50시간, 3호 처분의 경우는 200시간을 초과할 수 없도록 함과 동시에 보호관찰관이 명령을 집행할 때에도 본인의 정상적인 사회생활을 방해하지 않도록 각별히 주의를 하도록 하고 있다. ④ 6호 처분의 경우 단기로 소년원에 송치된 소년의 수용기간은 6개월을 초과하지 못하도록 하고 있다. 보호처분의 내용을 변경할 수도 있는데 소년부판사는 수탁자나 보호처분을 집행하는 자의 신청에 따라 결정으로 소년법 제32조에 규정된 1호에서 7호까지의 처분의 내용을 변경할 수가 있는데 특히 1호, 4호, 5호 처분은 신청 없이 직권에 의해 처분내용을 변경할 수 있다(소년법 제37조 ①항). 이와 같이 처분의 내용을 변경하는 경우에는 지체 없이 본인과 보호자에게 통지함은 물론 그 취지를 수탁자나 보호처분을 집행하는 자에게도 알리도록 하고 있다(소년법 제37조 ③항).

보호처분이 취소되는 경우도 있는데 보호처분의 계속 중에 본인이 처분 당시 연령이 20세 이상인 것이 판명되면 소년부판사는 결정으로 보호처분을 취소하고, ⅰ) 검사 또는 경찰서장의 송치나 소년법 제44조 ③항(12세 이상의 소년으로 보호자의 적당한 감독에 복종하지 아니하는 성벽이 있거나, 정당한 사유 없이 가정에서 이탈하거나, 범죄성이 있는 자 또는 부도덕한 자와 교제하거나 또는 타인의 덕성을 해롭게 하는 성벽이 있는 자로 그 성격이나 환경에 비추어 형벌 법령에 저촉되는 행위를 할 우려가 있는 소년)의 통고에 의한 사건인 경우에는 관할지방법원에 대응하는 검찰청검사에게 송치하거나, ⅱ) 벌금 이하의 형에 해당하는 범죄이거나 보호처분에 해당할 사유가 있다고 인정하여 관할 소년부 법원에 송치한 사건인 경우는 송치한 법원에 이송하도록 하고 있다(소년법 제38조 ①항). 또한 보호처분의 계속 중 본인의 처분 당시에 12세 미만인 것으로 판명된 경우 소년부판사는 결정으로 보호처분을 취소하도록 하고 있다(소년법 제38조 ②항). 보호처분은 12세 이상 20세 미만의 소년을 대상으로 하기 때문에 처분시점을 기준하여 이에 해당되지 않는 경우는 소년법에 의한 보호처분은 부당한 것으로 되어 처분을 취소해야 한다. 보호처분이 문제가 있을 때에는 본인·보호자·보조인 또는 그 법정대리인을 관할 가정법원이나 지방법원 합의부에 항고할 수 있다.

(3) 조사와 심리

소년부 법원에서는 대상소년의 보호처분 여부를 결정하기 위해 필요한 조사를 해야 하는데, 이러한 조사를 위해 정신과 의사, 심리학자, 사회사업가, 교육자, 기타 전문가로 하여금 참고인 등의 성격, 가정 상황, 기타 환경 등을 조사하도록 한다(소년법 제9조). 소년부 법원이나 조사관이 조사를 할 때는 소년에게 불리한 진술은 거부할 수 있음을 반드시 고지하도록 하고 있다. 조사에 대한 결정은 소년부 법원의 판사가 행하는데 필요한 경우에는 조사를 위해 일정한 기일을 지정하여 관계자에게 통고한 뒤 본인이나 보호자, 참고인 등을 소환할 수가 있으며(소년법 제13조 ①항), 이들이 정당한 이유 없이 소환에 응하지 않을 때에는 동행영장을 발부할 수 있다. 동행영장을 발부하는 경우에는 소년이나 보호자의 성명, 연령, 주거, 행위의 개요, 인치 또는 수용할 장소, 유효기간 및 기간을 경과한 후에 집행에 착수치 못하면 영장을 반환해야 한다는 취지와 발부 연월일을 기재하고 소년부 판사가 서명 날인한다(소년법 제15조).

심리는 비공개를 원칙으로 친절하게 진행해야 하며, 조사관, 보호자, 보조인은 심리에 관하여 의견을 진술할 수 있고 필요한 경우 판사는 이들의 진술을 위해 본인의 퇴정을 명할 수 있다(소년법 제25조). 심리 개시의 결정은 소년부판사가 행하며, 필요한 경우에는 행정기관, 학교, 병원 기타 공사단체에 대해 필요한 원조와 협력을 요구할 수가 있다(소년법 제28조). 소년부판사는 심리의 결과 보호처분을 할 필요가 없다고 인정한 때나 본인에 대해 유죄판결이 확정되어 보호처분을 할 필요가 없을 때는 보호처분을 취소할 수가 있다.[181] 이들 처분은 현실적으로 활용되기 어려운 형편에 있었으나 법무부의 소년법에 대한 개정의 필요성을 느껴 2007년 연말에 개정에 들어가게 되어 오늘에 이르렀음은 소년범에 대한 처분의 발전에 큰 획을 그었음을 인정하지 않을 수 없다. 이러한 결과로 2008년 6월 22일부터 실시되고 있는 개정된 소년법은 제32조 1항을 10개 처분으로 확대, 활용하고 있어 다행이라 하지 않을 수 없

---

181) 개정되기 전 우리나라의 소년보호 실태는 소년의 보호·육성 내지 교정·교화라는 소년법 본래의 취지와 거리가 멀고 또 보호처분 자체도 복지적인 처분이라기보다는 보안처분적 성격을 강하게 지니고 있어, 결국 보호의 실태가 형식적, 응보적 경향을 띠고 있다고 볼 수밖에 없으므로 소년법의 정신에 부합하는 보다 근본적인 보호처분이 필요한 실정이다(이우근, "소년법의 문제점, 소년범에 관한 제문제", 사법연수원, 1979, 454면).

으며 소년범에 대한 직업훈련 장소가 부족한 실정임을 감안, 직업
훈련원 등을 확충해야 할 필요성이 절실히 제기된다.

2) 소년선도보호제도(선도조건부 기소유예)

소년선도보호란 접촉선도·원호선도를 포함한 개념으로 1978년
광주지방검찰청에서 소년범죄에 대하여 선도조건부 기소유예제도
를 창안하여 실시함으로써 시작되었다.[182] 접촉선도는 귀주처가 있
는 유예소년과 접촉을 가져 상담 등의 방법으로 소년의 반사회성
을 교정하고 지식과 기술을 습득시키며 정서를 순화시켜 건전한
사회인으로 복귀하게 하는 선도방법이다. 원호선도는 귀주처가 없
거나 있더라도 귀주시키는 것이 부적당한 유예소년에 대하여 선도
위원의 주거나 복지시설에 주거하게 하여 의·식·주를 제공하면
서 접촉 선도하는 것을 말한다. 선도조건부기소유예는 범죄소년에
대하여 기소유예처분을 하면서 범죄예방자원봉사위원(이하 '범죄예
방위원'으로 약칭)의 선도보호를 받을 것을 조건으로 붙이는 것으
로서 범죄소년에 대하여 기소유예의 범위를 확대하여 소년범죄의
예방과 처우 개선에 기여하고자 함을 목적으로 한다. 소년선도보호
지침의 내용을 중심으로 소년선도 보호제도의 내용을 고찰해 보면
다음과 같다.

(1) 선도유예의 개념

선도유예란 선도조건부 기소유예를 줄인 말로, 선도위원의 선도
를 조건으로 기소유예처분을 하는 것을 말한다(소년선도보호지침

---

182) 유예선도제도의 모체는 광주 지방검찰청에서 작성된 '소년범 처리지침'인데, 이는 1972년
에 서울지방검찰청에서 작성한 학생사범 단속요강을 보완한 것이다(김량균, 소년선도보호제
도에 대한 회고, 청소년범죄연구 제4집), 법무부, 1986, 148면 참조.

제3조 제1항). 이는 선도보호제도의 중심 개념으로서 그 법적 성질은 일종의 보호관찰부 기소유예처분이라고 할 수 있다.[183]

이 제도는 우리나라 특유의 비행소년선도보호대책으로서 민간인인 범죄예방위원에 의한 일종의 보호관찰제도라고 할 수 있는데[184] 그 효과로서는 일반적으로 ① 검찰의 소년범죄예방기능이 보완·강화된다. ② 단기자유형의 폐단을 제거할 수 있다. ③ 전과자에 대한 사회의 냉대, 차별의 가능성을 미리 막고 효과적인 사회복귀를 도모할 수 있다. ④ 지역사회의 정화를 도모할 수 있다. ⑤ 교도소나 소년원의 경비를 절감할 수 있다는 것 등을 들고 있다.

(2) 선도유예의 대상과 절차

선도유예는 범죄내용의 경중에 관계없이 재범의 가능성이 적은 18세 미만의 비행소년을 주된 대상으로 한다. 그러나 공안사범, 마약사범, 흉악범, 조직적 또는 상습적 폭력배, 치기배, 현저한 파렴치범은 원칙적으로 대상에서 제외된다. 소년사건의 주임검사는 필수적 참작자료와 임의적 참작자료를 바탕으로 유예소년을 선정한다(동 지침 제14조). 필수적 참작자료는 사건의 죄질과 범정을 살펴 비행성 유예자료표와 소년환경조사서의 자료를 참작하며, 임의적 참작자료는 소년의 보호자·교사·직장 상사의 의견, 피해보상 여부, 피해자의 감정 등의 자료를 참작하는 것이다. 이러한 참작자료를 참고하여 주임검사는 대상자를 위해 선도위원을 선정하여 유예소년의 선도보호책임의 인수를 권고하며,[185] 이 경우 선도위원은

---

183) 곽영철, 앞의 논문, 18면 참조.
184) 범죄백서, 앞의 책, 188면.
185) 인수에는 자진인수와 권고인수가 있다.

유예소년의 주변 사정을 미리 조사하여 개선가능성을 뒷받침할 의견서와 당해 지역 대표선도위원의 의견서를 첨부한 후 주임검사에게 제출하여야 한다. 이때 주임검사는 유예소년으로부터 준수사항과 보호자로부터의 서약서도 제출받아 기록에 편철하고, 이들에게 조치사항을 예고한다. 서약서에는 준수사항을 이행하여 새사람이 되겠다는 내용[186]과 선도위원의 활동에 적극 협조하겠다는 것, 그리고 선도보호의 활동에 적극 협조하겠다는 것, 그리고 선도보호의 과정에서 선도위원의 지시에 순응·협조하겠다는 내용이 규정되어 있다.

(3) 선도위원(현, 범죄예방위원)

선도위원은 본 제도의 성패를 좌우하는 중추적 역할을 담당하는 자로서 위원의 위촉방법에 따라 상임선도위원과 비상임선도위원으로 구분할 수 있다. 상임선도위원은 ① 동일 지역 내에서 3년 이상 거주하여 지역 사정에 밝은 사람, ② 지역주민들로부터 존경을 받고 사회적 신망이 두터운 사람, ③ 일정한 직업이 있고 생활에 곤란이 없는 사람, ④ 소년범죄의 예방·교정에 관심이 있는 사람, ⑤ 건강하며 생활력이 있고 시간적 여유가 있는 사람, ⑥ 가급적 사회봉사활동 경험이 있고 현재 정치생활을 하지 않는 사람 중에서 검찰청 검사장의 추천을 받아 법무부장관이 임명하는 위원이

---

186) 동 지침 제19조(준수사항): ① 석방 후 늦어도 3일 이내에 선도위원을 방문할 것, ② 선도기간 내에 임의로 주거지를 이전·이탈하지 아니하고, 주거지를 이동하거나 장기 출타 시에는 선도위원에게 신고할 것, ③ 선도기간 중 선도위원과 수시 접촉을 갖고, 선도상의 지침에 순응할 것, ④ 정업에 종사하며 맡은 일을 태만히 하지 않을 것, ⑤ 과법의 잘못을 반성하고 각오를 새롭게 할 것, ⑥ 피해자의 손해를 배상하는 데 전력을 다하고 항상 사죄하는 마음을 가질 것, ⑦ 이상의 사항을 위반하였을 때 유예사건의 재기소 등 불이익 처분을 받더라도 이의 없이 이를 감수할 것 등이다.

무보수, 명예직으로 비행소년의 선도에 종사한다. 범죄예방위원의 임기는 3년이고 연임이 가능하다.[187]

(4) 방문선도

방문선도란 소년원이나 소년교도소를 방문하여 원생이나 수형소년을 접촉선도하는 것을 말하며, 이는 선도유예보다 1년 후인 1982년 1월 1일부터 시행되었다. 원생에 대한 방문선도는 ① 소년원에 입원한 후 단기 1개월, 중기 2개월, 장기 6개월이 경과할 것, ② 입원 후 교과교육·직업교육 성적이 '우' 이상이고, 생활지도 성적이 현저히 양호할 것, ③ 보호자가 없거나 있더라도 그가 교육함이 부적합할 것 등과 같은 소년이 대상이 된다. 또 수형소년에 대한 방문선도는 ① 교도소 입소일에 관계없이 잔형기간이 1년 미만일 것, ② 입소 후 소 내 성적이 3급 이상일 것, ③ 보호자가 없거나 있더라도 그가 교육함이 부적합할 것과 같은 소년이 대상이 된다(동 지침 제23조). 소년원장 등은 매월 5일 이내에 수용자를 방문, 선도대상자를 추천하여 그 소년의 가족과 함께 검사장 등에게 송부하고 전담검사가 이를 토대로 적합 여부를 결정하여 대상소년을 선정한다. 이 경우 선도위원은 월 1회 이상 수용시설을 방문하여 원생이나 수형소년을 지도·교양하게 한다. 선도기간은 단기를 5개월, 중기를 10개월, 장기를 1년으로 하며, 장기의 경우 퇴원 또는 가퇴원 시까지 연장할 수 있다. 수형소년의 선도기간은 1년을 넘지 않는 범위 내에서 석방 시까지로 하며 가퇴원·가석방의 잔형기는 유예소년에 준하여 선도·보호한다(동 지침 제49조).[188]

---

187) 범죄백서, 앞의 책, 188면.

2. 보호관찰조직 및 운영현황

1) 조직

보호관찰소는 보호관찰에 관한 실재적인 업무를 관장하는 기구로서 법무부 장관 소속의 각 지방검찰청 소재지에 설치한다.

또 보호관찰소의 사무의 일부를 처리하기 위해 그 관할지역 안에 보호관찰지소를 둘 수 있다(법 제14조). 보호관찰소의 명칭, 위치, 관할구역 등은 1989년 5월 보호관찰소 직제[189]에 의하여 공포되어, 1989년 7월 1일 각소(지소)가 개청되었으며, 그 후 법무부와 그 소속기관 직제 시행규칙에 의거 지소가 증설되어 현재에 이르고 있다.

보호관찰행정조직은 중앙감독기관인 법무부범죄예방정책국(구보호국)[190] 산하에 전국 대도시마다 보호관찰소 및 지소를 설치하여 2008년 1월 1일 현재 16개[191] 보호관찰소 및 28개[192] 지소가 있다.

보호관찰소는 보호관찰의 실시 및 범죄예방활동 등 보호관찰행정실무를 담당하고 있고 그 조직은 보호관찰소마다 약간씩 다르다. 우리나라에서 규모가 제일 큰 서울보호관찰소의 경우 소장 밑에 행정지원팀, 관찰 1, 2, 3팀, 집행팀, 조사팀을 두고 있으며, 관할구

---

188) 1982년 첫해 전국의 방문선도위원은 375명이었다(법무부 보호국 통계, 1983).

189) 1989년 5월 28일 대통령령으로 보호관찰소 및 보호관찰심사위원회 설치에 관한 법무부 직제 제정. 2004년 1월 20일 법률 제7078호에 의거 보호관찰 등에 관한 법률 일부 개정.

190) 법무부직제개편(2008. 2. 29.)으로 법무부 정책홍보관리실이 기획조정실로, 보호국이 범죄예방정책국으로 개편되었으며, 보호국 산하의 보호기획과와 범죄예방정책과는 각각 사회보호정책과와 범죄예방기획과로 재편성되었다.

191) 서울, 부산, 수원, 대구, 대전, 광주, 인천, 울산, 청주, 전주, 창원, 춘천, 제주, 의정부, 서울동부, 서울남부

192) 서울서부, 서울북부, 성남, 안산, 평택, 강릉, 홍성, 안동, 포항, 김천, 부산서부, 대구서부, 진주, 목포, 순천, 부천, 군산, 충주, 고양, 원주, 천안, 여주, 속초, 논산, 서산, 경주, 통영, 정읍

역이 넓은 지역의 업무수행을 위해 지소를 두고 있다.[193]

보호관찰소의 대표기관인 서울보호관찰소의 조직과 기능 및 각 기관별, 팀별 편성은 다음과 같다.

표 5 보호관찰소 직제 및 구성

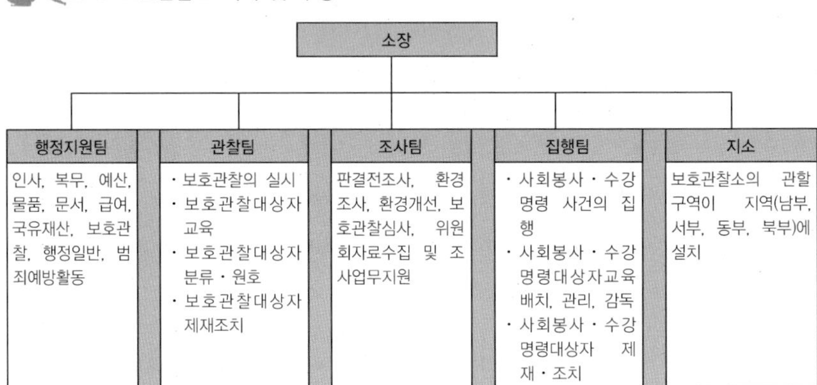

주: 1. 법무부 보호국 자료
2. 수원, 부산, 보호관찰소에는 행정지원팀, 조사팀, 관찰팀, 집행팀, 대구, 인천, 광주, 대전보호관찰소에서는 행정지원팀, 조사팀, 관찰팀, 집행팀이 청주, 창원, 전주보호관찰소에는 행정지원팀, 관찰팀이 설치되어 있음.

팀장의 직급은 보호관찰서기관 또는 보호관찰사무관으로 하고, 기본운영 방향은 팀 간 선의의 경쟁체제 구축을 통하여 보호관찰의 재범방지 역량의 극대화, 팀장에게 권한을 대폭 위임함으로써 신속한 의사결정 및 책임지는 보호관찰 행정 구현, 수평적 팀 운영으로 구성원의 참여 극대화를 도모하는 것이다. 또한 관찰팀, 집행팀으로만 설치된 기관은 관찰팀이 행정지원팀 및 조사팀의 업무를 담당하며, 관찰팀은 지역별로 편성하되 팀 간 대상자 및 직원의 수

---

193) 연공서열을 중시함으로써 경쟁체제가 미흡한 과장제를 폐지하고 실적과 능력에 따른 인사 및 조직운영으로 보호관찰업무역량을 극대화하고자 2005년 8월 29일 '보호관찰소 팀제 편성, 운영에 관한지침'을 마련하여 동년 9월 1일부터 시행하고 있다.

는 가급적 편차가 없도록 편성하였다. 그리고 기관장의 업무를 팀장에게 대폭 위임, 팀장의 전결권을 강화하고 기관장은 근무평정, 재무관 등 각종 규칙에 기관장의 권한으로 규정된 사안을 처리토록 하였으며 각급기관별 팀 편성표는 〈표 6〉과 같다.

표 6 각급 기관별 팀 편성표

구 분	직제					직제 및 직제 포함									
	소계	행정지원팀	관찰팀	집행팀	조사팀	소계	행정지원팀	관찰팀	관찰2팀	관찰3팀	관찰4팀	집행팀	수강집행팀	조사팀	전산팀
계	30	10	10	7	3	116	13	35	11	5	2	35	7	7	1
서울	4	○	○	○	○	9	○	○	○	○	○	○	○	○	○
남부						4	○	○	○			○			
서부						2		○				○			
동부						2		○				○			
북부						2		○				○			
의정부						3	○	○				○			
고양						2		○				○			
인천	3	○	○	○		6	○	○	○			○	○	○	
부천						2		○				○			
수원	4	○	○	○	○	8	○	○	○	○	○	○	○	○	
성남						2		○				○			
안산						2		○				○			
춘천						3	○	○				○			
강릉						2		○				○			
원주						2		○				○			
대전	3	○	○	○		6	○	○	○			○	○	○	
홍성						2		○				○			
천안						2		○				○			
청주	2	○	○			4	○	○	○			○			

구 분	직제					직제 및 직제 포함									
	소계	행정지원팀	관찰팀	집행팀	조사팀	소계	행정지원팀	관찰팀	관찰2팀	관찰3팀	관찰4팀	집행팀	수강집행팀	조사팀	전산팀
충주						2		○				○			
대구	3	○	○	○		7	○	○	○	○		○	○	○	
안동						2		○				○			
포항						2		○				○			
김천						2		○				○			
부산	4	○	○	○	○	7	○	○	○	○		○	○	○	
서부						2		○				○			
울산						2		○				○			
창원	2	○	○			4	○	○	○			○			
진주						2		○				○			
광주	3	○	○	○		7	○	○	○	○		○	○	○	
목포						2		○				○			
순천						2		○				○			
전주	2	○	○			4	○	○	○			○			
군산						2		○				○			
제주						2		○				○			

주: 법무부 보호국 자료

이에 따라 보호관찰소는 아래와 같은 업무를 담당한다(법 제15조).
① 보호관찰의 실시 및 사회봉사명령·수강명령의 집행
② 갱생보호의 실시
③ 검사가 보호관찰의 선도를 조건으로 공소제기를 유예하고 위탁한 선도의 실시
④ 제8조 규정에 의한 범죄예방자원봉사위원에 대한 교육훈련 및 업무지도
⑤ 범죄예방활동

2) 보호관찰의 운용현황

보호관찰 현황에 대한 전체적인 이해의 틀을 높이기 위해 2006년 말까지의 성인에 대한 보호관찰처분별 실시 인원 현황을 살펴보고자 한다.

1997년 이래 보호관찰 실시인원 살펴보면, 〈표 7〉에서 보는 바와 같이 그 대상자는 보호관찰 이외에 사회봉사명령·수강명령대상자를 포함한 인원이다. 보호관찰제도 도입 이후 보호관찰

실시현황을 분석해 보면, 제도 시행 이후 그 대상자의 수가 지속적으로 증가해 왔다. 1997년에 보호관찰 개시 인원이 98,238이었으나 2006년 말경에는 150,371명으로 증가하였음을 보여준다. 이는 법원이 형사제재수단으로서 자유형에 비하여 비교적 혁신적이면서 재범방지 효과가 있고, 국가예산을 큰 폭으로 절감하면서도 동시에 범죄 행위자에 대한 응분의 처벌적 요소를 함께 가지고 있는 보호관찰 등의 처분을 선호하고 있기 때문인 것으로 분석된다.

표 7 보호관찰처분별 실시인원(1997~2006)

연도	구분	계	선고유예자	집행유예자	소년법상보호관찰자	가석방자	가퇴원자	가출소가종료자	가정보호	성매매보호	기소유예	존스쿨	기타
1997	개시	98,238	34	25,199	63,270	2,731	5,448	1,556					
	종료	54,546	21	14,733	33,659	1,800	3,578	755					
	현원	43,692	13	10,466	29,611	931		801					
1998	개시	132,639	23	48,442	72,348	5,440	4,588	1,654	144				
	종료	80,224	15	32,870	40,403	3,341	2,782	779	34				
	현원	52,415	8	15,572	31,945	2,099	1,860	875	110				
1999	개시	132,479	15	52,547	66,519	6,066	4,385	1,608	1,339				
	종료	80,378	10	34,740	37,640	3,778	2,546	785	879				
	현원	52,101	5	17,807	28,879	2,288	1,839	823	460				
2000	개시	142,532	10	63,626	62,168	7,641	4,588	1,692	2,807				
	종료	90,826	6	42,685	37,465	5,481	2,735	714	1,740				
	현원	51,706	4	20,941	24,703	2,160	1,853	978	1,067				
2001	개시	140,858	8	72,895	51,516	5,971	4,956	1,594	3,918				
	종료	89,702	6	48,914	30,257	3,722	3,016	725	3,062				
	현원	51,156	2	23,981	21,259	2,249	1,940	869	856				
2002	개시	146,090	5	81,668	45,328	5,788	4,235	1,535	4,056		3,475		
	종료	91,193	2	53,535	25,669	3,718	2,596	701	2,911		2,061		
	현원	54,897	3	28,133	19,659	2,070	1,639	834	1,145		1,414		
2003	개시	147,734	8	85,462	43,388	4,613	3,206	2,459	4,774		3,824		
	종료		4	57,799	25,545	3,368	2,121	831	3,550		2,718		
	현원	95,936	4	27,663	17,843	1,245	1,085	1,628	1,224		1,106		
2004	개시	148,818	12	91,995	39,468	4,427	1,813	3,610	1,305	48	3,140		
	종료	94,446	5	60,846	22,895	2,842	1,309	1,364	3,159	6	2,020		
	현원	54,372	7	31,149	16,573	1,585	504	2,246	1,146	42	1,120		

연도	구분	계	선고 유예자	집행 유예자	소년법상 보호 관찰자	가 석방자	가 퇴원자	가출소 가종료자	가정 보호	성매매 보호	기소 유예	존스쿨	기타
2005	개시	146,895	20	87,661	38,299	6,038	820	3,205	3,695	614	3,333	3,210	
	종료	91,895	10	56,357	21,959	3,899	539	1,476	2,329	337	1,970	2,297	
	현원	955,422	10	31,304	16,340	2,139	281	1,729	1,066	277	1,363	913	
2006	개시	150,371	29	81,483	36,015	8,193	444	2,435	4,004	564	3,749	13,455	
	종료	99,688	11	51,885	22,056	6,617	305	1,332	2,839	376	2,469	11,798	
	현원	50,683	18	29,598	13,959	1,576	139	1,103	1,165	188	1,280	1,657	

주: 1. 법무부 보호국 통계
    2. 개시인원 전년도이월인원 포함
    3. 현원은 당해 연도 12월 11일 기준의 현재인원

그림 1 보호관찰처분별 실시인원 추세(1997~2006)[194]

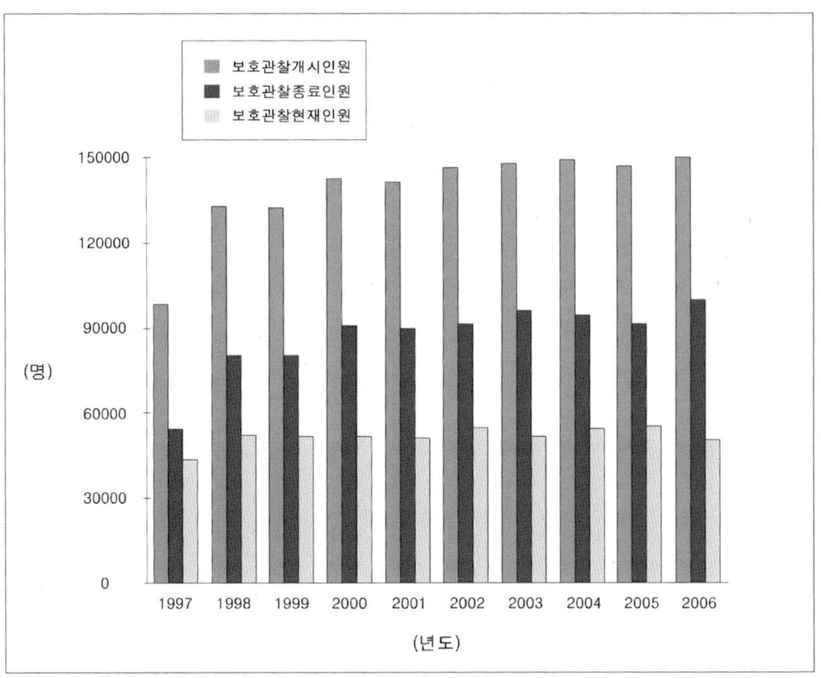

주: 법무부 보호국 통계

---

194) 성구매 남성을 교육함으로써 수요자 감소를 통한 성매매 문제 해결을 시도하는 교육프로그
램으로, 미국에서 성을 구매한 혐의로 체포된 남성의 대부분이 자신을 '존(John)'이라고 밝
힌 데서 명명되었으며 '노마 허틀링'이 탈성매매 여성의 사회복귀를 돕기 위해 설립한 세이
지(SAGE, NGO)가 사법 당국을 설득해 1995년 성매매 재발 예방 프로그램을 만들어 존 -

특히 〈표 8〉에서 보는 바와 같이 보호관찰제도를 성인범을 포함한 전체 형사범에 대하여 확대 실시한 1997년 이후 사회봉사명령 등 보호관찰 관련 처분이 급격히 증가하는 등, 현재 보호관찰제도는 교도소 등 시설 내 구금을 실질적으로 대체하는 중추적인 국가 형사정책수단으로 기능하고 있다.[195] 보호관찰대상인원은 개청 이래 해마다 증가되어 왔으며 2000년부터 약 14만 명대에서 안정화하는 추세에 있다. 그리고 2004년 9월부터 성매매알선 등 행위의 처벌에 관한 법률이 시행된 이후 성구매행위자에게 보호관찰소에서 집행하는 존스쿨 프로그램 교육[196]을 받는 조건으로 기소를 유예하는 처분이 2006년도에 많이 증가하였다. '2006년 존스쿨 이수자 특성 및 교육 효과성 분석'에 따르면, 응답자 1,289명 중 '대입 이상 – 대졸 이하(재학 포함)'의 학력을 가진 사람이 774명(60%),

---

스쿨로 명명한 데서 유래되었다. 우리나라의 경우, 04년 9월 성매매알선행위등처벌에관한 법률 시행 이후 성구매 남성을 벌금형 또는 기소유예 등 비교적 가볍게 처벌하는 것은 법률 제정의 취지에 반한다는 비판과 여성계의 반발 확산이 초기 원인이 되어, 05년 8월 법무부는 성매매 초범들에게 기소유예처분을 조건으로 성구매 재발교육과정을 이수토록 하여 정책적으로는 성매매 재발방지를 위한 근본적 치유책을 마련하게 되었다. 05년 8월부터 서울보호관찰소 등 전국 13개 보호관찰소에서 시행하였고, 06년 1월부터 교육실시 보호관찰소를 총 22개 기관, 공조대상보호관찰소를 총 15개 기관으로 확대 실시하고 있는 제도이다.

194) 범죄백서, 앞의 책, 2007, 354면.

195) 범죄백서, 앞의 책, 2007, 352면.

196) 성구매 남성을 교육함으로써 수요자 감소를 통한 성매매 문제 해결을 시도하는 교육프로그램으로, 미국에서 성을 구매한 혐의로 체포된 남성의 대부분이 자신을 '존(John)'이라고 밝힌 데서 명명되었으며 '노마 허틀링'이 탈성매매 여성의 사회복귀를 돕기 위해 설립한 세이지(SAGE, NGO)가 사법 당국을 설득해 1995년 성매매 재발 예방 프로그램을 만들어 존 – 스쿨로 명명한 데서 유래되었다. 우리나라의 경우, 04년 9월 성매매알선행위등처벌에관한 법률 시행 이후 성구매 남성을 벌금형 또는 기소유예 등 비교적 가볍게 처벌하는 것은 법률 제정의 취지에 반한다는 비판과 여성계의 반발 확산이 초기 원인이 되어, 05년 8월 법무부는 성매매 초범들에게 기소유예처분을 조건으로 성구매 재발교육과정을 이수토록 하여 정책적으로는 성매매 재발방지를 위한 근본적 치유책을 마련하게 되었다. 05년 8월부터 서울보호관찰소 등 전국 13개 보호관찰소에서 시행하였고, 06년 1월부터 교육실시 보호관찰소를 총 22개 기관, 공조대상보호관찰소를 총 15개 기관으로 확대 실시하고 있는 제도이다.

196) 범죄백서, 앞의 책, 2007, 354면.

'대학원입학 이상'의 학력을 가진 사람이 97명(7.5%)으로 고학력자가 67.5%에 달하는 것으로 조사됐는데 연령대별로는 30대가 645명(50%), 40대가 291명(22.6%)을 차지했다.[197] 〈그림 1〉은 보호관찰처분별 실시인원 추세이다.

〈표 8〉에서 소년·성인별 보호관찰 접수 현황을 보면 2001년도에 성인 보호관찰사건이 소년사건을 상회한 이후 소년사건의 감소와 성인사건의 증가현상이 지속되고 있으며, 2006년 말 현재 성인사건이 전체 접수사건의 75.3%, 71,945건으로 소년사건의 3배를 넘어서고 있다.

표 8 소년 성인별 보호관찰접수현황(2002~2006)

연도 \ 구분	점유율(%) 접수사건		소년사건 접수사건	성인사건 접수사건
	소년	성인		
2002	32.6	67.4	30,544	63,123
2003	31.3	68.7	29,015	63,822
2004	27.3	72.7	26,531	70,493
2005	28.1	71.9	26,011	66,512
2006	24.7	75.3	23,451	71,945

주: 법무부 보호국 통계

〈표 9〉에서 보호관찰대상자의 죄명별 현황을 살펴보면, 최근 5년간 분석해 본 결과 2006년의 보호관찰대상자 총 73,885명 중 풍속사범이 15,939(21.6%)로 가장 많고, 다음으로 교통사범이 15,191명(20.6%), 폭력사범 12,469명(16.9%), 절도사범 11,086명(15.0%) 순으로 나타났다.

---

197) 법무부 국회 제출자료(조선일보 2008년 10월 06일자 참조)

지난 5년간의 추세를 보면 폭력사범과 마약사범의 비율이 꾸준히 줄어들고 있다. 전년도와 비교하여 보면 사기·횡령사범과 교통사범은 상당히 줄어든 반면 풍속사범의 비율이 크게 늘어난 것으로 나타났다.[198]

표 9 보호관찰대상자 죄명별 현황(2002~2006)

죄명별 \ 연도	2002	2003	2004	2005	2006
계	66,614 (100.0)	66,604 (100.0)	69,327 (100.0)	68,179 (100.0)	73,885 (100.0)
폭력사범	16,793 (25.2)	15,864 (23.0)	15,659 (22.6)	13,963 (20.5)	12,469 (16.9)
절도사범	12,065 (18.1)	11,934 (17.9)	11,911 (17.2)	11,821 (17.3)	11,086 (15.0)
성폭력 사범	2,262 (3.4)	2,026 (3.0)	2,367 (3.4)	2,434 (3.6)	2,377 (3.2)
강력사범	2,246 (3.4)	2,253 (3.4)	3,293 (4.7)	3,98 (4.7)	2,673 (3.6)
마약사범	2,625 (3.9)	1,697 (2.5)	1,668 (2.4)	1,393 (2.0)	1,285 (1.7)
교통 사범	16,502 (24.8)	16,932 (25.4)	18,936 (27.3)	16,623 (24.4)	15,191 (20.6)
공갈 협박	271 (0.4)	209 (0.3)			
사기, 횡령	5,825 (8.7)	7,441 (11.2)	7,247 (10.5)	6,946 (10.2)	6,326 (8.5)
보건, 환경	292 (0.4)	306 (0.5)			
풍속			1,613 (2.3)	4,924 (7.2)	15,939 (21.6)
집시법위반	2 (0.0)	8 (0.0)			

---

198) 2004년부터 죄명별 분류를 10개로 축소, 공갈 협박은 폭력사건으로, 집회 및 시위에 관한 법률 위반은 기타 사범으로, 청소년의 성보호에 관한 법률위반은 풍속사범으로 흡수하였다.

죄명별 \ 연도	2002	2003	2004	2005	2006
경제			1,607 (2.3)	1,785 (2.6)	1,607 (2.2)
기타	7,731 (11.6)	7,934 (11.9)	5,026 (7.3)	5,092 (7.5)	4,932 (6.7)

주 1. 법무부 보호국 통계
2. 죄명별 현황은 사람을 기준으로 병과사건 1명으로 파악한 당해 연도 접수인원 기준(전년도 이월인원은 제외하되 이입인원 포함). 단 보호관찰소 선도조건부 기소유예자 제외
3. ( ) 안은 분포백분율

보호관찰대상자에 대한 제재조치현황을 〈표 10〉에서 살펴보면 구인 1,669건, 긴급구인 107건, 유치 1,645건, 집행유예취소 600건, 보호처분변경 742건 등으로 나타나고 있으며, 전체 보호관찰대상자 대비 구인집행률은 1.3%이다. 한편 전체 유치건수는 전년 대비 28.9%가 증가하였으며, 유치집행자에 대한 집행유예 취소, 보호처분변경, 가퇴원 취소, 가석방취소 건수도 전년도의 64.7%에서 85.2%로 크게 증가하였다.[199)

표 10 보호관찰대상자 제재조치 현황(2002~2006)

연도 \ 조치별	계	구인	긴급구인	유치	집행유예취소	보호처분변경	가퇴원취소	가석방취소	기간연장	보호관찰정지	가정보호취소	구인집행률
2002	4,851 (100.0)	1,631 (33.6)	192 (4.0)	751 (36.1)	291 (6.0)	568 (11.7)	112 (2.3)	6 (0.1)	175 (3.6)	125 (2.6)	− −	1.6
2003	4,866 (100.0)	1,605 (33.0)	204 (4.2)	1,720 (35.3)	327 (6.7)	644 (13.2)	125 (2.6)	11 (0.2)	114 (2.3)	97 (2.0)	19 (0.4)	1.6
2004	4,257 (100.0)	1,499 (35.2)	127 (3.0)	1,502 (35.3)	384 (9.0)	494 (11.6)	55 (1.3)	8 (0.2)	124 (2.9)	41 (1.0)	23 (0.5)	1.4
2005	3,630 (100.0)	1,259 (34.7)	137 (3.8)	1,276 (35.1)	354 (9.7)	433 (11.9)	28 (0.8)	10 (0.3)	82 (2.3)	26 (0.7)	25 (0.7)	1.2

199) 범죄백서, 앞의 책, 2007, 357면.

조치별 / 연도	계	구인	긴급구인	유치	집행유예취소	보호처분변경	가퇴원취소	가석방취소	기간연장	보호관찰정지	가정보호취소	구인집행률
2006	5,008 (100.0)	1,669 (33.2)	107 (2.1)	1,645 (32.8)	600 (11.9)	742 (14.8)	23 (0.5)	37 (0.7)	86 (1.7)	62 (1.2)	14 (0.5)	1.6

주: 법무부 보호국 통계

보호관찰대상자의 재범률은 〈표 11〉에서 나타난 바와 같이 2001년부터 2003년까지 7%대에서 큰 변동이 없다가 2004년도에 8.1%로 상승하였고, 2006년도에는 5.8%로 다소 감소하였다. 성인의 재범률이 4.3%인 데 반하여 소년의 재범률은 8.1%로 높으며, 성인 중에서는 가출소, 가종료자의 재범률이 높고, 소년 중에서는 가퇴원자와 1·3호 처분자의 재범률이 높은 것으로 나타나고 있다.

표 11 보호관찰대상자 재범률 현황(2002~2006)

구분	근거법률	처분명		2002	2003	2004	2005	2006
총계				7.2	7.1	8.1	7.5	5.8
소년	계			10.1	10.2	9.7	9.4	8.1
	형범	소계		8.6	9.2	11.0	7.7	7.5
		선고유예		1.1	1.0	0.0	0.0	–
		집행유예		11.6	12.2	12.5	8.3	8.2
		가석방		1.0	1.1	0.7	1.6	1.7
	소년범	소계		10.2	10.3	10.1	10.2	8.5
		보호처분	1·2호	3.5	3.5	4.6	5.1	4.6
			1·3호	16.0	16.0	12.4	12.4	10.7
		가퇴원		12.7	13.4	19.1	17.6	15.1
	성폭력범	소계		6.8	6.8	4.2	2.6	–
		선고유예		0.0	0.0	0.0	0.0	–
		집행		7.0	7.0	4.2	2.6	–
	가정폭력범	보안처분		0.0	9.1	0.0	0.0	

구분	근거법률	처분명	2002	2003	2004	2005	2006
소 년	성매매처분범	소계	–	–	0.0	0.0	–
		보호처분	–	–	0.0	0.0	–
		집행유예	–	–	0.0	0.0	–
	선도위탁	소계	1.8	1.7	2.8	3.7	5.0
		1급	4.7	4.5	3.8	4.0	9.9
		2급	1.6	1.5	2.8	3.7	4.9
성 인	계		3.3	3.3	6.8	6.3	4.3
	형법	소계	2.4	2.5	5.7	5.7	3.8
		선고유예	0.0	0.0	10.0	0.0	–
		집행유예	2.6	2.7	6.2	6.4	4.5
		가석방	1.1	1.1	1.3	1.0	0.5
	사회보호법	소계	16.5	16.3	23.2	18.9	18.2
		가출소	16.6	16.2	24.4	19.1	21.4
		감호가석방	0.0	0.0	0.0	0.0	7.7
		가종료	14.6	18.0	17.5	18.3	10.6
	성폭력법	소계	3.4	3.0	4.3	2.3	3.4
		선고유예	0.0	0.0	0.0	0.0	–
		집행유예	3.4	3.0	4.3	2.3	3.4
	가정폭력법	보호처분	0.9	1.0	2.2	2.5	1.9
	성매매처벌법	소계	–	–	0.0	1.4	1.1
		보호처분	–	–	0.0	0.6	0.3
		집행유예	–	–	0.0	2.8	2.7
	선도위탁	소계	1.1	0.7	0.7	1.4	2.5
		1급	2.7	2.1	1.9	1.9	6.7
		2급	0.9	0.6	0.6	1.4	2.1

주: 1. 법무부 보호국 통계
2. 재범률＝(해당 연도 재범률 해당 연도 보호관찰실시)×100
3. 재범판단기준은 구속, 불구속에 상관없이 검사의 종국처분을 기준으로 함(구공판, 소년부송치, 가정법원송치 사건을 포함하되 불기소처분 및 구약식 사건은 제외).
4. 소계는 해당 처분을 받은 대상자 전원의 재범률을, 계는 소년대상자, 성인대상자 전원의 재범률을, 총계는 전체 대상자의 재범률을 각각 의미함. 예를 들어 소년형법 소계의 재범률은 선고유예, 집행유예, 가석방 보호관찰 소년 전체 인원의 재범률을 가리킴.

〈표 12〉에서 보호관찰 종료사유별로 살펴보면 기간만료(34.4%), 사회봉사명령 이행(28.9%), 수강명령 이수(11.6%) 등의 순이며, 존스쿨 이수가 11.3%로 크게 늘어났다.[200]

구분 / 연도	계	기간 만료	취소 변경등	이송	성인사건			집행 불능	기타
					사회봉사 명령	수강 명령	존스쿨		
2002	89,132 (100.0)	29,034 (32.6)	4,755 (5.3)	7,446 (8.3)	36,195 (40.6)	9,596 (10.8)	–	1,659 (1.9)	447 (0.5)
2003	93,218 (100.0)	29,202 (31.3)	6,896 (7.4)	8,467 (9.1)	36,821 (39.5)	9,733 (10.5)	–	1,704 (1.8)	395 (0.4)
2004	92,426 (100.0)	28,727 (31.1)	4,452 (4.8)	8,103 (8.8)	37,013 (40.0)	12,292 (13.3)	–	1,418 (1.5)	421 (0.5)
2005	91,473 (100.0)	28,872 (31.6)	5,623 (6.2)	8,137 (8.9)	32,302 (35.3)	12,472 (13.6)	2,214 (2.4)	1,013 (1.1)	840 (0.9)
2006	99,687 (100)	34,297 (34.4)	4,438 (4.5)	7,734 (7.8)	28,781 (28.9)	11,555 (11.6)	11,216 (11.3)	1,364 (1.4)	302 (0.3)

주: 법무부 보호국 통계

3) 소년보호관찰 현황

소년 보호관찰대상자의 죄명별 현황을 보면 절도와 폭력의 양대 사범이 70.7%로 다른 범죄에 비해 압도적으로 많은 비중을 차지하고 있다. 소년 교통사범도 2001년 이래 꾸준히 늘어나는 추세이며, 인터넷게임, 아이템 거래와 관련된 사기·횡령사범이 2001년 2.0%에서 2003년 6.5%까지 늘어났다가 2006년에는 상당히 감소하였으며, 성폭력사범은 계속 늘어나는 추세를 보이고 있다.

소년 보호관찰대상자의 죄명별 현황을 〈표 13〉에서 살펴보면 절도와 폭력의 양대 사범이 70.7%로 다른 범죄에 비해 압도적으로 많은 비중을 차지하고 있다. 소년 교통사범도 2001년 이래 꾸준히 늘어나는 추세이며, 인터넷게임 아이템 거래와 관련된 사기·횡령 사범이 2001년 2.0%에서 2003년 6.5%까지 늘어났다가 2006년에

---

200) 범죄백서, 앞의 책, 2007, 361면.

는 상당히 감소하였으며, 성폭력사범은 계속 늘어나는 추세를 보이고 있다.

표 13 소년보호관찰대상자의 죄명별 현황(2002~2006)

구분 연도	총계	폭력	절도	성폭력	강도	환각 마약	교통	공갈 협박	사기 횡령	보건 환경	집시법 위반	청소년 성보호	기타
2002	20,217 (100.0)	6,918 (34.2)	7,786 (38.5)	662 (3.3)	919 (4.6)	301 (1.5)	1,763 (8.7)	163 (0.8)	890 (4.4)	8 (0.0)	− (0.0)	66 (0.3)	741 (3.7)
2003	18,696 (100.0)	5,665 (30.3)	7,180 (38.4)	613 (3.3)	948 (5.1)	129 (0.7)	1,895 (10.1)	109 (0.6)	1,124 (6.5)	3 (0.0)	0 (0.0)	55 (0.3)	875 (4.7)

구분 연도	총계	폭력	교통	절도	사기 횡령	강력	마약	풍속	성폭력	경제	기타
2004	17,671 (100.0)	5,846 (33.1)	6,682 (9.5)	6,573 (37.2)	967 (5.5)	984 (5.6)	69 (0.4)	107 (0.6)	776 (4.4)	29 (0.2)	638 (3.6)
2005	18,015 (100.0)	5,651 (31.4)	1,910 (10.6)	7,299 (40.5)	732 (4.1)	823 (4.6)	50 (0.3)	154 (0.9)	785 (4.4)	28 (0.2)	583 (3.2)
2006	16,489 (100.0)	4,977 (30.2)	1,996 (12.1)	6,685 (40.5)	456 (2.8)	680 (4.1)	71 (0.4)	141 (0.9)	895 (5.4)	29 (0.2)	559 (3.4)

주: 1. 계는 당해 연도에 접수한 인원 중심의 개념
　　2. 2004년부터 죄명별 분류를 10개로 축소, 공갈 협박은 폭력사건으로 흡수, 집회 및 시위에 관한 법률위반은 기타 사범으로 흡수, 청소년의 성보호에 관한 법률위반은 풍속사범으로 흡수
　　3. 법무부 훈령에 근거한 선도위탁의 경우 2004년까지는 제외, 2005년부터는 포함함
　　4. ( )안은 분포백분율

〈표 14〉에서 소년 보호관찰대상자의 보호관찰 경력별 현황을 보면 처음 보호관찰을 받는 소년의 비율은 약간 감소하였고, 2회 이상 보호관찰을 받는 소년이 다소 증가하였으며, 5회 이상 보호관찰을 받는 소년의 비율은 약간 감소한 것으로 나타났다.

⚖️ 표 14 소년대상자의 보호관찰 경력별 현황(2002~2006)

연도 \ 구분	계	학생	무직	근로자	기타
2002	20,217 (100.0)	10,687 (52.9)	7,490 (37.0)	1,724 (8.5)	316 (1.6)
2003	18,696 (100.0)	10,418 (55.7)	6,566 (35.1)	1,444 (7.7)	268 (1.4)
2004	17,671 (100.0)	10,128 (57.3)	5,924 (33.5)	1,486 (8.4)	133 (0.8)
2005	18,001 (100.0)	11,085 (61.5)	5,533 (30.7)	1,348 (7.5)	35 (0.2)
2006	16,489 (100.0)	10,144 (61.5)	5,442 (33.0)	801 (4.9)	102 (0.6)

주: 1. 이 표에서의 2005년도 총원 18,001명은 위의 '죄명별 현황'에서 존스쿨 대상자 14명이 제외된 수치임.
   2. ( )안은 분포백분율

소년보호관찰대상자 가운데 학생의 비율은 〈표 15〉에서 나타난 바와 같이 2001년 이래 꾸준히 증가하는 추세를 보이고 있으나 2006년도에는 전년도에 비해 무직자 비율이 늘어난 것[201]으로 나타났다.

⚖️ 표 15 소년대상자 학생 · 무직자 현황(2002~2006)

연도 \ 구분	계	학생	무직	근로자	기타
2002	20,217 (100.0)	10,687 (52.9)	7,490 (37.0)	1,724 (8.5)	316 (1.6)
2003	18,696 (100.0)	10,418 (55.7)	6,566 (35.1)	1,444 (7.7)	268 (1.4)
2004	17,671 (100.0)	10,128 (57.3)	5,924 (33.5)	1,486 (8.4)	133 (0.8)
2005	18,001 (100.0)	11,085 (61.5)	5,533 (30.7)	1,348 (7.5)	35 (0.2)
2006	16,489 (100.0)	10,144 (61.5)	5,442 (33.0)	801 (4.9)	102 (0.6)

주: 1. 이 표에서의 2005년도 총원 18,001명은 위의 '죄명별 현황'에서 존스쿨 대상자 14명이 제외된 수치임.
   2. ( )안은 분포백분율

---

201) 범죄백서, 앞의 책, 2007, 363면.

　소년 보호관찰대상자의 종료사유별 현황을 〈표 16〉에서 보면 기간만료로 종료되는 비율은 72%대에서 크게 변동이 없으며, 집행유예 취소나 보호처분 변경으로 종료되는 비율은 조금씩 감소하고 있는 것으로 나타나고 있다.

표 16　소년대상자의 종료 사유별 현황(2002~2006)

연도 \ 구분	계	기간만료	명령이수	이송	취소·변경	기타
2002	20,217 (100.0)	16,972 (74.9)	237 (1.0)	1,909 (8.4)	3,473 (15.3)	66 (0.3)
2003	18,696 (100.0)	16,139 (73.8)	285 (1.3)	2,278 (10.4)	3,114 (14.2)	64 (0.3)
2004	17,671 (100.0)	14,325 (72.9)	277 (1.0)	2,209 (11.2)	2,751 (14.0)	76 (0.4)
2005	18,001 (100.0)	13,583 (72.0)	194 (1.0)	2,424 (12.9)	2,585 (13.7)	68 (0.4)
2006	19,902 (100.0)	14,182 (74.3)	125 (0.7)	2055 (10.8)	2,663 (13.9)	67 (0.4)

주: 1. 이 표에서의 2005년도 총원 18,001명은 위의 '죄명별 현황'에서 존스쿨 대상자 14명이 제외된 수치임.
　　2. ( ) 안은 분포백분율

3. 사회봉사명령 및 수강명령제도의 운용

1) 한국에서의 운용

　우리의 현실상 토요일이나 일요일에 인근 학교의 시설을 이용한다는 것은 문제점이 많기 때문에 경우에 따라서는 사회복지기관이나 기타 적합한 기관에 위탁교육을 시킬 수도 있고 사회에서 개최되는 특별한 강좌를 지정하여 개별적으로 수강하게 하여 확인을 받도록 하는 방법을 활용하기도 한다. 수강명령의 경우 강의의 내용은 영국과는 달리 다양하게 할 필요가 있다. 즉 육체적인 훈련이나 수공예뿐만 아니라 교양강좌[202]나 종교적인 설교[203]도 대상에 포함시킬 수가 있다. 수강을 한 후에는 반드시 수강 내용을 2시간 당 4쪽 이상 정성스럽게 요약하여 제출하도록 해야 한다. 강의의 결과는 대상자가 제출하는 자료로써 평가될 것이나 수강 이후의 생활태도도 관찰하여 합리적으로 효과를 분석해야 할 것이다. 수강 시간은 획일적으로 지시할 수는 없으나 최소한 1개월 이상의 기간 동안에 20시간 이상의 시간이어야 할 것으로 생각한다. 왜냐하면 수강시간만 정해 놓고 기간을 정하지 않으면 며칠 사이에 20시간 정도를 다 수강한다든지, 1년 이상에 걸쳐 20시간을 수강하는 경우 가 있을 수 있기 때문에 그럴 경우에는 이 제도의 취지를 살릴 수 가 없을 것이다.[204]

수강명령제도가 효과를 거두기 위해서는 강좌의 내용, 장소, 수 강시간 수, 수강기간의 문제가 이 제도의 실질적 성패를 결정하게 될 것이다. 대상자가 많을 때에는 몇 개의 연령층과 성별로 나누어 서 대상자의 연령과 성별에 따라서 적합하고도 필요한 내용을 집 중적으로 강의하는 것이 좋을 것이다.[205]

영국과 같이 수강시간 동안에 불성실하여 제도의 취지를 살릴 수 없을 경우나 다른 중한 죄를 범했을 때에는 수강명령은 취소되

---

202) 예를 들면 우리의 전통적인 도덕규범뿐 아니라 현대사회에서 필요한 예절 같은 것이다.

203) 기독교나 불교의 교리강좌나 특별한 교리강좌는 빈번하게 개최될 뿐 아니라 감화력도 일반 교양강좌에 비하여 훨씬 우수하다고 생각한다.

204) 이렇게 되면 교육적 효과가 작다. 일정한 간격, 즉 생활에 반영할 수 있는 여유를 주어야 한다. 너무 간격이 크면 앞의 교육효과가 미치지 못할 것이나 짧은 기간에 다 이수하면 내 용을 소화시킬 기회가 없게 된다.

205) 강의의 내용, 시간표의 작성, 회의 담당자의 위촉에 신경을 써야 하며 강의내용을 고정시키 는 것보다는 융통성을 갖게 하는 것이 좋다.

어야 할 것이며, 수강명령의 조건에 맞는 대상자에 대해서는 보호
관찰이 종료된 것으로 보아야 할 것이다.

준수사항을 제시하는 경우의 보호관찰은 기간이 6개월 또는 1년
이상인 것을 감안하여 수강명령의 대상자와 형평을 고려하여 내용
을 합리적으로 결정해야 할 것이다.

2) 봉사·수강 처분별 현황

사회봉사·수강명령처분[206]의 연도별 현황을 살펴보면 〈표 17〉
에서 나타난 바와 같이 2006년의 경우 사회봉사명령 대상인원이
35,886으로 2005년의 39,709명에 비하여 감소하였으며, 수강명령은
2006년의 경우 13,783명으로 2005년의 15,849명에 비하여 감소하
였다.

처분별로 살펴보면 먼저 사회봉사명령의 경우 보호처분은 2005
년도 5,874명에서 2006년도 5,251명으로 10.6%, 집행유예 처분대
상자는 33,835명에서 30,635명으로 9.5% 감소하였다. 수강명령의
경우 보호처분은 2005년도 4,897명에서 2006년도 4,637명으로
5.3% 감소하였으며, 집행유예 처분대상자는 11,154명에서 9,146명
으로 22.2% 감소하였다. 집행유예처분대상자가 감소한 것은 법원
에서 집행유예가 부과된 사건이 2005년도에 79,859건에서 2006년
도에 71,166건으로 11.0% 감소한 데 원인이 있는 것으로 보인다.
〈그림 2〉는 사회봉사 연도별 현황이고, 〈그림 3〉은 수강명령 연도
별 현황이다.

---

206) 범죄백서, 앞의 책, 2007, 364면.

표 17 사회봉사 · 수강명령처분별 현황(2004~2006)

구분		연도	2004	2005	2006
사회봉사		계	45,252	39,709	35,886
	보호처분	2 호 처 분	1,824	1,800	1,585
		3 호 처 분	3,750	3,525	3,075
		가 정 폭 력	617	486	495
		성 매 매	–	63	96
	집행유예	보호관찰부	12,406	10,917	9,903
		독 립 명 령	26,655	22,918	20,732
수강명령		계	15,384	15,849	13,783
	보호처분	2 호 처 분	841	1,508	1,786
		3 호 처 분	1,201	1,508	1,924
		가 정 폭 력	982	1,787	812
		성 매 매	–	94	115
	집행유예	보호관찰부	4,582	4,462	3,557
		독 립 명 령	7,778	7,292	5,589

주: 1. 법무부 보호국 통계. 실시사건 기준임.
    2. 보호관찰부는 사회봉사 또는 수강명령을 보호관찰과 병과한 처분을 의미.
    3. 독립명령은 사회봉사 또는 수강명령만을 단독으로 부과한 처분을 의미.

그림 2 사회봉사 연도별 현황(2004~2006)

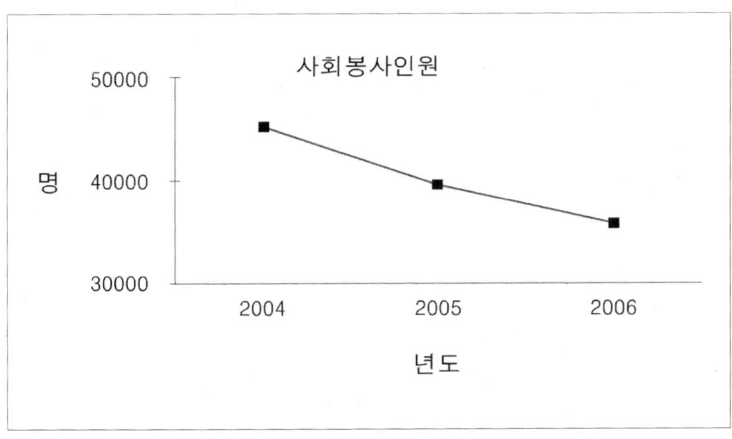

주: 법무부 보호국 통계

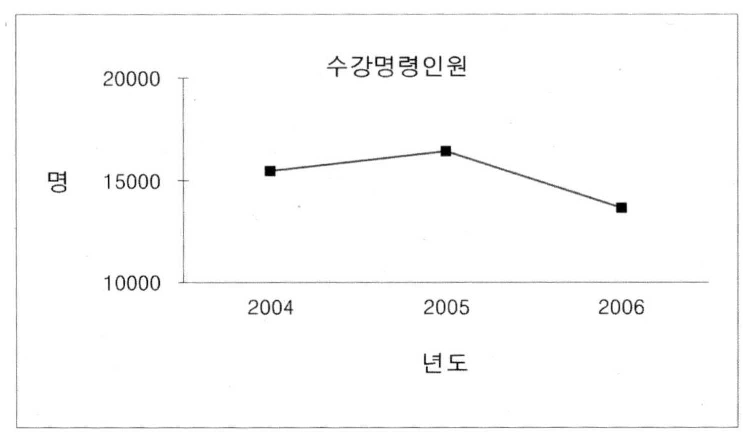

주: 법무부 보호국 통계

2006년의 사회봉사·수강명령의 처분법률별 현황을 〈표 18〉에서 보는 바와 같이 살펴보면 사회봉사명령의 경우 소년대상자가 5,520명(15.4%)이며 성인대상자가 30,366명(84.6%)으로 나타나 전년도보다 소년범 비율이 감소하였다.

한편 수강명령의 경우 소년수강명령대상자가 3,842명(27.9%)이고, 성인수강명령대상자는 9,941명(72.1%)으로 소년대상자보다 많기는 하지만, 전년에 비하여 성인의 점유율이 크게 감소하였다.[207] 이러한 현상은 법원의 집행유예 선고인원이 감소한 데서 기인된 것으로 분석된다.

---

207) 범죄백서, 앞의 책, 2007, 365면.

구분		연도	2005		2006	
사회봉사		계	39,709	(100.0)	35,886	(100.0)
	소년	소 계	6,485	(16.3)	5,520	(15.4)
		형 법	1,106	(2.8)	822	(2.3)
		소 년 법	5,325	(13.4)	4,660	(13.0)
		성 폭 력 법	49	(0.1)	30	(0.1)
		가 정 폭 력 법	2	(0.0)	3	(0.0)
		성 매 매 법	3	(0.0)	5	(0.0)
	성인	소 계	33,224	(83.7)	30,366	(84.6)
		형 법	32,228	(81.2)	29,401	(81.9)
		성 폭 력 법	314	(0.8)	249	(0.7)
		가 정 폭 력 법	484	(1.2)	492	(1.4)
		성 매 매 법	198	(0.5)	224	(0.6)
수강명령		계	15,849	(100.0)	13,783	(100.0)
	소년	소 계	3,419	(21.6)	3,842	(27.9)
		형 법	105	(0.7)	110	(0.8)
		소 년 법	3,295	(20.8)	3,710	(26.9)
		성 폭 력 법	16	(0.1)	18	(0.1)
		가 정 폭 력 법	–	(0.0)	–	(0.0)
		성 매 매 법	–	(0.0)	4	(0.0)
	성인	소 계	12,430	(78.4)	9,941	(72.1)
		형 법	11,492	(72.5)	8,820	(64.0)
		성 폭 력 법	119	(0.7)	176	(1.3)
		가 정 폭 력 법	706	(4.5)	812	(5.9)
		성 매 매 법	113	(0.7)	133	(1.0)

주: 법무부 보호국 통계. 실시사건 기준임.
( ) 안은 분포백분율

2006년 사회봉사·수강명령대상자의 죄명별 현황은 〈표 19〉에서 보는 바와 같이 먼저 사회봉사명령대상자의 경우 전년도 이월인원을 제외한 전체 대상자 30,362명 중에 교통사범이 8,885명(29.3%)으로 가장 많고, 다음으로 폭력사범 4,821명(15.9%), 사기횡령사범 3,919명(12.9%) 순이다. 전년도와 비교해 보면 교통사범과 폭력사범은 다소 감소한 반면, 절도사범과 사기횡령사범은 다소 증가하였다. 한편 수강명령대상자의 경우 전체 대상자 11,158명 중 교통사범이 6,964명으로 62.4%를 차지하고 있고, 다음으로 폭력사범 1,551명(13.9%), 절도사범 1,020명(9.1%), 환각·마약사범 419명(3.8%) 순으로 나타나고 있다. 전년도에 비해 교통사범의 비율이 다소 감소하고 절도사범과 성폭력사범이 상당히 증가한 것으로 나타나고 있다.

표 19 사회봉사·수강명령대상자 죄명별 현황(2005~2006)

구분	연도	2005		구분	연도	2006	
사회봉사	계	34,068	(100.0)	사회봉사	계	30,362	(100.0)
	폭 력 사 범	6,400	(18.8)		폭 력 사 범	4,821	(15.9)
	절 도 사 범	4,406	(12.9)		절 도 사 범	3,597	(11.8)
	성 폭 력 범	948	(2.8)		성 폭 력 범	897	(3.6)
	강 력 사 범	769	(2.3)		강 력 사 범	652	(2.1)
	환각마약사범	316	(0.9)		환각마약사범	365	(1.2)
	교 통 사 범	9,922	(29.1)		교 통 사 범	8,885	(29.3)
	사 기 횡 령	5,120	(15.0)		사 기 횡 령	3,919	(12.9)
	풍 속 사 범	1,133	(3.3)		풍 속 사 범	2,600	(8.6)
	경 제 사 범	1,519	(4.5)		경 제 사 범	1,261	(1.2)
	기 타	3,535	(10.4)		기 타	3,365	(11.1)
수강명령	계	13,515	(100.0)	수강명령	계	11,158	(100.0)
	폭 력 사 범	1,550	(11.5)		폭 력 사 범	1,551	(13.9)
	절 도 사 범	883	(6.5)		절 도 사 범	1,020	(9.1)
	성 폭 력 범	420	(3.1)		성 폭 력 범	538	(4.8)
	강 력 사 범	96	(0.7)		강 력 사 범	169	(1.5)
	환각마약사범	502	(3.7)		환각마약사범	419	(3.8)
	교 통 사 범	9,558	(70.7)		교 통 사 범	6,964	(62.4)
	사 기 횡 령	110	(0.8)		사 기 횡 령	98	(0.9)
	풍 속 사 범	174	(1.3)		풍 속 사 범	151	(1.4)
	경 제 사 범	7	(0.1)		경 제 사 범	11	(0.1)
	기 타	215	(1.6)		기 타	237	(2.1)

주: 1. 법무부 보호국 통계. 접수사건 기준임.
    2. 전년도 이월인원 제외
    3. ( ) 안은 분포백분율

2005년과 2006년의 사회봉사·수강명령대상자의 시간별 현황은 〈표 20〉에서 나타난 바와 같이 2006년의 사회봉사·수강명령 부과시간이 101시간 이상 200시간 이하인 대상자가 전체 대상자 30,362명(전년도 이월인원 제외) 중 42.2%인 12,801명이며, 51시간 이상 100시간 이하인 자는 12,950명(42.7%)로 대부분을 차지하고 있고, 401시간 초과자는 6명에 불과하다. 이를 2004년과 비교하여 보면 100시간 이하가 차지하는 비율(56.1%)이 다소 증가한 반면 100시간 이상의 점유율(43.9%)은 다소 감소한 것이다. 이는 사회봉사명령을 판결함에 있어 성인대상자가 늘어남에 따라 생계유지에 어려움을 주지 않기 위한 것으로 풀이된다.

한편 수강명령의 경우에는 최고 200시간까지 부과가 가능하나, 수강명령대상자의 대다수인 98.3%가 50시간 이하의 명령시간을 부과받고 있다.[208] 이는 수강명령의 제도적 특성상 장시간의 교육은 대상자의 자발성과 성취동기 부여에 역효과가 날 우려가 있기 때문인 것으로 풀이된다.

표 20 사회봉사·수강명령대상자의 시간별 현황(2005~2006)

구분	연도	2005		2006	
	계	34,068	(100.0)	30,362	(100.0)
사회봉사	50시간 이하	4,644	(13.6)	4,055	(13.4)
	51시간 이상~100시간 이하	14,261	(41.9)	12,950	(42.7)
	101시간 이상~200시간 이하	14,354	(42.1)	12,801	(42.2)
	201시간 이상~300시간 이하	709	(2.1)	463	(1.5)
	301시간 이상~400시간 이하	93	(0.3)	87	(0.3)
	401시간 이상~500시간 이하	7	(0.0)	6	(0.0)

208) 범죄백서, 앞의 책, 368면.

구분	연도	2005		2006	
수강명령	계	13,515	(100.0)	11,158	(100.0)
	50시간 이하	13,283	(98.3)	10,814	(96.9)
	51시간 초과~100시간 이하	226	(1.7)	315	(2.8)
	101시간 초과~200시간 이하	6	(0.0)	29	(0.3)

주: 1. 법무부 보호국 통계. 접수사건 기준.
    2. 전년도 이월인원 제외
    3. ( ) 안은 분포백분율

〈표 21〉에서 보는 바와 같이 2006년의 사회봉사·수강명령대상자의 집행 분야별 현황은, 먼저 사회봉사명령 전체 대상자 중 집행 완료한 28,781명의 47.5%인 13,675명을 자체 집행하였고, 협력기관의 조력을 받아 집행한 경우는 52.5%인 15,106명으로 나타나고 있으며 이는 전년도에 비하여 자체 집행률이 크게 늘어난 것이다. 협력집행의 경우 집행 분야별 현황을 살펴보면 장애인시설 등 복지 분야에서 집행한 인원이 45.1%(12,982명)로 가장 많으며, 다음으로 재활용품 선별작업 등 공공시설 분야에서 집행한 경우가 5.9%(1,699명)로 나타났다. 복지 분야의 집행비율은 자체집행·협력집행을 합하여 73.1%에 이르고 있다.[209] 이는 사회봉사명령제도의 교육적·속죄적 효과를 제고하기 위해 지역사회의 저소득 소외계층에 대한 봉사활동을 적극적으로 전개한 결과라 할 수 있다.

수강명령에 있어서는 전체 대상자 중 집행을 완료한 11,555명 중 자체집행인원이 91.6%인 10,582명이고, 협력집행의 경우는 8.4%인 973명으로 나타나고 있다.

---

209) 범죄백서, 앞의 책, 369~370면.

구분			2005		2006	
		계	32,302	(100.0)	28,781	(100.0)
사회봉사	자체집행	소　　계	7,993	(24.3)	13,675	(47.5)
		자 연 보 호			425	(1.5)
		복 지 분 야			8,069	(28.0)
		공 공 시 설			528	(1.8)
		대 민 지 원			4,436	(15.4)
		기　　타			217	(0.8)
	협력집행	소　　계	24,309	(75.2)	15,106	(52.5)
		자 연 보 호	231	(0.7)	171	(0.6)
		복 지 분 야	20,122	(62.3)	12,982	(45.1)
		공 공 시 설	3,651	(11.3)	1,699	(5.9)
		대 민 지 원	137	(0.4)	101	(0.4)
		기　　타	168	(0.5)	153	(0.5)
수강명령		계	12,472	(100.0)	11,555	(100.0)
		자체집행	10,977	(88.0)	10,582	(91.6)
	협력집행	소　　계	1,495	(12.0)	973	(8.4)
		약　　물	207	(1.7)	131	(1.1)
		준 법 운 전	614	(4.9)	156	(1.4)
		심 리 치 료	128	(1.0)	92	(0.8)
		가 정 폭 력	197	(1.6)	196	(1.7)
		성　폭　력	126	(1.0)	95	(0.8)
		기　　타	223	(1.8)	303	(2.6)

주: 1. 법무부 보호국 통계.
　　2. 전년도 이월인원 및 미집행인원 제외.
　　3. ( ) 안은 분포백분율 계.

　　2005년도 및 2006년의 사회봉사 · 수강명령대상자 중 사회봉사명령이나 수강명령의 집행지시에 고의적으로 불응하는 등의 사유로 구인 · 유치되어 집행유예취소나 보호처분변경 등 제재 조치된 현황을 〈표 22〉에서 살펴보면, 먼저 사회봉사명령의 경우 전체 대상자 35,886명 중 구인 또는 긴급 구인된 자는 509명으로 약 1.4%

를 점유하고 있으며, 이들 중 138명과 116명이 각각 집행유예취소와 보호처분변경 결정을 받았다.

또한 수강명령대상자의 경우 전체 대상자 13,783명 중 1.2%인 168명이 구인 또는 긴급 구인되었으며, 이들 중 47명과 96명이 각각 집행유예취소와 보호처분이 변경되었다. 전체 보호관찰대상자의 구인집행률인 1.6%와 비교하여 볼 때 사회봉사명령과 수강명령은 모두 다소 낮은 것으로 나타나고 있다.

표 22 사회봉사·수강명령대상자중 준수사항 위반자 조치현황(2005~2006)

구분	연도	2005	2006
	계	1,182 (100.0)	1,288 (100.0)
사회봉사	구 인	431 (36.5)	496 (38.5)
	긴 급 구 인	30 (2.5)	13 (1.0)
	유 치	428 (36.2)	468 (36.3)
	집 행 유 예 취 소	208 (17.6)	183 (14.2)
	보 호 처 분 변 경	70 (5.9)	116 (9.0)
	기 간 연 장	9 (0.8)	8 (0.6)
	가정보호처분취소	6 (0.5)	4 (0.3)
	계	364 (100.0)	475 (100.0)
수강명령	구 인	108 (28.9)	155 (32.6)
	긴 급 구 인	38 (10.4)	13 (2.9)
	유 치	128 (35.2)	156 (32.8)
	집 행 유 예 취 소	31 (8.5)	47 (9.9)
	보 호 처 분 변 경	46 (12.6)	96 (20.2)
	기 간 연 장	2 (0.6)	4 (0.8)
	가정보호처분취소	14 (3.8)	4 (0.8)

주: 1. 법무부 보호국 통계
　　2. ( ) 안은 분포백분율

4. 판결전조사 및 운용실태[210)]와 현황

1) 활용과 필요성

판결전조사제도(Presentence Investigation)는 형사소송절차에 있어서 유죄가 인정된 자에게 적합한 처우를 찾아낼 수 있도록 판결을 내리기 전에 피고인의 인격·소질·환경에 대한 과학적 조사를 하여 이를 양형의 기초로 사용하는 제도를 말한다. 광의로는 기소 여부를 결정하기 위한 기소전조사도 여기에 포함된다.[211)] 따라서 법원은 소년에 대한 형사사건에 관하여 그 필요사항의 조사를 조사관에게 위촉할 수 있으며, 소년에 대하여 형법규정에 의한 보호관찰 등을 명하기 위하여 필요하다고 인정하는 때에는 그 법원의 소재지 또는 피고인의 주거지를 관할하는 보호관찰소의 장에게 범행의 동기, 직업, 생활환경, 교우관계, 가족 상황, 피해 회복 여부 등 피고인에 관하여 필요한 사항의 조사를 요구할 수 있다(보호관찰 등에 관한 법률 제19조 제1항). 현재 일반 법원에는 조사관이 없기 때문에 조사관에 의한 조사보다는 보호관찰소에 의한 조사가 주로 활용되고 있으나, 향후 사법보좌관제도가 시행되면 전자의 방법도 그 활용도가 증가할 것으로 기대된다(법원조직법 제54조 제2항).[212)]

이 제도는 현행법상으로는 소년범에 국한하여 제한적으로 인정되고 있으나 충실한 양형 자료의 수집을 위하여 일반범에 대해서도 확대하여야 한다는 의견이 대두되고 있으며 판사의 성향에 따라 중요 사범의 성인범도 본 제도를 활용하고 있다.

---

210) 이태언 외, 앞의 책, 392~393면.

211) 배종대, 앞의 책, 370면.

212) 법원행정처, 새로운 형사재판실무, 2002, 25면.

　　판결전조사제도는 형사정책적으로 양형의 합리화뿐만 아니라 개별적인 교정의 합리화에도 유용하게 이용될 수 있다는 장점을 가지고 있다.[213] 이 제도의 필요성을 구체적으로 말한다면 첫째, 양형의 합리화를 위해 필요하다는 점이다. 형사재판의 경우 유죄의 인정 여부와 함께 유죄가 인정되는 피고인에게 어떤 처우를 내릴 것인가를 결정하는 양형도 이에 못지않은 중요성을 갖게 된다. 그러나 양형의 기초가 되는 정상의 참작 등은 법관의 재량사항이므로 법관마다의 차이와 동일한 법관이라 하더라도 개개 사건의 상이에서 비롯되는 형의 불균형이 문제될 수 있다. 그러한 경우 재량권의 적정한 행사가 보장되기 위해서는 양형의 기초 자료가 상세하게 수집 조사되어 법관에게 객관적 사실 그대로 제공되는 제도적 장치가 필요하게 되는데 바로 이러한 필요성에서 발생한 제도의 하나가 판결전조사제도이다.

　　둘째, 처우의 개별화를 위해서 필요하다. 근대 이후 제재 중심의 응보형주의 형벌관에서 교육·목적형주의로 전환한 이래 형벌은 범죄인의 위험성을 치유하여 건전한 사회 일원으로 복귀시키는 교육수단으로 인식되었으며 더 이상 범죄인에 대하여 고통과 침해를 가하는 제재로서만이 아니라 범죄인의 사회복귀라는 의미에서 위험성 치료방법의 하나로 발전하였다. 이러한 입장에서 보면 양형은 피고인에 대한 처우방법의 선택이며 그 처우는 피고인의 개선·갱생에 가장 적합하도록 개별화·다양화되지 않으면 안 된다. 이러한 경우 과학적이고 합리적인 처우의 개별화를 위해서 판결전조사제도가 필요하다.[214]

---

213) 배종대, 앞의 책, 370〜371면.

2) 판결전조사제도의 기능

판결전조사제도의 기능은 크게 형벌의 개별화 기능과 범죄인 처우에 대한 자료제공의 기능을 들 수 있다. 첫째 기능은 유죄 사실의 인정이 아니라 법원의 적절한 양형을 포괄적으로 조사하여 범죄인에게 선고될 개별적 처우에 대한 적응성이 있는가를 합리적으로 평가함으로써 형벌이 적절하게 개별화되도록 하는 기능을 수행하는 것이다. 즉 재판의 측면에서 Probation을 부과하여 석방함으로써 Probation 성공 가능 여부를 판별하는 것은 재판에 있어 효율적인 판결을 선고하게 하는 보조적인 기능을 수행하며(재판 보조), 피고인의 측면에서 피고인에 대한 판결전조사를 실시하는 것은 각 피고인에 대한 Probation 및 개별적 처우의 적정한 결정을 가능하게 함으로써 피고인을 보좌하는 기능을 수행하기도 한다(피고인 보좌). 또한 사회복지적인 측면에서 판결전조사는 범죄인의 건전한 사회복귀를 촉진하고 개선가능성을 증대시키는 등 범죄인의 갱생을 위한 준비적 기능을 수행하기도 한다(범죄인 갱생 준비).

둘째 기능은 판결전조사는 법관에 의한 판결 후 범죄인의 개별적 처우 그 자체에 관한 건전한 기초 제공이라는 기능이다. 즉 판결전조사는 보호관찰처분을 받은 자에 대한 보호관찰관의 적절하고 효과적인 감독과 보호를 가능하게 하는 기능을 수행하며(보호관찰관의 적절한 보호감독 원조), 실형을 선고받은 자에 대한 교정당국의 과학적 분류와 재소자 프로그램의 실시, 석방계획의 수립 등을 행하는 데 유용한 기초 자료가 됨으로써 효과적인 교정대책의 수립과 실시에 도움을 주고 있다(교정당국의 활동 원조). 또한 판결전조

---

214) 법원행정처, 앞의 책, 2002, 25~26면.

사는 또한 가석방의 실시 여부를 결정하고 가석방기간 중의 보호감
독을 철저하게 행사하는 것을 용이하게 한다(가석방 실시).[215]

3) 판결전조사제도의 요소

판결전조사의 요소로는 일반적으로 다음과 같은 것을 들 수 있다.

① 법관의 편익에 제공되는 종국처분 전의 사전조사일 것

② 범죄사실에 대한 조사가 아니라 피고인의 인격과 환경에 대
한 사회적 조사일 것

③ 전문적 지식과 경험을 가진 자에 의하여 조사될 것

④ 조사방법은 과학적이고 조사내용이 소송당사자 일방의 유·
불리에 구애받지 않는 객관성을 가질 것 등을 요소로 한다.

4) 한국에서의 운용현황

판결전조사는 형사소송절차에서 피고인의 인격과 그를 둘러싸고
있는 환경적 요소 등 사회적 사실에 관한 자료를 조사하여 법원 및
범죄자 처우기관에 제공함으로써 양형과정과 처우과정에 참고토록
하는 제도이다.

이러한 판결전조사는 보호관찰 등에 관한 법률 제19조에 의하여
소년범에 한하여 법원이 보호관찰소장에게 요청함에 따라 보호관
찰관이 범죄인의 성격, 가정환경, 성장과정, 경력, 전과, 교우관계,
피해회복 여부 등 범죄에 영향을 미치는 제반 사항에 관한 사실조
사를 하는 것이다. 이 제도는 보호관찰처분의 적합성 판별과 법원
의 적정판결에 도움을 주고, 나아가 보호관찰의 효과성을 확보하는
데 그 목적이 있다.

---

215) 이태언 외, 앞의 책, 395면.

한편 보호관찰소에서는 소년원·교도소 등 시설에 수용 중인 소년범에 대한 환경을 조사하여 필요한 경우 개선활동을 실시할 수 있다. 이는 가석방·가퇴원의 심사자료로 활용하는 한편, 가석방·가퇴원 전에 환경조사를 하여 범죄유발요인을 제거함으로써 건전한 사회복귀기반을 조성하고, 효율적인 보호관찰실시의 여건을 마련하는 데 그 목적이 있다. 1999년도 이후 연도별 판결전조사, 환경조사 및 보호관찰사안조사 현황은 아래의 〈표 23〉에서 보는 바와 같다.216)

2006년의 경우 환경조사건수는 1,849건으로 전년도 2,015건에 비하여 8.2% 감소하였다. 한편 판결전조사의 경우에는 1997년까지는 연간 평균 조사건수가 미미하였으나, 1996년 2,103건, 1998년 2,275건, 2000년 3,654건, 2002년 3,667건 등 꾸준히 증가하여 왔으며 2003년에 4,040건으로 연간조사건수가 최초로 4천 건을 넘어선 이후 2006년에는 4,199건이 실시되었다.

표 23 판결전조사·환경조사 및 보호관찰사안조사 현황(1997~2006)

연도 \ 구분	계	환경조사	보호관찰 사안조사	판결전조사
1999	19,034	5,848	10,013	3,173
2001	19,922	5,255	11,013	3,654
2002	19,613	5,221	10,231	3,901
2002	20,233	4,828	11,118	3,667
2003	19,725	4,610	11,583	4,040
2004	19,725	3,201	11,864	4,660
2005	18,082	2,015	11,103	4,964
2006	15,802	1,849	9,754	4,199

주: 법무부 보호국 통계

---

216) 범죄백서, 앞의 책, 371면.

5. 범죄예방위원제도와 운용현황

1) 기관 자원봉사의 정의 및 실태

보호관찰에 있어서의 국민협력방법은 개인적, 집단적, 기관적 또는 기술적, 이론적, 물리적 협력 등 여러 가지 형태가 있을 수 있다.

그 가운데 인적 협력의 가장 대표적인 자원봉사(Volunteer Service)로서 지역사회의 보호관찰활동에서는 꼭 필요한 제도이다.

자원봉사란 개인, 집단, 지역사회에서 발생하고 있는 여러 가지 사회문제의 영향을 예방하고 통제하며 개선하는 일에 종사하는 것으로 공사 여러 조직에서 보수 없이 자발적으로 서비스하는 개인이라고 정의하기도 하고[217] 사회복지사업 또는 그것과 관련된 일을 한 후에 지위나 명예 등이 반대급부나 조건을 요구함이 없이 자의로 사회복지를 향상시키기 위한 활동을 하는 사람을 말한다고 정의하기도 한다.[218]

자원봉사는 이웃과 더불어 행복한 생활을 하기 위한 자발성과 연대성을 갖는 활동이며 책임감을 가지고 무보수로 서비스하는 복지활동인 것이다.[219]

현재 우리나라의 자원봉사활동은 법무부, 법원(가정법원, 소년부지원, 소년부재판), 소년원(분류심사원), 기타 민간기관(복지관 등)

---

217) NASW, Encyclopedia of Social Work, Volume 2, N. Y., 1979, P.1582.

218) 塚本哲/大塚達雄, 新版 社會福祉事業事典 ミネルヴア 書房, 1997, 7面.

219) 자원봉사자(Volunteer)는 사회 또는 공공의 이익을 위한 일을 자기 의지로 행하는 사람이다. 자원봉사자를 줄여서 봉사자라고도 한다. 이들의 봉사활동은 보통 비영리단체(NPO, Non-Profit Organization)를 통하는 경우가 많다. 때때로 이 방식의 봉사활동은 공식봉사활동(Formal volunteering)으로 불린다. 하지만 이들 공식봉사단체와는 별도의 개인 또는 몇몇 사람들이 비교적 격식을 차리지 않고 자유롭게 봉사활동을 펼치는 경우도 있다. 이러한 비공식적인 봉사활동(Informal volunteering)은 보통 알려지지 않기 때문에 통계처리가 무척 힘들다(위키백과 참조).

등의 유형과 경찰청 등으로 나누어 볼 수 있겠는데 이들의 실태를
유형별로 조직, 현황과 주요 현장 및 업무를 알아보기로 한다.

(1) 범죄예방자원봉사위원

법무부의 사회내처우와 관련된 자원봉사조직은 1961년 9월 30일
갱생보호위원제도로부터 출발, 1980년 12월 8일 소년보호지침에
의해 1981년 1월 1일부터 소년선도위원제도가, 1989년 7월 1일 보
호관찰법의 시행으로 보호위원제도가 실시되었다. 그러나 사회내처
우를 담당하는 공통적인 요소가 내포되어 있어 세 개의 조직을 통
합하자는 논의로 1996년 6월 12일 법무부훈령 제363호로 공포된
범죄예방자원봉사 기존규정에 의해 명칭이 바뀌게 되어 오늘에 이
르고 있다.

범죄예방자원봉사위원은 1998년 5개 분과가 통합되었지만 실제
활동은 전과 크게 다른 것이 없다. 단지 5개 분과가 각기 자기 분
과의 일을 하던 상황이 통합협의회가 5개 분과의 일을 모두 관장
하고 전체 범죄예방위원들이 5개 분과의 일을 나누어 담당하고 있
다고 말할 수 있다.

(2) 소년자원보호자

소년자원보호자는 전국의 지방법원 소년부지원과 서울가정법원
을 중심으로 활동하고 있는데 교정자원봉사자로는 가장 최근에 발
족되었다.[220] 1985년에 서울가정법원의 소년자원보호자협의회가 처
음으로 결성되었고 광주지방법원에는 1992년에 조직되었다. 소년
자원보호자로는 정신과의사, 청소년 관련 전문가, 교사, 기업인 등

---

220) 최옥채, 앞의 책, 2006, 290면.

이 주류를 이루고 있다. 이들은 앞의 교정자원봉사자들의 업무와 유사하다.

(3) 교정위원

범죄경력 조회 및 개인신상 등에 관한 정보 제공 등 타 법령에 위반된 조항을 법령에 맞게 하고 현실과 맞지 않는 관계규정 등을 현실에 맞게 재조정하여 교정위원제도 운용의 활성화를 기하고자 개정,[221] 실시하고 있는데, 이 지침은 교정위원 등 민간자원봉사자의 교정·교화활동과 자치조직 및 운영 등에 관하여 필요한 사항을 규정함을 목적으로 한다.

대상으로는 민간자원봉사자에 의한 교화활동 대상은 수형자, 피보호감호자로 하며 미결수용자는 본인의 신청이 있거나 처우상 필요하다고 인정되는 경우에 한한다.

이 지침에서 사용하는 용어의 정의는 다음과 같다.

① '교정위원'이라 함은 법무부장관의 위촉을 받아 수용자 교육 및 교화활동에 참여하는 민간자원봉사자를 말한다.

② '교정참여인사'라 함은 교도소, 소년교도소, 구치소, 지소 및 보호감호소의 장(이하 '소장'이라 함)의 승인을 받아 수용자 교육 및 교화활동에 참여하는 민간자원봉사자를 말한다.

이를 좀 더 구체적으로 설명한다면 각 지도 분야에 따라 전문성이 다른데, 첫째, 교화 분야에 참여할 교정위원은 지역사회에서 신망이 두텁고 학식과 경험이 풍부한 인사로서 수용자 교정교화사업

---

221) 교정위원 운용지침(법무부 예규교화 제728호, 2005. 6. 17.)에 의거 개정, 시행 중에 있다.

에 헌신적으로 봉사할 수 있는 자질과 능력을 갖추어야 한다. 둘째, 종교 분야에 참여할 교정위원은 기독교, 불교, 천주교 등 우리나라의 국민정서에 반하지 않는 종교단체에 소속된 인사로서 수용자 신앙 지도에 헌신적으로 봉사할 수 있는 자질과 능력을 갖추어야 한다. 셋째, 새로운 교육 분야에 참여할 교정위원은 수용자 교육 및 직업훈련의 한 과목을 담당하여 지도할 수 있는 전문지식을 가지고 수용자 교육에 헌신적으로 봉사할 수 있는 자질과 능력을 갖추어야 한다. 넷째, 의료 분야에 참여할 교정위원은 수용자 의료상담 및 진료 등을 지원할 수 있는 전문지식을 가지고 수용자 의료처우에 헌신적으로 봉사할 수 있는 자질과 능력을 갖추어야 한다.[222)

또한 지방교정청장은 산하기관 소속 교정위원 대표로 구성된 교정연합회를 설치 운영할 수 있고 전국단위 교화사업으로는 전국 각 기관 교정협의회 회장 등 대의원으로 구성되는 교정중앙협의회를 두고 있다.

(4) 종교위원

종교위원은 교화위원과 함께 교화위원협의회에 속해 있는데 교화위원과 구별되는 점은 지역사회의 성직자들로 목사, 승려, 신부 등으로 구성되어 있다는 점이다.[223) 이들 종교위원의 주요 업무는 재소자의 신앙생활지도, 교회집회, 종교상담, 자매결연 등을 들 수 있다.

(5) 방문지도위원

방문지도위원은 전국의 소년원, 소년분류심사원에 협의회를 조직

---

222) 조미숙·김상균 외, 형사사법복지정책론, 청목출판사, 2007, 547면.
223) 최옥채, 앞의 책, 287면.

하여 활동하고 있다. 이들은 사회지도층 인사들로 전문지식과 경험을 바탕으로 원생의 재비행을 방지하는 데 주력하고 있다. 특히 소년원에서 실시하고 있는 여러 교육활동 프로그램을 지원하기도 한다. 방문지도위원의 주요 업무는 원생을 위한 생활정보, 취업정보, 취업알선, 결연, 진로상담, 정신교육 등을 들 수 있다.

(6) 종교지도위원

방문지도위원과 같은 조직의 형태를 가지고 있다. 다만 이 조직은 종교인들로 구성되어 있으며 이들의 주요 업무는 교리지도, 성경학교, 참선학교 등이 있고 종교예식으로 세례, 수계, 영세 등을 맡아 하고 있다.

(7) 어머니회

방문지도위원이나 종교지도위원과 같은 조직으로 전국의 소년원과 소년분류심사원이 어머니회의 주요 활동현장이다. 대부분의 교정자원봉사자는 법무부장관이 위촉하는 데 반하여 어머니회의 위원은 소년원장과 소년분류심사원장이 위촉하고 있다. 이들의 주요 업무는 형편이 어려운 원생을 면회하거나 상담에 응하고 있으며 일일명예담임선생님으로 원생지도에 참여하기도 한다.

(8) 민간시설의 교정자원봉사자

민간시설의 교정자원봉사자는 주로 비행청소년을 수용하고 있는 시설이나 비행청소년을 위한 프로그램을 실시하고 있는 지역사회 복지관을 센터로 활동하고 있다. 그러나 이들의 조직은 체계적이지 못해 특수화한 조직체는 아니라 하겠다. 여기에 참여하는 자원봉사자들은 대체로 종교인, 대학생 등을 들 수 있는데 이들의 업무가 정기적이거나 지속적이지 못한 편이다.

2) 범죄예방위원회의 운영현황

법무부 소속 봉사와 관계된 기관의 여러 분야에서 활동해 오고 있는 범죄예방위원은 그중 보호관찰대상자를 지정받아 지도하거나, 사회봉사명령 집행감독을 보조하는 업무, 수강명령 등 대상자 교육·치료프로그램 참가, 환경조사 보조 등의 업무를 수행한다.

전체 범죄예방위원의 수는 〈표 24〉에서 보는 바와 같이 2002년부터 매년 증가하기 시작하다가 2006도에 감소하였으나 보호관찰 분야의 활동에 참여하는 범죄예방위원의 비율은 계속 감소하는 추세를 보였으나 2006년도에는 증가하였다.[224]

2002년도에 60.3%에 이르던 보호관찰활동비율이 2004년에는 51.8%까지 감소하였으며, 2005년도에는 50% 미만으로 줄었으나, 2006년도에는 74.0%로 증가한 것으로 나타나고 있다.

표 24 전체 범죄예방위원의 보호관찰활동비율(2002~2006)

연도	전체범죄예방위원	보호관찰활동위원	비율
2002	15,910	9,588	60.3
2003	16,384	9,157	55.9
2004	16,540	8,571	51.8
2005	17,109	8,481	49.6
2006	15,150	11,950	74.0

주: 1. 법무부 보호국 통계
　　2. 보호관찰활동위원은 협의회별로 보호관찰 분야가 구성된 지역의 보호관찰분과위원과 보호관찰분과가 구성되지 않은 지역의 보호위원 관련 활동 중인 범죄예방위원을 의미함.

---

224) 범죄백서, 앞의 책, 350면.

<표 25>는 보호관찰 분야의 활동을 하고 있는 범죄예방위원 가운데 보호관찰대상자를 지정받은 위원의 비율을 연도별로 정리한 것이다. 보호관찰활동을 하는 범죄예방위원의 비율은 2006년도에 크게 증가하였으나 그들 중에서도 실제로 보호관찰대상자를 지정받아 지도하는 위원의 비율은 별로 달라지지 않았다.[225] 이는 범죄예방위원의 보호관찰활동참여가 대상자 지도보다는 사회봉사명령 현장감독 보조 등으로 이루어지고 있기 때문인 것으로 보인다.

보호관찰 분야에서 활동하는 범죄예방위원은 보호관찰대상자를 지정받아 지도하거나, 사회봉사명령 집행감독을 보조하는 업무, 수강명령 등 대상자 교육, 치료프로그램 참가, 환경조사 보조 등의 업무를 수행한다.

보호관찰 분야에서 활동하고자 하는 범죄예방위원은 보호관찰소에서 실시하는 범죄예방위원 전문화 교육에 참석하여 일정시간 교육을 이수하여야 한다. 전문화 교육은 보호관찰 관련 법령, 청소년 비행의 이해, 보호관찰대상자 지도요령, 경과통보서 작성요령 등의 내용으로 구성된다.

<표 25>에서 보호관찰활동 범죄예방위원의 대상자 지정비율을 구체적으로 살펴보면 2006년도에 11,950명 중 2,114명이 지정되어 17.7%에 머물고 있어 2002년도에 비해 낮아진 형상을 보인다.

---

225) 범죄백서, 앞의 책, 351면.

연도	보호관찰활동 범죄예방위원	대상자를 지정받은 보호관찰활동 범죄예방위원	비율(%)
2002	9,588	2,586	27.0
2003	9,157	2,155	23.5
2004	8,571	1,546	18.0
2005	8,481	1,506	17.8
2006	11,950	2,114	17.7

주: 법무부 보호국 통계

제2절 소년보호 및 보호관찰의 최근 변화

1. 소년범죄자 유형별 범죄동향

1) 소년범죄[226]

우리나라에서 소년범죄는 양적 측면에서만큼은 어느 정도 안정
화 추세로 접어들고 있다고 보인다.[227] 그러나 소년범의 전과현황
을 보면, 소년범 10명 중 약 3~4명 정도는 과거에 한 번 이상 범
죄를 저질러 형사사법기관에 의해서 처리되었던 경험이 있는 것으
로 나타났으며,[228] 한 연구결과에 의하면 소년범이 성인범으로 전
이하는 비율이 약 67%[229]라는 점도 소년범죄의 예방 및 방지대책

---

226) 범죄백서, 앞의 책, 103~104면.

227) 박광민, "한국의 소년범죄의 동향과 그 대책", 한국비교형사법학회 2008년 하계국제학술회
　　의 발표자료, 2008, 166면.

228) 1966년 전과자의 비율이 6.7%에 불과하였으나 지속적으로 증가하여 2004년에는 39.2%,
　　2005년에는 37.7%, 2006년에는 36.1%로 지난 40여 년간에 걸쳐 약 5~6배 증가하였
　　다(범죄백서, 해당 연도 참조).

229) 김준호・이순래, 소년범죄자의 성인범죄자로서의 전이에 관한 연구, 형사정책연구원 연구보
　　고서, 1995, 12면.

의 중요성을 보여준다 하겠다. 이러한 점 등을 참조하여 현재 범죄백서를 중심으로 간단히 설명하고자 한다.

소년범죄라 함은 소년법 제4조 제1항 제1호, 제2호에 정한 14세 이상 20세 미만의 소년에 의한 범죄행위와 12세 이상 14세 미만의 소년에 의한 촉법행위(형벌법령에 저촉되는 행위를 하였으나 형사책임연령에 달하지 않았기 때문에 형사책임을 묻지 않는 행위)를 말하며, 동 제3호에 정한 우범(보호자의 정당한 감독에 복종하지 않는 성벽, 정당한 이유 없는 가정이탈, 불량교제 등 그 자체로서는 범죄가 아니지만 범죄를 범할 우려가 있다고 인정되는 행위)은 포함하지 아니한다.[230]

〈표 26〉은 최근 10년 동안 전체 소년범 인원 및 전체 범죄인(검거인원 기준) 중 점유비율 등을 분석한 것이다. 전체 소년범은 10만 명을 전후로 증감을 반복하다가 1997년에는 150,199명으로 증가하였으며, 1998년에는 전년대비 1.1% 감소한 148,558명을 기록하였고, 1999년에는 다시 전년대비 3.6% 감소한 143,155명, 2000년에는 0.3% 증가한 143,637명을 기록하고 있다.

2003, 2004, 2005년에는 다시 각각 16.8%, 24.3%, 7.3% 감소하다가 2006년도에는 전년대비 2.6% 증가했다. 전체 범죄인 중 소년범의 점유비율은 1997년까지 증가하다가 그 이후 계속 감소하여 2006년에는 전체 소년범이 69,211명으로 전체 범죄인의 3.7%를 점하고 있다.

한편 소년범죄 중 형법범과 특별법범의 구성 비율을 보면 그 증

---

230) 본 내용은 개정되기 전 소년법 내용을 분석하였다. 소년법은 2007년 12월 21일자로 전면 개정되어 2008년 6월 22일자로 시행되었다.

감변동은 있었지만 점차 증가하여 2001년에는 특별법범의 비율이 72.2%를 차지하는 등 최고치를 기록한 바 있으나 2003년, 2004년, 2005년에는 특별법범의 비중이 각각 60.7%, 57%, 53.6%로 최근 들어 감소하는 경향을 보이고 있다.

표 26 전체 소년범 인원 및 전체 범죄인 중 점유비율(1997~2006)

구분 연도	전체 소년범	전년대비 증감률(%)	전체 범죄인 중 점유비율(%)	소년 현행범	소년 특별범
1997	150,199	9.2	7.6	42,903	107,296
1998	148,558	-1.1	6.8	51,026	97,532
1999	143,155	-3.6	6.2	43,135	100,020
2000	143,637	0.3	6.8	42,866	100,771
2001	130,983	-8.8	5.6	36,381	94,602
2002	115,423	-11.9	5.0	40,622	74,801
2003	96,085	-16.8	4.2	37,766	58,319
2004	72,770	-24.3	3.2	31,110	41,660
2005	67,478	-7.3	3.4	31,304	36,174
2006	69,211	2.6	3.7	36,913	32,298

주: 1. 범죄분석
　　2. 폭력행위 등 처벌에 관한 법률위반은 특별법범에 포함.

2) 소년 형법범

〈표 27〉은 1997년 이래 소년 형법범의 발생원인을 성인과 대비한 것이다.

소년 형법범은 계속 증가하기 시작하여 1998년에는 99,552명이 발생, 전년대비 4.0% 증가하였다. 그러나 1999년에는 93,261명이 발생하여 전년 대비 6.3% 감소한 뒤 2000년은 94,465명으로 전년 대비 1.3% 증가하였고, 2001년에는 다시 82,746명으로 전년 대비 12.4% 감소한 데 이어 2003년 역시 67,135건으로 전년 대비 11.6% 감소했고, 2005년, 2006년에도 각각 50,652건, 50846건으로

감소추세가 이어졌다.[231]

표 27 소년·성인별 형법범 인원 및 인구비(1997~2006)

연도\구분	소년			성인	
	인원(지수)	청소년	인구비	인원(지수)	인구비
1997	95,666(100)	11.2	155.3	761,873(100)	240.3
1998	99,552(104)	10.2	165.0	872,950(114)	271.2
1999	93,261 (97)	10.4	158.8	804,124(105)	255.4
2000	94,465 (98)	9.9	166.3	858,147(112)	258.1
2001	82,746 (86)	11.0	156.8	857,831(112)	249.0
2002	75,982 (79)	8.6	147.2	802,645(105)	227.2
2003	67,135 (70)	6.5	130.1	958,005(126)	274.0
2004	51,298 (54)	6.1	99.9	795,848(104)	224.0
2005	50,652 (53)	6.4	98.1	743,640 (97)	220.8
2006	50,846 (53)	6.5	97.7	736,149 (97)	212.3

주: 1. 범죄분석, 한국통계연감.
  2. 소년인구비는 12세 이상 20세 미만의 소년인구 10,000명당 범죄자 수이고, 성인인구비는 20세 이상의 성인
    인구 10,000명당 범죄자 수
  3. 소년비는 ($\frac{소년범}{소년범+성인범} \times 100$)
  4. 폭력행처벌법위반 포함.

전체 형법범 중 소년이 차지하는 비율을 보면 1997년의 11.2%에서 증감을 반복하여 매년 11% 수준에 있다가 2002년 이래 급격히 감소하여 2006년도에는 6.5%에 머물렀다. 또한 12세 이상 20세 미만에 해당하는 소년인구 10,000명당 범죄자 수는 지난 10년간 1997년의 155.3명에서 2006년의 97.7명으로 37.4% 감소한 것으로 나타났다.

3) 소년 형법범 연령층별 동향

〈표 28〉은 소년 형법범 연령층별 인원수와 인구비를 나타낸 것이다.

---

231) 범죄백서, 앞의 책, 105면.

연도 / 연령	계	14세 미만		14~15세		16~17세		18~19세	
		인원	인구비	인원	인구비	인원	인구비	인원	인구비
1997	95,666 (100)	1,249 (1.3)	2.0	29,058 (30.4)	47.2	35,582 (37.2)	57.8	29,777 (31.1)	48.4
1998	99,552 (100)	1,066 (1.1)	1.8	26,141 (26.3)	43.3	36,600 (36.7)	60.1	35,745 (35.9)	59.2
1999	93,261 (100)	970 (1.0)	1.7	22,612 (24.2)	38.5	33,094 (35.5)	56.3	36,585 (39.2)	62.3
2000	94,465 (100)	978 (1.0)	1.7	25,198 (26.7)	44.1	32,586 (34.5)	57.1	35,703 (37.8)	62.5
2001	82,746 (100)	957 (1.1)	1.7	20,488 (24.4)	37.4	27,291 (32.6)	49.8	34,010 (40.6)	59.2
2002	75,982 (100)	1,125 (1.5)	2.2	19,262 (25.3)	37.3	25,137 (33.1)	48.7	30,458 (40.1)	59.0
2003	67,135 (100)	891 (1.3)	1.7	18,265 (27.2)	35.4	22,409 (33.4)	43.4	25,570 (38.1)	49.5
2004	51,298 (100)	523 (1.0)	1.0	13,931 (27.2)	27.1	16,485 (32.1)	32.1	20,359 (39.7)	39.7
2005	50,652 (100)	198 (0.3)	0.4	24,420 (48.2)	47.3	17,098 (33.8)	33.1	16,586 (32.7)	32.1
2006	50,846 (100)	190 (0.3)	0.5	18,941 (37.2)	64.2	17,612 (34.6)	49.5	14,103 (27.7)	47.4

주: 1. 범죄분석
   2. ( ) 안은 분포백분율
   3. 인구비는 12세 이상 21세 미만의 소년인구 10,000명당 범죄자 수

연령층별로 10년간의 증감현황을 구체적으로 살펴보면 14세 미만은 1997년의 1,249명에서 2006년의 190명으로 84.7% 감소, 14~15세는 1997년의 29,58명에서 17,662명으로 50.5% 감소, 18~19세는 29,777명에서 14,103명으로 52.6% 감소하였는바, 그 감소폭은 14~15세가 가장 작아 이들에 대한 사회적 관심이 더욱 필요하다고 하겠다.

전체에 대한 인원비는 1997년에는 14세 미만이 1.3%, 14~15세가 30.4%, 16~17세가 37.2%, 18~19세가 31.1%였으나, 2006년에는 14세 미만이 0.3%, 14~15세가 37.2%, 16~17세가 34.6%,

18~19세가 27.7%로서 14세 미만의 점유율이 다소 감소하였고 14~15세의 점유율이 다소 증가하였으나 대체적으로 비슷한 양상을 나타내고 있다.

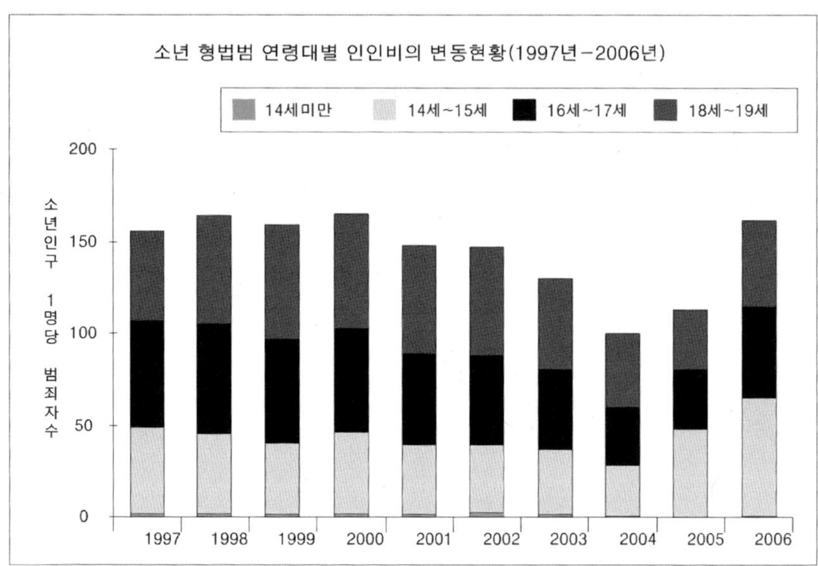

주: 법무부 보호국 통계

소년 형법범 연령층별 인구비를 보면 2006년의 경우 14세 미만이 0.5명, 14~15세가 64.2명, 16~17세가 49.5명, 18~19세가 47.4명으로 나타나고 있다. 최근 10년간 소년 형법범의 연령층별 인구비의 변동현황을 그래프로 나타내 보면 〈그림 4〉와 같다.

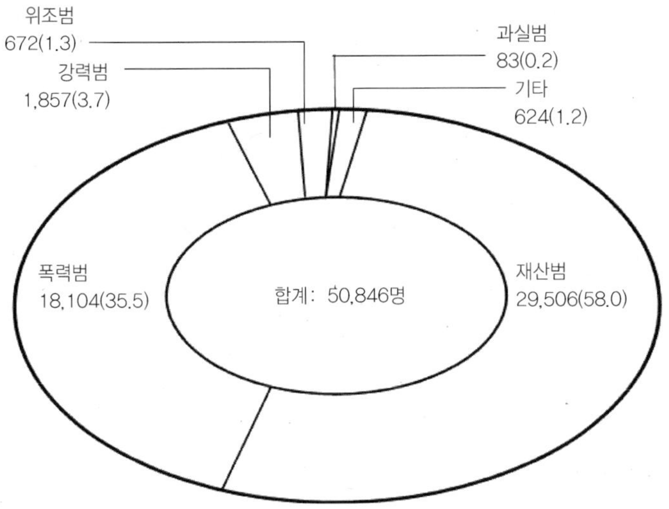

주: 1. 범죄분석
    2. 폭력범에는 폭력행위등처벌법위반 포함
    3. 강력범은 살인, 강도, 강간, 방화
    4. ( ) 안은 분포백분율

범죄유형별 구성비를 보면 2006년의 소년 형법범의 범죄유형 내지 죄명별 인원과 구성비는 〈그림 5〉와 같다

재산범이 29,506명으로 전체의 58.0%를, 그 다음이 폭력범으로 18,104명, 전체의 35.6%를 각각 차지하여 위 2개 범죄가 가장 높은 비율을 보이고 있다.

〈표 29〉에서 나타난 바와 같이 대체적으로 16~17세, 18~19세가 높은 비율을 차지하고 있으나 형법범 중 재산범은 14~15세도 높은 비율을 점하고 있으며, 형법범 중 강력범은 16~17세가 높은 비중을 차지하고 있다.

표 29 소년범 범죄유형별 연령층별 현황(2006)

연령층 범죄유형	계	14세 미만	14~15세	16~17세	18~19세
계	69,211	400	21,884	24,454	22,473
형법범	50,846	190	18,941	17,612	14,103
재산범	29,506	113	12,161	10,588	6,644
(절도)	(24,842)	(87)	(11,689)	(9,247)	(3,819)
폭력범	18,104	40	6,109	5,693	6,262
강력범	1,857	20	516	765	556
(강간, 성폭력범)	(979)	(12)	(280)	(371)	(316)
과실범	83	2	18	10	53
기타	1,296	15	137	556	588
특별법범	18,365	210	2,943	6,842	8,370

주: 1. 범죄분석
　　2. ( ) 안은 재산범 중 절도, 강력범 중 강간 및 성폭력의 인원
　　3. 특별법범 중 폭력행처별법위반사법은 형범범 중 폭력범에 포함
　　4. 특별법범 중 성폭력특별법위반사범은 강력범에 포함
　　5. 폭력범은 폭행, 상해, 공갈, 폭력행위 등을 포함한 인원
　　6. 강력범은 살인, 강도, 방화, 강간, 성폭력범 등을 포함한 인원
　　※ 형법범 = 형법범 + 특별법범 중(성폭력범 + 폭력행위)

2. 소년보호사건 동향

지난 10년간 소년법원에서 처리한 소년보호사건의 접수인원 및 접수구분별 인원을 〈표 30〉에서 살펴보고자 한다. 지난 10년간의 접수인원 추세를 보면 1997년 접수인원이 42,104명으로 최고조를 기록한 뒤 점차 하향추세를 보이다가 2005년부터 다시 증가하여 2006년에는 25,946명이었다.

연도 \ 구분	계	법원송치	검사송치	경찰송치	이송	통고
1997	42,104 (100)	10,820 (25.7)	23,573 (56.0)	7,693 (18.3)	18 (0.0)	0 (0.0)
1998	39,910 (100)	11,035 (27.6)	22,322 (55.9)	6,552 (16.4)	1 (0.0)	0 (0.0)
1999	36,757 (100)	6,988 (19.0)	23,769 (64.7)	5,988 (16.3)	11 (0.0)	1 (0.0)
2000	36,520 (100)	6,190 (17.0)	24,449 (66.9)	5,863 (16.1)	18 (0.0)	– (–)
2001	30,706 (100)	3,923 (12.7)	22,013 (71.6)	4,741 (15.4)	28 (0.0)	1 (0.0)
2002	26,811 (100)	2,881 (10.7)	19,402 (72.4)	4,512 (16.8)	15 (0.1)	1 (0.0)
2003	24,222 (100)	2,045 (8.4)	17,667 (72.9)	4,474 (18.5)	14 (0.1)	22 (0.1)
2004	22,810 (100)	1,730 (7.6)	16,138 (70.7)	4,881 (21.4)	43 (0.2)	18 (0.1)
2005	24,353 (100)	1,637 (6.7)	16,607 (68.2)	6,060 (24.9)	42 (0.2)	7 (0.0)
2006	25,946 (100)	1,357 (5.2)	17,856 (68.8)	6,665 (25.7)	68 (0.3)	0 (0.0)

주: 1. 사법연감
　　2. ( ) 안은 분포백분율

　송치관서별로 보면 2006년의 경우 검사송치는 68.8%로서 전년보다 0.6%, 경찰송치는 25.7%로 전년보다 0.8% 증가하였고, 법원송치는 전년보다 1.5% 감소하여 5.2%를 나타내고 있다.

　전체 24,353명에 대한 죄명별 분포를 보면 절도가 42.0%, 폭력행위처벌법위반이 27.2%로서 두 죄명의 합계가 전체 사건의 69.2%를 점하고 있다.

　2006년의 경우 16~17세가 37.5%로 가장 높은 비율을 점하고 있고 그 다음으로는 14~15세(32.6%), 14세 미만(15.7%), 18~19세

(14.2%)의 순이며 2005년과 비교하여 14세 미만에서부터 15세에 이르는 연령층의 점유율이 약간 높아진 반면, 상대적으로 16~19세 연령층의 점유율은 약간 낮아진 것으로 나타나고 있다.

보호처분의 운용은 1995년 1월 5일 개정된 현행 소년법상 보호처분의 종류에 보호자 등 위탁(1호), 단기보호관찰(2호), 보호관찰(3호), 아동복지시설 등 소년보호시설에의 위탁(4호), 병원·요양소 위탁(5호), 단기소년원 송치(6호), 소년원 송치(7호) 등의 7가지 처분이 있으나 실무상 5호 처분의 활용례는 거의 없는 실정이고, 1호 처분에는 2호 또는 3호 처분을 병합할 수 있다.

참고로 개정 전의 구소년법상으로는 보호자 등 위탁(1호), 소년보호단체 등 위탁(2호), 병원·요양소 위탁(3호), 감화원 위탁(4호), 소년원 송치(5호), 보호관찰(6호) 등 6종류의 보호처분이 있었고, 1호 내지 4호의 처분과 6호의 처분을 병과할 수 있었다.

특히 개정된 소년법 제32조 제3항에 의하면 2호 또는 3호의 처분 시 16세 이상의 소년에 대해서는 사회봉사명령 또는 수강명령을 동시에 명할 수 있도록 규정하고 있다.

3. 소년보호 처우현황

1) 소년원운영 및 현황

소년원은 법원소년부에서 송치한 14세 이상 20세 미만의 범죄소년, 형벌법령에 저촉되는 행위를 한 12세 이상 14세 미만의 촉법소년과 성격 또는 환경에 비추어 장래 형벌법령에 저촉되는 행위를 할 우려가 있는 12세 이상 20세 미만의 우범소년을 수용하여[232]

교정교육을 행하는 국가기관이다.[233]

소년원은 사법적 기능보다는 교육적 기능을 중시하여, 비행에 대한 책임을 추궁하는 것이 아니라 국가가 소년들의 보호자가 되어 인성교육 등 생활지도와 특성화 교육, 교과교육 및 직업능력개발훈련, 의료처우 등을 실시함으로써 이들의 왜곡된 성격과 행동을 교정하고 건전한 청소년으로서 인격을 도야하게 한다는 점에서 소년교도소와는 그 성격을 달리하고 있다.

우리나라의 소년원제도는 1942년 경성소년원(현 서울소년원)의 개원이 그 효시로서 2005년 12월 현재 전국적으로 14개의 소년원이 운영되고 있다.

2) 소년원의 수용인원

〈표 31〉은 1986년부터 2006년까지 소년원의 남녀별 신수용인원과 1일 평균수용인원을 나타낸 것이다. 신수용인원은 1987년 2,091명이던 것이 지속적으로 증가하여 1997년 4,185명을 정점으로 점차 감소하고 있다.

남녀별 신수용인원에 있어서는 여자가 1993년까지 100명 이하였던 것이 1994년 100명을 넘어섰고 1996년부터는 200명 선에서 증감을 거듭하다가 2005년부터 다소 증가하고 있다.

1일 평균 수용인원 역시 1987년 이후 꾸준히 증가하여 일시 하락과 증가를 반복하다가 1996년에는 3,462명으로 최고에 달하였으나 1997년부터 감소하는 추세를 보이고 있다.

---

232) 소년법 중 현재 설명하고 있는 내용은 개정되기 전의 구소년법을 말한다.
233) 범죄백서, 앞의 책, 392~393면.

표 31 소년원의 신수용인원 및 1일 평균 수용인원(1987~2006)

구분 / 연도	신수용인원			1일 평균 수용인원
	계	남자	여자	
1987	2,091(100)	2,032(100)	59(100)	2,486(100)
1988	1,437 (69)	1,375 (68)	62(105)	2,969(119)
1989	1,693 (81)	1,630 (80)	63(107)	2,643(106)
1990	1,932 (92)	1,864 (92)	68(115)	2,525(102)
1991	1,945 (93)	1,879 (92)	66(112)	2,657(107)
1992	2,104(101)	2,010 (99)	94(159)	2,703(109)
1993	2,652(127)	2,553(126)	99(168)	3,008(121)
1994	3,192(153)	3,061(151)	131(222)	2,149 (86)
1995	2,718(130)	2,552(126)	166(281)	2,304 (93)
1996	3,660(175)	3,382(166)	278(471)	3,462(139)
1997	4,185(200)	3,889(191)	296(502)	2,782(112)
1998	3,520(168)	3,317(163)	203(344)	2,684(108)
1999	3,108(149)	2,904(143)	204(346)	2,427 (98)
2000	2,931(140)	2,750(135)	181(307)	2,197 (88)
2001	2,738(131)	2,565(126)	173(293)	2,713(109)
2002	2,415(115)	2,215(109)	200(339)	2,045 (82)
2003	2,101(100)	1,928 (95)	173(293)	1,758 (71)
2004	1,804 (86)	1,661 (82)	143(242)	1,563 (63)
2005	1,543 (74)	1,395 (69)	148(251)	1,464 (59)
2006	1,468 (70)	1,284 (63)	184(312)	1,118 (45)

주: 법무부 보호국 통계

3) 소년원생의 연령·학력·직업별 현황[234]

(1) 연령층

2005년도 보호소년의 연령 비행내용은 16세 이상 18세 미만이 45.4%로 가장 많았고, 그 다음으로 14세 이상 16세 미만이 29.0%, 18세 이상 20세 미만이 20.0%, 14세 미만이 4.2%로 나타났다.

〈표 32〉는 보호소년의 연령층별 구성비를 나타낸 것으로 16세 이상 18세 미만의 구성비가 45.4%로 제일 높게 나타나고 있다.

---

234) 범죄백서, 앞의 책, 395~398면.

표 32 보호소년의 연령층별 비행내용(2006년)

연령층 \ 비행유형	계	절도	성폭력	약물 남용	상해 폭력	협박 공갈	강도	기타
계	1,468 (100.0)	417 (28.4)	11 (0.1)	14 (0.1)	7 (0.0)	10 (0.1)	113 (7.7)	896 (61.0)
14세 미만	62 (4.2)	27 (1.8)	0 (0.0)	5 (0.0)	0 (0.0)	0 (0.0)	0 (90.0)	30 (2.0)
14세 이상 16세 미만	426 (29.0)	152 (104.)	2 (0.0)	2 (0.0)	1 (0.0)	2 (0.0)	15 (1.0)	252 (17.2)
16세 이상 18세 미만	666 (45.4)	175 (11.9)	7 (0.0)	3 (0.0)	4 (0.0)	6 (0.0)	73 (5.0)	398 (27.1)
18세 이상 20세 미만	294 (20.0)	63 (4.3)	2 (0.0)	3 (0.0)	2 (0.0)	2 (0.0)	25 (1.7)	197 (13.4)
20세 이상	20 (1.4)	0 (0.0)	0 (0.0)	1 (0.0)	0 (0.0)	0 (0.0)	0 (0.0)	19 (1.3)

주: 법무부 보호국 통계

(2) 학력

초등학교 학력 이하의 구성비는 〈표 33〉에서 보는 바와 같이 1997년에는 12.0%였으나 1998년부터 지속적으로 감소하여 2006년에는 4.4%에 불과하였다. 중학교 학력은 1997년의 61.5%에서 전반적으로 감소하여 2006년에는 56.1%에 이르렀으며, 고등학교 학력의 구성비는 전년도와 동일하였다. 〈표 33〉과 〈그림 6〉은 각각 2006년 보호소년의 학력별 인원과 그 구성비를 나타낸 것으로 중학교가 전체의 56.1%로 제일 높다.

 보호소년의 학력별 인원(1997~2006)

연도 \ 학력	계	불취학	초등학교	중학교	고등학교	대학교
1997	4,185	21	480	2,573	1,110	1
	(100)	(0.5)	(11.5)	(61.5)	(26.5)	(0.0)
1998	3,520	4	150	2,196	1,166	4
	(100)	(0.1)	(4.3)	(62.4)	(33.1)	(0.1)
1999	3,108	2	146	1,867	1,082	11
	(100)	(0.1)	(4.7)	(60.0)	(34.8)	(0.4)
2000	2,931	2	119	1,797	1,007	6
	(100)	(0.1)	(4.1)	(61.3)	(34.3)	(0.2)
2001	2,738	0	103	1,684	944	7
	(100)	(0.0)	(3.7)	(61.5)	(34.5)	(0.3)
2002	2,415	0	116	1,432	857	10
	(100)	(0.0)	(4.8)	(59.3)	(35.5)	(0.4)
2003	2,101	2	89	1,223	779	8
	(100)	(0.1)	(4.2)	(58.2)	(37.1)	(0.4)
2004	1,804	1	51	1,033	716	3
	(100)	(0.1)	(2.8)	(57.3)	(39.7)	(0.2)
2005	1,543	1	59	868	600	15
	(100)	(0.1)	(3.8)	(56.3)	(38.9)	(1.0)
2006	1,468	3	61	824	571	9
	(100)	(0.2)	(4.2)	(56.1)	(38.9)	(0.6)

주: 1. 법무부 보호국 통계
2. ( ) 안은 분포백분율

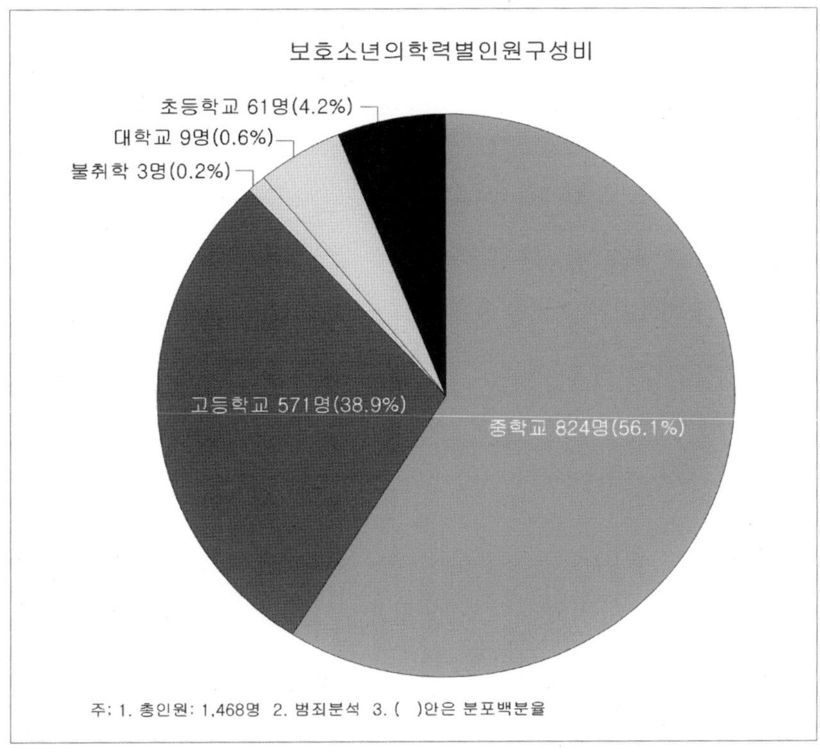

주: 법무부 보호국 통계

(3) 직업

보호소년의 직업은 〈표 34〉에서 나타난 바와 같이 무직이 상당 부분을 점하고 있는데, 그 점유비율이 1997년에 55.6%에서 2000년 65.9%까지 꾸준히 증가하다가 2001년에는 63.7%, 2002년 54.7%로, 2003년에는 45.4%, 2004년 46.5%, 2005년 47.5% 등 40%대까지 감소하였으며, 학생의 비율은 현재 30%대를 유지하고 있다. 2006년도 보호소년의 직업별 인원구성비는 무직이 46.1%로 제일 높고 그 다음이 학생으로 30.4%를 차지하고 있다.

표 34 보호소년의 직업별 인원구성비(2006)

연도＼학력	계	학생	농업	상업	직공	노동	무직	기타
1997	4,185	589	20	252	280	141	2,327	576
	(100)	(14.0)	(0.5)	(6.0)	(6.7)	(3.4)	(55.6)	(13.7)
1998	3,520	482	7	256	171	101	2,124	379
	(100)	(13.7)	(0.1)	(7.3)	(4.9)	(2.9)	(60.3)	(10.8)
1999	3,108	480	9	149	86	41	2,079	264
	(100)	(15.4)	(0.3)	(4.8)	(2.8)	(1.3)	(66.9)	(8.5)
2000	2,913	498	9	151	98	49	1,931	195
	(100)	(17.0)	(0.3)	(5.2)	(3.3)	(1.7)	(65.9)	(6.6)
2001	2,738	517	18	169	119	47	1,744	124
	(100)	(18.9)	(0.7)	(6.2)	(4.3)	(1.7)	(63.7)	(4.5)
2002	2,415	464	20	174	215	82	1,321	139
	(100)	(19.2)	(0.8)	(7.2)	(8.9)	(3.4)	(54.7)	(5.8)
2003	2,101	543	10	142	31	64	954	357
	(100)	(25.8)	(0.5)	(6.8)	(1.5)	(3.0)	(45.4)	(17.0)
2004	1,804	544	6	116	9	69	839	221
	(100)	(30.2)	(0.3)	(6.4)	(0.5)	(3.8)	(46.5)	(12.3)
2005	1,543	500	3	80	5	39	733	183
	(100)	(32.4)	(0.2)	(5.2)	(0.3)	(2.5)	(47.5)	(11.9)
2006	1,468	446	3	76	11	50	677	205
	(100)	(30.4)	(0.2)	(5.2)	(0.7)	(3.4)	(46.1)	(14.0)

주: 1. 법무부 보호국 통계
2. ( ) 안은 분포백분율

4) 분류처우 및 수용보호

소년원에서는 소년법원으로부터 보호처분을 받고 송치된 소년에 대하여 특성화 교육, 인성교육 등 개별처우에 필요한 각종 자료를 수집하기 위한 분류조사를 실시한다. 분류조사에서는 소년의 가족관계, 성장환경, 교육력, 직업력 및 비행력 등 생활사를 중심으로 한 사회환경적 조사를 비롯하여 지능, 성격, 적성 등 심리검사와 신체 및 정신상의 이상 유무를 밝히기 위한 의학적 검진과 행동관찰, 보호자 상담 등이 이루어진다.

이와 같은 과정을 통하여 밝혀진 제반 사실과 소년법원 및 소년분류심사원에서 송부된 자료를 참고로 처우심사위원회에서 이를 종합 심사하여 개별처우계획을 수립하게 된다.

우리나라의 분류수용에 있어서는 소년법원은 소년원송치처분을 함에 있어서 소년원의 종별은 지정하지 아니한 채 소년원 측에 이를 일임하고 있다. 그런데 최근 소년원에 수용되는 소년들의 문제점을 분석해 보면 더욱 복잡·다양화되는 양상을 보이고 있다. 따라서 법무부에서는 이들 본인의 장래 진로 등을 종합 고려하여 개별적인 특성에 따라 처우를 하는 것이 효과적이라는 판단 아래 소년원을 정보통신학교와 정보산업학교, 인문계 중·고등학교, 예체능 중·고등학교, 실업계 고등학교, 의료소년원으로 분류하고, 같은 소년원 안에서도 학생들의 연령, 비행의 질, 입원횟수, 공범 유무, 교육 정도 등에 따라 분류 수용하고 있다.

수용기간은 소년법 제32조 제1항 제6호 및 제7호, 보호소년수용지침에 의하여, 단기로 소년원에 송치된 소년의 경우에는 수용기간이 6개월을 초과하지 못하도록 되어 있다. 한편 제7호 처분으로 소년원에 수용 송치된 소년의 경우에는 2000년 9월까지는 비행력과 교육성과에 따라 6개월 이상 25개월 미만의 범위에서 중기와 장기로 구분·운영되어 왔으나 2000년 10월 '보호소년수용지침' 개정을 통해 〈표 35〉에서 보는 바와 같이 제7호 처분을 '일반 A과정', '일반 B과정', '일반 C과정'이라는 3개 교육과정으로 세분하고 교육기간도 최장 19개월 미만으로 단축하였다.[235]

---

235) 범죄백서, 앞의 책, 400~402면.

또한 보호소년 처우과정에 따른 수용·교육기간을 각자의 교육성과 및 개선의지에 따라 탄력적으로 운영하고 있다.

표 35 보호소년 수용·교육기간

처우과정		수용·교육기간
단기(6호)		6개월 이하
일반 (7호)	A과정	6개월 이상~13개월 미만
	B과정	12개월 이상~16개월 미만
	C과정	15개월 이상~19개월 미만

주: 법무부 보호국 자료

〈표 36〉은 1997년부터 2006년까지 보호소년의 소년원 수용기간별 인원과 평균수용기간을 나타낸 것이다.

처우과정에 따른 구성비를 보면, 단기처우의 경우 1990년대 후반에는 60%를 상회하였으나, 2000년 이후 특성화 학교 체제로 전환된 이래 7호 처분의 비율이 상대적으로 증가하면서 50%대로 감소하였다.

표 36 보호소년의 수용기간별 인원 및 평균 수용기간(1997~2006)

연도 \ 기간	계	단기	중기	장기	평균수용 기간(개월)
1997	4,029 (100).	2,893 (71.8)	45 (1.2)	1,091 (27.0)	8.0
1998	3,606 (100)	2,393 (66.3)	32 (1.0)	1,181 (32.7)	8.4
1999	3,349 (100)	2,053 (61.3)	83 (2.5)	1,213 (36.2)	9.1
2000	2,917 (100)	1,680 (57.6)	112 (3.8)	1,125 (38.6)	9.2
2001	2,870 (100)	1,656 (57.7)	105 (3.7)	1,109 (38.6)	9.3
2002	2,543 (100)	1,359 (53.5)	146 (5.7)	1,038 (40.8)	9.1

연도 \ 기간	계	단기	일반A	일반B	일반C	평균 수용기간
2003	2,211 (100)	1,134 (51.3)	124 (5.6)	403 (18.2)	550 (24.9)	9개월 16일
2004	1,803 (100)	933 (51.7)	123 (6.8)	211 (11.7)	536 (29.8)	9개월 17일
2005	1,543 (100)	372 (24.1)	81 (5.2)	237 (15.4)	608 (39.4)	10개월 26일
2006	1,468 (100	821 (55.9)	119 (8.1)	73 (5.0)	455 (31.0)	9개월 10일

주: 1. 법무부 보호국 통계
   2. 수용기간인원은 (가)퇴원인원을 기준으로 함.
   3. 2000년 10월 보호소년수용지침(법무부 훈령) 개정으로 종전의 중기·장기과정이 일반 A·B·C과정으로 전환되었으며, 2003년부터 통계는 이를 기준으로 함.
   4. ( ) 안은 분포백분율

4. 기소결정전조사제도 운용현황

1) 시행현황

기소결정전조사제도란 소년사범, 가정폭력사범에 대하여 피의자의 성향, 경력, 가정상황 기타 환경 등을 규명하여 검사의 기소·불기소 결정에 반영하고, 기소되는 피의자에 대해서는 양형자료로

활용하기 위해 보호관찰관 등으로 하여금 검사 결정 전에 환경조
사를 실시하게 하여 그 결과를 검사 결정에 반영하는 제도이다.[236]
대구지방검찰청에서 실시한 내용은 〈표 37〉과 같다.

표 37 소년 및 가정폭력사건 처리현황(2006년)

구 분	계	구공판	구약식	보호사건 송치	기소유예	기타
소년사건	5,383명 (100%)	199 (3.69)	491 (9.12)	1,076 (19.98)	2,698 (50.12)	919 (17.07)
가정폭력사건	1,186명 (100%)	27 (2.27)	140 (11.80)	250 (21.07)	391 (32.96)	378 (31.87)

주 1. 기소유예 사건 중 선도조건부 기소유예는 296명
2. 기소유예 사건 중 상담조건부 기소유예는 127건 139명

이 제도의 시행은 서울남부지검으로 2006년 4월 1일 구속된 소
년 및 가정폭력사건에 시행, 2006년 6월 1일 불구속사건에 대해서
도 확대 시행하여 2007년 2월 말 기준 총 84건에 대해 환경조사를
실시(소년사범 74건, 가정폭력사범 6건, 상습절도 등 기타 4건)하였
으며, 구속사건은 서울보호관찰소 남부지소에, 불구속사건은 서울
소년분류심사원에 조사 의뢰하였다. 또한 수원지검은 2007년 4월 2
일 시행하였으며 수원보호관찰소에 조사 의뢰하였다. 대구지검 경
주지청도 2007년 4월 1일 시행하였으며 대구보호관찰소 포항지소
와 경주지소(2007년 7월 개소 후)에 조사 의뢰하였다.

2) 효과 및 시행

이 제도의 효과로는 검찰업무의 효율성, 전문성 및 사건 처분의

---

236) 대구지방검찰청, 형사1부에서 기획, 입안(2007. 4. 23.)하여 시행하는 기소결정전조사제도
의 운용현황이다. .

내실화 제고하였으며 인력자원과 전문지식이 풍부한 보호관찰관 등을 환경조사에 활용함으로써 환경조사를 내실화하는 한편, 검사는 사건의 실체규명 수사에 집중함으로써 범죄수사와 양형자료의 규명 절차를 분리할 수 있다는 점에 있다. 보호관찰관으로부터 수사기록만으로는 확보하지 못한 피의자의 가정환경, 범행의 심층적 원인, 교화가능성 등 재범 예측에 필요한 자료 등을 제공받아 결정함으로써 전문성 및 처분의 내실화를 제고하였으며 소년범 처리에 대한 검찰의 주도적 역할을 확보하였다.

또한 구공판 시 소년보호사건 송치가 예상되는 소년사건을 검찰에서 각종 기소유예제도를 활용하거나 직접 소년보호사건 송치함으로써 소년범 처리에 대한 검찰의 주도적인 역할 확보가 가능하였으며 형사절차의 신속성을 도모하고 검찰단계에서의 결정전조사서를 기록에 편철함으로써 법원에서 별도의 조사절차를 거치지 않고 처분할 수 있도록 하여 절차의 신속성에 기여하였다.

시행은 현재 대구보호관찰소 조사업무 담당자는 3명(조사팀장을 겸임하는 행정지원팀장을 제외하면 실질적으로는 2명이 담당)으로 인력사정을 감안하여 구속사건은 출장조사가 가능한 대구보호관찰소에서, 불구속사건은 대구소년원 소년분류심사원에서 담당하였다.

3) 구체적 시행방안

대구지검의 경우 시행시기는 2007년 5월 1일부터이며 대상사건은 구속사건 중 소년 및 가정폭력사건, 기타 상습범이다. 불구속 소년사범 중 피의자의 성향, 환경, 재범가능성 등이 구약식, 소년부 송치, 기소유예(선도, 보호관찰, 소년분류심사원 교육이수 조건) 등

검사 결정이나, 기소되는 경우 판결선고 시 형의 양정에 중요한 고려 요소가 될 것으로 예상되는 사건(단순 기소유예 대상사건은 제외)과 연계하여 소년을 선도하기 위해 구속사건의 경우 보호관찰조건부 기소유예를, 불구속사건의 경우 소년분류심사원에 의뢰하여 조사하였다.

위와 같은 환경조사결과를 토대로 기소유예처분을 할 경우 각 기관의 조사업무심사원 교육조건부 기소유예를 활용하였다.

소년담당검사가 관리하였으며 조사사항은 범행동기, 비행에 이르게 된 경위, 피의자의 성격, 가족상황, 성장과정, 생활환경, 교우관계 등이며 개선가능성과 보호자의 관심 및 보호능력 등을 보았다. 시행절차는 〈표 38〉과 같다.

표 38 기소결정전조사제도 시행절차

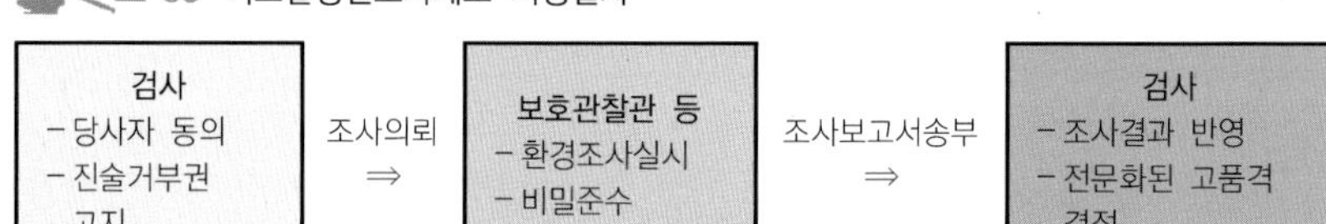

당사자 동의 및 진술거부권 고지는 주임검사가 결정전환경조사가 필요하다고 판단되는 사건을 선정한 후, 피의자 및 보호자(미성년자의 경우)의 동의서를 받으며 보호관찰관 등으로부터 환경조사를 받음에 있어 진술을 거부할 수 있다는 진술거부권을 고지한다.

4) 조사 처리 방법

보호관찰소 또는 소년분류심사원에 조사를 의뢰하며 대구지방검찰청은 대구보호관찰소 또는 대구소년원 소년분류심사원에 공문으로 기한을 명시하여 조사를 의뢰한다.

서울남부지검의 경우 구속사건은 5일, 불구속사건은 1개월 기한을 주고 있는바 대구지방검찰청도 이에 준하여 처리하며 보호관찰관은 소환 또는 방문의 방법으로, 소년분류심사원에서는 소환의 방법으로 환경 조사활동을 하도록 한다.

조사보고서 송부는 보호관찰관 등은 조사보고서를 작성한 후 이를 검사실로 송부하며 검사는 조사보고서를 참조하여 기소 여부를 결정하고 공판절차에서는 증거로도 제출한다.

5) 기대 및 발전 방향

법원의 판결전조사제도는 소년에 한정된 조사였지만 보호관찰제도 시행 시 활용되어 오고 있었으나, 검사의 결정전조사제도는 활용되지 않았다. 처음 시도는 서울남부지검에서 2006년 4월 1일 구속된 소년 및 가정폭력사건에 시행하다가 그해 6월부터 불구속사건에 대해서도 확대 시행하여 도입하였다. 이러한 제도의 긍정성을 인정하여 소년법 제49조의 2[237) 개정으로 검사의 결정전조사제도가 신설되었는데 활용 성패의 문제는 보호관찰소 조사 전담 전문가가 양성되느냐의 문제는 있으나 조사한 소년의 품행, 환경 등 분석된 자료를 토대로 사건의 처리를 담당하는 소년전담 검사의 활용에 따라 기대되는 제도이다. 그리고 조건부선도 기소유예제도를 도입하여 그간 법무부 훈령으로 실시되어 왔으나 법적 근거가 미

---

237) 제49조의 2(검사의 결정전조사) ① 검사는 소년 피의사건에 대하여 소년부 송치, 공소제기, 기소유예 등의 처분을 결정하기 위하여 필요하다고 인정하면 피의자의 주거지 또는 검찰청 소재지를 관할하는 보호관찰소의 장, 소년분류심사원장 또는 소년원장(이하 '보호관찰소장등'이라 한다)에게 피의자의 품행, 경력, 생활환경이나 그 밖에 필요한 사항에 관한 조사를 요구할 수 있다.

약하다는 비판을 받아 왔다. 그러나 소년법 제49조의 3항[238) 신설
로 법적인 근거를 마련하게 되었다.

5. 보호관찰·소년보호의 직렬통합

법무부는 특정 성폭력 범죄자에 대한 전자제도 실시 등 보호관
찰업무영역 확대와 수용인원 감소에 따른 소년보호기관 기능조정
및 사회내처우 중심의 형사정책 패러다임 변화, 참여민주주의 시대
에 법적 소양을 갖춘 민주시민 양성을 위한 법교육 사업의 확대 등
대내외 환경변화에 부응하기 위하여 2007년 1월 1일 보호관찰·소
년보호직렬통합에 이어 4과 1팀 체제로 개편[239)하였다. 나아가 소
년보호기관 운영의 효율성을 제고하고, 청소년 비행예방기능을 강
화하기 위하여 부산 청소년비행예방센터 등 전국에 8개 청소년비
행예방센터를 설치하고, 현장 중심의 밀착지도와 보호관찰 강화를
위해 수원보호관찰소 여주지소 등 7개 지소를 신설하였다. 〈표
39〉는 조직개편전후 과·팀별 주요 업무분장 내용이다.

또한 법무부는 변화된 환경에 적합한 조직개편을 통해 실효성
있는 재범방지 시스템을 구축하고, 소속기관의 유기적이고 효율적
인 정책수행 기반체제를 마련함에 있으며 법무부 보호국은 업무의
전문성과 효율성 제고를 위해 유사·중복 기능을 통합하고 기획·

---

238) 제49조의 3(조건부 기소유예) 검사는 피의자에 대하여 다음 각 호에 해당하는 선도(善導)
　　등을 받게 하고, 피의사건에 대한 공소를 제기하지 아니할 수 있다. 이 경우 소년과 소년의
　　친권자·후견인 등 법정대리인의 동의를 받아야 한다[본조신설 2007. 12. 21].

239) 2007년 1월 1일 보호관찰·소년보호직렬통합에 이어 2007년 7월 23일(월)부터 범죄예
　　방정책국(구보호국) 조직을 기존 4과(보호과, 관찰과, 소년1과, 소년2과) 체제에서 소년1·
　　2과를 통합한 소년보호과, 범죄예방정책과 및 법문화진흥팀, 보호기획과, 보호관찰과 등 4
　　과 1팀 체제로 개편하였다.

집행기능을 분리하는 한편, 법교육·보호관찰 등 수요가 많은 분야에 대한 효율적인 지원체제를 구축하기 위해 기존 4과 체제를 4과 1팀 체제로 개편하고 보호기획과는 인사·예산·기획 업무를, 범죄예방정책과는 보호관찰 정책·기획 기능 및 각 과에 산재해 있는 범죄예방업무를, 소년보호과는 보호소년의 교정교육·분류심사를, 보호관찰과는 보호관찰·사회봉사·수강명령 등 집행 관련 업무를, 법문화진흥팀은 법적 소양을 갖춘 민주시민 양성을 위한 법교육 사업을 전담한다. 〈표 40〉은 소년보호기관 기능조정 및 청소년비행예방센터 설치 내용이다.

표 39 조직개편전후 과·팀별 주요 업무분장

조직개편 전		조직개편 후	
과 명칭	주요 업무분장	과·팀 명칭	주요 업무분장
보호과	·보호행정 종합 기획 ·보호행정 관계 법령 입안 ·치료감호 및 범죄예방 ·법교육 기획·법령·제도연구 ·법교육프로그램 연구·개발 ·법교육 전문인력 양성	보호기획과	·보호행정 종합 기획 ·보호행정 관계 법령 입안 ·소속기관 인사·조직 ·소속기관 예산·시설·장비
관찰과	·보호관찰 기획·정책·법령 및 제도연구 ·보호관찰기관 복무·실적평가 ·보호관찰심사위원회 ·갱생보호	범죄예방 정책과	·보호관찰 기획·정책·법령 및 제도연구 ·보호관찰기관 복무·실적평가 ·보호관찰심사위원회 ·치료감호 및 범죄예방
소년 제1과	·소년보호행정 기획·법령 및 제도연구 ·소년보호기관 복무·기관평가 ·소년보호 인사 ·소년보호기관 시설·장비	소년보호과	·소년보호행정 기획·법령 및 제도연구 ·소년보호기관 복무·기관평가 ·교정교육·사후지도 ·수용관리·분류심사

조직개편 전		조직개편 후	
과 명칭	주요 업무분장	과·팀 명칭	주요 업무분장
소년 제2과	·교정교육 · 사후지도 ·수용관리 · 분류심사 ·교육정보화	보호관찰과	·보호관찰행정 관련 지침 제· 개정 ·보호관찰 실시 ·사회봉사 · 수강명령 집행 ·갱생보호
		법문화 진흥팀	·법교육 기획 · 법령 · 제도연구 ·법교육프로그램 연구 · 개발 ·법교육 전문인력 양성

자료: 법무부 보호국

표 40 소년보호기관 기능조정 및 청소년비행예방센터 설치

기능조정기관	청소년비행예방센터 설치	비고
부산 소년분류심사원	부산 청소년비행예방센터	
광주 소년분류심사원	광주 청소년비행예방센터	
창원소년원	창원 청소년비행예방센터	
청주소년원	청주 청소년비행예방센터	
대전소년원	대전 청소년비행예방센터	
안산소년원	안산 청소년비행예방센터	
대전의료소년원	대덕소년원으로 통합	
	인천 청소년비행예방센터	
	의정부 청소년비행예방센터	

자료: 법무부 보호국

불구속수사의 확대 등으로 인한 수용인원 감소에 따라 〈표 40〉
에서 보는 바와 같이 대전소년원 등 7개 기관을 사회내처우 기관
인 보호관찰소, 청소년비행예방센터 등으로 기능을 전환하고, 의정
부·인천 등 청소년 비행예방 취약지역에 청소년비행예방센터를
설치하여 비행청소년의 상담조사 및 특별교육, 비행청소년의 보호
자에 대한 교육 등을 전담하는 한편, 소년원 교육과정을 인성교육
과정 중심으로 개편하는 등 실질적인 청소년 비행에 기여할 것으

로 기대된다.

미국·영국 등 선진국의 경우 보호관찰 직원 1인당 43명을 담당하고 있는 반면, 우리나라는 보호관찰 직원 1인당 171명의 보호관찰대상자를 지도·감독하는 상황에서 보호관찰 인력을 보강하기 위하여 127명을 증원하고 소년보호기관 근무 인력 212명을 보호관찰기관으로 이체하는 한편, 현장중심의 강도 높은 지도·감독을 위해 수원보호관찰소 여주지소, 춘천보호관찰소 속초지소, 대전보호관찰소 논산지소 및 서산지소, 대구보호관찰소 경주지소, 창원보호관찰소 통영지소, 전주보호관찰소 정읍지소 등 7개 지소를 신설하였다.

이러한 보호관찰 및 소년보호의 직렬통합, 소년보호기관에서 보호관찰기관으로의 정원 이체를 통한 효율적 인력 배치, 범죄예방정책국(구보호국) 조직개편은 실효성 있는 재범방지시스템을 구축하기 위한 정부조직 혁신의 모범사례라고 판단된다.

6. 새로운 보호관찰프로그램

1) 외출제한감독제도(CVS) 활용

외출제한명령음성감독시스템(CVS)이란 법원 또는 보호관찰심사위원회로부터 외출제한명령이 부과된 보호관찰대상자에 대하여 컴퓨터에 대상자의 음성을 등록하고, 전화상의 음성 비교분석을 통하여, 대상자의 재택 여부를 자동으로 확인하는 첨단프로그램이다.[240]

---

240) CVS(Curfew Voice Supervise System) 음성감독시스템은 법무부에서 2002년 1월 29일 전국보호관찰소장회의 시 시연회를 통하여 성매매, 야간 주거침입 및 강절도사범 등 야간시간대 범죄위험성이 높은 사범 중 '특별준수사항'으로 외출제한명령을 받은 보호관찰대상자를 상대로 주거 여부를 확인하는 '외출제한명령 음성감독시스템'을 구축, 2003년 상반기부터 소년사범을 중심으로 운용, 발표된 제도이다.

외출제한명령이란 법원 또는 보호관찰심사위원회가 보고관찰대상자에 대한 특별준수사항의 일환으로 특정시간대의 외출을 제한하는 명령으로서, 우선 성매매, 야간주거침입 강·절도 등 야간사범을 중심으로 실시하고 있다.

이러한 시스템의 사용상 기대효과로는, 첫째, 대상자의 재택 여부 확인업무를 시스템이 대신 처리해 줌으로써 보호관찰 인력절감 효과를 거둘 수 있으며, 둘째, 자동화된 시스템을 통한 철저한 감독으로 재범억제력을 대폭 강화할 수 있고, 셋째, 신체에 별도의 전자감시장치를 착용할 필요가 없기 때문에, 인권침해 논란을 방지할 수 있으므로, 궁극적으로는 국가예산절감, 제도의 실효성 확보, 이를 통한 보호관찰 신뢰제고 등의 효과가 기대되고 있다.

이 시스템 활용의 주요 국가의 운영사례를 살펴보면, 먼저 미국의 경우, 1970년대 말 보호관찰처분이 지나치게 관대하다는 비판과 함께 지도·감독 수준을 한층 강화하여야 한다는 요청이 제기됨에 따라 1982년 Florida 주에서 최초로 도입된 이후, 현재 전 지역에서 실시되고 있으며, 주요 대상은 성인, 소년을 불문하고 집중보호관찰 대상자, 가석방자 중 명령 부과자이며, 특정시간대에 재택 여부를 확인하는 외출제한명령을 집행하기 위한 방안으로 활용되고 있다.

또한 영국의 경우 1991년 'Criminal Justice Act'에 의거 본격 도입되었고, 적용대상은 미국의 경우와 같이 성인, 소년을 불문하고 보호관찰대상자, 가석방자 중 명령부과자이며, 유선전화기는 물론, 통신위성을 활용한 무선전화기 위치추적 방식도 도입, 운영 중에 있다.

그 외에도 호주, 캐나다, 뉴질랜드 등 선진 각국에서 널리 활용되고 있다.

구체적 업무진행 절차는, 법원 또는 보호관찰심사위원회가 특별 준수사항으로 외출제한명령을 부과하면, 명령을 받은 대상자는 주거지관할 보호관찰소에 신고하고, 대상자의 주거지에 설치된 전화기로 대상자의 음석을 컴퓨터에 등록하게 되며, 음성등록을 완료한 후, 담당 보호관찰관은 대상자에게 적용할 감독타입, 점검횟수 등 구체적 감독방안을 시스템에 입력하고, 입력된 감독방안에 따라 대상자의 재택 여부를 감독하게 된다.

감독결과 명령위반자는 집행유예 취소 등 제재조치를 가하고, 성적양호자는 가해제 등 은전조치를 취하게 된다.

다음으로 본 시스템의 특징은 첫째, 성문분석을 활용하여 자동으로 위반사례를 식별할 수 있도록 하였고, 둘째, 통화내용을 자동으로 녹음함으로써 추후 증거자료로 활용할 수 있도록 하였으며, 셋째, 사전예측을 통한 감독회피를 차단하기 위해, 전화발신주기나 질문형태를 비정형화함이 이 시스템의 특징이다. 이 시스템의 실시 초기에는 성매매, 야간주거침입 강·절도 등 야간사범 가운데 소년을 대상으로 서울지역 보호관찰소에서 시험 실시하였고 점진적으로 운영기관을 확대하여 실시하고 있다.[241]

2) 집중보호관찰 처우프로그램

집중보호관찰(Intensive Probation)이란 일반보호관찰에서와 마찬가지로 교정전문가들 사이에 '밀착' 감독의 의미에 대하여 합의된 바는 없다. 이는 상대적인 개념이어서 일반보호관찰보다는 감독의 강도가 높고, 구금에 비해서는 낮다는 의미이다. 밀착감시 보호관

찰은 보호관찰대상자의 활동에 대해 보다 세밀한 감독을 통해 강도를 높이는 것이라고 정의할 수 있다. 즉 보호관찰대상자와의 접촉을 늘리고, 대상자에 대한 통행금지시간을 지정하는 등 강도 높은 감독을 실시함으로써 대상자의 욕구와 문제점을 보다 정확히 파악하고, 이에 알맞은 지도, 알코올 감독 및 원호를 실시하여 재범을 방지하고자 하는 보호관찰활동이다.

밀착감시 보호관찰은 보호관찰이 진정한 의미의 처벌이 아니라는 일반인의 정서를 상당히 완화시킬 수 있다. 즉 사법부가 '범죄에 대해 관대하다.'는 느낌을 주지 않고 범죄자를 사회 내에서 처우할 수 있는 기회를 제공하고 있다.

보호관찰 방법은 갱집단이나 약물중독자 등에 대하여 주 5회 이상의 집중적인 접촉관찰과 병행하여 대상자의 신체에 전자추적장치를 부착하여 제한구역을 이탈하면 즉시 감응장치가 작동되도록 하는 등 추적관찰을 실시하는 프로그램인 집중감독보호관찰(IPS: Intensive Probation Supervision)이 있다.[242]

집중보호관찰은 과밀수용의 해소방안으로서 중요한 의미를 가지지만, 그 외에 전통적 보호관찰이 지나치게 전시효과를 누리는 눈가림식이라는 비판과 범죄자에 대한 처분이 지나치게 관대하다는 시민의식을 불식시킬 수 있는 장점이 있으며, 동시에 재범률을 낮출 수 있는 교화 개선의 효과도 적지 않다는 경험적 평가를 받고 있다.[243]

---

242) 정영석·신양균, 앞의 책, 585면.
　　　Donald Cochran/Ronald P. Corbett. Jr./James M. Byrne, "Intensive Probation 50 Supervision in Massachusetts; A Case Study in Change", Federal Probation, 1986, p.36.
243) Dean J. Champion, "Corrections in the United States", Englewood Cliffs, NJ: Prentice-Hall, 1990, p.136.

따라서 과밀수용을 해소하고 시민의 불안도 불식하기 위해서는 보호관찰대상자에 대한 집중적인 감시감독을 전제로 하는 보호관찰이 하나의 유력한 대안으로 제시되었다. 이런 점에서 일부에서는 집중보호관찰을 보호관찰과 교정시설이라는 양 극단의 중간에 위치한 중간제재 또는 중간처벌(Intermediate Sanction or Punishment)이라고도 한다. 즉 이러한 중간처벌이 존재하므로 과거 비교적 위험성이 적은 범죄자이면서도 사회의 보호라는 미명하에 구금되어 형벌의 남용이라는 비판을 받을 수 있었거나, 반대로 과밀수용으로 인하여 위험성이 높은 범죄자까지 구금할 수 없어 사회로 내보내 일반 보호관찰을 받게 하여 사회가 위협받게 되었다는 비판의 소리를 잠재울 수 있는 대안이라고 할 수 있다. 이러한 집중보호관찰은 보호관찰부 가석방(Parole)이나 보호관찰부형의유예(Probation) 두 가지 경우 모두 활용가능한 제도이다. 대상자의 선정은 대체로 범죄자의 위험성을 기준으로 이루어지는데, 약물남용 경험, 소년비행경력, 가해자와 피해자의 관계, 피해자의 피해액, 과거 보호관찰 파기 여부, 초범 시 나이등을 고려대상으로 하여 위험성이 높은 보호관찰대상자를 집중보호관찰대상자로 정하는 것이 보편적이다.

밀착감시 보호관찰이라고 할 최초의 사례는 1984년 미국 일리노이 주에서 시작되었다. 1984년 이전의 일리노이 주에서는 밀착감시 보호관찰프로그램이 없었고 일반보호관찰에만 전적으로 의존했다. 1983년 당시 주지사는 교도소 과밀화를 완화하고 효과적인 보호관찰의 감독과 통제를 위하여 주정부 차원에서 밀착감시 프로그램을 실시할 수 있도록 특별위원회를 구성하였다. 특별위원회는 30개의 밀착감시센터가 만들어져야 하고, 각 센터는 최소한 25명 이하의 범죄자들을 담당하는 두 명의 보호관찰관으로 구성되어야 한다고 권고하였다. 이 시설을 통해 시험적으로 750명의 범죄자들이 감독을 받았다. 이에 소요된 비용은 주 교도소에서 750명의 범죄자를 구금하는 데 소요되었을 비용 천만 달러에 비하여 프로그램의 추정비용은 백육십만 달러이었다. 일리노이 주의 밀착감시 프로그램은 세 단계로 구성되어 있는데, 대상자들이 다음 단계로 진행하기 위해서는 각 단계를 성공적으로 마쳐야 했다.

제1단계는 프로그램의 첫 세 달 동안 진행되고, 보호관찰관과 보호관찰대상자 간에 최소한 주당 5회 이상의 대면접촉을 갖는다. 보호관찰대상자는 고용증명서를 제출하거나 적절한 직업훈련과정에 출석하여야 하고, 직장이나 지역사회봉사의무를 수행하는 오전 7시에서 오후 7시까지를 제외한 통행금지시간을 준수해야 한다. 또한 보호관찰대상자는 약물검사를 받아야 하고, 기간 내에 최소한 60시간의 지역사회봉사를 수행해야만 한다. 보호관찰관을 포함한 보호관찰 담당기관은 경찰기록을 통해 매주 체포 여부를 점검한다.

제2단계는 3개월에서 6개월 정도의 기간이 소요되며, 보호관찰관과 대상자 간에 주당 3회의 대면접촉을 갖는다. 통금시간은 제1단계에 비하여 상당히 완화되었지만, 40시간의 지역사회봉사활동을 해야 하고 약물검사를 계속 받아야 한다. 또한 고용증명서와 적절한 직업훈련과정에 계속 출석하고 있는 증명을 제출하고, 매주 체포 여부의 점검이 계속된다.

마지막으로 제3단계에서는 최소 6개월 이상의 기간이 소요되며, 이전 단계에서의 모든 준수사항들이 상당히 완화된 수준에서 계속된다.244)

3) 전자감시가택구금(Electronically Monitored Home Confinement)

이 제도는 시설수용을 대신하여 범죄자를 자신의 집에 구금시키고 전자장비를 이용하여 범죄자를 감시하는 일종의 중간처벌이다.[245] 원래 강력범죄자의 수용인구가 폭증함에 따라 과밀수용이 초래되어 더 많은 재소자를 보호관찰로 석방할 수밖에 없으나 보호관찰관은 업무량의 과다로 사실상 아무런 역할을 하기 힘들어져 사회의 안전을 확보하기도 힘든 형편이 되자 그 해결책의 하나로 시도된 것이 바로 이 제도이다. 즉 범죄자들이 교정시설 대신 자신의 집에 구금하여 형기를 살도록 하는 것으로서[246] 전사감시, 가택구금 등이 이에 해당한다.

전자감시(Electronic Monitoring)는 흔히 가택구금과 함께 사용되는 방법으로서 전자발신장치를 사용하여 범죄자가 특정 시간 동안에 특정한 장소에 있는지를 확인하기 위하여 사용되는 새로운 원격감시 시스템을 말한다. 전자감시는 1964년 쉬츠게벌(Schwitzgebel)이 최초로 고안하였으며, 1977년 뉴멕시코 주 지방법원 러브(Jack Love) 판사가 코믹잡지의 주인공 '스파이더맨'(Spider Man)에서 힌트를 얻어 컴퓨터 판매원인 고스(Goss)에게 최초로 전자팔찌(Bracelet)[247]를 제작하게 하여 정신질환자와 일부 가석방자들을 감독하기 위하여

---

244) 이태언 외, 앞의 책, 371면.

245) Richard A. Ball/J. Robert Lilly, "The Phenomenology of Privacy and the Power of: Hom incarceration with Electronic Monitoring", in J. E. Scott and J. Hirschi(eds.), "Critical Issues in Criminology and Criminal Justice", Beverly Hills. CA: Sage, 1987; Ronald P. Corbett and Ellsworth A. L. Fersch, "Home as Prison: The Use of House Arrest", Federal Probation, 1985, 49: 13－17.

246) Leonard E. Flynn, "House Arrest: Florida's Alternative Eases Crowding and Tight Budget", Corrections Today, 1986, pp.48: 64－68.

247) 1. 팔찌 2. [pl.] ≪완곡≫ 수갑(handcuffs), 3. (활 쏠 때의) 팔찌, (갑옷의) 팔 보호구

처음으로 사용되었다. 보호관찰에 적용된 것은 1983년 미국 뉴멕시코 주에서 음주운전으로 기소된 범죄자를 감독하기 위한 실험적인 프로그램을 실시한 이후부터이며, 후에 뉴멕시코 주의 대법원은 상당수의 보호관찰대상자에게 활용을 늘리는 것을 승인하였다.

전자감시는 원래 정신질환자를 추적하기 위해서 시도된 장치로서, 원격계측장비를 이용하여 범죄자가 정해진 시간에 정해진 장소에 있는지 여부를 확인하는 것이다. 전자장비가 범죄자의 발목이나 손목에 매여서 그들의 형기가 끝날 때까지 특정 장소를 이탈하거나 원격계측장비를 제거하면 교정시설에 구금시키는 등의 강력한 제재를 가하지만 어느 정도의 교육수준과 직업을 가지고 있고, 전과기록이 없어 표준적 보호관찰도 할 필요가 없는 경우에 실시하는 '완화된 보호관찰'(Minimum Supervised Probation)이라 할 수 있다.

그러나 전자감시를 위해서 다음과 같은 장비를 기본적으로 필요로 한다. 보호관찰소나 경찰서와 같은 중앙발신 장소로부터의 전화통신에 의해서 전해지는 지속적인 신호를 방출하는 지속적 신호기(Continuous Signaling Devices), 범죄자와의 전화접촉을 정해진 시간이 아니라 무작위의 시간에 시행하고 컴퓨터에 의해서 범죄자의 목소리가 전자적으로 검증되는 프로그램화된 접촉장비(Programmed Contact Devices), 범죄자가 발목이나 손목에 차고 있으며 지역 모니터에 의해서 감지되는 송신기(Transmitter), 그리고 역시 범죄자가 차고 있는 송신기로서 이동식 수신기를 가지고 있는 보호관찰관이 감지할 수 있는 지속적인 신호를 보내는 지속적 신호송신기(Continuous Signaling Transmitters)로 구성된다.[248]

---

248) Champion. op, cit., p.153.

전자감시의 실시와 필요한 장비 구입 등 초기의 직접비용이 매우 높으나, 구금비용보다 낮고 시간이 흐름에 따라 가택구금과 함께 활용되는 전자감시방법은 범죄자가 매달 지불하는 유지비용의 수입을 통해 상당액을 보전할 수 있다는 점에서 유용성이 클 것으로 기대된다.[249]

가택구금(Home Confinement, House Arrest)이란 수형자를 그 자택에 둔 채로 자유형의 일부 혹은 전부를 집행하는 프로그램을 말하며, 영어로는 Home Detention의 명칭을 사용한다. 범죄자를 사회에 두면서 그의 자유를 제한한다는 의미에서 전술한 집중감독보호관찰과 유사한 면이 있으나, 집중감독보호관찰이 보호관찰을 기본으로 하고 있는 것에 비해 가택구금은 자유형으로서의 성격이 강하다는 점에 차이가 있다.[250]

가택구금은 거의 대부분 전자감시제도와 함께 적용되는데, 그 이유는 보호관찰관의 과중한 업무로 대상자의 감시감독이 제대로 이루어지지 못하면 사회의 위험을 초래하기 때문에 교정시설의 과밀수용을 해소함과 동시에 적절한 감시감독을 통한 사회안전의 확보를 위해서이다. 가택구금은 통행금지가 지난 저녁시간과 주말 동안에 범죄자의 주거지에 강제 구금시키는 방법을 이용하는 중간적인 처벌이다. 가택구금은 교도소나 구치소에 구금시키는 방법에 대한 대안으로서 1971년 미국 미주리 주의 세인트루이스에서 처음으로 시작되었다. 이후 켄터키, 조지아, 매사추세츠, 캘리포니아, 메릴랜드, 워싱턴 DC 등을 포함한 다른 주로 확산되었다.

---

249) 이태언 외, 앞의 책, 371면.
250) 정영석·신양균, 앞의 책, 585~586면.

중간적인 처벌로서의 가택구금에 대한 평가는 의견이 엇갈리는 편이다. 일부 전문가들은 가택구금이 AIDS와 같은 심각한 질병을 가진 범죄자들이나 임신한 여성들에게 적당한 처벌이라고 본다. 다른 사람들은 가택구금은 처벌이 아니라고 주장한다. 그렇지만 일부 범죄자들에게 가택구금은 비합리적으로 제한을 가하는 것일 수 있고 가택구금하에서 범죄자의 프라이버시에 관한 침해에 관한 주장들도 제기되었다.

전자감시와 가택구금은 많은 상호 보완적 관찰방법으로 이러한 전자감시와 가택구금은 많은 이점이 있는 것으로 평가되고 있다. 첫 번째로 비구금적 대안인 이 제도를 활용함으로써 교정시설의 수용인구의 과밀을 줄일 수 있다는 것이다. 두 번째로 운영경비의 절감이다. 즉 시설에 구금하지 않고 가정에 구금하기 때문에 구금에 필요한 경비가 절감되고 보호관찰관이 전자장치로 감시하기 때문에 그만큼 업무량이 줄어들어 경비가 많이 절감된다는 것이다. 세 번째로 비구금적 대안이라는 사실이다. 즉 구금으로 인한 낙인이 없고, 지역사회에서 가족과 함께 생활하며 직장생활을 할 수 있으며, 자신의 교화·개선에 도움이 될 수 있는 각종 교육훈련과 상담도 받을 수 있다는 것이다. 네 번째로 전자감시 가택구금이 실제로 재범률을 많이 줄였다는 것이다. 한편 전자장비의 개발과 그 이용에 대한 기술 지원 등의 방법으로 이 제도가 교정의 일반화(Privatization)에 기여한 바도 크며, 이 제도를 이용하면 전자장비의 조작에 대한 간단한 지식 이외에는 보호관찰관에게 특별히 교육 훈련할 것이 없다는 점도 긍정적으로 평가되고 있다.

앞으로 사회의 범죄는 증가할 것이고 그만큼 수용인구도 늘어날 것이지만 수용능력은 한계가 있기 때문에 비구금도 문제보다는 장점이 더 많다는 점에서 앞으로 더욱 활성화될 것으로 기대되고 있다.[251][252] 이러한 제도의 활성화에 대해서 혹자는 전자감시 가택구금에 대한 인권 문제를 부각시키기도 하고 한편 보호관찰관의 업무량을 덜어 주기 위해서도 필요한 제도라고 말하기도 한다. 제도에 대하여 따지기 전에 지역사회와 범죄자의 재화합과 재통합을 위해서 보다 많은 민간자원봉사자를 참여시킴이 바람직하다고 강조하고 싶다. 지도와 감독을 적극적으로 하도록 독려하여 재범방지에 노력함이 바람직하며 회복적 사법제도의 목적에도 부합된다는 점을 말하고 싶다.

4) 특정성범죄자 위치추적제도

(1) 추진 배경

특정성범죄자 위치추적제도의 배경은 최근 몇 년간 잔인하고 충격적인 아동 성범죄의 빈발과 이들의 재범 개연성이 높으며 피해자의 깊은 정신적 고통이 동반된다는 성폭력범죄의 특성이 사회적 이슈로 제기된 것이다. 이로 인해 성폭력범죄에 대응하기 위해 당양한 정책이 시행되었으나, 아동대상·범죄자에 대한 강력한 형사정책을 실시하는 외국과 달리 대책이 미흡하다는 지적 등 보다 강력한 처벌을 요구하는 사회적 여론이 형성되었다.[253]

---

251) David E. Duffee/Edmund F. McGarrell, "Community Corrections", Cincinnati: Anderson Publishing Co., 1990, pp.89 - 90.

252) 이태언 외, 앞의 책, 375면.

253) 법무부 위치추적중앙관제 센터, 특정성범죄자 위치추적제도, 2007, 1~6면.

(2) 목적

위치추적제도의 목적은 '특정성범죄자의 위치추적을 통한 재범방지'로서 이는 궁극적으로 위치추적시스템이 달성하고자 하는 모습인 비전이라고 할 수 있다.

특정성범죄자의 위치추적을 통한 재범방지는 GPS, 이동통신망 등과 관련하여 첨단기술의 적절한 활용을 통한 피부착자의 정확한 위치를 파악하고, 24시간 위치추적이라는 심리적 부담부여를 통해 성폭력범죄자의 재범충동을 억제하게 된다. 또한 파악된 위치정보의 분석 및 활용과 출입금지·외출제한 등 특별준수사항 부과를 통한 성폭력범죄자 밀착보호관찰업무를 수행하며 저장된 위치정보의 비교·분석자료 활용을 통한 수사의 효율성 제고 및 효과적인 재범방지를 목적으로 한다.

(3) 위치추적 시스템의 개요

위치추적 시스템은 2007년 10월 개발에 착수하여 2008년 9월에 시행하여 실시 중으로 피부착자의 위치정보에 대한 24시간 365일 실시간 모니터링 및 보호관찰을 실시하고 있다.

관제 요원이 기본정보 관리 및 업무를 지원 관리하고 IPIS, 심사, 관제 및 위치서비스와 메시지 서비스 및 단말기원격제어 등의 통신 활동에까지 중앙관제 센터에서 관리하여 현장업무를 담당하는 보호관찰관에게 위치추적을 통하여 알려주게 된다. 피부착자는 전자발찌를 착용하고 재택 시와 외출 시에 모니터링하게 된다.

(4) 위치추적제도와 보호관찰관의 역할 및 기대효과

가. 평가 및 처우계획의 수립

성범죄자의 재범위험 요인 및 재범위험성을 평가하고 위치추적을 통한 성범죄자의 처우계획을 수립한다.

나. 부착명령의 집행감독

'특정성폭력범죄자에 대한 위치추적 전자장치 부착에 관한 법률'[254] 제14조 피부착자의 의무[255] 제12조의 집행지휘에 의해 제13조 부착명령의 집행[256]을 근거로 하여 전자장치의 부착관리 업무를 수행하며 전자장치의 착용에 대한 지도를 하며 전자장치를 운영 관리하게 된다.

다. 밀착지도·감독

보호관찰법 제32조 준수사항 및 제33조의[257] 지도·감독을 근거

---

254) '특정성폭력범죄자에 대한 위치추적 전자장치 부착에 관한 법률'은 제1장 총칙과 제6장 벌칙을 포함, 제39로 되어 있으며 법률 제9112호로 일부 개정되어 2008년 9월 1일부터 시행되었다.

255) 제14조(피부착자의 의무) ① 전자장치가 부착된 자(이하 '피부착자'라 한다)는 전자장치의 부착 기간 중 전자장치를 신체에서 임의로 분리·손상, 전파 방해 또는 수신자료의 변조, 그 밖의 방법으로 그 효용을 해하여서는 아니 된다.
② 피부착자는 주거를 이전하거나 출국할 때에는 미리 보호관찰관에게 신고하여야 한다.

256) 제12조(집행지휘) ① 부착명령은 검사의 지휘를 받아 보호관찰관이 집행한다. ② 지휘는 판결문 등본을 첨부한 서면으로 한다.

257) 제32조(보호관찰대상자의 준수사항) ① 보호관찰대상자는 보호관찰관의 지도·감독을 받으며 준수사항을 지키고 스스로 건전한 사회인이 되도록 노력하여야 한다. ② 보호관찰대상자는 다음 각 호의 사항을 준수하여야 한다.
1. 주거지에 상주하고 생업에 종사할 것
2. 범죄로 이어지기 쉬운 나쁜 습관을 버리고 선행을 하며 범죄를 행할 우려가 있는 자들과 교제하거나 어울리지 말 것
3. 보호관찰관의 지도·감독 및 방문에 순응할 것
4. 주거를 이전하거나 1개월 이상의 국내외 여행을 할 때에는 미리 보호관찰관에게 신고할 것
③ 법원 및 심사위원회는 판결의 선고 또는 결정의 고지를 함에 있어서 제2항의 준수사항

로 하여 특별준수사항의 철저한 이행 감독을 한다. 또한 치료프로
그램과의 연계 및 효율적 원호방안을 수립하여 시행하게 된다.

라. 기대 효과

성폭력사범에 대한 강경대응책을 도입하여 국민의 불안감을 해
소하고 피해자 접근금지 등의 도입으로 피해자 보호체계를 구축하
며, 실시간 위치추적을 통해 대상자의 심리적 압박감을 증대하는
효과를 가져온다. 또한 대상자에 대한 실시간 위치파악을 통한 불
시 면담 및 지도감독 회피에 대한 신속한 대응 등 보호관찰 현장
업무를 대폭 강화하게 된다. 더불어 수신 자료의 수사 및 재판자료
의 활용으로 성폭력범죄의 억지력을 갖게 하는 효과가 있다.

법률 시행 이전에 활용하지 못했던 특별준수사항의 이행 감독을
통한 보호관찰의 실효성을 제고하는 데 일익을 하게 된다.

외에 대통령령이 정하는 범위 안에서 본인의 특성 등을 고려하여 특별히 준수하여야 할 사
항을 따로 과할 수 있다.
④ 제2항 및 제3항의 준수사항은 서면으로 이를 고지하여야 한다.
제33조(지도·감독) ① 보호관찰관은 보호관찰대상자의 재범을 방지하고 건전한 사회복귀
를 촉진하기 위하여 필요한 지도·감독을 한다.
② 제1항의 지도·감독의 방법은 다음 각 호와 같다.
1. 보호관찰대상자와 긴밀한 접촉을 가지고 항상 그 행동 및 환경 등을 관찰하는 것
2. 보호관찰대상자에 대하여 제32조의 준수사항을 이행함에 적절한 지시를 하는 것
3. 보호관찰대상자의 건전한 사회복귀를 위하여 필요한 조치를 하는 것

제4장 보호관찰 활성화 방안에 대한 조사분석 및 논의

제1절 조사설계

이 연구는 보호관찰 및 소년보호의 조직통합 후 직무만족과 보호관찰제도 활성화 방안에 관한 요인을 실증적으로 검증하는 데 있다.

이러한 연구를 수행하기 위해 사전조사를 통하여 독립변수로는 보호관찰제도의 활성화를 위한 조직·인사·법률 등 입체적인 요인들을 분석하고 앞으로의 발전방안에 대한 의견을 조사 분석하였다. 본 연구에서 보호관찰제도의 문제점 및 개선방안을 살펴보기 위한 조작적 정의와 설문은 선행연구를 참조하여 재구성하였으며, 리커트 5점 척도를 사용하여 측정하였다.

이러한 측정도구를 가지고 본 연구를 수행하기 위해 2008년 2월 27일에서 3월 7일까지 전국에 근무하고 있는 보호관찰소 전 공무원의 1/3 정도인 직원을 대상으로 300부의 설문지를 배포하여 이 중 서울(42부), 부산(33부), 대구(40부), 대전·천안(42부), 광주(29부), 인천·부천(57부), 수원(34부), 강릉(8부) 등 285부의 설문지를 회수하였다. 그중에서 불성실한 설문지 13부를 제외한 272부를 조

사분석 대상으로 삼아 SPSS 11.0 통계처리 프로그램[258])을 사용하여
분석하였다.

제2절 조사대상의 일반적 특성

조사대상자의 인구·사회학적 특성을 〈표 41〉에서 분석해 보면,
우선 성별은 남성공무원 205명(75.4%), 여성공무원 67명(24.6%)으
로 여성이 약 1/4의 비율을 차지하고 있었다. 연령별로는 20대가
54명(19.6%), 30대가 122명(44.9%), 40대가 69명(25.5%), 50대가
27명(10.0%)으로 30대가 가장 많은 비중을 차지했다. 학력별로는
고졸 이하가 21명(7.7%), 전문대졸 이상이 23명(8.4%), 대졸 이상이
206명(75.8%), 대학원 이상이 22명(8.1%)으로 대졸자가 전체의 3/4
의 비율을 차지했다. 직급별로는 5급 이상이 40명(14.7%), 6급 58
명(21.3%), 7급 51명(18.8%), 8급 54명(19.9%), 9급 69명(25.3%)으
로 비교적 고르게 분포하고 있다. 경력별로는 6개월 미만이 34명
(12.5%), 1년 이상 5년 미만이 84명(30.9%), 5년 이상 10년 미만이
56명(20.6%), 10년 이상 20년 미만이 70명(25.7%), 20년 이상이 28
명(10.3%)으로 나타났다.

---

258) SPSS(Statistical Package for the Social Sciences)는 사회과학 분야의 데이터 분석을
위한 컴퓨터 프로그램들의 모음집으로 출발하여 오늘날 데이터 변환 등 실무에서 사용되는
거의 모든 통계적 분석방법이 포함되어 있는 사회과학 통계분석 프로그램이다. 이번 연구에
서는 계량화된 빈도분석 외에도 상관관계 분석에 SPSS프로그램을 사용하였다.

구분		분포		구분		분포	
		N	%			N	%
성별	남성	205	75.4	직급	5급 이상	40	14.7
	여성	67	24.6		6급	58	21.3
소계		272	100.0		7급	51	18.8
연령	20대	54	19.6		8급	54	19.9
	30대	122	44.9		9급	69	25.3
	40대	69	25.5	소계		272	100.0
	50대	27	10.0	경력	6개월 미만	34	12.5
소계		272	100.0		1년 이상	84	30.9
학력	고졸 이하	21	7.7		5년 이상	56	20.6
	전문대졸	23	8.4		10년 이상	70	25.7
	대졸	206	75.8		20년 이상	28	10.3
	대학원	22	8.1				
소계		272	100.0	소계		272	100.0

한편 보호직렬통합 이전의 근무처는 보호관찰직렬 188명(69.1%), 소년보호직렬 69명(25.4%), 기타가 15명(5.5%)으로 구성되어 있었다.

제3절 조사결과의 분석

1. 관련 척도의 인식 정도 분석

1) 보호관찰업무의 활성화

보호관찰업무의 활성화를 위한 조직개선에 대해서는 본부급 격상을 비롯하여 지청 이하 단위까지의 확대, 하위 일선인력 확충, 직원보수 및 처우 개선, 차량지원 및 장비 보완에 대한 설문을 조사하였다. 이에 대하여 조사대상자는 본부급 격상 문제를 제외하고는 모든 항목에서 4.00점 이상의 높은 공감대를 가지고 있는 것으로 나타났다.

특히 보호관찰업무 활성화를 위한 차량지원 및 장비의 보완은 4.52점으로 가장 절실하게 개선되어야 할 문제점으로 지적되고 있었다. 또한 인력 충원(4.28점) 및 보수처우의 개선(4.32점)에도 많은 관심을 가지고 있는 것으로 나타났다.

그림 7 보호관찰업무 활성화에 관한 조사결과 분석

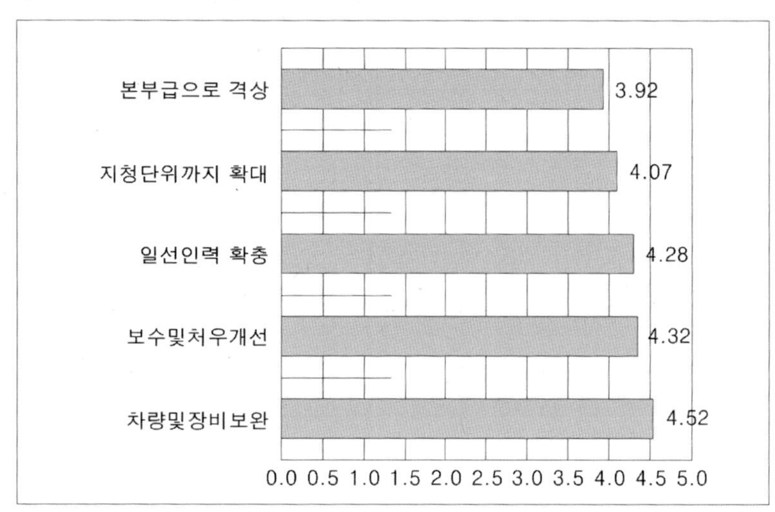

2) 보호관찰업무의 전문화

보호관찰업무의 전문화를 위한 방안을 강구하기 위해 보호관찰 출신 책임자를 국장으로 임명하는 것을 비롯하여 연구활동 보강, 운영프로그램 개발, 민간전문가 채용 등의 사안에 대한 설문을 실시하였다. 임상심리사나 사회복지사 등의 민간전문가 채용문제를 제외하고는 모든 항목에서 4.00점 이상의 높은 공감대를 가지고 있는 것으로 나타났다.

특히 보호관찰업무의 전문화를 위하여 보호관찰조직 출신 책임자의 국장임명과 연구인력 보강 및 부서 설립은 각각 4.20점과 4.21점으로 가장 우선적으로 개선되어야 할 과제로 지적하고 있었다.

그림 8 보호관찰업무의 전문화에 관한 조사결과 분석

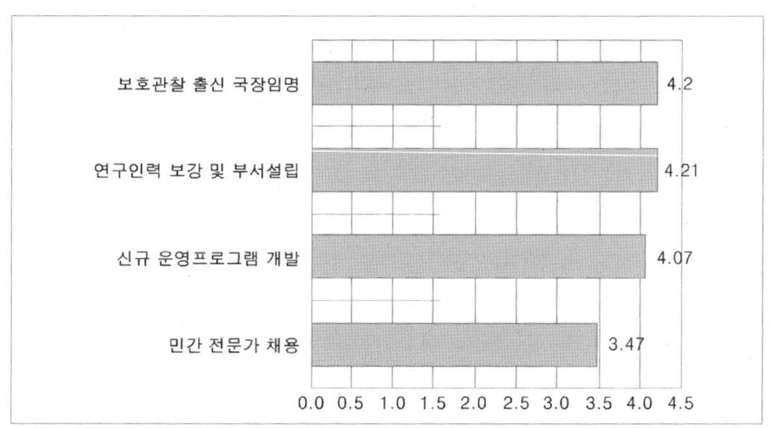

3) 소년보호업무의 개선

소년보호업무의 개선방안을 살펴보기 위해 촉법소년의 연령인하 문제를 비롯하여 우범소년 규정의 개선, 소년보호 전문운영프로그램 개선, 집중보호관찰프로그램 도입, 전자감독제도의 도입 및 확대 여부 등에 대한 설문을 실시하였다. 이에 대하여 집중보호관찰프로그램 도입(3.90점)에 관하여 많은 관심을 가지고 있던 것으로 나타났다. 그러나 전자감독제 실시에 따른 도움 여부에 대해서는 비교적 긍정적인 입장(3.64점)인 반면, 전자감독제의 전면적인 확대문제 (3.39점)는 뚜렷한 의견개진을 보이고 있지 않은 것으로 조사되었다.

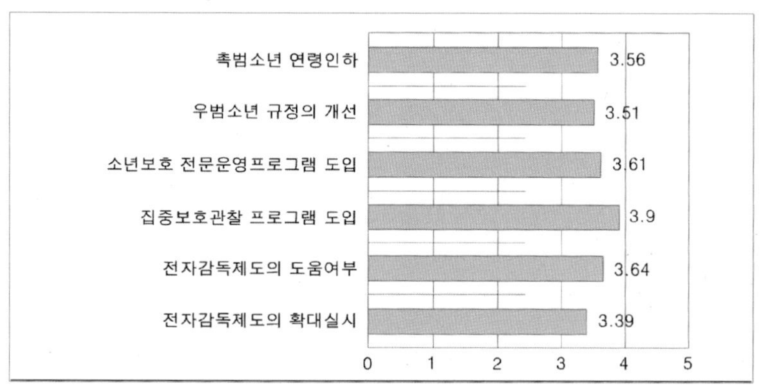

4) 판결전조사제도

판결전조사제도에 대해서는 〈그림 10〉에서와 같이 성인범으로의 확대실시 문제를 비롯하여, 판결전조사제도 전문인력 확보, 예산 및 장비지원 요구 등에 대한 설문을 실시하였다. 실시결과 판결전조사제도를 성인범으로 확대 실시해야 한다는 의견(3.97점)과 이를 위한 전문인력 확보 및 예산·장비지원에 대한 요구(3.98점)가 모두 절실한 것으로 나타났다.

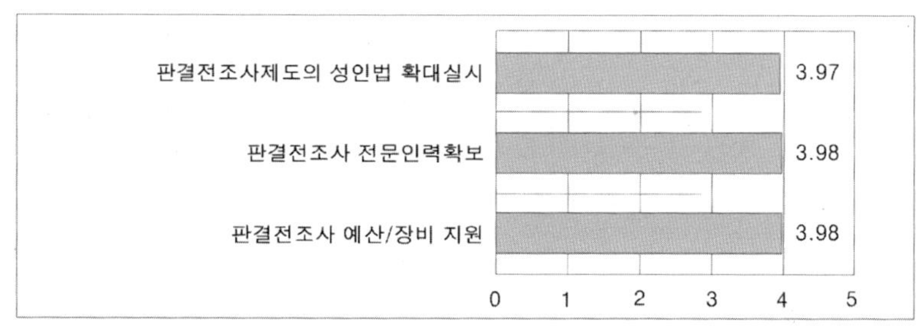

5) 지역사회 연계활동

보호관찰업무의 지역사회 연계활동에 대해서는 범죄예방위원제
도와 특별범죄예방위원제도가 보호관찰업무에 도움이 되는가 여부
에 관한 문제를 비롯하여, 보호관찰소의 범죄예방위원 관리제도,
타 부처와의 업무협조 또는 민간섹터와의 업무협조 등에 대한 설
문을 실시하였다.

이에 대하여 〈그림 11〉에서와 같이 절반 이상(2.87점)이 현행 범
죄예방위원제도는 보호관찰업무에 도움이 되지 않는다고 응답하였
고, 보호관찰소의 범죄예방위원 관리제도가 필요하다는 의견(3.35
점)이 더 우세하였다.

또한 경찰·검찰 등 타 부처와의 업무협조(2.96점)와 학교·지역
사회 등과의 업무협조(2.94점)도 앞으로 더욱 개선해야 할 과제로
인식하고 있었다.

그림 11 지역사회 연계활동에 관한 조사결과분석

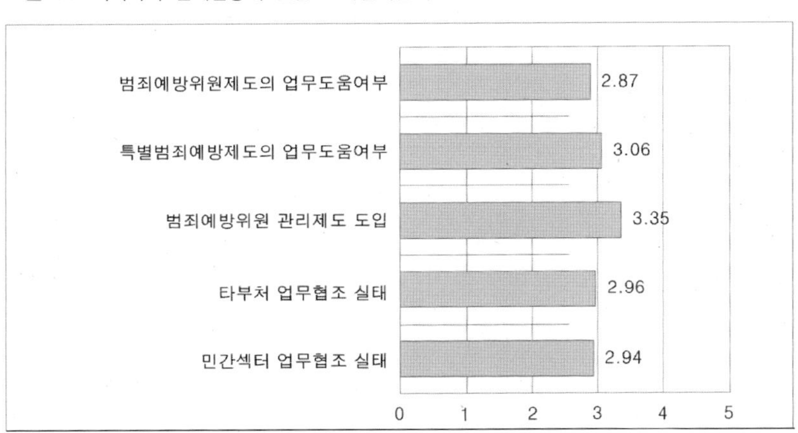

6) 보호관찰 직렬 조직통합

보호관찰 직렬의 조직통합에 대해서는 통합 이전 근무의 만족도와 통합 이후의 향후 발전전망 등에 대한 설문을 실시하였다. 이에 대하여 〈그림 12〉에서 보는 바와 같이 각각 3.26점과 3.13점으로 나타나 아직까지는 보호관찰 직렬의 조직통합에 대해 의미 있는 의견을 보이지 않은 것으로 확인되었는데, 앞으로 좀 더 구체적으로 연구해야 할 보호관찰조직의 과제라 생각된다.

그림 12 보호관찰 직렬통합에 관한 조사분석

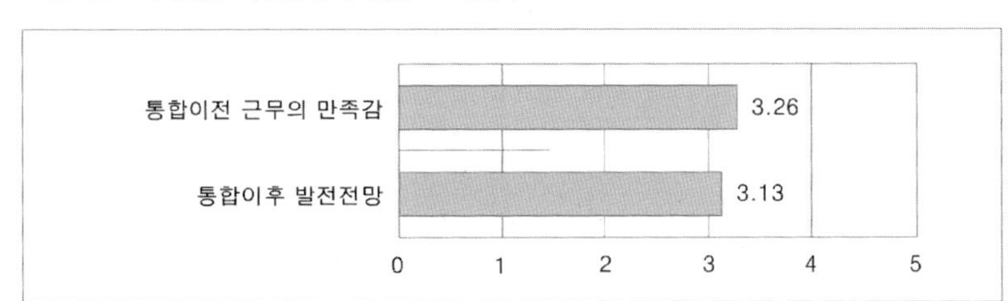

7) 소년보호 관련

소년보호업무의 활성화를 위한 방안에 대해서는, 소년법 개정에 따른 각종 제도의 변화와 이에 대한 보호관찰조직 구성원의 의견을 묻는 설문을 조사하였다. 이에 대하여 〈그림 13〉에서와 같이 조사대상자는 소년법 개정으로 인한 보호관찰조직의 확대가 절실하다는 의견(3.93점)을 비롯하여 대부분의 개정 법률내용에 공감대를 가지고 있는 것으로 나타났다.

특히 소년법이 적용되는 연령 상한선을 하향 조정하는 것과 촉법소년 및 우범소년의 연령을 하향 조정하는 것, 그리고 독립처분

으로서 수강명령 및 사회봉사 명령제도를 도입하는 것과 1개월 이
내의 소년원 송치제도 도입 등에는 비교적 적극적인 의견개진이
이루어졌다.

그림 13 소년법 개정에 따른 소년보호에 관한 조사결과 분석

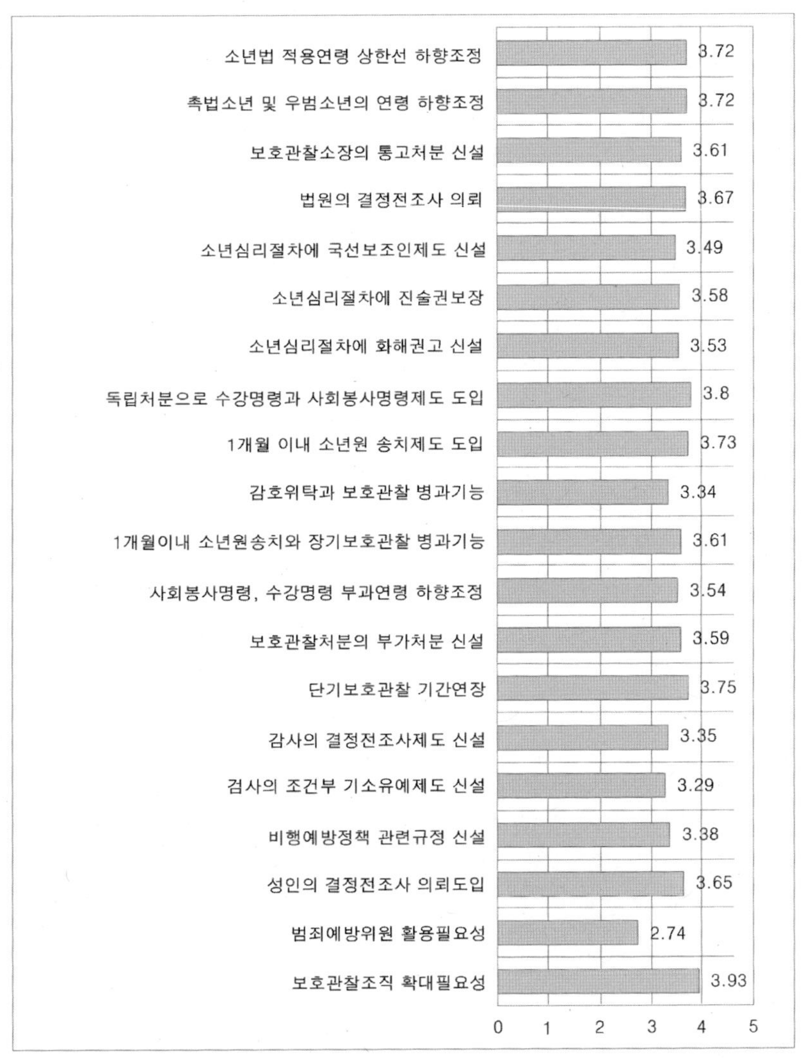

2. 조사대상 집단별 인식 차이 분석

이상에서 조사대상 공무원들의 보호관찰제도와 관련된 각 문항의 인식 정도를 파악하여 분석하여 보았다. 이러한 분석에 따라 좀더 구체적으로 조사대상자의 연령별, 학력별, 직급별, 경력별, 통합 전 근무처별 보호관찰제도와 관련된 각문항의 인식 정도에 차이가 있는지를 분석할 필요성이 제기되었다. 따라서 보호관찰업무를 시행하는 공무원들의 인식이 집단별로 차이를 보인다면 그 원인을 진단하고 개선점을 강구하는 것이 보호관찰제도의 발전을 위해서 반드시 요구되는 일이라고 할 수 있기 때문이다. 이에 따라 아래의 분석은 보호관찰제도와 관련된 여러 문항 중 집단별로 유의미한 차이를 보인 것들을 중심으로 논의하고자 한다.

1) 연령대별 보호관찰제도에 대한 인식조사

연령대별 보호관찰제도에 대한 인식을 조사하기 위한 조사대상은 위에서 언급한 바대로 20대에서 50대까지 다양하게 분포하였다. 그런데 아래에서 언급한 척도 외에는 연령집단별 인식의 차이가 없었다.

(1) 보호관찰조직의 확대/증설

"보호관찰업무의 활성화를 위해 보호관찰조직이 지청 이하 단위까지 보호관찰조직을 확대 및 증설할 필요가 있다."는 생각에 〈표 42〉에서 보는 바와 같이 20대와 30대는 평균 4.0727과 4.2400으로 긍정의 정도가 높은 반면, 50대는 3.7857로 긍정의 정도가 상대적으로 낮았다. 그리고 이들 집단의 인식의 차이는 95% 신뢰구간에서 유의확률 .039로 통계적으로 유의미한 것으로 나타났다.

40, 50대의 보호관찰조직에 대한 인식조사결과를 보면[259], 20, 30대에 비해 조직의 확대나 처우의 개선문제에 대해 긍정하는 정도가 낮음을 알 수 있다.

이러한 결과는 연령대가 높아질수록 조직의 변화와 그에 따른 적응에 소극적일 수 있기 때문으로 진단되지만 이에 관한 선행연구가 없어 비교분석할 수 없는 입장이다.

표 42 연령별 보호관찰조직의 지청 이하 단위까지 확대증설에 대한 인식

구분	N	평균	표준편차	F	유의확률
20대	55	4.0727	.79009		
30대	124	4.2400	.94966	2.827	.039
40대	69	3.9565	1.04889		
50대	28	3.7857	1.04083		

(2) 차량지원 및 장비보충

〈표 43〉에서 보는 바와 같이 "보호관찰업무의 활성화를 위해 차량지원 및 장비를 보완할 필요가 있다."는 생각에 20대와 30대는 평균 4.5179와 4.5760으로 긍정하는 정도가 상당히 높은 반면 50대는 4.2857로 상대적으로 낮았다. 그리고 이러한 집단 간의 인식

---

259) 연령대별 보호관찰조직관련 인식 정도임.

	조직본구급 격상	지청단위까지 확대증설	일선인력 확대	보수처우 확대	차량장비보충
20대	4.0727	4.0727	4.3750	4.4464	4.6250
30대	4.0242	4.2400	4.3333	4.3810	4.5760
40대	3.7536	3.9565	4.1594	4.2609	4.4348
50대	3.7500	3.7857	4.0714	4.0714	4.2857

의 차이는 95% 신뢰구간에 유의확률 .045로 유의미한 차이를 나타
내었다.

40, 50대가 차량지원 및 장비보충을 반대하는 의미는 아니지만,
20, 30대보다 낮은 이유는 비교적 안정된 조직생활을 할 수 있는
여건상 그 필요성을 덜 인식한 결과일 수 있다고 생각된다.

표 43 연령별 차량지원 및 장비보충에 대한 인식

구분	N	평균	표준편차	F	유의확률
20대	56	4.6250	.55800		
30대	125	4.5760	.58563	2.719	.045
40대	69	4.4348	.65256		
50대	28	4.2857	.71270		

(3) 보호관찰조직 출신의 책임자

〈표 44〉는 연령별로 보호관찰조직 출신 책임자의 필요성에 대한
인식에서 "보호관찰제도의 전문화를 위해 보호관찰조직 출신 책임
자가 필요하다."는 생각에 20대는 평균 4.5179로 가장 높은 반응을
보였고, 40대는 4.0580으로 상대적으로 낮은 반응을 보였다. 그리
고 이러한 집단 간의 인식의 차이는 95% 신뢰구간에 유의확률
.005로 유의미한 차이를 나타내었다.

표 44 연령별 보호관찰조직 출신 책임자의 필요성에 대한 인식

구분	N	평균	표준편차	F	유의확률
20대	56	4.5179	.53906		
30대	125	4.2080	.78592	4.336	.005
40대	69	4.0580	.83814		
50대	28	4.2194	.76636		

40대의 상대적으로 낮은 반응의 원인분석은 구체적인 분석이 요구된다고 하겠지만, 조직에서 10년 이상 근무해 오면서, 조직 출신의 책임자문제보다 다른 문제에 대한 인식이 클 수도 있고, 그 가능성을 부정적으로 보기 때문일 수도 있다고 생각된다. 20대에서 높은 반응을 보인 것은 조직의 미래를 긍정적으로 보고 자신이 그 주인공이 되도록 노력하는 측면과 조직발전을 위해서 보호관찰업무에 종사해 온 전문가가 책임자가 되는 것이 타당하다는 판단에 따른 것으로 보인다.

(4) 보호관찰운영프로그램의 개발

보호관찰제도의 전문화에 관한 질문에서 연령대별로 유의미한 차이를 보인 척도는 신보호관찰프로그램의 필요성과 임상심리사 등 전문가 채용에 대한 인식이었다.

표 45 연령별 새로운 보호관찰운영프로그램의 필요성에 대한 인식

구분	N	평균	표준편차	F	유의확률
20대	56	4.2500	.69413		
30대	125	4.1667	.75631	4.979	.002
40대	69	3.7826	.90537		
50대	28	4.0714	.46576		

〈표 45〉에서와 같이 "보호관찰제도의 전문화를 위해 새로운 운영프로그램 개발이 필요하다."는 생각에 20대가 4.2500으로 가장 높은 반면, 40대는 3.7826으로 상대적으로 낮았다. 그리고 이러한 집단 간의 인식의 차이는 95% 신뢰구간에 유의확률 .002로 유의미한 차이를 나타내었다.

비교적 낮은 연령대인 20, 30대에서 신운영프로그램의 개발의 필요성을 높게 인식한 것은 실제 성과를 창출해야 하는 조직적 내지 개인적 바람들을 달성할 수 있는 프로그램의 한계점을 인식한 결과로 보인다. 40, 50대는 주로 관리자계층으로 업무성과는 프로그램여부문제가 아니라고 생각하는 것 같다.

(5) 전문가 채용

〈표 46〉에서는 연령별 임상심리사 등 전문가 채용의 필요성에 대한 인식의 분석으로는 보호관찰제도의 전문화에 관한 질문으로 "보호관찰업무에서 임상심리사, 사회복지사 등 전문가 채용이 필요하다."는 질문에 20대와 50대는 각각 평균 3.8214와 4.0000으로 높은 반면, 30, 40대는 평균 3.2857과 3.3188로 상대적으로 낮았다.

그리고 이러한 집단 간의 인식의 차이는 95% 신뢰구간에 유의확률 .000으로 유의미한 차이를 나타내었다. 심리전문가나 복지전문가 등이 보호관찰업무에 기여하거나 기여할 수 있는 측면에 인식의 차이로 보이는데, 30, 40대는 그 가능성을 낮게 인식한 반면 20대와 50대는 높게 평가하고 있다. 그 구체적인 원인분석에 대해서는 사후연구가 요구되는 부분이라 판단된다.

표 46 연령별 임상심리사 등 전문가 채용의 필요성에 대한 인식

구분	N	평균	표준편차	F	유의확률
20대	56	3.8214	.93628		
30대	125	3.2857	.90206	7.479	.000
40대	69	3.3188	1.13102		
50대	28	4.0000	.76980		

(6) 특별범죄예방위원회제도

보호관찰업무를 수행하는 과정에 있어 지역사회와의 연계가 요구된다는 것은 일반적인 사실이다. 관련된 사항으로 "보호관찰업무에서 특별범죄예방위원 제도가 현재의 보호관찰업무에 도움이 되느냐."는 질문에 〈표 47〉과 같이 20대와 40대는 평균 2.9464와 2.8986으로 낮은 반면 30대와 50대는 평균 3.1190과 3.4286으로 상대적으로 높았다. 그리고 이러한 집단 간의 인식의 차이는 95% 신뢰구간에 유의확률 .033으로 유의미한 차이를 나타내었다.

특별범죄예방위원의 유익성에 대해서는 예상외로, 전반적으로 긍정의 정도가 낮고 특히 40대가 낮은데, 보호관찰조직의 중책을 맡은 연령대의 인식으로 이 제도에 대한 계속적인 연구와 이에 대한 심각한 고려가 있어야 한다고 하겠다.

표 47 연령별 특별범죄예방위원제도의 유익성에 대한 인식

구분	N	평균	표준편차	F	유의확률
20대	56	2.9464	.88255		
30대	125	3.1190	.86355	2.964	.033
40대	68	2.8986	.95709		
50대	28	3.4286	.63413		

(7) 개정된 소년법상의 보호관찰내용

다음은 개정되어 실시되고 있는 소년법에 대하여 보호관찰과 관련된 내용으로 연령대별로 인식의 차이를 보인 항목들이다. 인식의 차이를 보인 항목들에는 소년법 적용연령 하향조정에 대한 인식, 보호관찰소장의 통고처분신설에 대한 인식, 소년심리절차에 국선보

조인제도신설에 대한 인식, 보호관찰지도에 범죄예방위원 활용에 대한 인식 등이 있었다.

첫째, "소년법적용 연령 상한선 하향조정은 시의적절한가?"라는 질문에 〈표 48〉과 같이 40, 50대는 평균 3.8824와 4.0000으로 높은 반면 20, 30대는 평균 3.6429와 3.6190으로 상대적으로 낮았다.

표 48 연령별 소년법 적용연령 하향조정에 대한 인식

구분	N	평균	표준편차	F	유의확률
20대	56	3.6429	.72434		
30대	120	3.6190	.76793	3.607	.014
40대	68	3.8824	.63550		
50대	28	4.0000	.66667		

그리고 이러한 집단 간의 인식의 차이는 95% 신뢰구간에 유의확률 .014로 유의미한 차이를 나타내었다.

소년법상의 적용연령 하향조정은 보호관찰대상자의 증대로 인하여 보호관찰업무의 과중문제가 대두될 수 있고 행위능력이 미성숙한 소년에 대한 과잉처우로 인한 인권문제가 대두될 수 있다. 이러한 점을 20, 30대는 중점적으로 인식한 결과로 보이며, 40, 50대는 정신적, 신체적으로 조기에 성숙되는 현대 청소년의 변화와 그에 따른 일탈행위에 대한 어느 정도의 책임을 묵과할 수 없는 측면을 강조한 입장으로 판단된다.

둘째, "보호관찰소장의 통고처분 신설(제4조3항)은 적절한가?"라는 질문에 〈표 49〉에서 보는 바와 같이 40, 50대는 평균 3.8116과 3.7778로 높은 반면, 20, 30대는 평균 3.5818과 3.5242로 상대적으로 낮았다.

그리고 이러한 집단 간의 인식의 차이는 95% 신뢰구간에 유의
확률 .016으로 유의미한 차이를 나타내었다.

표 49 연령별 보호관찰소장의 통고처분신설에 대한 인식

구분	N	평균	표준편차	F	유의확률
20대	55	3.5818	.71209		
30대	124	3.5242	.68031	3.484	.016
40대	69	3.8116	.49335		
50대	27	3.7778	.69798		

보호관찰소장이 법원 소년부에 소년사건 심리통고사항을 통고할
수 있도록 신설한 조항으로 20, 30대의 경우 제도 자체를 실무에서
담당할 입장에 있지 못하여 모르거나 업무의 과중을 우려한 결과
로 보인다. 반면 40, 50대는 소년범 재범이 증가하는 실태를 반영
하여 통고의 필요성을 절감한 제도신설의 취지에 부합한 반응으로
보이지만, 다만 신설된 제도이므로 향후 운용에 대해서 고민한 흔
적들이 반응으로 나타난 것으로 판단된다.

셋째, "소년심리절차에서 국선보조인제도 신설(제17조의 2)은 시
의적절한가?"에 대해서 〈표 50〉에서와 같이 50대는 평균 3.7857로
높은 반면, 30대는 3.3840으로 상대적으로 낮았다. 그리고 이러한
집단 간의 인식의 차이는 95% 신뢰구간에 유의확률 .026으로 유의
미한 차이를 나타내었다.

구분	N	평균	표준편차	F	유의확률
20대	55	3.5273	.69000		
30대	124	3.3840	.66942		
40대	69	3.5652	.65256	3.133	.026
50대	28	3.7857	.73822		

국선보조인제도는 소년이 소년분류심사원에 위탁된 경우나 위탁되지 않아도 특정한 경우, 보조인이 없는 경우에 법원이 변호사 등 적정한 자를 보조인으로 선정하는 제도이다.

이러한 제도에 대해서 30대의 보호관찰조직 실무가들이 긍정하는 정도가 낮은 구체적인 원인분석은 우선 사후연구가 필요한 것으로 판단된다.

다만 보호관찰조직의 현실여건을 고려하여 실현가능성 등을 엄격하게 적용한 결과로 보인다.

넷째, "보호관찰지도에 범죄예방위원의 활용이 절실하다."는 생각에 대해 전 조사대상자는 평균 2.7 정도로 그렇지 않다는 입장이다. 이를 〈표 51〉에서 보는 바와 같이 연령대별로 살펴보면, 40대가 평균 2.4928로 가장 낮고, 50대가 3.1071로 가장 높았다.

그리고 이러한 집단 간의 인식의 차이는 95% 신뢰구간에 유의확률 .011로 유의미한 차이를 나타내었다.

이러한 논점에 대한 분석 결과는 위의 특별범죄예방위원제도의 조사결과와 같은데, 이는 위에서 논의한 바와 같이 이 연령대의 원인분석을 하기에 앞서 보호관찰조직의 실무책임을 맡은 연령대에서 이러한 조사결과가 나온 것은 범죄예방위원제도의 근본적인 문제해결이 선행되어야 한다는 판단이다.

 연령별 보호관찰지도에 범죄예방위원 활용에 대한 인식

구분	N	평균	표준편차	F	유의확률
20대	56	2.8750	.78769		
30대	125	2.7760	.86008	3.806	.011
40대	69	2.4928	1.02359		
50대	28	3.1071	.87514		

2) 학력별 보호관찰제도에 대한 인식조사

학력별 보호관찰제도에 대한 인식을 조사하기 위한 조사대상은 위에서 언급한 바대로 고졸 이하에서 대학원졸 이상까지 다양하게 분포하였다. 그런데 아래에서 언급한 척도 외에는 학력별 인식의 차이가 없었다.

(1) 판결전조사의 성인범 확대

법원에 의한 형사사건의 판결 전에 필요한 사항을 조사하는 제도인 판결전조사제도는 현재 소년에 한하여 시행되고 있는데, 이를 성인범까지 확대하는 문제에 대하여 "판결전조사제도를 성인범으로 확대할 필요가 있는가."를 조사하였다.

그리고 이러한 집단 간의 인식의 차이는 95% 신뢰구간에 유의확률 .000으로 유의미한 차이를 나타내었다.

표 52 학력별 판결전조사의 성인범 확대실시에 대한 인식

구분	N	평균	표준편차	F	유의확률
고졸 이하	16	3.4375	.72744		
전문대졸	24	4.0833	.71728	6.402	.000
대졸	213	3.9624	.90517		
대학원졸 이상	23	4.6087	.49901		

이에 대해 〈표 52〉에서와 같이 고졸 이하는 긍정하는 정도가 평균 3.4375로 낮은 반면 대학원졸 이상은 평균 4.6087로 매우 높았다.

고졸 이하의 하급직 실무가들은 판결전조사과정에서 발생할 수 있는 업무의 과중에 대한 우려가 반영된 결과로 보이며, 대학원졸 이상의 경우는 여러 이유가 있겠지만 업무의 확장에 따른 조직의 확대 내지 승격의 효과도 반영된 결과로 보인다.

(2) 촉법/우범소년규정개정

소년법의 개정으로 촉법소년의 연령이 인하되었는데, 조사대상 공무원들은 이러한 개정으로 소년보호업무가 활성화될 것으로 보느냐 하는 것이다. 〈표 53〉에서와 같이 "소년보호업무의 활성화를 위해 촉법소년의 연령인하는 적절한가?"라는 질문에 고졸과 전문대졸의 경우 평균 3.3125와 3.0000으로 낮은 반면, 대졸과 대학원졸 이상의 경우는 평균 3.6603과 3.7273으로 상대적으로 긍정하는 정도가 컸다.

표 53 학력별 촉법소년 연령인하에 대한 인식

구분	N	평균	표준편차	F	유의확률
고졸 이하	16	3.3125	.87321		
전문대졸	23	3.0000	.85280	5.362	.001
대졸	209	3.6603	.81713		
대학원졸 이상	22	3.7273	.70250		

그리고 이러한 집단 간의 인식의 차이는 95% 신뢰구간에 유의확률 .001로 유의미한 차이를 나타내었다.

위의 소년법개정에 따른 적용연령인하의 조사결과에서 보듯, 저연령대나 저학력층에서는 보호관찰업무 중 주로 일선실무에 종사하는 경우가 많을 것이므로 적용대상의 증가로 업무의 가중을 우려한 것으로 판단된다.

다음으로 우범소년의 규정도 개정되었는데, "소년보호업무의 활성화를 위해 바람직한 방향이라고 생각하는가?"에 대해 조사하였다.

표 54 학력별 우범소년규정의 개정에 대한 인식

구분	N	평균	표준편차	F	유의확률
고졸 이하	17	2.9412	.96635		
전문대졸	23	3.2609	.75181	4.915	.002
대졸	210	3.6333	.83799		
대학원졸 이상	22	3.4091	.66613		

〈표 54〉에서와 같이 고졸과 전문대졸의 경우는 평균 2.9412와 3.2609로 낮은 반면, 대졸과 대학원졸 이상의 경우는 평균 3.6333과 3.4091로 상대적으로 긍정하는 정도가 컸다. 그리고 이러한 집단 간의 인식의 차이는 95% 신뢰구간에 유의확률 .002로 유의미한

차이를 나타내었다.

이러한 결과도 위의 촉법소년의 경우와 같이 해석할 수 있다고 하겠다.

(3) 집중보호관찰

보호관찰대상자는 보호관찰관의 지도·감독을 받으며 준수사항을 지키고 스스로 건전한 사회인이 되도록 노력해야 하는 등 의무사항을 법규화하고 있다. 그런데 재범위험성이 높은 대상자들을 특별 관리하는 집중보호관찰프로그램의 필요성에 대한 요구 또한 높다.

따라서 "재범위험성이 높은 대상자들을 특별 관리할 집중보호관찰프로그램이 필요한가?"에 대해 조사한 결과, 고졸 이하의 경우 평균 3.3529로 긍정하는 정도가 낮은 반면, 대학원졸 이상과 전문대졸의 경우는 평균 4.1364와 4.0870으로 높았다.

그리고 이러한 집단 간의 인식의 차이는 95% 신뢰구간에 유의확률 .035로 유의미한 차이를 나타내었다.

표 55 학력별 집중보호관찰프로그램의 필요성에 대한 인식

구분	N	평균	표준편차	F	유의확률
고졸 이하	17	3.3529	1.11474		
전문대졸	23	4.0870	.79275		
대졸	209	3.9282	.91442	2.916	.035
대학원졸 이상	22	4.1364	.71016		

보호관찰프로그램 자체가 범죄자의 사회적응력을 높이고 재범가능성을 줄이려는 목적을 가진다는 점에서 재범방지를 위한 특별보호관찰이라는 것은 적절한 표현이 아닐 수 있다. 보호관찰 자체가

재범방지를 목적으로 하지만 특히 재범의 위험성이 높은 대상자에게는 밀착보호관찰 등 특별관리가 요구된다는 것이다. 이러한 특별관리 집중보호관찰에 대해서 고졸 이하는 주로 보호관찰일선업무 종사자들로서 업무량의 가중을 우려하여 긍정의 정도가 낮은 것으로 판단된다.

(4) 개정된 소년법상의 보호관찰내용

다음은 개정된 소년법의 보호관찰과 관련된 내용으로 학력별로 인식의 차이를 보인 항목들이다. 〈표 56〉에서의 인식의 차이를 보인 항목들에는 소년심리절차에 국선보조인제도신설에 대한 인식, 소년심리절차에 피해자진술권보장에 대한 인식, 사회봉사/수강명령 부과연령의 하향조정에 대한 인식, 단기보호관찰처분기간의 연장에 대한 인식, 법원의 결정전조사의뢰제도의 성인범도입에 대한 인식 등이 있었다.

첫째, "소년심리절차에서 국선보조인제도 신설(제17조의 2)은 시의적절한가?"라는 질문에 〈표 56〉에서와 같이 고졸 이하는 평균 3.8235로 높은 데 반해 대졸은 평균 3.4123으로 상대적으로 낮았다.

표 56 학력별 소년심리절차에 국선보조인제도신설에 대한 인식

구분	N	평균	표준편차	F	유의확률
고졸 이하	17	3.8235	.63593		
전문대졸	24	3.7917	.58823	4.232	.006
대졸	211	3.4123	.66593		
대학원졸 이상	23	3.6087	.78272		

그리고 이러한 집단 간의 인식의 차이는 95% 신뢰구간에 유의

확률 .006으로 유의미한 차이를 나타내었다.

국선보조인제도의 신설과 관련하여서는 위의 연령별 조사결과 30대가 가장 낮게 나타났는데, 학력별은 대졸이 가장 낮게 나타나 사후 구체적인 분석이 필요하다고 보인다.

둘째, "소년심리절차에 피의자 진술권 보장(제25조의 2)은 시의 적절한가?"라는 질문에 〈표 57〉과 같이 대졸자 집단의 경우 평균 3.5142로 다른 집단에 비해 상대적으로 낮았다. 그리고 이러한 집단 간의 인식의 차이는 95% 신뢰구간에 유의확률 .030으로 유의미한 차이를 나타내었다.

표 57 학력별 소년심리절차에 피해자진술권보장에 대한 인식

구분	N	평균	표준편차	F	유의확률
고졸 이하	17	3.7647	.43724		
전문대졸	24	3.8333	.70196	3.028	.030
대졸	212	3.5142	.67085		
대학원졸 이상	23	3.7826	.67126		

피해자 등의 진술권보장제도는 소년부 판사가 피해자 또는 그 법정대리인·변호인·배우자·직계친족·형제자매(이하 이 조에서 '대리인등'이라 한다)가 의견진술을 신청할 때에는 피해자나 그 대리인등에게 심리 기일에 의견을 진술할 기회를 주는 제도를 말한다. 대졸자집단이 이 제도에 대해 긍정하는 정도가 낮은 것은 동조의 단서에도 언급하고 있듯이 불필요진술 내지 심리절차의 지연 목적으로 악용될 가능성을 우려하기 때문으로 해석된다.

셋째, "사회봉사명령, 수강명령 부과 연령의 하향조정은 시의적

절한가?"라는 질문에 〈표 58〉에서와 같이 대학원졸 이상의 경우는 평균 4.1739로 다른 집단에 비해 긍정하는 정도가 높았다.

그리고 이러한 집단 간의 인식의 차이는 95% 신뢰구간에 유의확률 .002로 유의미한 차이를 나타내었다.

소년법 제32조에서 수강명령은 12세, 사회봉사명령 14세로 적용하한 연령을 하향 조정한 것은 소년법 적용 연령의 하향조정의 취지와 같이 변화하는 소년범죄의 대응책으로 최소한의 제도적 장치를 강구한 것으로 보인다. 이러한 취지를 크게 공감한 집단이 대학원졸 이상 집단으로 보이며, 다른 집단은 이러한 측면보다는 소년 인권침해나 업무과중에 대한 인식이 높은 것으로 판단된다.

표 58 학력별 사회봉사/수강명령 부과연령의 하향조정에 대한 인식

구분	N	평균	표준편차	F	유의확률
고졸 이하	17	3.5882	.93934		
전문대졸	24	3.5000	.97802	5.141	.002
대졸	213	3.4836	.77457		
대학원졸 이상	23	4.1739	.77765		

넷째, "단기보호관찰 기간을 연장한 것은 적절한가?"라는 질문에 〈표 59〉는 고졸 이하의 경우 평균 3.4706으로 긍정의 정도가 낮은 반면, 대학원졸 이상의 집단에서는 평균 4.2174로 높게 나타났다. 그리고 이러한 집단 간의 인식의 차이는 95% 신뢰구간에 유의확률 .014로 유의미한 차이를 나타내었다.

〈표 59〉는 단기보호관찰기간을 1년으로 연장한 것으로 보호관찰의 실효성을 높이기 위한 필요성에서 시행된 취지를 공감하는 입

장이 대학원졸 이상의 집단으로 보이며, 이러한 취지보다는 업무과
중이나 단기보호관찰대상자에 집중된 보호관찰보다는 특별관리 집
중보호관찰대상자에 중점을 두어야 한다는 점을 강조한 입장으로
보인다.

표 59 학력별 단기보호관찰처분기간의 연장에 대한 인식

구분	N	평균	표준편차	F	유의확률
고졸 이하	17	3.4706	.71743		
전문대졸	24	3.7500	.73721	3.627	.014
대졸	213	3.7136	.80544		
대학원졸 이상	23	4.2174	.59974		

다섯째, "보호관찰소에 대한 법원의 결정전조사 의뢰는 소년은
물론 성인에게까지 도입이 필요하다."는 입장에 대해 아래 표와 같
이 고졸 이하는 평균 3.2353으로 낮은 반면, 대학원졸 이상의 경우
는 평균 4.0435로 상대적으로 높았다.

그리고 이러한 집단 간의 인식의 차이는 95% 신뢰구간에 유의
확률 .021로 유의미한 차이를 나타내었다.

〈표 60〉은 학력별로 의 성인범도입에 대한 인식의 차이를 분석
한 내용이다. 즉 법원의 결정전조사의뢰제도란 법원이 심리절차를
거치고 결정에 이르기까지 보호관찰소에 관련 사항을 조사하는 제
도인바 이를 성인범까지 확대하자는 논의다. 재범의 위험성을 차단
하는 차원에서 이 제도의 성인범에로의 확대는 긍정적인 면이 있
지만, 피고인에 대한 예단이나 보호관찰관의 업무과중 등의 부작용
도 병존하는 문제라고 보인다. 전자를 강조한 입장이 대학원졸 이

상의 집단이라면, 후자의 입장을 강하게 표출하는 집단이 고졸 이하라고 보인다.

표 60 학력별 법원의 결정전조사의뢰제도의 성인범도입에 대한 인식

구분	N	평균	표준편차	F	유의확률
고졸 이하	17	3.2353	.90342		
전문대졸	23	3.8696	.81488	3.312	.021
대졸	212	3.6321	.89045		
대학원졸 이상	23	4.0435	.76742		

3) 직급별 보호관찰제도에 대한 인식조사

직급별 보호관찰제도에 대한 인식을 조사하기 위해 조사대상을 위에서 언급한 바대로 9급에서 5급 이상까지 5구분하였다. 그런데 조사한 여러 척도 중 아래에서 언급한 척도 외에는 직급집단별 인식의 차이가 없었다. 직급별로 유의미한 차이를 보인 척도에는 보호관찰조직의 본부급 격상에 대한 인식, 직원보수 및 처우개선에 대한 인식, 새로운 보호관찰운영프로그램의 필요성에 대한 인식, 임상심리사 등 전문가 채용의 필요성에 대한 인식, 전자감독제도의 유익성에 대한 인식, 범죄예방위원회제도의 필요성에 대한 인식 등이다.

(1) 보호관찰조직의 개선

보호관찰조직과 관련한 질문으로 "보호관찰업무의 활성화를 위해 보호관찰조직을 본부급으로 격상시킬 필요가 있다."는 질문에 대하여 〈표 61〉에 나타난 바와 같이 9급, 6급, 5급 이상은 평균 4.1831, 4.0000, 3.9756으로 긍정의 정도가 높은 반면, 7급과 8급의

경우는 평균 3.6275, 3.8364로 상대적으로 낮은 것으로 나타났다.

그리고 이러한 집단 간의 인식의 차이는 95% 신뢰구간에 유의확률 .030으로 유의미한 차이를 나타내었다.

보호관찰조직에서 7급 공무원이 차지하는 위치는 중간관리자로서 보호관찰업무수행의 중책을 맡고 있다고 할 수 있는데, 이들이 조직의 격상에 긍정하는 정도가 타 직급에 비해 낮은 것은 사후 원인분석이 반드시 요구되는 부분이라고 생각된다.

다만 조직의 본부급 격상에 대해 긍정의 정도가 낮은 일반적인 이유는 조직의 확대개편이 보호관찰의 효율적인 업무수행을 좌우한다고 보지 않기 때문이라고 할 수 있다. 즉 조사대상 중간관리자들이 이러한 견해를 취하고 있기 때문으로 판단된다.

표 61 직급별 보호관찰조직의 본부급 격상에 대한 인식

구분	N	평균	표준편차	F	유의확률
9급	71	4.1831	.85038		
8급	55	3.8364	.91820		
7급	51	3.6275	1.03848	2.728	.030
6급	60	4.0000	1.02511		
5급 이상	41	3.9756	.98711		

다음으로 "보호관찰업무의 활성화를 위해 직원보수 및 처우를 개선할 필요가 있다."는 질문에 6급 이하에서는 긍정하는 정도가 평균 4.4 이상으로 매우 높은 반면, 5급 이상의 경우는 3.9268로 낮았다. 특히 9급의 경우는 4.4861로 조사대상 대부분의 '그렇다'와 '매우 그렇다'를 선택한 것을 알 수 있다.

그리고 이러한 집단 간의 인식의 차이는 95% 신뢰구간에 유의

확률 .001로 유의미한 차이를 나타내었다.

5급 이상의 경우는 보호관찰조직에서 관리자급에 속하고 조직이 자신들에게 주는 금전 및 기타 혜택에는 불만이 없다고도 볼 수 있다. 또한 5급 이상에서 낮은 반응을 한 것은 본인을 포함한 부하직원들에게 보수나 처우를 강조하기보다는 조직의 발전과 효율화가 더 중요하다는 점을 강조하기 때문이라고 할 수 있다.

표 62 직급별 직원보수 및 처우개선에 대한 인식

구분	N	평균	표준편차	F	유의확률
9급	72	4.4861	.64988		
8급	55	4.4182	.62925		
7급	52	4.3654	.68682	4.768	.001
6급	61	4.3443	.68032		
5급 이상	41	3.9268	.81824		

(2) 보호관찰제도의 전문화

직급별로 보호관찰제도의 전문화에 대한 인식을 조사하였다. 우선 보호관찰조직 출신의 책임자의 필요성과 전문화를 위한 전문연구인력의 보강 및 부서의 설립 등의 인식에서는 직급별로 유의미한 차이를 나타내지 않았다. 하지만 아래 표에서와 같이 "보호관찰제도의 전문화를 위해 새로운 운영프로그램 개발이 필요한가?"라는 질문에 9급과 5급 이상의 경우는 평균 4.2778, 4.1463으로 긍정하는 정도가 상대적으로 높은 반면, 7급과 6급의 경우는 평균 3.9231, 3.9180으로 낮았다.

그리고 이러한 집단 간의 인식의 차이는 95% 신뢰구간에 유의확률 .041로 유의미한 차이를 나타내었다.

보호관찰조직에서 새로운 프로그램의 개발을 담당하는 주체라고 할 수 있는 직급이 6, 7급이라 할 수 있다. 이들은 보호관찰의 업무수행에 있어 프로그램 자체가 문제라고 보기보다는 실행의 문제라고 여기는 것 같다. 반면 프로그램을 일선에서 수행하고 관리하는 9급과 5급 이상의 경우는 신프로그램의 개발에 대한 필요성을 크게 인식하는 것 같다.

다음으로 "보호관찰업무에서 임상심리사, 사회복지사 등 전문가 채용이 필요하다고 생각하는가?"라는 질문에 전반적으로 긍정의 정도가 낮았다. 〈표 63〉에서와 같이 특히 7급의 경우 평균 3.2115로 낮은 데 반해 5급 이상의 경우는 3.9024로 상대적으로 높았다.

그리고 이러한 집단 간의 인식의 차이는 95% 신뢰구간에 유의확률 .001로 유의미한 차이를 나타내었다.

8, 7, 6급에 긍정의 정도가 낮은 것은 보호관찰업무를 수년간 수행한 관리자급 이하 직원들은 스스로가 보호관찰업무의 전문가라고 인식하고 여타 분야별 전문가의 필요성을 낮게 인식한 것으로 보인다.

표 63 직급별 새로운 보호관찰운영프로그램의 필요성에 대한 인식

구분	N	평균	표준편차	F	유의확률
9급	72	4.2778	.63295		
8급	55	4.0727	.76629		
7급	52	3.9231	.88220	2.448	.041
6급	61	3.9180	.89991		
5급 이상	41	4.1463	.65425		

반면 보호관찰업무수행 경험이 낮은 9급의 경우는 전문적인 분

야에 대한 이해도가 낮음을 직시하여 필요성을 높게 인식한 것으로 판단된다. 또한 관리자급인 5급 이상의 경우는 보호관찰업무 수행과정에서 직면하는 분야별 전문가의 필요성을 높게 인식하였기 때문으로 보인다.

표 64 직급별 임상심리사 등 전문가 채용의 필요성에 대한 인식

구분	N	평균	표준편차	F	유의확률
9급	72	3.6944	.86625		
8급	55	3.2909	1.01238		
7급	52	3.2115	1.09072	4.741	.001
6급	61	3.3279	1.02829		
5급 이상	41	3.9024	.80015		

(3) 전자감독제도

전자감독제도와 관련하여 그 유익성과 확대실시문제[260]에 대해서 조사하였다. 아래 주에서 보듯, 조사대상자들의 전자감시제도의 확대실시에 대해 긍정하는 정도는 높지 않다. 그리고 8급의 평균이 가장 낮고 9급의 평균이 가장 높지만 집단 간의 차이는 없었다.

그런데 직급별 전자감독제도의 유익성의 조사결과는 달랐다.

즉 "전자감독제도의 도입이 보호관찰업무에 도움이 될 것인가?"

---

260) 전자감독제도의 유익성과 확대실시에 대한 직급별 인식표〈전면적 실시조사결과〉

직급	N	평균
9급	71	3.4930
8급	54	3.2037
7급	51	3.3922
6급	60	3.4833
5급 이상	40	3.4250
합계	276	3.4058

라는 질문에 8급의 경우 평균 3.3889로 낮은 데 반해 5급 이상의 경우 3.8500으로 높았다.

그리고 이러한 집단 간의 인식의 차이는 95% 신뢰구간에 유의확률 .041로 유의미한 차이를 나타내었다.

위의 전자감독제도의 확대실시의 조사결과와 같이 8급이 긍정하는 정도가 낮은 것은 같은 결과지만, 확대실시와는 달리 유익성의 경우는 그 인식에 있어 직급별로 차이가 있었다는 점이다.

표 65 직급별 전자감독제도의 유익성에 대한 인식

구분	N	평균	표준편차	F	유의확률
9급	71	3.7465	.88992		
8급	54	3.3889	.76273		
7급	50	3.5600	.90711	2.532	.041
6급	60	3.7833	.90370		
5급 이상	40	3.8500	.73554		

〈표 65〉는 직급별 전자감독제도의 유익성에 대한 인식조사로서 5급 이상의 경우는 극히 재범위험성이 높은 보호관찰대상자에게 전자감시제도는 유익한 제도일 수 있음을 인식한 결과로 보인다.

(4) 범죄예방위원제도

범죄예방위원이란 범죄예방자원봉사위원으로 범죄예방활동을 하고 보호관찰 및 갱생보호사업 지원을 목적으로 법무부장관이 위촉한 위원이다. 범죄예방위원제도는 보호관찰의 지역사회와의 연계차원의 일환으로 운용되는 제도인데, 이번 조사에서는 범죄예방위원 및 특별범죄예방위원의 유익성과 보호관찰소에서 관리하는 범죄예방위원제도의 필요성에 대해서 조사하였다.

그 결과 〈표 66〉에서와 같이 직급별 범죄예방위원제도의 필요성에 대한 분석에서 보호관찰소에서 관리하는 범죄예방위원제도의 필요성에 대한 인식에서 직급별로 차이를 보였다.

즉 "보호관찰소에서 관리하는 범죄예방위원제도가 필요하다고 생각하는가?"라는 질문에 6급 이하의 경우 평균 3.3 정도로 낮은 데 반해, 5급 이상은 3.9756으로 상대적으로 높았다.

그리고 이러한 집단 간의 인식의 차이는 95% 신뢰구간에 유의확률 .002로 유의미한 차이를 나타내었다.

위의 범죄예방위원의 유익성의 조사결과 전체 조사대상자들의 긍정적인 반응이 낮았다는 사실은 이미 언급하였지만, '다른 기관에서 관리하느냐' 아니면 '보호관찰소에서 관리하느냐'에 따라 인식의 차이가 있음을 주목해야 한다. 다시 말한다면 5급 이상 관리자층의 인식은 범죄예방위원을 보호관찰소에서 관리 운용한다면 동 제도가 필요하다는 것을 나타낸다.

표 66 직급별 범죄예방위원제도의 필요성에 대한 인식

구분	N	평균	표준편차	F	유의확률
9급	72	3.3194	1.01851		
8급	55	3.2000	1.02560		
7급	52	3.2500	.88284	4.496	.002
6급	61	3.3279	1.10637		
5급 이상	41	3.9756	.82121		

4) 경력별 보호관찰제도에 대한 의식조사

경력은 직급과 유사할 수 있지만 근무연한을 기준으로 경력의 직급과는 반드시 일치하지 않기 때문에 달리 조사하였다.

경력별 보호관찰제도에 대한 인식을 조사하기 위해서 조사대상을 위에서 언급한 바대로 1년 미만에서 21년 이상까지 5구분하였다. 그런데 조사한 여러 척도 중 아래에서 언급한 척도 외에는 경력집단별 인식의 차이가 없었다. 경력별로 유의미한 차이를 보인 척도에는 직원보수 및 처우개선에 대한 인식, 차량지원 및 장비보완에 대한 인식, 연구인력 보강 및 관련 부서 설립에 대한 인식, 새로운 보호관찰운영프로그램의 필요성에 대한 인식, 임상심리사 등 전문가 채용의 필요성에 대한 인식, 민간섹터와의 업무협조에 대한 인식, 소년법 적용연령 하향조정에 대한 인식, 우범/촉범소년의 연령 하향조정에 대한 인식 등이다.

(1) 보호관찰조직의 개선

〈표 67〉에서와 같이 경력별 보호관찰조직의 개선과 관련하여서는 직원보수 및 처우 개선에 대한 인식과 차량지원 및 장비보완에 대한 인식에 있어 유의미한 차이를 보였다.

우선 "보호관찰업무의 활성화를 위해 직원보수 및 처우를 개선할 필요가 있다."는 생각에 1년 미만 경력자집단은 평균 4.5833으로 긍정하는 정도가 매우 높은 반면, 21년 이상 경력자의 경우는 3.9286으로 상대적으로 낮았다.

그리고 이러한 집단 간의 인식의 차이는 95% 신뢰구간에 유의확률 .002로 유의미한 차이를 나타내었다.

직급별 인식의 차이에서도 언급한 바 있지만, 21년 이상 근무자의 대부분은 조직의 관리자층이며, 이들은 직원의 보수나 처우보다는 업무수행의 효율성 등 다른 요인에 강조하는 입장에 있음을 예상할 수 있다.

다음으로 "보호관찰업무의 활성화를 위해 차량지원 및 장비를 보완할 필요가 있는가?"라는 질문에 1년 미만 경력자 집단은 평균 4.7222로 매우 높은 반면, 21년 이상 경력자의 경우는 평균 4.2500으로 상대적으로 긍정하는 정도가 낮았다.

표 67 경력별 직원보수 및 처우 개선에 대한 인식

구분	N	평균	표준편차	F	유의확률
1년 미만	36	4.5833	.64918		
1~5년 이하	101	4.4257	.63791		
6~10년 이하	61	4.2459	.74511	4.319	.002
11~20년 이하	57	4.2982	.73107		
21년 이상	28	3.9286	.71640		

경력별 차량지원 및 장비보완에 대한 집단 간의 인식의 차이는 〈표 68〉에서 보는 바와 같이 95% 신뢰구간에 유의확률 .036으로 유의미한 차이를 나타내었다.

이러한 결과도 위의 보수와 처우개선의 경우와 유사한 해석이 가능하다고 보인다.

표 68 경력별 차량지원 및 장비보완에 대한 인식

구분	N	평균	표준편차	F	유의확률
1년 미만	36	4.7222	.56625		
1~5년 이하	100	4.5700	.60728		
6~10년 이하	61	4.4918	.62244	2.608	.036
11~20년 이하	57	4.4737	.60075		
21년 이상	28	4.2500	.70053		

(2) 보호관찰제도의 전문화

경력별로 보호관찰제도의 전문화에 대한 인식 차이를 조사하기 위해서 조직 출신의 책임자, 연구인력 보강 및 관련 부서 설립, 새로운 보호관찰운영프로그램의 필요성, 임상심리사 등 전문가 채용의 필요성 등을 조사하였다. 그런데 보호관찰조직 출신 책임자의 필요성을 제외한 모두에서 경력별 인식의 차이를 보였다. 그 인식의 차이는 〈표 69〉와 같다.

첫째, "보호관찰제도의 전문화를 위해 연구인력 보강 및 부서설립이 필요하다."는 의견에 1년 미만 경력자 집단에서는 평균 4.4444로 긍정하는 정도가 매우 높은 반면, 11~20년 이하 경력자 집단에서는 평균 3.9474로 상대적으로 낮았다.

그리고 이러한 집단 간의 인식의 차이는 95% 신뢰구간에 유의확률 .009로 유의미한 차이를 나타내었다.

보호관찰의 전문화를 위해 전문 연구인력을 보강하고 부서를 설립하자는 주장에 11~20년 이하 경력자 집단에서 긍정의 정도가 상대적으로 낮은 것은 사후 구체적인 논의와 연구가 필요하다고 하겠다.

다만 보호관찰업무의 그동안의 경험으로 판단할 때, 새로운 운영프로그램 등에 대한 연구진이나 부서의 신설이 당면한 문제가 아

니라 그동안 개발된 프로그램이라도 제대로 운영/집행하는 것이 중
요하다고 인식하는 것으로 판단된다.

표 69 경력별 연구인력 보강 및 관련 부서 설립에 대한 인식

구분	N	평균	표준편차	F	유의확률
1년 미만	36	4.4444	.73463		
1~5년 이하	101	4.2871	.57161		
6~10년 이하	61	4.2623	.79376	3.464	.009
11~20년 이하	57	3.9474	.87466		
21년 이상	28	4.1071	.56695		

이러한 입장을 재차 확인할 수 있는 결과는 〈표 70〉에서 보는
바와 같이 아래 경력별 새로운 보호관찰운영프로그램의 필요성에
대한 인식의 결과와도 같다고 하겠다.

둘째, "보호관찰제도의 전문화를 위해 새로운 운영프로그램 개발
이 필요하다."는 의견에 21년과 1년 미만의 경력자 집단의 경우 평
균 3.8929와 3.7500으로 높은 반면, 11~20년 이하의 경력자 집단
에서는 평균 3.1404로 낮았다.

그리고 이러한 집단 간의 인식의 차이는 95% 신뢰구간에 유의
확률 .021로 유의미한 차이를 나타내었다.

표 70 경력별 새로운 보호관찰운영프로그램의 필요성에 대한 인식

구분	N	평균	표준편차	F	유의확률
1년 미만	36	3.7500	.80623		
1~5년 이하	101	3.5842	.97229		
6~10년 이하	61	3.2623	.91107	2.941	.021
11~20년 이하	57	3.1404	1.09281		
21년 이상	28	3.8929	.95604		

이러한 결과는 위의 전문화를 위한 연구인력 보강과 부서설립의 결과 논의와 유사한 해석이 가능하다고 하겠다.

셋째, "보호관찰제도의 전문화를 위해서 임상심리사, 사회복지사 등 전문가 채용이 필요하다."는 의견에 대해서 〈표 71〉은 6~10년 이하와 11~20년 이하의 경력자 집단에서는 평균 3.4098과 3.4481로 긍정의 정도가 상대적으로 낮은 반면, 21년 이상의 경우는 3.9743으로 높았다.

그리고 이러한 집단 간의 인식의 차이는 95% 신뢰구간에 유의확률 .001로 유의미한 차이를 나타내었다.

21년 이상 장기 근무한 경력자집단이 분야별 외부전문가 채용을 긍정하는 정도가 높은 것은 보호관찰업무가 당면한 여러 문제들을 실무경력으로 해결할 수 없다는 현실인식과 조직확대와 업무의 증가로 향후 해결과제가 속출할 것이라는 판단이라고 보인다. 다만 6~20년 경력집단에서 전문가 채용에 대한 긍정의 정도가 낮은 것은 자체 업무수행 및 해결능력에 대한 확신이 반영된 결과라 하겠다.

표 71 경력별 임상심리사 등 전문가 채용의 필요성에 대한 인식

구분	N	평균	표준편차	F	유의확률
1년 미만	35	3.6000	.88118		
1~5년 이하	98	3.6735	.75676		
6~10년 이하	61	3.4098	.88274	4.825	.001
11~20년 이하	54	3.4481	.87216		
21년 이상	28	3.9743	.76290		

(3) 보호관찰의 지역사회와의 연계

보호관찰의 지역사회와의 연계실태에 대해서 범죄예방위원제도,

경찰·검찰 등 타 행정기관과의 관계, 학교·지역사회 등 민간섹터와의 관계 등에 대해서 경력별 인식 차이를 조사하였다.

그 결과 학교·지역사회 등 민간섹터와의 관계를 제외하고는 경력별로 인식의 차이가 없는 것으로 나타났다.

"보호관찰업무 가운데 학교·지역사회 등 민간섹터와의 업무협조가 잘되고 있는가?"라는 질문에 〈표 72〉에 나타난 바와 같이 1년 미만과 11~20년 이하 경력자 집단의 경우는 평균 2.7611과 2.7368로 긍정의 정도가 상대적으로 낮은 반면, 1~10년 이하와 21년 이상의 경우는 3.01과 3.1429로 높았다.

그리고 이러한 집단 간의 인식의 차이는 95% 신뢰구간에 유의확률 .031로 유의미한 차이를 나타내었다.

물론 다른 항목의 결과에 비해 긍정의 정도가 전체적으로 낮아 민간섹터와의 업무협조가 잘된다고 볼 수는 없지만, 경력별로 협조 정도에 차이가 엄연한 사실에서 보다 구체적인 후행연구가 필요하다고 하겠다.

표 72 경력별 민간섹터와의 업무협조에 대한 인식

구분	N	평균	표준편차	F	유의확률
1년 미만	36	2.7611	.72320		
1~5년 이하	100	3.0100	.67412		
6~10년 이하	61	3.0164	.56249	2.695	.031
11~20년 이하	57	2.7368	.69504		
21년 이상	28	3.1429	.52453		

(4) 소년법 적용연령 하향조정

개정되어 실시되고 있는 소년법의 내용과 관련하여 보호관찰소장의 통고처분신설 등 20여 요인을 조사하였지만, 경력별로 인식의 차이를 보인 항목은 소년법 적용연령 상한선 하향조정에 대한 인식과 촉범소년 및 우범소년의 연령 하향조정에 대한 인식에 관한 내용은 〈표 73〉과 같다.

첫째, "소년법 작용 연령 상한선 하향조정은 시의적절한가?"라는 질문에 21년 이상 경력자 집단의 경우 평균 4.1071로 긍정의 정도가 높은 반면, 6~10년 이하의 경우는 평균 3.4918로 상대적으로 낮았다.

그리고 이러한 집단 간의 인식의 차이는 95% 신뢰구간에 유의확률 .002로 유의미한 차이를 나타내었다.

표 73 경력별 소년법 적용연령 하향조정에 대한 인식

구분	N	평균	표준편차	F	유의확률
1년 미만	36	3.6389	.72320		
1~5년 이하	100	3.6300	.70861		
6~10년 이하	61	3.4918	.82912	4.279	.002
11~20년 이하	57	3.8596	.63916		
21년 이상	28	4.1071	.56695		

이러한 결과는 아래 문항에서 언급할 촉범소년과 우범소년의 적용연령 하향조정의 결과와도 비슷하다. 또한 위의 연령별 조사결과와도 비슷하다. 소년법적용 연령 상한선 하향조정에 대해 긍정하는 정도가 40, 50대는 평균 3.8824와 4.0000으로 높은 반면 20, 30대는 평균 3.6429와 3.6190으로 상대적으로 낮았다. 즉 경력이 10년 이하인 경우는 주로 20, 30대라고 볼 수 있고 21년 이상인 경우는 대부분 50대라 할 수 있다.

위에서도 언급하였지만, 소년법상의 적용연령 하향조정은 보호관찰대상자의 증대로 인하여 보호관찰업무의 과중문제가 대두될 수 있고 행위능력이 미성숙한 소년에 대한 과잉처우로 인한 인권문제가 대두될 수 있다. 이러한 점을 10년 이하 경력자는 중점적으로 인식한 결과로 보이며, 21년 이상의 경력자는 정신적, 신체적으로 조기에 성숙되는 현대 청소년의 변화와 그에 따른 일탈행위에 대한 어느 정도의 책임을 묵과할 수 없는 측면을 강조한 입장으로 판단된다.

둘째, "촉법소년 및 우범소년의 연령 하향조정은 적합한가?"라는 질문에 대해 6~10년 이하의 경력자 집단의 경우 평균 3.5574로 긍정의 정도가 상대적으로 낮은 반면, 21년 이상의 집단에서는 4.0714로 높았다.

그리고 이러한 집단 간의 인식의 차이는 95% 신뢰구간에 유의확률 .035로 유의미한 차이를 나타내었다.

이러한 결과에 대한 분석은 위의 소년법 적용연령의 상한선 하향조정과 같다고 할 수 있어 생략한다.

표 74 경력별 우범/촉범소년의 연령 하향조정에 대한 인식

구분	N	평균	표준편차	F	유의확률
1년 미만	36	3.6111	.76636		
1~5년 이하	101	3.6327	.71960		
6~10년 이하	61	3.5574	.86650	2.632	.035
11~20년 이하	57	3.7895	.70043		
21년 이상	28	4.0714	.53945		

5) 근무 분야별 보호관찰제도에 대한 인식조사

조사대상 보호관찰공무원의 근무여건에 따라 제도개선에 대한

인식을 달리할 수도 있다는 판단에서 조사대상 공무원의 조직 통합 전 근무 분야를 조사하였다. 그리고 이러한 근무 분야의 차이에서 발생할 수 있는 조사항목에 대한 인식의 차이를 분석하였다.

조사결과 〈표 75〉에서 보는 바와 같이 25항목의 척도 중 아래에 해당하는 사항에 대해서만 근무 분야별 인식 차이가 있었다. 즉 보호관찰조직개선과 관련하여 1문항, 전문화와 관련하여 3문항, 판결전조사와 관련하여 3문항, 지역사회와의 연계와 관련하여 1문항, 조직통합과 관련하여 1문항, 소년법 개정과 관련하여 4문항이 그것이다.

표 75 근무 분야별 보호관찰제도에 대한 인식조사

항목	구분	N	평균	표준편차	t	유의확률
보호관찰조직을 본부급으로 격상	보호관찰직	194	4.0876	.90911	4.092	.000
	소년보호직	70	3.5429	1.07253		
보호관찰조직 출신의 책임자필요	보호관찰직	196	4.3367	.70811	4.785	.000
	소년보호직	70	3.8429	.82770		
연구인력보강과 관련 부서 설립	보호관찰직	197	4.2690	.65754	2.558	.011
	소년보호직	70	4.0143	.85961		
신운영프로그램의 개발	보호관찰직	197	4.1777	.71707	4.281	.000
	소년보호직	70	3.7286	.84992		
판결전조사의 성인범 확대실시	보호관찰직	196	4.1173	.80480	3.855	.000
	소년보호직	70	3.6571	.99106		
판결전조사를 위한 전문인력 확보	보호관찰직	197	4.0812	.69510	3.001	.001
	소년보호직	70	3.7571	.96962		
판결전조사를 위한 예산/장비의 확보	보호관찰직	196	4.1020	.74407	3.714	.000
	소년보호직	70	3.6857	.95618		
타 부처의 업무협조가 잘됨	보호관찰직	197	2.9442	.65616	-2.096	.037
	소년보호직	70	3.1429	.74767		

항목	구분	N	평균	표준편차	t	유의확률
직렬통합 이후의 보호관찰제도의 발전	보호관찰직	191	2.9686	.78744	4.819	.000
	소년보호직	70	3.5000	.79400		
독립처분으로 사회봉사/수강명령제도의 도입	보호관찰직	196	3.7500	.87340	- 2.056	.041
	소년보호직	71	3.9859	.68646		
단기보호관찰처분의 기간연장	보호관찰직	196	3.8061	.75322	2.369	.019
	소년보호직	71	3.5493	.85838		
소년법개정에 따른 조직확대의 필요	보호관찰직	196	4.0255	.83166	2.915	.004
	소년보호직	71	3.6761	.95281		
비행예방정책 관련 규정의 신설	보호관찰직	195	3.3487	.68997	2.253	.025
	소년보호직	71	3.5775	.74712		

(1) 보호관찰조직의 개선

보호관찰조직의 개선과 관련하여 조직의 확대증설, 일선직원의 확충, 직원보수 및 처우개선, 차량지원 및 장비보완 등의 항목을 조사하였지만 근무 분야별로 인식의 차이가 없다고 나타났다.

하지만 〈표 75〉에서와 같이 보호관찰조직을 본부급으로 격상하는 문제에 대해서 보호관찰직은 평균 4.0876으로 긍정하는 정도가 높은 반면, 소년보호직은 3.5429로 상대적으로 낮았다.

그리고 이러한 집단 간의 인식의 차이는 95% 신뢰구간에 유의확률 .000으로 유의미한 차이를 나타내었다.

(2) 보호관찰의 전문화

보호관찰의 전문화를 위해서 4개 문항으로 조사하였는데, 전문가 채용의 필요성을 제외하고 위의 3개의 문항에서 근무 분야별 인식 차이를 나타냈다.

첫째, 보호관찰제도의 전문화를 위해서 보호관찰조직 출신의 책임자가 필요하다는 의견에 대해서 보호관찰직의 경우는 4.3367로 높은 반면, 소년보호직은 3.8429로 낮았다. 그리고 이러한 집단 간의 인식의 차이는 95% 신뢰구간에 유의확률 .000으로 유의미한 차이를 나타내었다.

둘째, 보호관찰제도의 전문화를 위해서 연구인력 보강 및 부서의 설립이 필요하다는 의견에 대해서 보호관찰직의 경우는 4.2690으로 높은 반면, 소년보호직은 4.0143으로 낮았다. 그리고 이러한 집단 간의 인식의 차이는 95% 신뢰구간에 유의확률 .011로 유의미한 차이를 나타내었다.

셋째, 보호관찰제도의 전문화를 위해서 새로운 운영프로그램의 개발이 필요하다는 의견에 대해서 보호관찰직의 경우는 4.1777로 높은 반면, 소년보호직은 3.7286으로 낮았다. 그리고 이러한 집단 간의 인식의 차이는 95% 신뢰구간에 유의확률 .000으로 유의미한 차이를 나타내었다.

(3) 판결전조사

판결전조사와 관련하여 3문항을 조사하였는데, 모두 근무 분야별 인식의 차이가 있었다.

첫째, 판결전조사제도를 성인범으로 확대할 필요가 있다는 의견에 대해서 〈표 75〉와 같이 보호관찰직의 경우는 4.1173으로 높은 반면, 소년보호직은 3.6571로 낮았다. 그리고 이러한 집단 간의 인식의 차이는 95% 신뢰구간에 유의확률 .000으로 유의미한 차이를 나타내었다.

둘째, 판결전조사제도의 활성화를 위해 전문인력 확보가 요구된다는 의견에 대해서 보호관찰직의 경우는 4.0812로 높은 반면, 소년보호직은 3.7571로 낮았다. 그리고 이러한 집단 간의 인식의 차이는 95% 신뢰구간에 유의확률 .000으로 유의미한 차이를 나타내었다.

셋째, 판결전조사제도의 활성화를 위해 예산/장비의 지원이 필요하다는 의견에 대해서 보호관찰직의 경우는 4.1020으로 높은 반면, 소년보호직은 3.6857로 낮았다. 그리고 이러한 집단 간의 인식의 차이는 95% 신뢰구간에 유의확률 .000으로 유의미한 차이를 나타내었다.

(4) 보호관찰과 지역사회 연계

보호관찰과 지역사회 연계와 관련하여 전체 5문항을 조사하였지만 위의 1문항에서 근무 분야별 인식 차이가 있었다.

즉 보호관찰업무 중 경찰, 검찰 등 타 부처와 업무협조가 잘되고 있다는 견해에 소년보호직은 3.1429로 상대적으로 긍정적인 반면, 보호관찰직의 경우는 2.9442로 낮았다. 그리고 이러한 집단 간의 인식의 차이는 95% 신뢰구간에 유의확률 .037로 유의미한 차이를 나타내었다.

(5) 조직통합

조직통합과 관련해서는 직렬통합 전후를 비교하여 조사하였는데, 위의 표에서와 같이 보호관찰의 직렬통합으로 제도의 발전에 대한 인식 차이가 있는 것으로 나타났다. 즉 소년보호직의 경우는 평균 3.5000으로 직렬통합에 다른 긍정적인 효과를 강하게 인식한 반면, 보호관찰직의 경우는 2.9686으로 상당히 부정적인 시각이 많은 것으로 나타났다.

(6) 소년법 개정

위에서 언급한 바와 같이 소년법 개정에 따른 조사대상 문항은 20문항인데, 근무 분야별 인식의 차이를 보인 문항은 4문항이었다.

첫째, 소년법개정으로 독립처분으로 수강명령과 사회봉사명령제도를 도입한 것은 적절한가에 대해서 소년보호직은 3.9859로 긍정의 정도가 높은 반면, 보호관찰직은 3.7500으로 낮았다. 그리고 이러한 집단 간의 인식의 차이는 95% 신뢰구간에 유의확률 .041로 유의미한 차이를 나타내었다.

둘째, 소년법개정으로 단기보호관찰처분의 기간이 연장되었는데 이것의 적절성을 조사한 결과, 보호관찰직은 3.8061로 긍정의 정도가 높은 반면, 소년보호직은 3.5493으로 낮았다. 그리고 이러한 집단 간의 인식의 차이는 95% 신뢰구간에 유의확률 .019로 유의미한 차이를 나타내었다.

셋째, 소년법개정에 따른 조직확대의 필요성에 대해 조사한 결과, 보호관찰직은 4.0255로 긍정의 정도가 높은 반면, 소년보호직은 3.6761로 낮았다. 그리고 이러한 집단 간의 인식의 차이는 95% 신뢰구간에 유의확률 .004로 유의미한 차이를 나타내었다.

넷째, 소년법개정으로 비행예방정책 관련 규정의 신설에 대해 조사한 결과, 소년보호직은 3.5775로 긍정의 정도가 높은 반면, 보호관찰직은 3.3487로 낮았다. 그리고 이러한 집단 간의 인식의 차이는 95% 신뢰구간에 유의확률 .025로 유의미한 차이를 나타내었다.

3. 상관관계 분석

1) 상관관계의 척도

보호관찰의 활성화 방안에 따른 조직통합 및 전문화 방안의 상관관계를 확인하기 위해서 Pearson상관관계[261] 척도로서 활용할 수 있다.

Pearson상관은 상관관계의 척도로서 Pearson상관 또는 단순상관이라 부른다. 여러 가지 상관계수가 있지만 일반적으로 상관계수라 하면 Pearson상관계수를 뜻한다.

두 변수 간 모집단분포에서 상관계수($\sqrt{}$)가 취하는 범위는 −1.0에서 +1.0 사이에 있게 된다.

그리고 상관계수 $\sqrt{}$가 $-1.0 \langle \sqrt{} \langle 0$의 범위에 있을 때는 '음상관'이라고 하고 $0 \langle \sqrt{} \langle +1.0$의 범위이면 '양상관'이라 한다. 상관계수가 0이면 '영상관'이라 하며 $|\sqrt{}| = 1.0$이면 '완전상관'이라 한다. Pearson의 상관계수 $\sqrt{}$는 다음과 같이 해석한다.

$0.7 \leq |\sqrt{}| \langle 1.0$: 매우 강한 관련성

$0.4 \leq |\sqrt{}| \langle 0.7$: 상당한 관련성

$0.2 \leq |\sqrt{}| \langle 0.4$: 약간의 관련성

$0 \leq |\sqrt{}| \langle 0.2$: 관련이 없음

---

261) 피어슨 상관 계수(Pearson's product−moment correlation)⇒등간 척도에 의해 측정된 두 변인 간 상관관계의 정도를 측정하는데, 가장 널리 사용되는 방법. r xy＝?xy/$\sqrt{}$?x2* ?y2. x＝개별 x 값들이 x의 평균치로부터 떨어진 편차이다.

이러한 상관계수 확인을 통하여 조직통합에 따라 전문화 방안에 어떠한 영향관계에 있는지 측정할 수 있을 것이다.

2) 상관관계의 분석결과

(1) 보호관찰조직통합 – 활성화 상관관계

보호관찰조직통합과 전문화 및 지역사회 연계 등을 통한 활성화 방안에 대한 상관관계는 〈표 76〉에서 보는 바와 같이 근무지역별로 다소 편차는 있으나 대체적으로 유의한 상관성이 있는 것으로 나타났다.

조직통합 – 전문화의 상관관계 분석을 통하여 상관계수를 지역별로 구분하여 살펴본바, 8급 이하에서는 서울($r = .328$), 부산($r = .313$), 강릉($r = .253$)에서 통계적으로 유의한 상관성이 있는 것으로 나타났으며, 7급 이상의 경우 서울($r = .377$), 부산($r = 435$), 대전 · 천안($r = 407$) 및 강릉($r = .421$)에서 상당히 유의한 상관성이 확인되었다.

또한 조직통합 – 지역사회연계의 상관관계 분석을 통하여 상관계수를 지역별로 구분하여 살펴본바, 8급 이하에서는 부산($r = .355$), 대전 · 천안($r = .295$), 수원($r = .288$) 모두 1% 수준에서 통계적으로 유의한 상관성이 있는 것으로 나타났으며, 7급 이상의 경우 부산($r = .343$), 대전 · 천안($r = .312$), 수원($r = .321$) 및 강릉($r = .255$)에서 유의한 상관성이 확인되었다.

그리고 전문화 – 지역사회연계의 상관관계 분석을 통하여 상관계수를 지역별로 구분하여 살펴본바, 8급 이하에서는 부산($r = .319$), 대전 · 천안($r = .273$) 지역에서 1% 수준에서 통계적으로 유의한 상관성이 있는 것으로 나타났으며, 7급 이상의 경우 부산($r = .377$), 대전・천안(r = .307), 수원(r = .259)에서 유의한 상관성이 확인되었다.

표 76 보호관찰조직통합과 활성화의 상관관계 분석(직급별)

구분		8급 이하			7급 이상		
		조직 통합	전문화 방안	지역사회 연계	조직 통합	전문화 방안	지역사회 연계
서울	조직통합	1.000			1.000		
	전문화	.328	1.000		.377	1.000	
	지역사회연계	.125	.098	1.000	.112	.145	1.000
부산	조직통합	1.000			1.000		
	전문화	.313	1.000		.435	1.000	
	지역사회연계	.355	.319	1.000	.343	.377	1.000
대구	조직통합	1.000			1.000		
	전문화	.137	1.000		.112	1.000	
	지역사회연계	.114	.182	1.000	.098	.138	1.000
대전・ 천안	조직통합	1.000			1.000		
	전문화	.198	1.000		.407	1.000	
	지역사회연계	.295	.273	1.000	.312	.307	1.000
광주	조직통합	1.000			1.000		
	전문화	.190	1.000		.117	1.000	
	지역사회연계	.068	.113	1.000	.142	.135	1.000
인천・ 부천	조직통합	1.000			1.000		
	전문화	.141	1.000		.198	1.000	
	지역사회연계	.138	.014	1.000	.181	.161	1.000
수원	조직통합	1.000			1.000		
	전문화	.141	1.000		.122	1.000	
	지역사회연계	.288	.231	1.000	.321	.259	1.000
강릉	조직통합	1.000			1.000		
	전문화	.253	1.000		.231	1.000	
	지역사회연계	.198	.152	1.000	.255	.177	1.000

(2) 보호관찰조직확대 – 활성화 상관관계

보호관찰조직확대와 보호관찰 및 소년보호의 활성화 방안에 대한 상관관계는 지역별로 다소 편차는 있으나 대체적으로 유의한 상관성이 있는 것으로 나타났다. 특히 과거 보호관찰 직렬에서 근무하던 조사대상자의 경우 조직확대에 따른 보호관찰 전문화 상관성을 높이 인식하고 있다는 점이 특이하였다.

조직확대 – 보호관찰 전문화의 상관관계 분석을 통하여 상관계수를 지역별로 구분하여 살펴본바, 통합 이전 보호관찰 직렬 근무자의 경우 서울(r = .451), 부산(r = .409), 대구(r = .445), 대전(r = .388), 광주(r = .359), 인천(r = .423), 수원(r = .415), 강릉(r = .445) 등 거의 전 지역에서 통계적으로 상당히 유의한 상관성이 있는 것으로 나타났으며, 대전과 광주에서도 유의한 상관성이 있는 것으로 확인되었다. 통합 이전 소년보호직렬 근무자의 경우 서울(r = .371), 부산(r = .353), 대구(r = .389), 대전(r = .311), 광주(r = .352), 인천(r = .319), 수원(r = .341), 강릉(r = .298) 등 거의 전 지역에서 통계적으로 유의한 상관성이 있는 것으로 나타났지만, 보호관찰 직렬 출신보다는 상관성에 대하여 높이 인식하지 않고 있는 것으로 확인되었다.

또한 조직확대 – 소년보호 활성화의 상관관계 분석을 통하여 상관계수를 지역별로 구분하여 살펴본바, 통합 이전 보호관찰 직렬 근무자의 경우 서울(r = .338), 부산(r = .315), 대구(r = .331), 대전(r = .295), 광주(r = .248), 인천(r = .275), 수원(r = .271), 강릉(r = .308) 등 전 지역에서 통계적으로 유의한 상관성이 있는 것으로 나타났다. 통합 이전 소년보호직렬 근무자의 경우 서울(r = .255), 부산(r = .222), 대구(r = .215), 대전(r = .189), 광주(r = .239), 인천(r = .281), 수원(r = .177), 강릉(r = .165) 등 대전·수원·강릉지역을 제외한 거의 전 지역에서 통계적으로 유의한 상관성이 있는 것으로 나타났지만, 보호관찰 직렬 출신보다는 상관성에 대하여 높이 인식하지 않고 있는 것으로 확인되었다.

표 77 보호관찰조직확대와 활성화의 상관관계 분석(통합 이전 근무처별)

구분		보호관찰			소년보호		
		조직 확대	보호관찰 전문화	소년보호 활성화	조직 확대	보호관찰 전문화	소년보호 활성화
서울	조직확대	1.000			1.000		
	보호관찰전문화	.451	1.000		.371	1.000	
	소년보호활성화	.338	.251	1.000	.255	.212	1.000
부산	조직확대	1.000			1.000		
	보호관찰전문화	.409	1.000		.353	1.000	
	소년보호활성화	.315	.255	1.000	.222	.312	1.000
대구	조직확대	1.000			1.000		
	보호관찰전문화	.445	1.000		.389	1.000	
	소년보호활성화	.331	.382	1.000	.215	.201	1.000
대전 · 천안	조직확대	1.000			1.000		
	보호관찰전문화	.388	1.000		.311	1.000	
	소년보호활성화	.295	.301	1.000	.189	.256	1.000
광주	조직확대	1.000			1.000		
	보호관찰전문화	.359	1.000		.352	1.000	
	소년보호활성화	.248	.337	1.000	.239	.159	1.000
인천 · 부천	조직확대	1.000			1.000		
	보호관찰전문화	.423	1.000		.319	1.000	
	소년보호활성화	.275	.289	1.000	.281	.270	1.000
수원	조직확대	1.000			1.000		
	보호관찰전문화	.415	1.000		.341	1.000	
	소년보호활성화	.271	.307	1.000	.177	.213	1.000
강릉	조직확대	1.000			1.000		
	보호관찰전문화	.445	1.000		.298	1.000	
	소년보호활성화	.308	.289	1.000	.165	.235	1.000

4. 요구사항 조사분석

〈표 78〉에서 보는 바와 같이 대상자에 대한 지도방법 등에 전문처우프로그램이 부족하여 이의 개발이 가장 필요하다는 의견을 124명이 제시하였으며 그중 7급 이하가 113명으로 90% 이상임은 직접 대상자를 최일선에서 지도하는 관계에서 나타난, 시급히 해결해야 할 문제점이 아닐까 분석된다.

기타 대상자에 대한 지도기법을 수강, 봉사명령 집행은 물론, 죄명 및 죄의 경중별, 정신지체자별, 연령, 성별별로 전담 직원제를 활용하자는 요구와 전문가 양성 및 유형별 관리를 하자는 안과 일회성 프로그램을 지양하고 소단위별 전문처우프로그램을 메뉴얼화하자는 내용이었다.

두 번째 문제 해결 요구는 113명으로 업무에 연결되는 유관 기관 간(검찰, 법원, 학교 및 보호자 등)에 업무처리와 연계하여 발생하는 의사소통의 문제이다. 이는 7급 이하가 대상자의 구인·유치 업무와 관련하여 빈번히 접촉하는 관계로 검찰 단계에서는 구인·유치 시 비협조적 태도와 신속하지 못한 업무처리 문제, 그리고 담당 판사의 온정적 자세, 학교 관계에서 상담 시에 나타날 수 있는 교사의 멘토로서의 적극성 부족 등이 범죄에 대한 낙인의 효과만이 부각될 수 있을 거라는 의견을 제시하였다.

기타 의견으로는 보호관찰 시 인원부족에 대해 61명이 문제점을 제기했는데 7급 이하가 47명으로 전담 담당 하위직군이 업무과중을 표현한 것으로 보이며, 기타 관찰구역광역화를 비롯하여, 승진적체, 업무의 질적 수준향상 등과 업무에 대한 전문성 제고를 위한 내용이 나타난 것으로 분석된다. 또한 발전적인 보호관찰 방안으로 대상자에 대한 지도감독에 대한 담당직원을 소년과 성인을 분리하여 지도하는 시스템의 요구가 특이하다 할 수 있는데 이는 앞으로의 보호관찰에서 이루어져야 할 숙제로 판단된다.

예상외로 제기된 요구 사항은 관찰소 간 경쟁관계 분석에서의 통계 산정 시에 표면에 나타난 실적 중심과 행사 위주의 계량화된 분석 등 형식적 관리형태가, 점수로 이어질 만한 내용의 업무 중심으로 중점 관리함을 개선하자는 내용을 7급 이하에서 제기한 점이다.

관찰업무에서 중요한 지역사회 인사의 활용 문제로 범방위원 활성화 건에 대해서는 봉사자로서의 역할인식 부족의 문제와, 대상자의 상담 자세에서의 적극성이 부족하고 형식적인 지도와 의례적 만남이라는 의견을 제시하였으며 소수이긴 하나 소년만을 자원봉사자들이 전담 지도하도록 하자는 방안도 제시되었다.

보호관찰이 종료된 후에도 실질적 원호활동이 계속되도록, 환경개선활동이나 취업알선 및 계속적 추수지도 등의 업무 개선에 대해서도 35명이 의견을 제시하였으며, 소 내 과별 인사는 물론, 보호관찰직 전체에 대한 잦은 인사로 지역에 대한 빠른 적응활동이 어려워 멘토적 계속활동이 어렵다는 의견이 43명이었다.

7급 이하에서 전문교육(법률지식, 지도방법, 전담별 전문성 제고 등)의 필요성을 33명이 제기하여 자기계발을 통하여 전문성을 강화하자는 내용과, 차량은 물론, 연락할 수 있는 업무용 전화기 지급과 내비게이션, 위치추적 장비 등도 요구하였다.

기타 많은 문제점 요구는 아니나 특이한 문제 제기로서는 교육 장소의 문제로, 특히 수강 집행 시에 또래 만남의 장으로 활용될

우려와 불량소년들과 접촉하여 재범의 기회로 악용할 수 있다는
우려도 대상자를 직접 담당하는 보호관찰 전담하위직군에서 제기
되었다는 점이다.

표 78 보호관찰공무원의 애로 및 해결요구사항

내 용	직급	빈도	합계
보호관찰인원부족	7급 이하	47	61
	6급 이상	14	
기관/학교/보호자 간 의사소통 및 연계미흡	7급 이하	82	113
	6급 이상	31	
형식적 인사관리	7급 이하	22	32
	6급 이상	10	
범죄예방위원제도의 형식화	7급 이하	12	24
	6급 이상	12	
전문처우프로그램의 부족	7급 이하	113	124
	6급 이상	11	
실질적 원호활동, 환경개선 취업알선, 계속적 추수지도 등 업무 개선에 대한 요구	7급 이하	25	35
	6급 이상	8	
잦은 인사이동의 문제	7급 이하	35	43
	6급 이상	8	
직원 전문교육의 필요	7급 이하	33	47
	6급 이상	14	
차량 및 장비부족	7급 이하	33	38
	6급 이상	5	
교육장소의 문제와 교육 시 친화적 문제	7급 이하	15	21
	6급 이상	6	

제4절 요약 및 논의

보호관찰 및 소년보호의 직렬통합으로 인한 개선책과 앞으로의
발전방안은 보호관찰조직이 계속해서 풀어나가야 할 숙제이자 도

전과제이다. 이 연구에서 확인할 수 있었던 일선 보호관찰 공무원들의 목소리는 대체적으로 보호관찰업무의 활성화와 전문화를 강화할 수 있는 방안에 더 많은 관심을 나타내고 있는 것으로 평가되었다.

특히 여전히 차량지원이나 장비보완이 가장 시급히 해결해야 할 선결문제이며, 그에 따른 예산 및 인력의 증원문제 또한 보호관찰제도의 정책입안자들의 우선적으로 보완해야 할 개선방안들일 것이다.

최근 소년법 개정 등으로 각종 소년보호 업무들이 전문화하고 있는 점도 주목해야 할 사안이라 하겠다. 더 나아가 판결전조사제도를 성인범으로 확대하는 문제와 집중보호관찰프로그램의 도입에 대한 보호관찰 일선 공무원들의 공감대가 많이 형성되어 있다는 점을 비추어 볼 때, 앞으로도 계속적인 연구를 통하여 관련 제도를 수정해 나가야 할 것으로 보인다.

지역사회 연계활동에서 현행 범죄예방위원제도의 개선안에 대해서도 새로운 시각에서의 접근이 필요할 것이다. 현행 보호관찰업무에서 지역사회와의 업무협조 및 범죄예방위원 관리제도가 부족한 실정에서 좀 더 효과적인 범죄예방위원제도로 발전시켜 나가야 할 것이다.

제5장 보호관찰제도의 문제점 및 활성화 방안

제1절 보호관찰제도의 문제점

1. 이념 혼란의 문제

보호관찰은 그 제도는 '형사사법적'(on Criminal Justice System's)이나 방법은 '사회사업적'(Casework)이라고 일컬어진다. 실제로 사회사업의 다양한 이론과 기법을 활용하게 되고, 대상자에 대한 접촉과 면담을 주된 수단으로 하며, 인간적인 측면을 지나치게 강조하는 실무자도 많이 있다.

그러나 보호관찰은 일반사회인이 아닌, 죄를 범한 자를 그 대상으로 한다. 법원의 유죄판결을 받은 이상 누구나 재판의 집행에 따라야 하는바, 이는 구금형과 보호관찰을 불문한다는 점이다. 이러한 점에서 본다면 형벌은 일반예방·특별예방이라는 형사정책적 고려에서뿐만 아니라, 먼저 범죄자의 책임에 상응한 대가를 치르게 한다는 응보적 사상이 그 이면에 내재되어 있다. 동일한 범죄를 저지르고도 어떤 사람은 교도소로 가고 어떤 사람은 보호관찰부집행유예 등으로 풀려난다. 다만 보호관찰로 풀려난 사람은 그 장소만

사회에 있을 따름이지 엄연히 자유형에 버금가는 형벌의 집행을 받고 있는 중인 것이다.

이러한 부문에서 이념의 혼란 문제가 제기되는데 '처벌적 보호관찰관'은 대상자에 대한 처벌을 중시하여 강한 통제를 통하여 지도하게 되는 반면, '복지적 보호관찰관'은 사회복귀만을 중시하여 따뜻하게 도와주려고 할 것이다.

따라서 이 두 가지를 모두 가질 수 있다면 좋겠으나, 인간의 마음에 두 가지 상반되는 정서를 대등한 비율로 공존시키며 사람을 대한다는 것은 神이 아닌 이상 불가능한 요구이기 때문이다.

지금까지 세계적인 경험에 비추어 보호관찰이 안고 있는 가장 큰 문제 중의 하나가 보호관찰관의 역할갈등이다. 이는 보호관찰이 '보호'라는 사회사업적 기능과 '관찰'이라는 법집행적·경찰적 기능이라고 하는 아주 상반된 기능을 동시에 수행하도록 요구받고 있는 데서 기인한다. 그러나 문제는 이 두 가지 역할이 같은 사람에 의해서 동시에 수행될 수 없다는 사실이다. 더욱이 우리나라는 보호관찰도입 당시 형법(1997)이 아닌 소년법(1989)에 '보호처분'의 명칭으로 도입하였는바, 개정형법에 형사처분으로서의 보호관찰이 도입된 지 11년째에 이르는 지금까지도 일부의 경찰, 검찰, 법원 등 관계자는 물론 일반사회인들도 보호관찰은 소년법만이 받고 있다거나, 보호처분이라고 인식하는 사람들이 있어 더욱 혼란을 부추긴다는 점이다.

이번 연구조사에서 확인된 바와 같이 조직통합-전문화의 상관관계 분석, 조직통합-지역사회연계의 상관관계 분석, 전문화-지역사회연계의 상관관계 분석에서 대체적으로 서울(r = .328), 부산(r

= .355) 등 대도시지역에서 유의한 상관성을 인식하고 있는 반면, 강릉(r = .152), 수원(r = .177) 등에서 상관성을 낮게 인식하고 있었는데, 이는 여전히 조직 내에서도 직급이나 지역에 따라 보호관찰제도에 관한 이념혼란의 문제가 존재하고 있다는 사실을 증명하고 있다.

실무에서도 수많은 성인범(형사처분)과 소년범(보호처분, 형사처분)을 같은 관찰관이 한방에서 함께 다루고 있어, 보호관찰제도의 정체성은 물론 자기의 정체성마저도 혼돈을 가져와, 잘 모르는 채 살아가는 것은 아닌가 하는 착각에 빠질 우려가 있다는 점이다.

2. 보호관찰국의 미독립

현재 보호관찰조직은 범죄예방정책국(구보호국) 소속으로 되어 있다. 이는 과거 보호관찰이 비행소년에 대한 보호처분으로서 제한적으로만 시행되던 소년법 체제를 따른 것으로 보인다. 그러나 1997년 형법개정에 따라 현재 보호관찰은 성인형사범에게 보호처분이 아닌 '형사처분'으로서 확대 실시되었다. 뿐만 아니라 사회봉사명령, 수강명령, 집중보호관찰 등 일반보호관찰에 비해 처벌적 색채가 짙은 중간형벌(Intermediate Punishment)도 시행되고 있다. 따라서 현재와 같이 '보호'라는 이념하에서는 보호관찰의 상반되는 두 가지 이념을 충실히 실현하는 데 걸림돌이 많다. 결국 기존의 '보호국' 체제는 현 보호관찰조직과는 상이하며, 또한 정상적으로 운영할 수 있는 힘과 정당성을 상실해 가고 있다고 본다. 따라서 가칭, 보호청이나 범죄예방정책청, 보호본부 형태까지도 연구해 보아야 할 단계라고 본다.

또한 국장(구보호국장)의 방침에 따라 달라질 수 있는데 소년보호에 가까운 경우, 소년원 시설에로 정책의 관심과 이목이 집중되어, 국장 재직기간 동안은 보호국이 소년보호국인 것과 같은 인상을 준다. 이는 본부 보호국장의 빈번한 인사이동으로 구심점이 없는 상황에서 보호관찰의 독자적인 정책추진에 장애가 된다. 하나의 국에 직렬이 다르고 인사상 교류도 없는 다른 성격의 두 개 조직이 운영되다 보니, 국 차원에서 추진력을 발휘해야 할 때 어려움을 겪게 되기 때문이다.

실시한 조사분석에서도 보호관찰조직을 본부급으로 격상해야 하며, 지청단위까지 세부조직을 정비하는 일, 이에 따른 인력·보수·장비를 보완하는 일이 보호관찰활동을 활성화하는 최우선 과제로 확인되었다.

표 79 보호관찰업무 활성화 방안 조사분석결과(N = 272)

활성화 방안	본부급 격상	지청단위 확대	인력·보수·차량 보완(평균)
평점	3.92	4.07	4.37

이러한 점을 구체적으로 적시한다면, 요컨대 보호관찰의 이념과 성격이 현 보호국 체제와는 맞지 않는다는 점, 이로 인하여 정책추진상의 장애가 지속되고 있다는 점, 실무상 보호관찰의 업무영역이 과거 소년법에 한정된 단순보호기능에서 벗어나 선진기법인 집중보호관찰, 사회봉사명령, 수강명령, 판결전조사, 가석방·가퇴원 등으로 확대되어 이를 전문적으로 개발·관리할 국 단위의 중앙조직이 필요하다는 점에서 '보호관찰국'의 독립이 절실하다. 이러한 실

정에 비추어 보면 교정국의 경우 연 5만여 명의 수형자를 관리하며 교정본부를 설치하여 관리하고 있으나 범죄예방정책국(구보호국)의 보호관찰소의 경우 연평균 15만여 명에 대한 보호관찰대상자를 관리하며 지도하고 감독할 책임이 있으며 대상자의 재범방지를 위한 원호활동에까지 책임을 지지 않을 수 없기 때문이다.

3. 조직의 독립성 취약

1989년 보호관찰법이 시행된 이후 보호관찰제도는 짧은 기간 동안 많은 발전을 보이고 있으며, 이는 형사정책, 특히 교정과 관련하여 사회적 인식을 전환하는 데에도 기여를 하였다. 그 결과로 오늘날 보호관찰제도가 '형사정책의 꽃'[262]이라고 일컬어지기도 하지만, 보호관찰의 실상은 여전히 우리나라 형사사법제도 가운데 가장 낙후된 영역이며, 개선을 향한 인식과 토대마저도 부족한 실정이다.

따라서 이러한 점을 감한할 때 보호관찰의 낙후성은 보호관찰 자체의 문제가 아닌, 우리나라 전 형사사법체계의 결함이라 생각할 수 있다. 즉 범죄문제를 효과적으로 풀어 나가고자 창안된 제도가 판결전조사단계, 보호관찰단계, 가석방단계 등에서 제 기능을 발휘할 수 없다면, 기대했던 효과를 달성하기는 어려울 것이다. 즉 경찰과 검찰이 막대한 인력과 예산을 들여 수사 및 공소를 제기하고, 법원에서 형의 선고를 하였다고 할지라도 그 이후의 과정이 부실한 상황이라면, 검찰, 경찰 및 법원의 노력은 처벌을 통한 응보와 일반예방으로만 설명될 뿐, 범죄자의 교화개선 등 특별예방이 제대

---

262) 문제민, 보호관찰감독지도, 백산출판사, 2003, 2면.

로 이루어지지 않음으로 인하여 재투입되는 재범자들이 다시금 검찰과 경찰의 몫으로 돌아가는 악순환이 반복될 것이다.

이는 범죄자 개인의 사회복귀 실패라는 차원에서뿐만 아니라, 재범으로 인한 수사기관과 재판기관의 예산 낭비는 물론 사회 안전의 확보라는 관점에서 볼 때 간과해서는 안 되는 문제일 것이다.

그렇다고 보호관찰체제가 정상적으로 정비된다고 하여 곧 범죄문제가 획기적으로 개선되는 것은 아닐 것이나 일국의 형사사법시스템이 갖추어야 할 최소한의 장치를 갖추고 나서 범죄문제에 총체적으로 대응하고, 이에 상응한 책임을 각자에게 묻는 것이 정도라는 관점에서도 보호관찰체제의 정상화는 우리나라 형사사법에 남겨진 피해 갈 수 없는 과제라고 하겠다.

특히 보호관찰조직의 독립성 문제는 반드시 해결하고 넘어가야 할 과제일 것이다. 대부분의 국가에서 범죄예방정책국장(구보호국) 등 고위직을 보호관찰 전문가가 담당하고 있으나,[263] 우리나라는 범죄예방정책국장(구보호국)뿐만 아니라 인사주무과장과 주무과의 고위직책을 모두 검사가 맡고 있다.

수사전문가인 검사에게 사실상 정반대의 기능으로 볼 수 있는 보호관찰에서 요구되는 전문적 능력을 기대하기는 쉽지 않다. 그러므로 현재의 구조로서는 정책입안자들의 전문성의 취약 때문에 보호관찰에 관한 새로운 기법이나 정책의 개발을 기대하기가 어렵다.

보호관찰의 업무는 대상자와 담당자 간에 인간적인 신뢰가 바탕이 되어야 하므로 업무의 성격상 일선담당자뿐만 아니라 정책입안자들에게도 지속성과 안정성이 필요함에도 불구하고 검찰의 한 부

---

263) 다만 일본에서는 보호국장과 총무과장을 검사가 맡고 있다.

서와 같이 되어 있는 현재의 입장에서는 검찰의 잦은 정기적 인사이동으로 인하여 국장이나 보호관찰과장의 교체가 너무 빈번하여 업무의 파악도 하기 전에 교체되는 수[264]가 많았다. 다만 다행스러운 것은 이번 직렬통합으로 보호관찰과장은 일반직화되었다.

정리하면 앞으로 보호관찰업무의 전문성과 독립성을 위해서는 직렬통합을 계기로 조직의 확충 및 내부인사의 보호국장 선임 등의 후속 조치가 뒤따라할 것이다.

4. 보호관찰기구의 미약

법무부를 구성하고 있는 4개국은 업무영역에 있어 각기 특성이 있어 전문성이 요청된다. 법무부의 중요 업무가 범죄인의 수사·소추와 행형인 것은 사실이나, 시대적 요청에 의해 설치된 보호관찰소는 전통적 업무와는 방법상으로 다른 점이 많아 별도의 전문성이 필요하다. 검찰의 업무는 성격상 피의자 등에게 우월적 입장에서 수행되고 있으나 보호관찰업무는 대상자나 제도의 취지상 보호적·원호적 입장에서 수행되어야 하는 것으로 접근 방법이 다른 것이다.

그러므로 보호관찰업무는 그 고유성이 존중되어 정책의 입안이 되어야 하고, 집행의 과정에서도 상담자나 협력자로서의 전문성이 필요한 것이다. 보호관찰업무가 성공하기 위해서는 그 특성이 존중되는 바탕 위에서 구체적·현실적으로 실시되어야 한다. 즉 보호관찰은 업무의 성격상 관료적·행정적인 바탕이나 기량보다는 협력

---

264) 1989년 3월 이후 현재까지 14년간 모두 18명의 범죄예방정책국장(구보호국장)이 역임하였는데 평균 재임기간이 7개월로 되어 있다. 18명 중 1년을 경과한 경우는 6명에 불과하고 5개월 이하도 4명이나 된다. 주무과장인 관찰과장의 재임기간도 평균 13개월에 불과하다.

자·보호자의 입장에서 상담과 교육적 방법이 적용되어야 하기 때문에 보호관찰직 공무원의 임용과정에서나 임용후의 연수교육을 통해서도 이와 같은 기량을 강조하고 있다. 보호관찰업무에 필요한 이와 같은 자질은 일선 보호관찰 실무담당자에게만 필요한 것이 아니고 정책의 수립이나 개발을 담당하는 이들에게도 요구된다. 그런데도 현재 보호관찰제도에 관한 최고의 정책은 보호관찰전문직이 아닌 검찰에 의해 수행되고 있는 것이 문제인 것이다.

또한 담당과장의 빈번한 인사이동으로 인하여, 새로운 정책의 개발은 고사하고 정책의 일관성이나 지속성·책임성조차 기대하기 어려운 실정이었다. 이에 비해 일반직이 맡고 있는 같은 국내의 소년과장 등의 평균 재직기간이 24개월에서 39개월로 안정성을 유지하고 있는 것과는 대조적이었다. 현재도 보호국의 선임과로 보호행정에 관한 정책을 입안하는 사회보호정책과와 범죄예방기획과는 검찰과 관련된 업무가 극히 일부분에 불과한데도 구성원의 대부분이 검사와 검찰사무직으로 되어 있어 전문성이 요구되는 보호관찰정책의 수립과 추진에 어려움이 많다.

보호관찰 최고의 정책 및 집행기관인 국장이나 과장의 진퇴가 보호관찰 정책의 수행능력이나 평가, 보호관찰업무의 성공적 수행 여부와 관계없이 검찰 내부의 사정에 의해 이루어지고 있어 이들이 업무에 대한 전문성을 파악하거나 업무에 대한 다면적 평가가 불가능한 실정일 뿐만 아니라 보호관찰조직의 경직성 때문에 일선 업무담당자 의견이 원활하게 정책에 반영되지 못하고, 무엇보다도 정책입안자와 실무자 간에 인간관계의 원만한 형성이 어려울 것이 예견된다.

보호관찰제도의 유용성은 학계에서 인정하고 있을 뿐만 아니라 대상자의 재범률 저하 등 현실적인 면에서의 긍정적인 결과 때문에 입법을 통해 이 제도의 활용 범위가 증가되고 있는 추세에 있다.

ⅰ) 가정폭력범죄의 처벌 등에 관한 특례법이 가정폭력사범을 보호처분에 부쳐 보호관찰이나 사회봉사·수강명령으로 처분하도록 한 것이나 ⅱ) 여성단체의 주도로 입법이 추진되고 있는 가칭 '성매매방지에 관한 법률'[265]에서 성매매·매수·영업자에 대하여 보호처분으로서 보호관찰처분을 과할 수 있도록 규정하고 있는 것이나, ⅲ) 2000년 '청소년 성보호에 관한 법률'의 제정으로 윤락행위 상대방 청소년에 대한 소년법상 보호처분을 부과할 수 있다.

위와 같은 입법과정이 보호관찰조직이나 보호관찰 담당 공무원의 참여가 배제되거나 극히 제한된 상태에서 비전문가인 타 기관의 주도로 이루어지고 있는데 이는 보호관찰 담당기관이 자체적으로 보호관찰제도의 활용여지를 개발함으로써 선진적 형사정책을 선도하여 형사정책적 기능을 높일 수 있도록 역량을 발휘할 수 있는 기회를 봉쇄하는 결과가 된다.

5. 인사제도, 장비보완 및 직원의 정예화와 관련된 문제점

1) 인사관리제도

현재 보호관찰직 승진제도는 인력구조상 특수성으로 사무관까지는 거의 자동 승진되어 평가시험 없이 운용되고 있다. 이는 6급 이하 하위직공무원의 인사적체해소 차원에서는 긍정적 측면도 가지나, 자동승진제도가 업무전문성과 효과성에 미치는 영향이라는 측

---

265) 보호관찰 6개월 이내와 처분 변경 시는 최대 1년 이내, 사회봉사 100시간 이내, 수강명령 100시간 이내로 한다.

면에서는 큰 문제점을 가지고 있는 부분이다.

현 승진제도는 시간만 지나면 누구나 사무관으로 승진한다는 안이한 생각을 가지게 하여 능력개발을 저해하고 업무의 전문성에 대한 개발이 부족하며, 자질이 부족한 직원이 계속적으로 승진하는 경우에는 조직 전체의 능력저하를 가져옴은 물론, 크게는 조직발전을 저해하는 원인을 제공하게 되는 문제를 초래할 우려가 크다. 이에 대한 과감한 정책결정이 요구된다.

최근에 소년 역시도 인권의 주체로 이해하여 청소년의 권리를 적극적으로 보장하는 적극적인 사회구성으로 파악하고 있다.[266) 청소년기본법 제49조에 따라 제정된 청소년복지지원법 역시도 청소년의 인권보장과 복지향상을 위한 참여와 자율성의 보장을 규정하고 있는데 특히 보호관찰업무와 소년보호 업무가 통합되면서 청소년 비행 등 범죄예방 및 사회복지적 차원의 해결책 마련이 요구됨에 따라 인사관리시스템을 공무원조직에만 국한시키지 말고 민간섹터로까지 확대할 필요가 있다. 실제로 법무부는 청소년비행예방을 위한 국가의 조기개입 정책의 일환으로 2007년 7월 전국 6개 지역 소년원과 소년분류심사원의 기능을 전환해 대안교육센터로 청소년비행예방센터를 설치하였다. 이들 센터는 교육·심리·사회복지전문가가 배치돼 일반학교 부적응학생이나 학교폭력 가해자 및 보호자를 상대로 비행예방을 교육하고 있는바,[267) 이러한 청소

---

266) 심재무, 앞의 논문, 595면.

267) 법무부는 2007년 청소년비행예방센터 교육프로그램 운영결과 교육이수자의 재비행률이 2.5% 정도에 불과했으며, 91%는 교육 이후 학교 또는 직장에서 규칙적인 생활을 하는 등 높은 사회적응 성공률을 기록했다고 밝혔다. 또한 청소년들의 눈높이에 맞춰 청소년비행예방센터가 실시하고 있는 장애체험·생활도예 같은 체험형 프로그램 덕분에 교육생들의 교육만족도가 일반학교에서의 교육만족도(2006년 교육인적자원부 조사결과 중학생은 52점, 고등

년비행예방센터에서는 다양한 민간섹터의 외부전문가들을 활용하여 인사상 혜택을 제공하고 있다.

현재 대략 보호관찰소 1개소가 10개 이상의 시·군을 관할하고 있는바, 보호관찰활동이 1997년부터 성인범으로 확대 적용되었다는 점을 감안한다면 업무량의 폭주로 인해 정상적인 보호관찰업무가 수행되기 어려우며, 형식적인 행정절차로만 끝나기 쉬운 상황이라고 판단된다.

특히 원거리 대상자의 경우 보호관찰소를 방문하거나 보호관찰관이 대상자를 방문하여 지도·감독 및 원호의 역할을 수행하기에는 정신적·물질적 어려움이 수반되며, 비록 범죄예방자원봉사위원 등의 봉사인력이 있다고는 하지만, 이들의 활동이 전문적이거나 적극적이지 못한 형편이어서 현실적으로 보호관찰활동의 효율성을 기대하기 어렵다.

따라서 보호관찰업무의 정상화를 위해서는 보호관찰기구의 증축을 통해 관할구역의 범위를 축소함으로써 체계적이고 효율적인 활동이 이루어지도록 하는 방안이 마련되어야 하겠다.

한편 현행 보호관찰제도의 가장 시급한 문제로서 업무량 폭주에 따른 직원 부족현상에 있는데,[268][269] 타 부서와는 달리 중간 관리

학생은 48.6점)보다 약 1.5배 정도 높은 77.1점으로 조사됐다. http://www.lawtimes.co.kr 법률신문 2008년 2월 16일자.

268) 미국·영국 등 선진국의 경우 보호관찰 직원 1인당 43명을 담당하고 있는 반면, 우리나라는 보호관찰 직원 1인당 171명의 보호관찰대상자를 지도·감독하고 있다(외국의 보호관찰제도 현황, 법무부 법무연수원, 2007).

269) "보호관찰대상자 17배 증가에 인력은 고작 2배 늘어" 기사 중 현재 14만여 명의 보호관찰대상자를 제대로 관리하기 위해서는 담당 직원 1천3백 명의 증원이 필요하다며 "보호관찰제도의 부실화는 국가 형벌권이 약화로 비치고 구금시설에 수용되는 범죄자 수를 증가시킬 우려마저 있다."고 경고했다(2003년 6월 5일 제3176호 법률신문).

층이 많은 기현상의 인사구조를 이루고 있어 현실적으로 보호관찰 업무를 보조할 하위직 공무원의 증원도 절실한 실정이다.

여기에 보호관찰관의 채용에 있어서도 매년 2~3명을 선발하는 행정고시 출신의 보호관찰관와 일부 보호관찰관을 비롯한 기존의 직원은 개청 당시 법무부 산하 교정·보도 및 출입국관리직 출신의 비전문가 공무원이 상당수 차지하고 있어 전문화 및 정예화가 요구되는 이 제도의 저해요인으로 작용할 수 있다는 점도 우려된다 하겠다.

특히 공무원의 경우 선발과 임용에 있어서 임용대상자가 담당할 직무의 내용, 수준, 역할에 대한 깊이 있는 분석과 이에 따라 자질을 선별하고 판단할 수 있는 임용기준[270]이 마련되지 않은 채, 일률적으로 일반공무원 채용방식의 전직 및 신규채용의 형태가 적용되고 있는 실정이어서 임용대상자의 학력, 전공 분야, 경력이 적절히 배려되지 못하고 있다.

일본의 경우 보호업무를 담당하고 있는 법무성 내에서 2006년 기준으로 연간 590여 명이 학력, 전공 분야, 경력 등의 인사기록을 평가하여 검찰, 교정, 보호, 출입국관리 등 기관으로 이관하여 업무를 담당하고 있다.[271] 또한 지방갱생보호위원회, 갱생보호여성회, BBS회 등 민간섹터의 협력기관과도 활발한 인적 교류와 합동 교육훈련을 실시하고 있다.[272] 따라서 우리나라도 신규채용 등에 관해서는 임용대상자에 대한 형평성 차원에서 일률적인 기준을 제시하

---

270) 보호관찰관의 자격요건 및 임용기준에 대해 현행법상은 이를 별도로 규정하지 않고 있으며, 단지 형사정책학, 행정학, 범죄학, 교육학, 심리학 등의 전문적 지식을 갖춘 자(보호관찰등에관한법률 제16조)라고 막연히 규정하고 있을 뿐이다.

271) 日本 法務省, 法務年鑑, 2006, 49面.

272) 日本 法務省, 法務年鑑, 2006, 254~255面.

되, 전직이나 파견근무에 있어서도 학력, 전공 분야, 경력 등을 객관적으로 평가하여 활발한 인적 교류가 필요할 것으로 생각된다.

2) 장비보완의 문제

보호관찰관의 주 업무인 대상자 거주지 방문지도, 구치소 등에의 판결전조사, (긴급)구인·유치 등 일상적으로 반복되는 출장업무를 위해서는 보호관찰관실이나 팀당 1대의 차량이 지급되는 것이 원칙이다. 한 소에 수명 내지 수십 명의 보호관찰관(각 팀 팀장)이 활용하기에 턱없이 부족한 실정으로 장비보완의 문제를 해결함이 시급한 실정이다.

현재 보호관찰소에서 실시하고 있는 사회봉사명령순회감독시스템을 발전시켜 재범의 위험성이 높은 대상자를 2인이 팀을 이루어 주거지나 생활근거지를 불시 방문하여 재범방지를 위해 관리 감독하는 집중보호관찰이 논의되는 데 있어서 이러한 차량 및 장비의 지원은 현장실무자들에게는 필수적으로 선행되어야 할 과제인 것이다.

3) 직원의 정예화 및 장비 보완

특히 전문지식을 겸비해야 하는 보호관찰관의 경우, 법적 지식이 부족하거나 다양한 처우기법에 대한 이해와 적용이 불가능한 사태가 발생하기도 한다.

따라서 이에 승진시험제도를 전면 실시하거나, 심사승진과 시험승진을 조화하여 관련 학문, 법 등에 대한 지식의 평가도 병행되어야 할 필요성이 크다.

다양한 형태의 보호관찰팀을 구축하여 활성화하기 위해서는 요구되는 시험과목으로는 형법, 형사소송법, 심리학, 사회사업학, 형사정책, 보호관찰 관련 법령 등을 필수 또는 선택과목으로 정해야 할 것이다.

또한 장비의 보완 역시 시급히 해결되어야 할 사안이다. 보호관찰대상자를 지도·감독·원호활동을 적극적으로 전개하기 위해서는 이동수단이 선결문제이다. 이러한 점을 감안, 앞으로 보호관찰관실당(팀당) 1대의 Probation Car가 지급되어 기동력 있는 현장순회 위주의 지도·감독으로 바뀌어야 한다. 특히 현장감독인 불시지도방문, 야간지도·감독방문, 약물·알코올검사 등이 주 업무인 '집중보호관찰'의 경우 경광등을 부착한 차량지원이 더욱 요구된다.

차량의 운전요원은 담당직원은 물론, 경찰서(의경), 구청(공익근무요원), 교도소(경비교도대) 등과 마찬가지로 공익근무요원을 지원받거나 또는 (가칭)의무보호관찰요원이나 보호관찰지원대 요원을 선발함으로써 합리적으로 해결할 수 있다.

그러나 인원증원과 장비보완도 중요하지만 더 중요한 것은 보호관찰 담당직원의 자질 향상이다. 우수한 인재를 보호관찰 담당직원으로 선발하고, 기존 직원들은 끊임없는 교육 훈련으로 자질을 향상시켜야 한다.[273]

실시한 조사분석에서도 보호관찰업무의 전문화를 위해서는 연구인력 보강 및 민간전문가의 채용, 신규 운영프로그램의 개발 등이 요구되고 있는 것으로 확인되었다.

---

273) 유석원, "보호관찰제도의 운용방향", 1997, 보호 통권4호, 66면.

전문화 방안	연구개발 지원	민간전문가 채용	운영프로그램 개선
평점	4.21	3.47	4.07

법무연수원에서 직원의 재충전 교육에 최선을 다하고 있지만 정규교육 이외에도 전담 팀대로의 연찬회를 수시로 개최하고 실질적인 발전적인 토의를 하도록 하여 팀제에 따른 기법 보완은 물론, 이러한 보호관찰기법에 대한 상호 정보교환이 이루어지도록 하여야 한다.

6. 사회보장과 보호관찰과의 연계성 부족

1) 사회보장제도 연계 필요성

사회보장이라는 용어가 공식적으로 사용된 것은 1935년 미국의 사회보장법이다. 이후 1938년 뉴질랜드의 사회보장법이 제정되면서 사회보장이라는 용어가 확산되기 시작하였으며 제2차 세계대전을 계기로 사회보장 개념에는 정치적 성격이 추가되게 되었는데 '공포와 궁핍으로부터의 자유'라는 정치적 슬로건을 사용하였다. Wlliam Beveridge는 '공포와 궁핍으로부터의 자유'라는 정치적 슬로건을 사용하여 "사회보장이란 실업, 질병 또는 부상으로 인하여 수입이 중단된 경우에 대처하고 노령에 의한 퇴직이나 본인 이외의 가족의 사망으로 인한 부양의 상실에 대비하여, 나아가서 출생, 사망 및 결혼 등에 관련된 특별한 지출을 보충하기 위한 소득의 보장을 의미한다."고 정의하였다.[274] 이후 1948년 UN인권선언에도 영향을 주게 되어 UN인권선언 제22조에 "모든 인간은 사회구성원으로서 사회보장을 받을 권리가 있다.”는 규정으로 나타나게 되었으며, 사회보장기본법 제3조에서는 “사회보장이라 함은 질병·장애·노령·실업·사망 등의 사회적 위험으로부터 모든 국민을 보호하고 빈곤을 해소하며 국민생활의 질을 향상시키기 위하여 제공되는 사회보험·공공부조·사회복지서비스 및 관련 복지제도를 말한다.”고 정의하고 있다.

2) 소년사법제도와 소년복지제도 연계의 중요성

우리나라는 소년사법제도와 소년복지제도를 구분하는 법체계를 유지하고 있다. 그러나 소년비행을 예방하고 대처할 수 있는 특별한 절차제도에 대해서는 소년법뿐 아니라 소년복지 관련법에서도 찾을 수가 없다. 이에 소년법을 개정[275]하여 소년비행에 대한 대책을 규정하는 방안과, 현행 소년법에서 우범소년의 규정을 삭제하고 소년비행예방 및 대처를 위한 사항을 소년복지 관련법에 규정하는 방안을 고려할 수 있다. 두 가지 방안 모두 특정한 법률개정절차를 거쳐야 한다. 즉 소년법을 개정하거나 혹은 소년복지 관련법들의 내용을 정비하여 개정해야 한다. 그렇다면 여러 법규의 내용을 정비한 이후 비행소년의 개념을 어느 법에 첨가할 것인가부터 고려하여 관련법들을 개정하는 것보다는 우범소년에 대한 개정과 더불어 소년법에 제4장을 신설하는 방안이 더 실효성 있는 방안이라 할 것이다. 또한 소년법은 사법적 성격뿐 아니라 복지적 성격도 지니고 있으며, 비행소년은 보호 및 상담과 교육이 긴급한 소년에 해

---

274) William Beveridge, “Social Insurance and Allied Services”, London: Her Majesty’s Stationery Office, 1942, p.120.
275) 원혜욱, 앞의 논문, 65～83면.

당하므로 소년법의 적용대상으로 유지하는 것이 더 타당할 것이다.

이에 우범소년의 규정을 개정하고 소년법에 제4장을 신설하여 소년의 상담 및 교육을 담당할 수 있는 기관에 대한 사항을 규정하여 사회내처우를 통한 비행소년의 개선을 통하여 건전한 육성을 보완해 줌이 필요하다.

이렇게 될 때 소년사법제도와 소년복지제도연계 활용은 효과적인 지도방법으로 나타날 수 있으며, 이러한 복지정책과 연계함은 사회보장정책에 접목될 수 있는 기회가 될 것이다.

〈표 81〉에서 실시한 조사분석에서도 소년보호업무의 개선을 위해서는 소년법개정, 소년보호 전문운영프로그램의 도입, 집중보호관찰프로그램의 확대 등이 요구되고 있는 것으로 확인되었다.

표 81 소년보호업무 개선방안 조사분석결과(N = 272)

개선방안	소년법 개정	전문운영프로그램	집중보호관찰 프로그램 확대
평점	3.54	3.61	3.90

제2절 지역사회자원의 활성화 방안

1. 지역사회봉사활동의 문제

1) 보호관찰 분야 활동 내용

우리나라 보호관찰에서의 민간 참여는 탄생에서부터 민간인의 참여가 전제되어 있을 만큼 지역사회의 참여와 협조가 절대적으로 요구되는 제도이다. 현재 우리나라의 보호관찰제도는 1989년 소년에 대하여 처음 실시한 이후 매년 급격히 증가하고 있지만 보호관찰 직원과 예산의 증원은 이에 미치지 못하여 지역사회 내에서의 교화개선을 통하여 재범방지와 사회를 보호하고자 하는 보호관찰의 목표를 제대로 달성될 수 있을까를 심각하게 우려해야 하는 상황이다.

이러한 상황에서 전국의 보호관찰소는 지역사회와의 연계를 통한 보호관찰 집행에 노력을 집중하고 있는데, 대표적인 예가 사회봉사명령과 수강명령 집행 시의 협력기관과의 공조 집행이며, 그 결과 사회봉사명령과 수강명령의 집행은 어느 정도 안정단계에 들어섰으며, 법원과 지역사회로부터도 신뢰를 받아 가고 있는 상황이다.

그러나 보호관찰 분야와 관련해서는 민간의 참여가 큰 실효성을 거두지 못하고 있는 것이 사실이다. 효율적인 조직 관리를 통해 능률성을 높이고, 조직을 전문화·정예화하여 사회내처우에 부합하는 자원봉사자 체제로 만들자는 것에서부터 출발한 이 제도는 역사가 일천하고 조직을 통합운영 관리하기에 역량이 부족, 적당하지 않아 결국 검찰에서 통합된 운영권을 가져간 셈이다.[276] 사회내처우의 중심기관도 아닌 검찰에서 조직을 운영하다 보니 목적에 부합하지 않는 방향으로 조직이 관리될 뿐만 아니라 사회내처우의 중심기관은 조직의 운영에서 오히려 소외되어 버린 모양이 된 점이다.

이러한 점을 감안, 일반범죄예방위원 중 최소한의 보호관찰분과위원의 위촉동의권 및 위·해촉에 대한 건의권을 보호관찰소장에게 부여하여 범죄예방위원에 대한 실질적인 관리와 통제를 강화할 필요성이 절실하다.

---

276) 송영구, "범죄예방자원봉사위원제도의 운영실태와 개선방안", 부산대학교 행정대학원 석사
　　학위논문, 2003, 114면.

비록 전국의 범죄예방위원조직을 통한 1 : 1 결연지도와 멘터프
로그램으로 통칭되는 지역사회의 청소년 전문가나 대학원생과의
결연지도, 연말이나 명절 때의 불우청소년에 대한 장학금 지급 등
이 그나마 약간의 성과를 내고 있는 정도이다. 따라서 연간 14만여
명에 이르는 보호관찰대상자들이 지역사회의 관심과 협조를 기다
리고 있다고 보아야 할 것이다. 특히 방치된다면 머지않은 장래에
성인범죄자로 전이될 수 있는 소년보호처분자가 40,000명을 상회
하고 있는 실정을 고려할 때, 지역사회의 상담, 교육, 청소년 관련
기관 종사자와 전문적 자격을 가진 범죄예방위원의 보호관찰에 대
한 적극적인 참여와 관심이 절실히 요구된다고 하겠다.

그러나 범죄예방위원의 활용에 대한 협력의 필요성과 당위성에
도 불구하고, 범죄예방위원 활용에 대한 보호관찰소 직원의 생각은
대체로 협력의 필요성과 실제 활용가능성과의 사이에서 갈등하고
있는 양상이다. 이러한 결과는 보호관찰관을 상대로 한 설문조사의
결과에서도 드러났는데, 범죄예방위원제도의 제도적 가치에 대한
문답에서 범죄예방위원들의 존재가 현재의 업무에는 부담이 되나
장기적으로는 보호관찰제도 발전에 도움이 될 것이라는 응답이 전
체 112명의 보호관찰관 중 78명, 69.6%에 이르러 부정적인 응답
34명, 30.4%보다 훨씬 높았다.[277]

이러한 결과는 비록 보호관찰관들이 현실의 범죄예방위원 조직에
대해서는 많은 불만을 가지고 있어 대체적으로 부정적인 시각을 가
지고 있으나, 범죄예방위원 조직의 운영과 위원선정의 적정성을 기
한다면 활성화가 가능하다는 전망을 할 수 있게 하는 것이다.[278]

---

277) 이성칠, "한국보호관찰의 현황과 과제", 한국형사정책연구원, 2003, 146면.

따라서 적극적으로 보호관찰 분야에서 활동하고자 하는 범죄예방위원은 보호관찰소에서 실시하는 범죄예방위원 전문화 교육에 참석하여 일정시간 교육을 이수하여야 한다. 전문화 교육은 보호관찰 관련 법령, 청소년비행의 이해, 보호관찰대상자 지도요령, 경과통보서 작성요령 등의 내용으로 구성된다.

보호관찰관으로부터 보호관찰대상자를 지정받은 범죄예방위원은 최소 월 1회 이상 대상자와 면접하게 되며, 가정을 방문하여 보호자와 접촉하는 등 다양한 방법으로 대상자의 재범을 방지하기 위한 활동을 한다. 범죄예방위원은 대상자를 지도한 내용을 정리하여 월 1회 이상 담당 보호관찰관에게 경과통보서를 제출하여야 하기 때문에 전문적인 교육의 필요성이 인정되는 부문이다.

2) 소극적 참여 원인

전체 범죄예방위원 가운데 보호관찰 분야의 활동을 하고 있는 위원의 비율을 볼 때 참여가 적극적이지 못한 현실이다. 전체 범죄예방위원의 수는 2002년도에 다소 감소하였다가 이후 매년 조금씩 증가하는 추세를 보이는 반면, 보호관찰 분야의 활동에 참여하는 범죄예방위원의 비율은 계속 감소하는 추세를 보이고 있다. 범죄예방위원 운용실태에서 나타난 바와 같이, 2001년도에 65.4%에 이르던 보호관찰활동비율이 2004년에는 51.8%까지 감소하였으며, 2005년도에는 50% 미만으로 줄어든 것으로 나타나고 있다.

더군다나 보호관찰 분야의 활동을 하고 있는 범죄예방위원 가운데 보호관찰대상자를 지정받아 지도하고 있는 범죄예방위원의 비

---

278) 이성칠, 앞의 논문, 2003, 136면.

율도 계속 감소하고 있는 추세일 뿐만 아니라, 그들 중에서도 실제로 보호관찰대상자를 지정받아 지도하는 위원의 비율도 크게 줄어들고 있다. 2001년도에 비하여 2005년도에는 대상자를 지정받은 범죄예방위원이 절반 이하로 줄어든 것으로 나타나고 있다.

자원봉사는 누가 시켜서 하는 문제가 아닌 자발적 참여를 그 근간으로 하는바, 보호관찰목적인 지도·감도·원호에 적극 참여할 수 있는 동기가 형성되어야 할 것이다. 이에 대한 자존감을 높여주는 봉사자에 대한 교육, 세미나참여, 포상활동 등 동기를 유발할 수 있는 제도의 개발이 요구된다.

2. 지역사회자원 유치

범죄의 방지와 범죄자의 사회복귀라는 현대의 형사정책의 목적을 실현하기 위해서는 합리적인 형사사법제도의 운용과 다원화된 사회구조에 대응하는 다양한 형사정책 수단이 필요하다. 이러한 목적을 달성하기 위해 영국·미국 등 선진제국에서는 시설내처우 자체의 개선을 위한 다양한 시도, 즉 범죄자처우의 개별화와 사회적 처우 등과 함께 시설내처우를 보완·대체하는 다양한 형태의 사회내처우프로그램이 개발되어 실시되고 있다.

보호관찰제도에서 처해지는 사회봉사명령은 유죄가 인정된 범죄자에 대하여 교도소 등에 구금하는 대신 자유로운 생활을 허용하면서 일정시간 무보수로 사회에 유익한 근로를 하도록 명하는 제도이다.

사회에 대한 범죄피해의 배상 및 속죄의 기회를 줄 뿐 아니라 근로정신을 함양시키고 자긍심을 회복시켜 건전한 사회복귀를 도모하며, 무보수로 사회에 유익한 근로를 하도록 명하는 제도로서 그 의의가 있다 하겠다.

사회봉사명령은 1970년 영국에서 교도소 과밀수용의 주요 원인인 단기구금형을 대체할 수단으로 제안되어 1972년 형사재판법(Criminal Justice Act)에서 규정, 시범실시 후 1979년 3월에 전국에 확대 실시되었다. 이후 형벌의 다양화와 단기구금형의 대체수단으로 효과가 인정되어 미국, 호주, 독일, 프랑스에서 앞다투어 도입하였고, 우리나라는 보호관찰제도와 함께 도입 시행되고 있다.

우리 형법은 현대 형사정책의 추세에 맞추어 사회내처우제도의 전면적인 도입을 목적으로 총칙편에 보호관찰 및 사회봉사, 수강명령 관련조항을 두어(형법 제62조의 2), 이 제도를 1997년 1월 1일부터 시행하고 있다. 종래 징역형과 같은 시설내처우의 반성 내지는 대안으로서 선진국들을 중심으로 사회내처우인 보호관찰제도가 널리 시행되게 되었고, 우리나라도 1989년부터 소년보호사건을 필두로 보호관찰 및 사회봉사명령, 수강명령제도를 도입한 것이다. 소년보호사건에 대한 사회봉사명령은 비교적 죄질이 경미한 비행소년을 구금시설에 수용하는 대신에 자유로운 사회생활을 허용하면서 일정기간 무보수로 사회봉사작업을 하도록 하는 명령이다. 우리나라에서는 1988년 소년법개정과 보호관찰법 제정 시 소년에 대한 보호처분의 부수처분으로 제한적으로 시행되어 왔다. 최근에 이 제도에 대한 사회적 평가가 좋고 도입의 필요성이 인정되어 형법(1995년)과 보호관찰 등에 관한 법률(1996년)을 개정하여 성인범에게까지 확대 실시하게 된 것이다. 현재 경미범죄자, 음주운전자, 연예인 그리고 비교적 사회적 지위가 높아 개전의 정이 높은 사람들, 예컨대 교수나 의

사들, 기업가들에게도 상당히 효과적으로 실시되고 있다.

우리나라에서 실시하고 있는 사회봉사명령제도의 특징이라면 영국 등과 달리 당사자의 동의를 요하지 않는 것이 대표적이다.

이러한 사회봉사명령은 수혜자는 물론 사회봉사명령대상자 본인에게도 보람과 만족감을 제공하며, 사회에 대한 범죄피해의 배상 및 속죄가 가능하다는 점도 장점으로 평가받고 있다. 또한 범죄자 처벌효과를 거두면서도 구금에 필요한 예산을 절감할 수 있고, 근로정신 함양 및 자긍심 회복 등의 긍정적인 효과가 주목된다. 무엇보다도 중요한 것은 범죄인의 사회복귀를 도모하는 것으로서, 건전한 사회참여의식과 사회복귀 촉진효과를 모색할 수 있는 대표적인 지역사회 교정제도로 자리매김하고 있다.

3. 지역사회조직 운영의 활성화

지역사회는 전통적으로 지역중심의 지역사회와 관계중심의 지역사회로 구분 지어 정의된다. 지역중심의 지역사회(Territorial or Locality – based Community)는 대체로 지리적 경계를 기준으로 한다.

고도의 산업화가 이루어진 오늘날에는 이 두 가지 지역사회 개념이 함께 쓰이고 있다. 지역중심의 지역사회는 인구크기에 따라 대도시, 중소도시, 읍으로 나누거나 경제기반에 따라 공업지역, 소비지역 혹은 광산촌, 농촌, 어촌으로 구분하거나 행정단위로 특별시, 광역시, 도, 시·군·구, 읍·면·동으로 구분할 때 사용되고 있다. 한편 관계중심의 지역사회는 인터넷 등의 발달로 지리적 영역을 공유하는 사람들보다 더욱 활발한 상호작용이 일어나는 지역사회로 부각하고 있다.

로스는 일정한 지리적 공간 내에서 살면서 밀접한 상호작용을 나누는 사람들을 지리적 지역사회(Geographical Community)라고 부르고, 공동의 관심과 이해관계를 가진 사람들을 기능적 지역사회(Functional Community)라고 불렀다. 로스의 지리적 지역사회는 위에서 설명한 지역중심의 지역사회를 말하고, 기능적 지역사회는 관계중심의 지역사회와 동일한 개념이다.[279]

1) 지역사회조직과 보호활동

지역사회조직(Community Organization)이라는 용어는 개인, 집단 그리고 이웃의 사회적 안녕을 어떤 소망하는 수준으로 개선하는 데 목표를 둔 지역사회 수준의 일련의 활동을 포괄한다. 이러한 활동은 이웃과 같이 작은 지역사회를 포함할 수도 있고, 전국적 지역사회의 일정 부분과 같이 커다란 지역사회를 포함할 수 있다.

일반적으로 지역사회조직의 첫 번째 목표는 기존 서비스들의 연계·확대·변화, 미래 서비스들의 기획, 그리고 새로운 서비스의 개발과 수행으로 묘사할 수 있다. 이러한 목표들은 모두 서비스의 전달을 형성하고, 클라이언트나 목표집단의 생활에서 선택범위를 증가하는 결과와 관련된다.

두 번째 목표는 변화를 가져오기 위해 지역주민이 책임을 공유하는 과정에 참여함으로써 인간관계와 기회를 확대하는 것이다. 조건을 변화시키는 데 효과적일 수 있다는 것을 경험을 통해 배운다는 것은 지역사회 내 대부분의 사람들에게 긍정적인 영향을 미친다.[280]

---

279) Murray G. Ross, "Community Organization", 1967, pp.112 - 113.

지역사회보호(Community Care)의 의미는 사회적 보호가 필요한 노인, 장애인, 아동 등을 대상으로 서비스를 제공하는 사회적 보호의 한 형태다. 구체적 의미는 다음 두 가지로 사용된다. 첫째, 지역사회 내에서 제공하는 보호(Care in the Community)다. 사회적 보호가 필요한 사람들을 사회와 격리된 시설 등에서 보호하는 것이 아니라 그의 생활공간인 지역사회 내에 살게 하면서 필요한 서비스를 제공하는 것이다. 재가복지, 통원시설 이용, 그룹 홈 등이 여기에 해당된다.

둘째, 지역사회에 의한 보호(Care by the Community)다. 이것은 보호의 주체가 지역사회임을 말하는 것으로 공공 부문보다는 민간 부문을 강조하는 의미다.

근래에 탈시설화 혹은 정상화(Normalization) 원리가 부각되면서 첫 번째 의미로 사용되는 경우가 더 많다.

2) 사회 내 지도·감독활동에 적극연계

근린지역, 행정단위의 지역 등으로 개념화되며, 장소를 강조하기 때문에 공간중심의 지역사회라고도 한다. 형사사법복지정책은 범죄문제에 대하여 형사사법기관과 사회복지기관 그리고 개인 상호협력·공조관계를 유지해 가면서 범죄나 비행문제에 효과적으로 대응할 필요가 제기된다. 전통적인 형사사법정책이 범죄문제에 효과적으로 대응하는 데 한계가 있음을 부정하지 못한다.

현대사회의 범죄문제가 복잡하고 지역사회의 문제와 얽혀 있기 때문에 다양한 범죄대응전략이 필요하다. 따라서 범죄소년에 대한

---

280) Walter A. Friedlander/Robert Z. Apte, "Introduction to Social Welfare", prentice-hill, 1980, p.4.

대책은 시설내처우에 의해서만 이루어질 수 없으며 사회 내에서 여러 기관과의 협조하에서 이루어질 수 있다는 점에서 소년사법정책의 시행에는 여러 유관기관과의 협조가 중요하다. 또한 비행소년과 범죄소년에 대한 체계적인 정보의 관리는 범죄소년의 재범방지를 위해서도 중요하다 할 것인데, 이를 위해서도 소년사법기관과 소년관련기관과 소년에 대한 정보를 공유하면서 유기적인 협조체제를 구축하는 것이 중요하다. 이러한 의미에서 볼 때, 형사사법복지정책은 기존의 형사사법 분야의 역할과 더불어 사회복지기관의 역할이 요구되며 지역사회조직(관련 기관)과 연계된 공동협조의 활성화가 필요하다.

3) 보호관찰 처우네트워크 활용

사회내처우를 실효성 있게 하기 위한 보호처분 대상자들에 대한 처우상의 유관기관 네트워크[281] 구성의 필요성이 지역사회 중심의 자원봉사활동에 따라 점차 제기됨에 따라 유관기관들과의 협의를 통한 네트워크가 구성될 가능성이 커지고 있는데 그 이유는 비행청소년들에게 최상의 집중적인 재활서비스를 제공하기 위해서는 그들에게 필요한 서비스에 관한 정보를 체계화하여 적재적소에 서비스를 제공할 수 있는 체제를 마련하지 않으면 안 되기 때문이다. 따라서 지역사회에 산재한 자원의 유기적 연결을 통해 비행소년들에게 보다 체계적이고 효율적인 서비스를 제공하는 것을 목표로 관련 기관·단체 및 자원봉사지원협의체 및 시설 간 '비행청소년 네트워크'를 구성하여 지역사회 연계체계를 구축해야 할 필요성이

---

281) 배임호·박경일·이태언·신석환·전영록, 교정복지론, 양서원, 2007, 356면.

대두되게 된 것이라고 할 수 있다.

4) 세미나 등 개최로 지역관심 제고

유관기관과의 긴밀한 연계망 형성을 위해 지역단위의 유관기관 실무자들이 참여하는 업무협의체를 운영하며 보호관찰학회 및 본부 주최의 보호관찰 관련 세미나 및 워크숍을 개최하여 지역사회 관심을 고조시키며 지도에 동참케 한다.

구체적 방법은 보호관찰제도의 현안 및 발전방향에 대한 시의성 있는 주제를 선정하여 정기적 세미나 및 워크숍을 개최하며 현재 보호관찰직 공무원 중심의 학회 운영을 개선하여 학계에서 대표성 있는 학자들을 주축으로 학회 임원진 구성 및 사회복지학, 범죄학, 심리학 등 학제 간의 연구활동이 바람직하다.

5) 범죄예방위원이 직접 참여 프로그램의 개발

주거환경개선 집행 시 사회봉사명령대상자의 활용만으로는 환경개선의 효율성 제고에 한계가 있음을 인식하여 범죄예방위원이 주거환경 개선 사업에의 직접 참여할 수 있고 위원 각자가 그들만의 전문적 지식이 활용될 수 있는 분야를 개발한다.

원호대상자의 주거환경에 대한 시각적 자료를 준비[282]하여 범죄예방위원협의회 참여와 지원 결과에 대한 확인서비스를 제공하도록 하며, 지구협의회와의 교류 활성화를 위한 지구협의회와 협력하여 목적에 도달할 수 있도록 전담 보호관찰관을 지정, 시행함이 필요하다. 또한 저소득·소외계층 대상자의 공부방, 부엌, 지붕 등의 주거

---

282) 2005년부터 범죄예방위원의 활동을 객관적 수치로 알 수 있게 만든 마일리지제도가 도입되어 실시되고 있다.

환경을 개선하여 대상자가족의 삶의 질 향상 및 보호관찰소와 보호관찰대상자 간 라포(Rapport)를 형성, 범죄예방위원과 보호관찰청소년 간 결연식 때 주거환경 상황 소개 및 환경개선 지원품 및 격려금을 전달하는 등 적극적인 프로그램을 활성화하여 참여토록 한다.

이러한 프로그램은 범죄예방위원협의회의 보호관찰청소년에 대한 장학금 지급과 보호관찰대상자 주거환경개선 사업 지원 등과 같은 보호관찰청소년에 대한 직접적인 경제적 지원을 이끌어 냄으로써 참여의식 제고는 물론 현재 범죄예방위원협의회의 보호관찰 업무 참여의 주된 접근방법이며 지역사회 참여의 자존감과 인정감은 물론 소년보호관찰대상자에 대한 경제적 지원 유치를 활성화하는 방법의 실현도 이룩할 수 있기 때문이다.

그러나 직접적인 경제적 지원과 병행하여 상기한 다양한 처우프로그램 활용의 비용 지원으로 보호관찰대상자의 범죄성향 개선에 노력한다면, 직접적인 원호금 지원보다 더 큰 효과를 기대할 수 있고, 수혜자의 폭이 확대되어 더욱 바람직하다고 판단된다.

4. 보호관찰의 적극적인 홍보

1) 홍보의 필요성

국민의 보호관찰에 대한 지식함양, 잘못된 인식교정, 국민적 협조 분위기 조성, 각종 유관기관·협력기관에의 보호관찰 정보제공 차원에서 지금과 같은 체계화되지 않은 홍보활동으로는 역부족이다.

따라서 가칭 '보호관찰공보관'직제를 설치하여 전문적으로 보호관찰 공보업무를 맡도록 한다. 이를 통하여 타 부처는 물론, 언론,

학계, 시민단체 등에 보호관찰활동을 수시로 알려 정확한 정보와 지식을 접하게 하고 국민적 협조를 구할 필요가 있다.[283]

2) 홍보의 실천방안

(1) 사법연수생들의 교육실습 장소화

현재 운영 중인 보호관찰소 사법연수원생 실무수습, 사법연수생 사회봉사활동이 연수생들의 요청으로 주당 1일 정도밖에 실시되지 않는 등 형식적으로 운영된다. 보호관찰제도에 대한 정확한 이해가 필요한 만큼, 보호관찰소에서 이들에 대한 교육프로그램을 마련하여 제도화시켜야 한다.

2002년경 본인이 서울보호관찰소장으로 재임 중 2회 정도 실시한 바 있으나 그나마도 현재는 잘 시행되지 않고 있는 실정으로 사법연수생들의 실무수습 및 사회봉사활동은 판·검사 임용직전에 보호관찰실무와 접할 수 있는 유일한 기회가 될 것으로 생각한다. 이를 개인적인 사회진출의 공부시간으로 할애하는 현실은 사법연수제도 자체의 문제이자, 미래의 사법 관료들이 보호관찰에 대한 이해를 할 수 있는 기회를 박탈하는 문제를 낳을 수 있다. 향후 사법연수원 측의 통일적인 지침마련 및 시달과 협조 등 사법연수제도 개선이 요망되는 부문이다. 따라서 정기적인 교육과정에 따라 실무수습 과정으로 정기화해야 할 것이 요망된다.

---

283) 서울보호관찰소와 경찰청과 연계한 홍보의 예를 소개하면 다음과 같다. 음주 운전자들 음주 단속 나서 "음주 운전자들이 교통경찰과 함께 음주운전 단속 현장에 나선다."음주 운전 등 도로교통법 위반으로 사회봉사명령 등의 집행을 받고 있는 80여 명을 서울시내 음주운전 단속 현장에 배치, 교통경찰 보조업무 등을 맡기는 - 중략 - , 현장학습은 높은 교육효과가 기대된다고 말했다(2002년 11월 18일자 문화일보).

(2) 대학생 활용

구청, 경찰서에서 실시 중인 대학생 방학아르바이트를 보호관찰소에 도입, 대학에 보호관찰을 알리고, 보호관찰직 채용시험에 지원할 수 있는 동기부여의 기회로 삼는다.

또한 현재 사회복지학과에서 신청하는 대학 실습생을 법학과, 행정학과, 심리학과, 교정학과, 경찰행정학과 등 보호관찰 관련 전문 분야별로 확대 실시하여 보호관찰을 널리 소개하고, 일정 기간을 이수한 학생들에게는 인턴제도를 도입, 졸업 후 특채제도를 통하여 보호관찰직 9급으로 입문하는 데 관심을 제고하는 인센티브를 주는 방안과 기회를 부여함이 필요하다.

(3) 사회자원 활용

보호관찰제도에 우호적인 성향을 갖는 국회의원, 언론인, 대학교수, 시민단체 등 유력인사에 대한 전략적인 관리 및 홍보가 필요하며 현재는 정보화시대인 만큼 지방자치단체 및 사회복지기관 등 유관기관 홈페이지를 활용한 제도 홍보활동을 강화한다.

또한 인근 관련 지역 협력의 활성화 방안의 하나로 관·학 업무 교류를 맺음으로써 지역사회와 연계한 보호관찰제도로 한 단계 끌어올리게 되는 효과를 가져오게 된다.

이러한 제도의 활용은 인근 관계기관과 협조에 이르게 되고 이를 예시한다면, 지하철, 버스 등 대중교통수단 및 옥외 전광판을 이용한 홍보실시와 국민에게 다가가는 보호관찰기관의 이미지를 확산시키기 위해 이미 제작한 바 있는 보호관찰로고 및 상징물을 적극 부착하거나 활용하도록, 각 지역 관찰소가 책임기관이 되도록 적극적인 활동을 유도해 나간다.

제3절 보호관찰의 제도적 개선방안

1. 판결전조사제도의 문제와 조사활동의 전문화

1) 판결전조사의 전문성 확보 문제

판결전조사활동의 전문성 확보 방안을 검토하기 전에, 먼저 생각하여야 할 부문은 판결전조사는 판사의 양형판단에도 참고가 되나, 무엇보다도 보호관찰의 출발점이 판결전조사라는 관점에서 중요성이 크다 아니할 수 없다. 현재는 조사과에 할당된 업무량을 전 직원이 아무런 기준 없이 분배하여 실시하지만, 향후 7급 이상을 (가칭) '보호관찰리(保護觀察吏)'로 보하여, 7급 이상의 보호관찰리와 5급 이상의 '보호관찰관'에 한해서만 조사를 담당하도록 함이 요망된다. 일반 직원은 행정업무에 할당되어야 할 것이다. 특히 다른 과에 비하여 조사과의 직원은 특별히 선발, 관리해야 할 필요가 있다.

현재와 같이 조사과(지방에는 행정지원실)에 직원을 배치하기보다는, 1개 조사관실에 보호관찰관 1명에 7급 직원 1명, 사무직원(8, 9급) 1명을 두어 3명이 1개의 구치소 관할을 관리하는 조사제도 방식도 검토해 볼 만하다.

또한 서울, 인천, 수원, 대전, 대구, 부산, 창원, 광주, 전주 등 외에는 조사과가 별도로 있지 않은데, 판결전조사의 중요성에 비례하여 전문성을 확보하고, 법원에 대한 판결전조사서의 신뢰성을 확보한다는 차원에서도 전국 소에 조사를 전담하는 과가 설치되어야 한다.

2) 판결전조사의 법·제도의 정비

판결전조사는 범죄인의 사회복귀와 재범방지를 주안으로 하는 오늘날의 형사사법체계에서는 매우 중요한 제도이며 특히 사회내처우를 적정화하는 중요한 수단임에도 우리나라에서는 이 제도가 부분적으로 도입되고 있고 그 기능마저도 제한적으로 실현되고 있는 실정이다.[284]

이러한 취지에서 지금까지 판결전조사와 관련하여 논의된 선진국의 사례를 중심으로 발전적 방향을 제시하고자 한다. 현행 판결전조사제도의 활성화를 위해서는 선결되어야 할 문제가 많지만, 그중에서도 성인범에 대한 조사 근거규정의 마련, 보호관찰소와 교도소, 구치소 등의 조사환경의 개선 등의 문제와 소년범에 대한 판결전조사 활용의 미흡, 조사결과의 신뢰성과 전문성을 확보할 문제 등이 있다. 그중에서도 가장 먼저 검토되어야 할 문제가 소년범에 대한 판결전조사의 미흡한 활용실태를 어떻게 개선할 것인가 하는 문제와 성인범에 대한 판결전조사 도입에 관한 법규정의 신설문제이다.

이때 성인범과 소년범과의 차별화 문제가 제기되는데 성인에게까지 확대하게 되는 경우 조사내용에 있어서이다. 특히 소년법에 나타난 소년보호의 이념은 국가가 소년을 형벌의 대상으로 보기보다는 소년의 부모 된 입장에서 보호할 책임이 있다는 국친사상(Parens Patriae)[285]에 근거하고 있어서 보호관찰도 그러한 근본정신에 입각하고 있음은 의문의 여지가 없다. 따라서 정신적·육체적으로 미성숙단계에 있는 소년과는 달리 성인에 대한 조사는 차별성

---

284) 이성칠·유종관, 판결전조사제도 발전적 고찰, 2007, 34면.
285) 宮澤浩一, "少年刑事司法の 未來像", 保護通卷13號, 2001, 38(65)面.

이 요구되고 그를 위한 기초조사가 되는 판결전조사 자체도 차별성을 갖고 접근하여야 될 것이다.[286] 이러한 점을 감안하여 볼 때 성인에 대한 필요성은 인정하고 있지만, 활용을 꺼리는 이유는 차별성에 대한 접근의 어려움과 조사결과에 대한 신뢰가 부족하고, 보호관찰소의 조사 인력이 부족한 상황임을 인지하고 있는 법관의 심리적 부담 및 신속한 재판에 지장을 초래한다는 사실로 반대에 부딪혀 무산되었다고 한다.[287][288][289] 또한 성인범에 대한 판결전조사 도입[290]과 이러한 제도가 확대 시행되기 위해서는 입법을 통하여 명확히 하는 것이 무엇보다 중요하다고 생각한다.

이러한 관점에서 볼 때 미국의 판결전조사는 연방 보호관찰관이 피고인에 대하여 판결부과 이전에 판결전조사를 실시하며, 조사결과를 법원에 제출하도록 헌법사항(헌법 18 - 3552(a))으로 명시하고 있다.[291] 또한 양형절차에서 당사자들이 판결전조사보고서의 내용에 대해서 반론을 제기할 수 있으며, 이러한 경우에 법원은 증거조사를 허용함으로써 그 사실을 명백히 밝혀야 하는 만큼 피조사자

---

286) 김혜정, "성인에 대한 판결전조사제도의 필요성", 한국보호관찰학회, 2002, 157면.

287) 정동기, "사회봉사명령제도의 연구", 한양대 박사학위논문, 1997, 122면 이하.

288) 법원행정처의 반대이유는 여러 가지가 있었으나, 요약해 보면 현재의 보호관찰조직이 법무부소속으로 되어 있는 상태에서는 법관에 대한 양형권 침해가 발생할 수 있고, 따라서 그 조사를 신뢰할 수 없다는 취지이다. 이에 대한 자세한 내용은 박형남, "사회봉사명령제도의 적정한 운용방안", 사회봉사 보호관찰제도 해설, 1997, 37면 이하 참조.

289) 김혜정, 앞의 논문, 159면.

290) 2004년 '보호관찰 등에 관한법률' 개정 입법추진과정에서 법원은 '판결전조사를 통하여 양형자료를 획득할 필요성이 있고, 현재 재판장들이 성인범에 대한 상당수의 사건에서 판결전조사를 필요로 하고 있는 현실은 인정되나, 현재 법률의 개정 없이 성인범에 대하여 판결전조사를 행함에 무리가 없다(현행법이 성인범에 대한 판결전조사 확대를 금하고 있지 아니함)'라는 취지로 입법을 반대한 바 있음.

291) Alfred R, D'Anca, Federal Probation December 2001, 장재영, "양형 지침상 연방보호관찰관의 역할", 법무부 법무샘(법무부 내부전산망), 2005, 재인용.

에 대한 인권보호에도 신중을 기하고 있다.

이렇듯 판결전조사를 형사사법 단계에서부터 중요하게 취급하고 있는 미국의 제도발전과정에 비추어 볼 때, 배심제도가 도입되고 공판중심주의의 정착에 노력을 기울이고 있는 한국적 사법현실에서도 판결전조사제도가 사회내처우의 적격성을 판단하기 위한 자료 수준을 넘어, 법관의 양형일반을 위한 기초 자료로 활용되고, 적용할 선고의 범위를 결정하는 근거를 제공하게 될 가능성이 충분한 만큼 판결전조사가 안고 있는 법·제도적 문제 해결을 통한 확대가 요구된다 할 것이다. 판결전조사제도를 본격적으로 실시하기 위해서는 조사시기의 문제,[292] 입법의 정비 문제와 소년들과는 다른 각도에서의 조사내용의 정비 등이 요구된다. 판결전조사제도의 개선방안에 대한 조사를 분석한 결과는 〈표 82〉와 같다. 이를 구체적으로 살펴보면, 보호관찰 담당 직원들에게 실시한 〈표 82〉의 조사분석에서도 판결전조사제도의 개선을 위해서는 현재 법상으로 소년범에게만 실시하고 있는 본 제도를 성인범에게까지 확대 실시할 수 있도록 제도를 정비하고, 본 조사제도를 전담할 전문인력 확보는 물론, 활성화를 위한 예산·장비의 지원 등이 요구되고 있는 것으로 확인되었다.

표 82 판결전조사제도 개선방안 조사분석결과(N = 272)

개선방안	성인범 확대실시	전문인력 확보	예산/장비 지원
평점	3.97	3.98	3.98

---

292) 김혜정, 앞의 논문, 158면.

3) 판결전조사의 전문성 확보 방안

판결전조사의 전문성 확보 문제는 법원의 조사에 대한 시각의 문제로 일차적 문제이다. 보호관찰소의 판결전조사서에 대한 전문성을 인정할 수 있는가의 문제로 아무리 좋은 제도라 할지라도 내용 자체가 재판과정에서 양형에 참고할 만큼 전문적인 수준에 미치지 못하고 있다면 제도의 활성화는 기대하기 어렵기 때문이다. 따라서 현행 판결전조사제도와 관련하여 가장 근본적인 문제는 보호관찰소의 판결전조사 전문인력 확보와 관련된 문제이다. 최근까지도 보호관찰소는 가장 기본적인 업무라 할 수 있는 보호관찰대상자에 대한 지도·감독을 실시하는 인력 확충에도 어려움이 많은 것이 사실이다. 만약 보호관찰소가 판결전조사를 실시할 충분한 인력을 가지고 있지 못하다면 법원에서 의뢰된 판결전조사의 내용이 부실해지거나 조사기일 지체로 재판에 지장을 주어 법원에서 마음 놓고 판결전조사를 의뢰할 수 없을 것임은 분명하기 때문이다. 전문성을 확보하기 위하여 구체적으로 살펴보면, 보호관찰 등에 관한 법률은 조사관의 직급을 5급 보호관찰관으로 규정하고 있다. 이는 판사의 보호관찰 여부 결정 및 양형에 미치는 판결전조사의 중요성과 전문성을 고려하여 정한 것이다.

조사업무진행에 가까운 예로 실무상 서울보호관찰소 조사과의 경우, 사무관 2명이 판결전조사 업무를 모두 관장하는 것이 불가능하여, 8급 이상 6급 이하의 직원 모두가 조사관으로서 면담을 하고 보고서까지 작성하여 판사에게 제출하는 실정이다.

판결전조사는 구체적 사실관계를 그대로 조사하는 수사과정과는 달리, 범죄자의 인격과 환경에 관한 직, 간접의 제반 자료를 분석하여 조사관이 장래의 예측을 포함하는 종합적 판단을 내려야 하고, 조사보고서도 판사의 양형에 직접 영향을 미칠 수 있는 중요성을 가지고 있는 중요한 조사제도이다. 판결전조사절차는 수사상 피의자 신문절차와는 비교되지 않는 고도의 전문직 판단을 요한다. 따라서 전문지식과 사명감이 보호관찰관에 비하여 떨어질 수 있는, 전문성이 부족한 일반 직원에게 맡기는 것은 업무성격상 바람직하지 않다.

4) 성인범으로의 판결전조사 확대

성인범에 대한 판결전조사의 도입에 관한 문제이다. 이는 지난 2004년 '보호관찰 등에 관한 법률' 개정 입법 추진 과정에서도 논의된 적 있으나 법 개정으로까지는 이르지 못하였다. 따라서 현행 보호관찰 등에 관한 법률은 형사범 중 소년범에 한해서만 판결전조사를 실시할 수 있도록 하고 있다. 그러나 소년범에 대해서만 보호관찰이 인정되는 법체계라면 모르나, 성인범에게도 보호관찰이 활발히 실시되는 현행법체계상 성인범의 판결전조사만을 제외하고 있는 현행 보호관찰 등에 관한 법률은 모순이며 입법의 불비라고 하겠다.

소년범에게 '보호처분'이 아닌 '형사처분'으로서의 보호관찰을 부과하는 경우에 판결전조사를 인정한다면, 성인 형사범의 경우에도 이를 인정해야 함은 판결전조사가 필수적으로 요구되는 보호관찰제도의 본질상, 그리고 세계 각국의 입법례를 보더라도 그 당위성을 인정하지 않을 수 없다.

성인범에 대한 판결전조사제도는 양형 및 사회내처우의 판단 자료로 유용하다는 인정을 받아 2007년에만 2,242건이 실시되는 등 법원의 활용도가 높았으나 법적 근거가 없어 보완이 필요하다는 지적이 제기돼 왔다. 따라서 법관의 판결전조사 요구가 있는 경우 다면적 인성검사(MMPI: the Minnesota Multiphastic Personality Inventory)[293] 등 다양한 기법으로 과학적 조사를 실시해 오고 있다.

이에 2007년 11월 법무부 정책위원회에서는 형사재판에서 법관이 과학적, 합리적으로 보호관찰 등을 결정함에 도움이 될 수 있도록 판결전조사제도를 성인범에게까지 확대하는 방안을 심의 의결한 것은 시사하는 바가 크다 하겠다.[294] 이에 따라 '인간 존중의 법질서'를 지향하고 있는 법무부는 판결전조사의 성인범 확대가 적정한 보호관찰 명령의 선고를 가능하게 하여 궁극적으로 범죄인들의 사회복귀나 재범감소를 돕는 데도 유용하다고 판단하였기 때문이다.

성인범에 대한 판결전조사가 소년범에 대한 판결전조사보다도 많이 이루어지고 있었는데 법률 일부 개정을[295] 통하여 성인범에 대해서도 판결전조사가 가능하도록 규정한 점은 다행이라고 본다.

다음은 판결전조사제도의 정형화·제도화에 관한 문제이다. 현재 법원에서의 판결전조사 의뢰 기준이 제도화되어 있지 않은 관계로 판결전조사를 활용하는 법원별 편차가 심하고, 개별 법관의 필요와 인식에 의존하고 있는 관계로 조사 수요를 예측하기 어려워, 조사 전담 직원 배치가 어렵고 조사인력에 대한 충원 계획을 세우는 데 어려운 면이 있다는 점이다.

---

293) MMPI: The Minnesota Multiphastic Personality Inventory(미네소타 다면적 인성검사), 1943년 미네소타 대학(미)에서 처음 발표된 진단적 도구로서의 유용성과 다양한 장면에서의 적용 가능성이 인정되었고, 현재 세계적으로 가장 많이 사용하고 있는 성격 검사이다.

294) 실무상 행해지고 있는 성인범에 대한 판결전조사제도의 법적 근거도 마련되어 법무부에서는 2008년 4월 소년범에 대해서만 규정되어 있는 판결전조사규정을 고쳐 형사 '피고인'에 대해서는 소년과 성인을 구별하지 않고 판결전조사를 실시할 수 있도록 입법예고 하였다.

295) 법률 제9168호(2008. 12. 26.)의 개정을 통해 성인범에 대해서도 판결전조사가 가능하도록 규정하는 '보호관찰 등에 관한 법률'을 일부 개정하였다.

2. 지도·감독 및 원호업무의 명확화

1) 보호관찰대상자의 개별화 문제

(1) 분류심사체제의 미흡

범죄의 원인을 복잡하고 다양하므로 범죄자의 교화개선을 위해서는 먼저 보호관찰대상자의 개인의 인성 특징의 비정상성 혹은 징후를 평가하여 상담 및 정신치료에 기여하기 위함은 물론, 비정상적이고 불건전한 증상이 진전될 가능성을 미리 찾아내어 예방 및 지도책을 도모하기 위한 검사가 실행되어야 한다. 이러한 심리분석검사인 MMPI(the Minnesota Multiphastic Personality Inventory) 검사는 세계적으로 가장 널리 쓰이고 가장 많이 연구되어 있는 객관적 성격검사이다. 원래 MMPI는 1940년대 미국 미네소타 대학의 심리학자인 S. R. Hathaway와 정신과 의사인 J. C. McKinley에 의하여 비정상적인 행동을 객관적으로 측정하기 위한 수단으로 만들어졌다. MMPI의 일차적인 목적은 정신과적 진단분류를 위한 측정으로 만들어진 것이지 일반적 성격 특성을 측정하기 위한 것은 아니다. 그러나 병리적 분류의 개념이 정상인의 행동과 비교될 수 있다는 전제하에 MMPI를 통한 정상인의 행동 설명 및 일반적 성격 특성에 관한 유추도 어느 정도 가능할 수 있다. 이러한 검사를 통하여 그의 개인적 특성과 범죄에 이르게 된 원인을 과학적으로 분석, 이에 따라 개별적인 처우를 하는 것이 중요하다. 따라서 이를 위한 전제로서 과학적인 분류 심사체제가 갖추어져 있어야 한다.

현재 시설수용시설인 교도소나, 소년보호기관인 소년원에는 분류심사과 등이 설치되어 있어 대상자에 대한 초기분류, 재분류 등을 통하여 범죄자의 개선 정도에 따른 차별화된 처우를 실시하고 있다.

그러나 보호관찰소는 분류심사를 위한 독립된 조직이나 전문직원이 없는 것이 현 실정이다. 다만 범죄자의 재범위험성에 따라 담당 보호관찰관이 'B급, A급, A중'으로 주관적, 형식적인 분류만을 하고 있는 실정이다. 이는 효과적인 처우를 위한 것이라기보다는 대상자의 관리편의를 위한 것에 가깝다고 본다.

이러한 문제점을 완화하고 개선하기 위해서는 향후 MMPI, MBTI(성격검사)[296] 등을 실시하여 상담결과 판결전조사내용 등을 종합하여 대상자의 특성을 파악하고 그 유형을 분류하는 보다 과학적인 분류심사체제가 갖추어져야 한다. 이를 위하여 보호관찰소에 분류심사를 담당하는 전문 분류보호관찰담당관의 팀별 설치가 요망된다.

분류 심사관은 판결전조사 시에는 조사관에게 심리검사자료를 송부하여 판사의 양형에 참작도록 할 수 있으며 이후 판결을 받은 뒤에는 보호관찰관의 추기분류를 위한 기초 자료를 제공할 수 있다. 보호관찰 중에도 재분류를 실시하여 지도와 감독의 수준을 달리할 수 있다. 이후 가석방, 가퇴원 심사 등에도 현장조사관이 교도소, 소년원 등에서 수거해 온 심리검사지를 분류심사관이 분석, 종합하여 심사위원에 송부하면 가석방, 가퇴원을 위한 좋은 자료로 활용이 가능하며 가석방, 가퇴원 이후의 보호관찰 실시에도 참고자료가 될 것이다.

---

296) MBTI: Myers/Briggs Type Indicator(성격 유형지표); 두 사람에 의해 만들어진 유형척도라는 뜻으로 C. G. Jung의 심리유형론을 바탕으로 하여 연구 개발된 성격유형지표로서 융이 선천적으로 타고나는 개인의 심리경향을 발견하고, 그 경향에 따라 개인의 성격과 그 개인이 환경에 반응하는 다른, 성격역동을 이해하는 데 유용하게 사용되고 있는 도구이다.

소년 대상자의 개별화를 위한, 개별처우를 위한 중요한 시스템으로서 이러한 자료의 과정을 전문적, 종합적으로 관리할 수 있는 시스템으로 가칭, 보호관찰 분류담당관제의 설치가 요망된다.

(2) 개별적 처우프로그램의 부재

보호관찰의 처우 방법인 지도·감독은 범죄자에 대한 개별적 처우를 원칙으로 하고 있다.

특히 성장과정에 있는 소년보호관찰대상자 지도·감독의 개벌처우에 대해서는 두말할 필요가 없다. 그러나 보호관찰대상자의 지도·감독은 실무상 월 1회 정도의 1 : 1 면담이 전부이며 범죄종류, 범죄자의 연령, 성별, 범죄동기, 가정환경 등을 고려한 개별적 처우가 이루어지지 않고 있다.

이는 인력, 예산부족에도 원인이 있겠으나 근본적으로는 개별처우의 근거인 분류심사가 제대로 이루어지지 않고 있으며 관찰관의 업무 배정이 업무의 내용과 특성 위주가 아니라 관할 구역을 기준으로 한 것이기 때문이라고 볼 수 있다. 따라서 현재와 같은 관할구역 위주의 관찰관 업무배정은 보호관찰의 전문화를 기하기 어렵다. 관할구역을 기준으로 하면서도, 범죄의 종류 및 경중, 범죄자의 특성과 유형에 따른 전문 보호관찰관(예컨대 소년범죄전담관찰관, 성폭력 전담관찰관, 마약범죄전담관찰관, 가정폭력전담관찰관 등)의 다양화된 업무분담을 통하여, 대상자를 지명하여 분야별 전문적인 지도감독을 받도록 해야 할 필요성이 제기된다.

보호관찰이 궁극적으로 범죄자의 재범예방을 목적으로 하는 것이라면 분류심사를 전제로 범죄자의 특성, 유형 등을 고려한 개인상담,

집단상담 등의 사회복지적 기법과 프로그램들을 적절히 활용하는 것이 각 대상자의 특성과 범죄원인에 합당한 개별화된 보호관찰 지도감독이 될 것이며, 재범예방을 위한 실질적인 도움을 줄 것이다.

2) 보호관찰 방법상 문제

(1) 형법상 중간처벌제도의 불비로 인한 문제

장래에 집중보호관찰의 효과를 극대화하기 위해서는, 먼저 이와 함께 결합할 수 있는 중간처벌제도가 법제화되어 있어야 한다. 중간처벌제도는 그 자체로서 형벌로서의 위치를 가지고 있으나, 대부분 보호관찰을 통하여 이루어지므로, 보호관찰의 정상화라는 측면에서도 중간처벌제도의 정착은 그 전제가 된다.

현재 우리나라는 사회봉사명령, 수강명령을 제외하고는 소위 중간처벌제도라고 할 수 있는 것이 없다. 앞으로 전자감시, 가택구금, 충격보호관찰(Shock Probation), 병영훈련(Boot Camp), 야간외출금지(Curfew) 등을 법제화하는 것이 과제로 남아 있다.

(2) 보호관찰 실무상 단계적 제재조치의 불비

보호관찰관의 지도감독에 불응하거나 준수사항을 위반하는 정도가 중대할 경우, 일반적으로 제재조치로서 구인유치를 행하고 집행유예 등을 취소하게 된다. 이로 인하여 구금을 회피하려는 의도에서 출발한 제도가 준수사항위반만으로도 구금으로 넘어가게 된다.

만약 보호관찰 집행 단계에서, 보호관찰소 자체적으로 준수사항 위반자에 대한 징벌적 성격의 제재를 부과할 수 있다면, 곧바로 집행유예 등을 취소하는 것보다 대상자에게 반성과 개과천선의 기회를 한 번 더 줄 수 있다는 점에서 바람직하다고 본다.

이 같은 제재는 단계적으로 시행되어야 효과적이다. 즉 준수사항 위반 정도에 따라서 강도가 다른 제재를 부과할 수 있고, 제재 이후에 또다시 준수사항을 위반할 경우에는 처음보다 강도 높은 제재를 부과할 수 있을 것이다.

보호관찰 활성화를 위한 제도의 다양화를 위한 방법을 모색하는 일면도 있다 할 수 있겠으며 이러한 단계적 제재의 구체적 방법의 예로서는 병영훈련(Boot Camp), 충격보호관찰(Shock Probation), 전자감시(Electronic Supervision), 가택구금(House Arrest) 등의 중간처벌도 여기에 함께 고려하면 좋을 것이다.

(3) 노역장유치제도와 보호관찰의 결합

과거 노역장유치제도는 벌금 또는 과료를 완납하지 못한 자에 대하여 활용되었으나, 사회봉사명령제도가 도입된 지금 노역장유치와 사회봉사명령의 적절한 결합을 모색함이 바람직하다고 본다.

즉 미납자가 벌금 또는 과료를 납입할 때까지 사회봉사시간을 정하여 보호관찰을 받도록 하며, 정해진 기간 동안에도 벌금을 완납하지 못하는 경우에는 최후의 수단으로서 노역장유치에 처하도록 함으로써, 벌금 또는 과료납입의 기회를 충분히 주고 구금의 폐해를 최소화하는 방안을 마련하자는 것이다.

(4) 위반자에 대한 정신교육 강화

현재 초등학교 상급반이나 고등학생, 대학생 및 일반인에게 실시되는 해병대 병영체험제도를 정신교육이 필요한 준수사항 위반 소년대상자 및 소년 수강명령대상자들에게 체계적으로 실시함으로써 힘든 훈련을 통하여 심신을 단련하고, 가정과 자신을 돌아보는 계기를 마련하며, 자신감을 배양하는 신체교육훈련을 강화한다.

이러한 훈련장소로 해병대 병영체험이 불가능하다면, 조직이 통합되어 당장 활용 가능한 대전 대덕소년원 훈련장소를 적극 활용하자는 방안이다.

이를 차츰 확대하여 정신력이 약한 일반 소년보호관찰대상자들에게 정신교육의 방법으로 병영훈련을 널리 활용하는 방안을 제도화하는 것도 검토할 만하다고 본다.

3. 개정된 소년법과 보호관찰

1) 소년법과 보호관찰과의 관계

(1) 비행예방 규정의 필요성

소년법 중 청소년 비행예방에 관한 기본규정을 신설[297]하자는 것이다. 소년사건의 사후적 처리절차만을 규율하고 있는 현행 소년법은 "반사회성 있는 소년에 대해서 그 환경의 조정과 소년의 건전한 육성을 기함을 목적으로 한다."는 소년법의 이념을 달성하기에 부족하다.

또한 소년범의 재비행에 대한 사전예방규정의 마련, 비행유발요인에 대한 사전통제 및 예방에 관한 통일적 법적 근거의 마련이 필요하며 소년사법정책은 범죄를 행한 소년에 대한 처리철자 및 처우에 대한 정책이기는 하지만 비행소년이 범죄소년으로 발전된다는 경험적 연구가 있다. 이에 청소년비행을 예방하기 위한 종합적인 정책수립·시행, 청소년 관련 단체와의 효율적인 협조체제 구축

---

297) 원혜욱, 앞의 논문, 65~83면.

등이 필요하다.

(2) 보완방안

제4장 비행예방의 장을 신설하여 제68조(비행예방정책), 제69조(지원 및 비용의 보조 등), 제70(지도·감독)의 규정을 두어 소년의 비행예방을 위한 정책을 수립·시행하고, 관련 기관과의 협조체제를 유지할 수 있는 사항을 규정하였다.

제68조(비행예방정책) ① 법무부장관은 소년의 비행을 예방하고 비행소년을 건전하게 육성하기 위하여 다음 각 호의 사항에 대한 필요한 조치를 취하여야 한다.

1. 소년의 비행예방 및 비행소년의 건전한 육성을 위한 조사·연구·교육·홍보 및 관련 정책의 수립·시행

2. 소년의 선도·교육과 관련된 기관·단체와의 협조체제의 구축 및 운영

② 법무부장관은 제1항과 관련한 정책의 집행을 위하여 다음 각 호의 기능을 수행하는 청소년비행예방센터를 설치, 운영할 수 있다.

1. 비행예방 정책 수립을 위한 조사·연구

2. 소년의 비행예방 및 비행소년의 건전한 육성을 위한 체계적인 교육프로그램 운영

3. 비행예방 관련 종사자들의 전문성 향상과 민간 자원봉사자 양성을 위한 교육

제69조(지원 및 비용의 보조) 법무부장관은 소년의 선도·교화와 관련된 단체·시설 중 적합한 곳을 선정하여 활동에 필요한 행정적 지원을 하거나 사무를 위탁할 수 있으며, 예산의 범위 내에서

그 경비의 일부를 보조할 수 있다.

제70조(지도·감독) 법무부장관은 제69조에 의해 선정된 시설의 장으로 하여금 필요한 보고를 하게 하거나 자료를 제출하게 할 수 있으며, 소속공무원으로 하여금 시설의 운영상황을 보고하도록 할 수 있다.

(3) 소년법 보완

2007년 12월 21일 소년법 개정으로 비행 예방에 대한 조문이 신설되어 범죄예방정책에 다행이라 하지 않을 수 없다. 신설된 법조문은 아래와 같다.

제67조의 2(비행 예방정책) 법무부장관은 제4조 제1항에 해당하는 자(이하 '비행소년'이라 한다)가 건전하게 성장하도록 돕기 위하여 다음 각 호의 사항에 대한 필요한 조치를 취하여야 한다.

1. 비행소년이 건전하게 성장하도록 돕기 위한 조사·연구·교육·홍보 및 관련 정책의 수립·시행
2. 비행소년의 선도·교육과 관련된 중앙행정기관·공공기관 및 사회단체와의 협조체계의 구축 및 운영

2) 보호관찰 등에 관한 법률 개정

(1) 가석방심사체제 일원화 방안

가석방심사체제 일원화란 현재 '성인수형자'(가석방심사위)와 '소년수형자'(보호관찰심사위)로 이원화되어 운영되는 가석방심사절차를 '보호관찰심사위원회'로 통합·간소화하여 운영하자는 것이다.

(2) 일원화 이후의 가석방·가퇴원 심사절차(안)

가석방은 교도소장이 신청하고 지방보호관찰심사위원회의 조사, 청구를 거쳐 중앙보호관찰심사위원회가 심사, 결정한다.

가퇴원은 소년원장이 신청하고, 지방보호관찰심사위원회 조사, 청구를 거쳐 중앙보호관찰심사위원회 심사, 결정한다.

이는 각 '지방보호관찰심사위원회'에서 '가석방적부와 보호관찰 필요여부' 자료를 조사하여 1차적으로 심사한 뒤, 중앙보호관찰심사위원회에 청구하여 최종 심사·결정하는 체제다.

가석방심사 절차를 3단계로 함으로써, 교정과 보호관찰의 의견을 모두 존중하면서 심사의 신중과 공정을 기할 수 있는 장점을 지닌다.

또한 개정형법 이전의 가석방은 보호관찰이 붙지 않는 순수한 가석방이어서 '가석방심사위원회'란 명칭이 당연하였다. 그러나 개정형법상 가석방은 원칙적으로 '보호관찰'을 부과하도록 하고 있다.

따라서 시설내처우의 성격이 짙은 '가석방심심사위원회'라는 기존 명칭을 굳이 고집할 이유가 없으며, 미국의 parole과 마찬가지로, 가석방 결정과 동시에 사회내처우인 보호관찰로 이행된다는 의미에서 '보호관찰심사위원회'라는 명칭을 쓰는 것이 더 미래지향적이며 실무적인 용어라고 본다.

가. 가석방심사체제 일원화 찬성논거

현재와 같이 소년수형자에 대한 가석방심사는 '보호관찰심사위원회'에서, 성인수형자에 대한 가석방심사는 '가석방심사위원회'에서 이원적으로 운영되어야 할 아무런 근거가 없다고 본다. 이러한 맥락에서 볼 때, 성인과 소년을 불문하고 '가석방적부 결정'을 위한 면

접과 '보호관찰필요여부 결정'을 위한 면접은 각각이 별개의 과정으로 분리되는 것이 아니라, 단일의 절차로서 하나로 평가되는 성질의 것이다. 즉 '가석방심사'라고 하는 것은 행형성적(과거)과 함께 장래의 위험성(미래)을 동일한 면접관이 조사한 뒤 위원회에서 종합적으로 평가하여 가석방적격 여부를 예측(현재)하는 것인바, 현 체제와 같이 가석방심사위원회와 보호관찰심사위원회로 구분 지은 것은 가석방심사제도의 본질을 도외시한 기관편의적인 접근이다.

이러한 논점에서 볼 때, 결국 현재의 '가석방심사위원회'에 성인과 소년의 가석방 적부결정권과 보호관찰필요여부결정권 모두를 인정하든지, 아니면 '보호관찰심사위원회'로 일원화하든지, 이는 기관 간의 이기주의를 떠나 가석방제도의 본질에 부합하도록 해결되어야 할 것이다.

형법상 가석방된 자는 원칙상 사회내처우인 보호관찰을 받도록 되어 있으므로, 시설내처우의 전문기관으로서 수형자의 과거에 대하여 가장 잘 알고 있는 교도소장의 신청권을 존중하되, 사회내처우 전문기관이자 공평한 제삼자로서 '보호관찰심사위원회'가 행형성적과 장래의 위험성 모두를 종합하여 가석방적부와 부호관찰필요여부를 함께 심사·관리하는 것이 보다 효율적이다.

나. 가석방심사체제 일원화 반대논거에 대한 예상

가석방심사권한이 보호관찰심사위원회로 이전될 경우 교도소의 유일한 재소자 통제권능이 무력해진다는 주장에 대하여 생각해 볼 수 있는데 가석방심사 '신청권'은 현재와 마찬가지로 교도소장이 갖게 되고, 심사위원회(장)도 현재와 같이 법무부 소속에 있게 되므로 재소자의 입장에서는 전과 달라지는 것이 없다. 즉 교도소 분류심사과에서 일정 형기에 이른 재소자를 선별한 뒤 교도소장이 심사위에 '신청'을 하게 되므로 교도소가 계속 신청권을 가지는바, 재소자에 대한 통제권이 상실된다는 것은 기우에 불과하다. 현재 보호관찰심사위원회에서 가석방심사를 관장하는 소년교도소의 경우도 이상과 같은 문제점은 없는 것으로 보인다. 가석방심사위원회 일원화는 현 가석방심사위원회의 명칭을 '보호관찰심사위원회'로 변경하고, 각 지방 보호관찰심사위원회의 기능을 정상화한다는 의미가 큰 것이지, 교도소의 권한 자체와는 관계가 없다.

3) 가정폭력범죄의 처벌 등에 관한 특례법 일부 개정법률안

가정폭력범죄의 처벌 등에 관한특례법 일부 개정법률안이 2007년 7월 3일 국회 본회의에서 가결되고 동월 19일 정부(법제처)로 이송됨에 따라 헌법 제53조의 규정에 의거, 2007년 8월 2일에 공포, 공포한 날부터 시행됨에 따라 개정법률 내용 중 보호관찰업무와 관련된 내용은 아래와 같다.

(1) 가정폭력 행위자 등에 대한 '결정전조사' 도입

실무상 활용되고 있는 보호관찰소 결정전조사의 명문화의 관련 조항은 다음과 같다.

제21조(조사명령 등) ① 판사는 조사관, 그 법원의 소재지 또는 행위자의 주거지를 관할하는 보호관찰소의 장에게 행위자, 피해자 및 가정구성원에 대한 심문이나 그들의 정신·심리상태, 가정폭력범죄의 동기·원인 및 실태 등의 조사를 명하거나 요구할 수 있다. ② 제1항에 따른 판사의 보호관찰소의 장에 대한 조사요구에 관해서는 '보호관찰 등에 관한 법률' 제19조 제2항 및 제3항을 준용한다.

(2) 사회봉사명령 및 수강명령 부과시간 상향

사회봉사명령 및 수강명령의 시간을 최대 현행 100시간에서 200시간으로 연장(변경 시 기간은 1년, 시간은 400시간)되었으며 관련 조항은 다음과 같다.

제40조(보호처분의 결정 등) ① 판사는 심리의 결과 보호처분이 필요하다고 인정한 때에는 결정으로 다음 각 호의 1에 해당하는 처분을 할 수 있다. <개정 2007. 8. 3.>

1. 행위자가 피해자 또는 가정구성원에게 접근하는 행위의 제한
2. 행위자가 피해자 또는 가정구성원에게 '전기통신기본법' 제2조 제1호의 전기통신을 이용하여 접근하는 행위의 제한
3. 친권자인 행위자의 피해자에 대한 친권행사의 제한
4. 보호관찰 등에 관한 법률에 의한 사회봉사·수강명령
5. 보호관찰 등에 관한 법률에 의한 보호관찰
6. 가정폭력방지 및 피해자보호 등에 관한 법률이 정하는 보호시설에의 감호위탁
7. 의료기관에의 치료위탁
8. 상담소등에의 상담위탁

② 제1항 각호의 처분은 이를 병과할 수 있다.

③ 제1항 제3호의 처분을 하는 경우에는 피해자를 다른 친권자나 친족 또는 적당한 시설로 인도할 수 있다. <개정 2007. 8. 3.>

④ 법원은 보호처분의 결정을 한 때에는 지체 없이 그 사실을 검사, 행위자, 피해자, 보호관찰관 및 보호처분을 위탁받아 행하는 보호시설, 의료기관 또는 상담소 등(이하 '수탁기관'이라 한다)의 장에게 통지하여야 한다. 다만 수탁기관이 민간에 의하여 운영되는

기관인 경우에는 그 기관의 장으로부터 수탁에 대한 동의를 얻어야 한다.

⑤ 제1항 제4호부터 제8호까지의 처분을 한 때에는 행위자의 교정에 필요한 참고자료를 보호관찰관 또는 수탁기관의 장에게 송부하여야 한다. <개정 2007. 8. 3.>

⑥ 제1항 제6호의 감호위탁기관은 행위자에 대하여 그 성행의 교정을 위한 교육을 실시하여야 한다. <신설 2007. 8. 3.>

제41조(보호처분의 기간) 제40조 제1항 제1호부터 제3호까지 및 제5호부터 제8호까지의 보호처분의 기간은 6개월을 초과할 수 없으며, 같은 항 제4호의 사회봉사·수강명령의 시간은 200시간을 각각 초과할 수 없다.

제45조(보호처분의 변경) ① 법원은 보호처분이 진행되는 동안 필요하다고 인정하는 때에는 직권, 검사·보호관찰관 또는 수탁기관의 장의 청구에 따라 결정으로 1회에 한하여 보호처분의 종류와 기간을 변경할 수 있다. <개정 2002. 12. 18.>

② 제1항의 규정에 의하여 보호처분의 종류와 기간을 변경하는 경우 종전의 처분기간을 합산하여 제40조 제1항 제1호부터 제3호까지 및 제5호부터 제8호까지의 보호처분의 기간은 1년을, 같은 항 제4호의 사회봉사·수강명령의 시간은 400시간을 각각 초과할 수 없다. <개정 2007. 8. 3.>

③ 제1항의 처분변경의 결정이 있는 때에는 지체 없이 그 사실을 검사, 행위자, 법정대리인, 보조인, 피해자, 보호관찰관 및 수탁기관에 통지하여야 한다. <개정 2002. 12. 18.>

제46조(보호처분의 취소) 법원은 보호처분을 받은 행위자가 제40

조 제1항 제4호부터 제8호까지의 보호처분의 결정을 이행하지 아니하거나 그 집행에 따르지 아니하는 때에는 직권, 검사·피해자·보호관찰관 또는 수탁기관의 장의 청구에 의하여 결정으로 그 보호처분을 취소하고 다음 각 호의 구분에 따라 처리하여야 한다. <개정 2007. 8. 3.>

1. 제11조의 규정에 의하여 검사가 송치한 사건인 경우에는 관할 법원에 대응하는 검찰청의 검사에게 송치

2. 제12조의 규정에 의하여 법원이 송치한 사건인 경우에는 송치한 법원에 이송

제53조(집행의 불정지) 항고와 재항고는 결정의 집행을 정지하는 효력이 없다.

제63조(보호처분의 불이행죄) 제40조 제1항 제1호, 제2호 또는 제3호의 보호처분이 확정된 후에 이를 이행하지 아니한 행위자는 2년 이하의 징역이나 2천만 원 이하의 벌금 또는 구류에 처한다. <개정 2007. 8. 3.>

제65조(과태료) 다음 각 호의 1에 해당하는 자는 500만 원 이하의 과태료에 처한다. <개정 2007. 8. 3.>

1. 정당한 사유 없이 제24조 제1항의 규정에 의한 소환에 불응한 자

2. 정당한 사유 없이 제44조의 규정에 의한 보고서 또는 의견서의 제출요구에 불응한 자

3. 정당한 사유 없이 검사나 법원이 가정보호사건으로 송치한 제9조 또는 제12조의 규정에 의한 가정보호사건으로서 제40조 제1항 제4호부터 제8호까지의 보호처분이 확정된 후 이를 이행하지 아니하거나 집행에 따르지 아니한 자

4. 외국보호관찰과의 비교제안

보호관찰제도는 교도소를 중심으로 한 수용중심의 범죄인 처우 수단과 함께 중심적인 범죄인 관리 정책의 일환으로 활용되고 있는 것은 이제는 세계적인 추세이다. 그중에서도 영국, 미국, 캐나다 등과 더불어 대표적인 보호관찰 선진국가인 호주는 이미 1세기 전부터 보호관찰제도가 광범위하게 활용되고 있고 그동안 다양한 시행착오를 거쳐 오늘에 이르렀다고 할 수 있을 것이다.

이러한 점에서 호주 보호관찰제도를 심도 있게 연구하고 유용한 제도를 검토·도입하는 것은 단기간 내에 보호관찰 선진국 대열에 들어설 수 있는 방법[298]일 것이다.

호주 보호관찰의 특징은 첫째, 법원, 교도소, 경찰 등 유관기관과의 교류 협력관계가 잘 정립되어 있다는 점이다. 범죄인에 대한 재범방지라는 보다 큰 목표를 두고 각 기관 간의 유기적인 협력이 활성화되어 있다. 먼저 법원과는 각급 법원에 보호관찰관을 파견하여(이들을 Court Duty Officer라고 한다) 법원과 보호관찰조직과의 가교역할을 함은 물론 사회내처우 판결이 예상되는 피고인에 대한 '약식 판결전조사'를 담당하여 판결단계부터 보호관찰관의 개입을 제도화하고 있다.[299] 그리고 준수사항위반자에 대한 공판 심리과정에 참여하여 준수사항위반사실과 보호관찰관의 대상자 지도 내용을 진술함으로써 보호관찰의 실효성을 확보하는 데 크게 도움이 되고 있다.

또한 교도소마다 보호관찰 사무소를 설치하여(이를 Parole Unit이

---

298) 강호성, "호주보호관찰제도에 관한 다양한 기법연구", 법무부 국외훈련보고서, 2007.
299) 호주의 경우 기관마다 3~5개 정도의 상담실을 확보하고 있다.

라고 함) 3년 이상 유기형을 선고받은 재소자에 대한 석방전조사를 실시하고 있다. 그리고 교도소 내의 재소자를 대상으로 한 성폭력, 가정폭력, 약물치료 등의 프로그램에 진행자로 참여하여 프로그램을 진행함으로써 향후 가석방 이후의 보호관찰로 자연스럽게 이어지도록 하는 역할을 담당하고 있다.

둘째, 보호관찰대상자에 대한 면담 및 방문지도가 실질적이며, 체계적으로 이루어지고 있다. 대상자자 편안한 시간에 보호관찰소를 방문하여 면담하는 우리나라와 달리, 호주는 사전예약제를 운용하고 있다. 예약(또는 예고)은 구체적으로 시간까지 선정하며(예컨대 9월 20일 오전 10시) 만일 그 시간에 약속을 지키지 못할 것 같으면 사전에 전화 등을 통해 미리 예약시간을 변경해야 한다.[300] 이렇게 함으로써 보호관찰관에게는 대상자에 대한 지도할 내용을 사전에 준비하도록 하고 대상자에게는 보호관찰소에 출석하는 일을 무척 소중하게 여기게 한다는 점에서 무척 의미가 있다고 하겠다. 다만 이러한 제도를 효과적으로 실행하기 위해서는 호주에서처럼 50명 이내의 적정 규모의 대상자 관리가 선결되어야 할 것으로 보인다.

셋째, 사무실 공간배치와 관련하여 대상자 면담공간과 사무공간이 완전히 분리되어 있다는 점이다. 판결전조사 피고인을 포함하여 모든 보호관찰대상자, 관계인에 대한 면담은 상담실(또는 면담실)에서 이루어진다. 이는 직원들에게 조용한 분위기에서 효과적으로 업무를 수행할 수 있도록 할 뿐만 아니라 대상자들에게도 다른 사람을 의식하지 않는 분위기 속에서 면담에만 전념할 수 있게 한다는 점에서 내실 있는 지도가 가능하다고 할 것이다.

---

300) 사전예약제는 마치 병원에 진료를 예약하는 시스템과 흡사하게 운용되고 있다.

5. 보호관찰처분 및 집행방안

1) 운영프로그램의 문제

보호관찰처분에 병과되는 수강명령 교육은 담당인력과 예산부족 등으로 대상자의 적체현상이 계속되고 있으며, 대부분은 보호관찰소가 아닌 외부기관(시설)에 위탁하고 있는 실정이다.

한편 수강명령은 앞에서도 살펴본 바와 같이 심성개발훈련, 인간관계 및 성교육, 약물남용 폐해교육 등 집단처우의 형태를 띠고 있다.

집단처우의 방법은 한 사람의 치료사가 다수를 상대로 동시에 치료를 할 수 있기 때문에 개인처우보다는 경제적이다. 집단처우의 또 하나의 장점은 개인보다는 단체가 문제를 더 잘 해결할 수 있다는 것이다.[301]

그러나 이러한 성격의 수강명령프로그램이 현실적으로는 몇 가지로 한정되어 있기 때문에 장시간의 수강명령을 받은 자는 그 규정된 시간을 채우기 위해 중복하여 강의를 들어야 하는 실정이며, 프로그램의 획일화 현상이 지속되면서 대상자에게 필요하고 적합한 교육이 제대로 이루어지지 못하고 있다.

이러한 현실적인 프로그램의 도입과 개발이 없이는 비행을 방지하고 예방하기 위한 수강명령의 효율성을 기대하기 어려운 것이다. 따라서 집단처우의 중요성을 생각할 때, 수강명령을 위한 예산 및 전문인력을 충원하여 아직까지 활성화되어 있지 않은 다양한 집단처우프로그램의 개발·보급함이 시급하다 하겠다.

최근에는 초등학교나 중학교에서 소년의 인성교육을 위하여 예절교육프로그램을 운영하고 있는데, 다분히 형식적인 수준을 벗어

---

301) Albert Bandura, "Principles of Behavior Modification", New York: Holt, Rinehart Winston, 1969.

나고 있지는 못하고 있으므로 특히 비행소년의 교정을 위해서 보호관찰 운영프로그램에 예절교육이 적극적으로 활용되어야 할 필요가 있다고 본다.302) 또한 비행소년은 단지 비행을 저질렀다는 행위가 있을 뿐, 소년기의 또래의식은 일반소년과 다르지 않으므로 같은 시기에 있는 또래친구들과 진지한 대화의 시간을 폭넓게 가질 필요가 있다. 이때 대화의 방식은 친구로서 또는 상담자와 내담자의 관계로서 다양하게 진행될 수가 있을 것이다.

2) 보호관찰의 처우상 문제

만약 보호관찰로 가석방된 사람이 보호관찰조건을 준수하지 않거나 출석을 회피 또는 명령에 불응하는 것이 장기간 지속되고 있음에도 불구하고 보호관찰관이 이를 관대히 남겨 버린다면, 같은 범죄로 교도소에서 복역 중인 자와 형평에 어긋남은 물론, 이는 국가의 형벌권 행사를 포기하는 결과가 될 것이다.

이와 반대로 보호관찰관이 준수사항 및 출석을 수차례 요구해도 대상자가 이를 고의로 회피하는 경우, 보호관찰관은 마지막 수단으로서 법에 따라 구인·유치 등 제재조치를 가하거나 집행유예 등의 취소 신청을 할 수밖에 없는데, 그는 보호관찰관으로서의 직업적 양심에 따라 이 같은 판단을 내린 것임에도 상사에게서나 사회적으로 비난을 받는 경우가 있을 것이다.

그러나 보호관찰을 제대로 했다면 대상자가 출석을 잘해야 하는 것이 정상이며, 출석을 기피하는 사례가 발생했다면 이는 보호관찰관

---

302) 서울특별시에서는 2001년부터 '서울특별시청소년시설설치및운영에관한조례시행규칙'을 개정하여 청소년비행예방을 위한 목적으로 청소년수련관, 청소년쉼터, 청소년 성문화센터 등의 시설을 활용하여 청소년 예절교육 및 상담, 문제예방업무 등을 지원하고 있다.

이 아닌 대상자에게 문제가 있는 것으로 보아야 할 것이다.

보호관찰 담당 일선에서는 소장이나 보호관찰관의 취향에 따라 보호관찰의 구인 활용률이 좌우되기도 한다. 피상적으로 구금을 피하기 위하여 보호관찰을 부과했는데 구인, 유치를 한다면 보호관찰에 대한 의미가 있느냐고 반문을 제기하기도 하나, 보호관찰은 구금을 해도 되는 사람을 선행의 유지 및 준수사항이행 등을 조건으로 조건부 방면을 한 것이기에 다시 구인, 유치를 하고 집행유예취소를 한다고 하여 보호관찰정신에 어긋나는 것은 아니다. 대상자의 출석불응 등은 교도소로 치면 도주사고에 해당하는 중대한 것이기 때문이다.

보건복지부 소속의 복지기관이 아닌 법무부 소속의 보호관찰이 법집행을 엄정하고 공정히 하기 위해서는 일단 기강이 바로서야 한다. 보호관찰이 범죄자에게 강한 이미지를 심어 주어, 판사가 내린 결정에 성실히 따르도록 만들기 위해서는 약한 보호관찰이 되어서는 안 된다. 범죄자가 사회에 마음대로 돌아다니도록 놔두어서는 일반시민의 안전을 위협하고 재범의 가능성이 늘어나나, 제재조치는 형법의 형벌과 마찬가지로 실제로 행사되지 않더라도 범죄자에 대한 위하적 효과를 가져 보호관찰가간 동안 보호관찰관의 지도감독에 무사히 따르도록 하는 순기능도 가진다. 그리고 실제로 제재조치가 집행되지 않는다면, 대상자 입장에서는 보호관찰소에 출석해야 할 이유가 없을 것이다.

따라서 보호관찰은 범죄자와 개인의 교화개선뿐만 아니라, 사회안전 확보를 목적으로 하고 있는바 제재조치는 사회안전을 위하여도 필수적 전제가 될 수밖에 없다.

6. 집중보호관찰 처우프로그램의 문제

집중보호관찰(Intensive Supervision Probation)이란 재범위험성이 높은 대상자를 특별히 선정하여 일반보호관찰보다 접촉횟수를 늘리고, 감시감독의 강도를 높이며, 특수한 프로그램을 실시하는 등 범죄와 연결될 수 있는 기회를 최대한 차단시킴으로써 재범의 유혹을 막고 사회안전을 확보하고자 하는 제도이다.

이와 같은 집중보호관찰은 일원화된 정의가 내려져 있는 제도가 아니라, 지도감독 강도의 강화 이외에도 다양한 기타 제도와의 결합을 의미한다. 즉 보호관찰과 야간외출금지의 결합, 정기·부정기의 빈번한 마약 또는 알코올테스트 실시, 특별준수사항의 부과, 가택구금과의 결합, 전자 감시의 실시, 각종 프로그램에의 참석의무 부과 등 다양하다.

한편 집중보호관찰은 중간제제(Intermediate Sanction) 또는 중간처벌(Intermediate Punishment)의 한 형태로 불린다. 중간처벌이란 일반보호관찰에 처하기에는 위험성이 높고, 구금형에 처하자니 형벌이 지나치게 가혹한 범죄자에게 중간적 형태의 처벌을 제공하는 것을 말한다. 즉 구금을 회피하면서도 처벌의 효과를 충분히 줄 수 있는 제재를 지역사회 내에서 구현하자는 것이다. 중간처벌에는 가택구금, 전자감시, 충격보호관찰, 사회봉사명령, 수강명령, 피해자에 대한 배상명령 등이 있는데, 일반적으로 보호관찰과 결합되어 부과된다.

우리나라의 집중보호관찰은 2001년부터 법무부 관찰과 예규에 의하여 시험적으로 시행하고 있다. 다만 소년원 가퇴원자들에 한한다. 우리나라의 집중보호관찰은 접촉횟수를 월 2회 정도로 하고 있는데, 단지 접촉횟수만을 1회에서 2회로 늘렸다고 해서 집중보호관찰이라고 할 수 없다. 이는 기존의 미흡했던 보호관찰을 가퇴원자들에 한하여 원상태로 정상화시킨 것에 불과할 뿐이다. 또한 인력·장비 부족으로 집중보호관찰의 요소인 현장방문도 제도의 뜻만큼 이루어지지 않고 있는 실정이다.

이러한 점으로 볼 때, 진정한 의미의 집중보호관찰은 지도감독의 횟수도 중요하지만, 그 방법이 핵심이다. 예컨대 미국의 경우 31개 주의 접촉횟수는 월 15회 내지 24회가 30%로 가장 많으며, 다른 중간제재방식인 전자감시, 가택구금, 보호관찰비용 및 벌금부과, 약물검사 등과 결합하여 사용되는 경우가 일반적이다. 보호관찰관의 담당건수도 보통 1인당 10~50명 등으로 적은 수를 유지하기 때문에 가능하다.

우리나라의 경우에 집중보호관찰의 정상적인 운영을 위해서는, 장기적으로는 형벌구조의 개선을 통하여 구금과 보호관찰의 중간단계의 형벌을 형법에 도입하는 것이 요구되나, 단기적으로는 현체제 안에서도 부분적이나마 운영을 정상화할 수 있다.

예를 들어 설명하면 아래와 같다. 약물사범, 성폭력사범, 청소년성매매사범, 청소년범죄자 등 재범위험성이 높고 집중관리가 필요한 범죄유형별로 집중보호관찰 전담 관찰관을 지명하고, 접촉횟수를 월 15회 이상으로 늘린다. 집중보호관찰관의 사건담당건수도 30명 정도로 한다. 구체적으로 약물사범에 대해서는 불시 또는 정기적으로 가정, 학교, 직장 등을 방문하여 약물검사를 실시한다. 또한 성폭력사범, 청소년성매매사범 등에 대해서는 야간외출금지, 음주금지를 명하며, 불시에 가정을 방문하여 이를 확인한다. 이러한 다

양화된 처우프로그램이 마련될 때 진정한 집중보호관찰이 실시된
다고 말할 수 있을 것이다.

제4절 소년보호관찰제도의 문제와 활성화 방안

1. 보호관찰과의 관계정립

보호관찰은 1989년 도입 당시 소년법에 보호처분으로서 입법화
되었으나, 이후 1997년 개정형법을 통해 형사처분으로 규정되면서
다른 형벌과의 관계가 명확하게 설정되어 있지 못하다. 뚜렷한 법
적 성격의 정립 없이 개념과 제도만을 그대로 흡수한 결과 현재의
학계, 실무, 사법부 등은 보호관찰제도에 대하여 아직까지도 혼선
을 빚고 있는 실정이다.

특히 대법원은 보호관찰을 '보안처분'이라고 해석한 바 있다(대
판 1997. 6. 13. 97도703). 이는 보호관찰이 최초로 규정된 '1997개
정형법' 이전에 범한 범죄에 대하여 법원이 보호관찰을 부과하려는
과정에서 '형벌불소급의 원칙'과의 충돌을 회피하기 위한 현실적
이유에서 나온 판례로서, 보호관찰의 본질을 순수하게 파악하지 못
한 판례다.

보호관찰의 법적 성격에 대해서는 현재 ① 보안처분설 ② 변형
된 형벌집행설 ③ 독립적 제재수단설 등이 제기된다.[303]

---

[303] 보호관찰이 (i) 장래의 위험으로부터 사회를 방위하기 위한 목적도 가지며, (ii) 구금형을
회피하기 위한 것이며, (iii) 구금형과 또 다른 독립적인 제도로서의 성격도 있다는 점에서
위 3가지 학설 모두 일견 타당성이 있으나 보호관찰의 일면만을 파악한 견해라고 본다.

특히 대법원 판례와 같이 보호관찰을 일률적으로 '보안처분'이라고 규정짓는 것은 잘못이다. 첫째로, 보호관찰이 장래의 위험성으로부터 사회를 방위한다는 목적도 가지는 것은 사실이나 이는 보호관찰 이외에 징역, 금고 등의 형벌도 기본적으로 가지는 기능이므로 이를 근거로 보호관찰을 보안처분이라 단정 짓는 것은 무리한 해석이라고 본다.

둘째로, 형벌은 책임원칙을 근거로 부과되나, 보안처분은 책임원칙이 아니라 장래의 위험성을 근거로 취해지므로 보호관찰을 보안처분이라고 해석하는 것은 형벌과 보안처분의 근본적인 차이를 무시한 것이다.

다만 현재 많은 법률에 제각기 규정된 보호관찰은 그 법적 성격을 달리하므로 이를 일률적으로 논할 성질의 것은 아니라고 본다.

현재 보호관찰을 부과할 수 있도록 규정한 법률은 형법, 소년법, 성폭력범죄의 처벌 및 피해자보호 등에 관한 법률, 가정폭력범죄의 처벌 등에 관한 특례법 등이 있다. 이 중 대표적으로 몇 가지만 검토해 보고자 한다.

형법상 보호관찰은 아직까지 형법 제41조가 규정한 형의 9가지 종류는 아니나 형벌의 집행유예, 선고유예 등과 함께 과해지는 명령이라는 점에서 형벌의 병과처분이지만 그 자체로는 독립된 형법상의 제재라고 볼 수 있다. 이 경우 책임원칙이 적용되는 형벌에 유예되는 보호관찰은 근본적으로 형벌로서의 기능과 성격을 가진다고 보아야 할 것이다.

또한 소년법상 보호관찰은 형벌 대신에 과하여지는 처분으로 이는 소년범죄를 비범죄화, 비형사처벌화하는 특수한 처분으로 이해하여야 한다. 따라서 보안처분을 규정한 사회보호법상의 보호관찰은 보안처분임이 명백함을 알 수 있다.

2. 조직운영상의 문제

법무부는 보호감호제도 폐지, 소년원 수용인원 급감, 사회내처우의 중요성 증대 등 보호행정을 둘러싼 형사정책적 환경변화에 대응하기 위해 소년원·소년분류심사원 통폐합 및 보호관찰·소년보호직렬 공무원의 통합을 위한 '보호국 조직혁신 추진계획'을 2005년 3월에 수립하여 추진하였다. 그 주요 내용은 ① 수용인원이 급감한 부산·광주·대구소년분류심사원 폐지 및 인근 소년원으로 이관 ② 시설이 노후한 충주소년원 폐지 ③ 소년보호·보호관찰직렬통합으로 유사중복기능을 통폐합하고 업무량에 따른 인력 조정 ④ 보호국 내 3개 과로 분산되어 있는 인사·예산업무를 주무과인 보호과로 일원화되는 것이다.

이 계획에 따라 2006년 8월 15일 전직인원 104명을 포함해서 기능직·간호직 등 150명이 보호관찰소로 전출 또는 정원이체 되었다.

법무부는 소년범에 대한 사회내처우의 중요성 증대, 다이버전의 확대 등 변화된 환경에 맞게 소년사법시스템을 재구축하는 한편, 각계의 의견을 수렴하여 소년법을 전면 개정하기 위해 2005년 6월 소년사법제도혁신추진방안을 마련하고 동년 8월 구체적인 추진계획을 수립하였다.

이 방안의 주요 내용은 ① 미결구금 소년범을 성인범과 분리, 소년원 등에 수용, ② 실질적 소년전담검사 체제 구축, ③ 검사 결정전 전문가에 의한 소년의 인성·환경 조사 실시, ④ 보호관찰선도

조건부 기소유예제도 활성화, ⑤ 보호처분의 내실화·다양화 및 기소 전 단계의 다이버전 확대 등을 주요 골자로 하는 소년법 전면 개정을 추진하는 것이었다.

당초 3개 소년분류심사원 및 충주소년원이 폐지될 예정이었으나 소년사법제도 혁신방안에 따라 소년분류심사원의 소년범 미결수용을 추진하기 위해 대구보호관찰소 신축이 결정된 대구소년분류심사원과 충주소년원만 계획대로 폐지하고 부산·광주소년분류심사원은 존치시키는 등 일부 기능조정계획에 변경이 있었다.

보호국 조직혁신 계획에 따라 2005년 5월 소년보호·보호관찰직 직렬통합을 위한 공무원임용령 개정협의서를 중앙인사위원회에 제출하였다. 그러나 중앙인사위원회의 공무원 분류체계 개편계획에 때라 개정절차가 지연되던 중 2005년 11월 중앙인사위원회에서 직렬통합에 대한 구성원의 실질적인 의견수렴을 요구해 옴에 따라 보호국에서는 소년보호·보호관찰직 직렬통합 추진계획(2005. 11. 15.)을 수립하고 직렬통합을 위한 태스크포스를 구성하였다. 이 위원회는 관찰과장, 소년제1과장 외에 각 직렬 7명씩 총 16명으로 구성되었으며, 자체회의 및 논의결과에 대한 여론수렴 절차를 거쳐 2006년 14~16일에 걸친 최종합의안에 대한 양 직렬 전 직원의 투표를 통해 2005년 1월 10일 통합안을 최종 확정하였다. 통합직렬의 명칭은 의견수렴을 통해 '보호직'으로 최종적으로 결정되었으며, 이에 따라 2006년 6월 12일 공무원임용령이 개정·공포되고 2007년 1월 1일자 시행이 예정됨에 따라 직렬통합절차는 마무리되었다.

소년보호기관 기능조정에 따라 2007년 7월 1일자로 소년보호직 146명을 포함한 소년보호기관 소속 공무원 205명이 보호관찰소로 전출되었으며, 양 직렬의 합의에 따라 소년보호직 출신이 전출되더라도 승진명부는 별도로 당분간 관리되게 된다. 또한 별정직 직업훈련교사 일부는 교도소로 재배치될 계획이다.

유휴시설 활용방안은 아직 최종 확정되지 않았으나 부산·광주소년분류심사원에는 보호관찰소가 입주할 예정이며, 그 외 지역은 지역사회 청소년비행예방센터의 설치 등 다양한 방안이 논의되고 있다.[304]

3. 제도운용상의 문제

1) 선도보호제도의 문제

선도보호제도는 외국의 입법례나 형사정책의 운용에는 없는 우리나라 특유의 소년보호대책으로서, 공무원이 아닌 민간인인 선도보호위원에 의해 이루어진다는 점과 법원에서 유죄판결을 받지 아니한 비행소년에 대해서도 실시할 수 있다는 점에서 본래의 보호관찰제도와는 차이점이 있다.

운용상의 문제점은 ① 선도위원이 무보수의 명예직일 뿐만 아니라 직무수행 과정에 필요한 경비를 자신이 부담하면서도 아무런 법적 권한도 인정되지 않기 때문에 지속적인 효과를 기대하기가 곤란하다. ② 상임선도위원은 소년비행이나 범죄 및 상담의 전문가가 아니라도 지역사회의 신망 있는 인물이면 누구나 가능하기 때

---

[304] 청소년비행예방센터는 지역사회의 위기청소년과 비행초기단계 청소년을 대상으로 문제유형별 전문교육과 체험활동 중심의 인성교육을 실시하는 대안교육 센터로서, 교육대상은 중·고등학교장이 의뢰한 징계학생, 복교전 학생, 검찰에서 특별교육조건부 기소유예처분을 받은 청소년, 법원에서 대안교육이수명령을 받은 보호관찰대상자, 보호관찰소 수강명령대상 청소년 등이다. 2008년 4월 기준으로 전국에 인천, 안산, 의정부, 청주, 대전, 부산, 창원, 광주 등 8개의 청소년비행예방센터가 운영 중이다.

문에 이들에 의해 효과적인 교정처우가 가능할지 의문이다. ③ 실제적으로 선도위원들은 다른 직책도 겸하고 있기 때문에(예, 개발위원·자문위원·청소년담당위원·갱생보호위원 등) 이러한 직책들을 하나하나 효과적으로 이행할 수 있을지가 의심스럽다. ④ 선도위원직이 자발적으로 얻어지는 게 아니라 관에 의해 위촉되기 때문에 여기에 따르는 문제가 있을 수 있다. ⑤ 선도보호는 선도관찰제도의 하나인데도 법적인 근거 없이 훈령 정도의 형식으로 규율하는 것과 대상자 선정에 있어서 법원에 의한 유죄판결이나 판단을 거치지 않고, 수사 단계에서 검사의 판단으로 보호관찰에 부하는 것도 문제점이다. 이러한 문제점에 대한 개선방안은 말할 것도 없이 외국의 입법례(구체적으로 어떠한 입법례인지 언급할 것)와 같이 전면적으로 보호관찰제도를 도입하여 선도보호가 발전적으로 해체되어 흡수되어야 하는 것이다.305)

이러한 문제점을 보완하기 위하여 관계법령을 개정, 보호관찰부 선도유예제도를 1997년부터 실시해 오고 있으나 이해 부족으로 그 운용은 다소 미미한 실정이다. 이러한 보호관찰부 선도유예제도가 정착되면 일본 등의 경우처럼 선도위원은 공무원인 전문직 보호관찰관을 도와 관찰업무를 보조하는 등 보다 적극적인 활동이 기대될 수 있을 것이다.

2) 다이버젼의 확대문제

경찰은 현행 소년법이 경찰이 적발한 비행소년을 법원으로 전건 송치하도록 규정하고 있어 사안의 경중에 관계없이 불필요한 사법

---

305) 김진환, 앞의 논문, 121면.

절차에 따른 낙인효과 등 전과자를 양산하고 있으며, 법원·검찰의 보호처분이나 선도조건부 기소유예 등 소년법 선도대책의 효과가 미흡하다고 보고 있다.[306]

이러한 문제점 해결을 위해 2003년부터 일부 경찰서에서 '소년범 조사 시 전문가참여 방안'을 시범 실시한 후, 그 결과를 바탕으로 2004년 7월부터 경찰단계에서 경미한 범죄를 저지른 소년을 훈방하는 '소년범 경찰 다이버전' 도입 필요성을 공식적으로 제기하였다. 경찰청은 이러한 소년사건처리절차 개선방안을 법제화하기 위하여 경찰서별로 설치된 선도심의위원회에서 훈방을 결정할 수 있도록 규정하는 '소년범죄예방 및 선도에 관한 특별법(가칭)'의 제정을 2005년부터 의원입법으로 추진하였다.

그러나 경찰 단계에서의 다이버전(Diversion)에 대한 법적 근거의 수립은 부처 간의 의견 차이와 소년법의 기본구조와의 모순 등을 이유로 반영되지 않았다. 현행 소년법은 비행소년과 범죄소년에 대한 처리절차를 규정하고 있는 법률인바, 범죄소년에 대해서는 일반 형사소송법 규정의 준용을 전제로 하고 있다. 따라서 경찰 단계에서의 다이버전을 허용하게 되는 경우 형사소송법에 규정된 검찰의 수사지휘권이 범죄소년에 대해서만 예외적으로 적용되지 않는다는 문제점이 발생한다. 즉 소년법의 개정을 통한 경찰의 다이버전 허용은 일반 형사절차의 원칙과 모순되는 결과가 발생한다.

따라서 소년사건에 대한 경찰 단계에서의 다이버전을 허용하기 위해서는 소년법의 개정과 동시에 형사소송법의 개정이 이루어져

---

306) 이금형, "청소년 인권보호를 위한 사법처리절차 개선방안", 인권정책연구회 제2차 토론회 자료집(청소년인권보호와 다이버전 도입방안, 장향숙 의원실), 2004, 14면.

야 한다. 이에 대해서 소년법개정위원회는 추후에 심도 깊은 논의
를 통해 결정하기로 하였다. 한편 검찰 단계에서의 다이버전의 유
형인 조건부 기소유예에 대한 규정은 소년법에 신설하였다.[307]

4. 상담역량의 강화

1) 전문 상담원을 활용한 초기상담 실시

충실한 초기면담을 통한 대상자 분류 및 처우계획의 수립이 보
호관찰의 중요한 기초 자료가 됨에도 불구하고 체계적인 매뉴얼이
없어 업무의 표준화가 어렵고, 직원별 면담내용의 편차가 커 자료
로서의 가치가 적었다는 사실은[308] 대상자에 대한 초기면담이 신고
시에 주로 이루어지고 있으나 시간상의 제약으로 충분한 면담시간
확보가 어려운 실정이다.

따라서 심층적 초기면담 실시를 위해서는 청소년상담실의 전문
상담원협력기관을 활용하여 지역사회 내 시설과의 결연관계구축으
로 협력을 활성화하고 보호처분자에 대한 초기면담 전담시스템을
도입하고 매월 초에 개시교육 종료자를 대상으로, 담당직원이 상담
원과 면접대상 청소년 및 보호자와 면담시간을 예약한 후 청소년
상담실에서 초기면담을 실시하여 사회봉사, 수강명령 병과자는 명

---

307) 소년법 제49조의 3(조건부 기소유예) 검사는 다음 각 호에 해당하는 선도 등을 받게 하고
   피의사건에 대한 공소를 제기하지 아니할 수 있다. 이 경우 소년 및 소년의 친권자, 후견인
   등 법정대리인의 동의를 받아야 한다.
   1. 보호관찰관 · 범죄예방자원봉사위원의 선도
   2. 소년의 선도 · 교육과 관련된 단체 · 시설에서의 상담 · 교육 · 활동 등
   3. 소년원 · 소년분류심사원에서의 특별교육
308) 2002년도 형사정책연구원에 연구용역 의뢰한 보호관찰대상자의 재범예측에 관한 연구에서
   밝혀진 바 있다.

령 집행 완료 후 보호관찰관실이 인수한 후 활성화하는 방안이다.

이는 심층면담을 통한 문제진단이 가능하여 처우계획 수립이 용이할 뿐만 아니라, 보호자 - 대상자 간 갈등해소에 큰 기여를 할 것으로 기대되는 부문이다. 구체적 방안으로는 지능형 보호관찰통합정보스템(PIIS)의 입력항목과 연계되어 자료의 실용성을 제고하고 초기상담 결과를 보호관찰관이 직접 검토·종합평가 후 PIIS(Probation Integrated Information System)에 입력하여 이를 분류의 기초 자료로 활용하는 한편, 처우계획서를 작성하여 처우프로그램 배치 및 원호 등 업무에 활용하는 등 장학금을 수여하는 대상자 선정에 활용하도록 한다.

2) 심리검사실 설치

가정폭력, 성폭력대상자 및 심리검사가 필요한 자를 대상으로 심리검사와 임상면접을 통해 재범위험성 예측 및 처우계획을 수립하도록 한다.

즉 MMPI(다면적 인성검사지), K - WAIS(지능검사 세트),[309] MBTI (성격 유형지표) 등 30여 종의 심리 검사도구를 활용하여 검사한 후 대상자를 특성별 지도·감독하는 등 전문화 실현, 대상자 특성 연구, 재범예측도구 및 특성별 표준 수강프로그램 개발을 위한 기초 자료를 확보하도록 한다.

---

309) K - WAIS: 웩슬러 지능검사는 데이비드 웩슬러가 1939년에 제작하였으며 오늘날 학교에서 가장 많이 사용되고 있는 개인용 지능검사 중의 하나이다. 어떤 장애가 있다고 의심이 되는 경우에는 어떤 형태로든 지능 평가가 요구되는데 이에 사용할 수 있는 지능검사이다.

5. 위반소년에 대한 교육 강화

1) 충격보호관찰(Shock Probation/Shock Incarceration)

충격보호관찰[310][311] 또는 분리선고(Split Sentence)는 범죄자가 짧은 기간 동안 구치소나 교도소에 구금되어 있다가 다른 보호관찰 프로그램으로 석방되는 형태의 보호관찰프로그램이다.[312]

엄밀한 의미에서 이는 범죄자가 실제로 구금되기 때문에 완전한 보호관찰이라고는 말할 수 없다.[313]

충격보호관찰의 목적은 범죄자에게 고립과 교도소 생활의 고충과 정서적 어려움을 가르쳐 주고, 수용의 경험을 통해 교도소 생활의 엄격함을 체감하도록 개인에게 '충격'을 준다. 또한 장기적인 수용 생활의 폐해에 물들지 않고 범죄자로 하여금 자신들의 범죄의 심각성을 일깨워 주고, 범죄자에게 필요한 사항을 보다 면밀히 평가할 기회를 제공하고 교도소에서 제공하는 훈련 및 교육서비스를 이용할 수 있다. 그리고 구금을 통해 사회에 대하여 안전을 제공할 수 있다는 것이다.[314][315]

---

310) shock probation: (명) 쇼크 요법적보호관찰 Subscribe to Time Magazine; For many a first offender the worst part of prison comes in those shocking first days behind bars. Stunned by the strip search on entering, the frightening, unfamiliar vastness of the prison and the long incarceration stretching ahead, the new inmate is overwhelmed. On the theory that the first taste of prison may have at least as much curative effect as the full dose, a few states, including Indiana and Ohio, have quietly been practicing what they call "shock probation."

311) 이태언 외, 앞의 책, 377면.

312) 진수명, "보호관찰프로그램으로서의 병영훈련", 형사정책연구소식 제41호, 1997, 21면.

313) 김상균 외, 앞의 책, 134면.

314) 이태언 외, 앞의 책, 377면.

315) 충격보호관찰의 기본전제는 구금의 '충격'이 범죄자로 하여금 앞으로의 범죄행위 가담을 회피하게 만든다는 것이다. 그러므로 충격보호관찰프로그램은 억제와 재통합이라는 두 가지 중심주제를 갖고 있다. 이 프로그램은 대상자가 자발적으로 참여하도록 하고 구금의 기간이

충격보호관찰의 기본 전제는 구금의 '충격'이 범죄자로 하여금 앞으로의 범죄행위 가담을 회피하게 만든다는 것이다. 그러므로 충격보호관찰프로그램은 억제와 재통합이라는 두 가지 중심 주제를 갖고 있다. 이 프로그램은 대상자가 자발적으로 참여하도록 하고 구금의 기간이 비교적 짧은 범죄자들을 대상으로 한다.

2) 병영훈련(Boot Camp)

충격보호관찰의 한 형태로서의 교도소 수용 대신에 군대와 같은 환경에 구금시키는 방법이다. 충격보호관찰과 병영훈련과의 차이는 충격보호관찰이 범죄자에 대하여 군대와 같은 엄한 훈련에의 참여를 선고하지 않고 구치소 구금만을 선고하는 반면에, 병영훈련 프로그램은 재소자의 행동을 통제하기 위하여 군대와 같은 엄한 규율과 훈련을 실시하는 프로그램을 제공한다.[316)]

병영훈련[317)]은 1983년 조지아 주의 교정국에서 특별대안적 구금 프로그램(Special Alternative Incarceration, SAI)을 운영함으로써 처음으로 시작되었다. 병영훈련의 기간은 대개 3달에서 6달 정도이다. 이 기간 동안에 병영훈련 입소자들은 행진, 작업과 재활에 필요한 수업에 참여한다.[318)] 일반적으로 이 프로그램은 어린 범죄자들을 대상으로 하는데 보호관찰이 범죄자에게 적절한 처벌이 될 수 없다는 일반인들의 인식에 상당한 긍정적인 효과를 거둘 수 있

비교적 짧은 범죄자들을 대상으로 한다. Champion, Dean J., Probation, Parole, and Community Corrections, 2nd ed, NJ: Prentice Hall, 1996, pp.139 - 141. 진수명, 앞의 책, 21면 재인용.

316) 김상균 외, 앞의 책, 135면
317) Boot Camp: ≪미·구어≫ 신병훈련소.
318) 진수명, 앞의 책, 22면.

다. 특히 범죄자들에게는 일반적인 구금조차도 너무 편안한 것이라고 생각하는 사람들과 엄격한 훈련만이 핵심이라고 믿는 사람들에게 효과가 크다. 이 외에도 병영훈련은 엄격한 처벌과 함께 형기를 단축시킴으로써 교정비용을 절감시킬 수 있고, 교정 측면에서는 교도소 과밀화를 완화시킬 수 있는 것으로 볼 수 있다.

병영훈련과 기술 그리고 육체적 단련에 더하여 병영훈련의 교육과정에는 감정표출요법, 재교육, 약물방지교육과 석방 전 교육과 같은 처우프로그램 등이 있다. 엄격한 강사들은 보호관찰대상자들에게 긍정적인 투영과 지원을 통하여 역할기대를 충족시킬 인물, 상담자, 행동변화의 주체로 역할을 할 것을 요구한다.

이러한 프로그램을 마친 범죄자들은 수용되었던 재소자들에 비하여 자신들의 경험에 대해 훨씬 긍정적으로 생각하였다. 이 프로그램의 치료에 대한 강조가 긍정적인 평가를 이끌어 내는 한 요인이 될 수 있을 것이다.

저 자신도 오랜 보호관찰관의 경험을 통하여 보호관찰대상 청소년은 물론 소년봉사명령대상자나 수강명령대상자의 고의적인 집행명령 회피나 준수사항을 위반하는 습관적 태도는 익히 경험한 바 있다. 이러한 정신적인 나태와 해이된 태도를 가진 소년대상자들의 교육 방법으로 준수사항 위반에 대한 대가에 상응하는 강력하고 적극적인 정신교육과 과감한 육체교육 방안이 마련되어야 할 것이다.

더 나아가 법과 사법절차를 쉽고 재미있게 배울 수 있는 체험형 법 프로그램을 마련하여 기본적이고 기초적인 법교육활동도 바람직하며 대상은 자신이 행한 일에 대하여 남의 탓으로만 돌리는 반사회적 성향(Antisocial Personality)을 가진 소년이나 초·중·고등학생에 이르기까지 확대하여 교육함도 좋을 거라고 생각한다.

6. 보호관찰 특성별 처우프로그램 개발

성폭력 치료프로그램 외에 프로그램당 15명 내외를 조로 편성하여 학교폭력 및 소년 절도사범을 대상으로 한 예절교육, 분노조절 프로그램, 미술치료 및 독서치료프로그램 등 다양한 소집단 처우프로그램을 도입하는 등 지역사회자원을 적극 유치하여 전문적 처우프로그램을 실시하도록 한다.

구체적 예시로 부모 교실을 열어 모자가정·부자가정 등 결손가정 출신자와 국민 기초생활보호대상자 출신의 저소득·소외계층 대상자들의 부모들을 주요 대상으로 하며, 교육을 통하여 자녀교육에 무관심 내지는 방치되고 있는 비정상적인 상황의 치유·개선토록 하며, 대상자들을 위한 자활(self-rehabilitation)지원 프로그램을 만들어 보호관찰 종료예정자 또는 가해제 예정대상자를 주요 대상으로 하거나, 선도위탁대상자 등 단기보호관찰대상자를 위한 처우프로그램으로 활용토록 한다.

7. 개정 소년법의 변화와 향후 추진과제

1) 개정 소년법의 변화

(1) 소년법 개정의 배경

그동안 소년비행의 초기에 적절한 처우를 통하여 소년비행이 소년범죄로 전이되지 않도록 해야 한다는 의견이 주장되었다. 이는 재범비율을 낮추는 방안이기도 하다. 소년사건과 관련된 문제점은 소년법에 규정되어 있는 기존의 소년사건 처리절차 및 보호처분에 대한 개정을 요구하게 되었다. 특히 1988년 개정 이래 단 한 차례의 개정도 없이 유지되어 온 소년법이 최근의 소년사건의 문제점에 적절히 대처하고 있지 못하다는 지적에 따라 전면적인 개정이 요구되었다.[319] 이러한 개정의 요구를 감안, 경찰서장 송치사건의 법원 접수현황의 예 〈표 83〉을 첨부하였다.

표 83 경찰서장 송치사건(촉법소년 · 우범소년) 법원 접수현황

구분 \ 연도	2000	2001	2002	2003	2004	2005
법원 접수 계	36,520 (100.)	30,706 (100.0)	26,811 (100.0)	24,222 (100.0)	22,810 (100.0)	24,353 (100.0)
경찰서장 송치	5,863 (16.1)	4,741 (15.4)	4,512 (16.8)	4,474 (18.5)	4,881 (21.4)	6,060 (24.8)

자료: 법원행정처 사법연감
※ 실제 우범소년으로 소년법원에 송치되는 예가 거의 없다는 점을 감안하면 위 경찰서장 송치현황은 대부분 촉법소년 송치현황임.

소년법 개정의 추진 배경을 살펴보면 그동안 법무부는 소년법 주관부처로서 2004년부터 내부적으로 소년사법혁신방안을 연구해 오다가, 소년법 전공 교수 · 청소년단체 · 검찰 · 법원 등 각계 인사로 구성된 '소년법개정특별분과위원회'를 2005년 12월 2일 발족하고 본격적으로 소년법 개정을 추진하여 왔다.

법무부는 소년법 개정을 위한 주요 검토과제로 ① 소년사법 기본방향으로서의 균형 · 회복적 사법 도입, ② 수사단계에서의 다이버전 확대, ③ 보호처분의 다양화 · 내실화, ④ 검사선의주의와 법

---

319) 원혜욱, "법무부 소년법 개정안의 개요", 법무연수원, 2007, 65~83면.

원선의주의, ⑤ 소년보호사건의 대상, ⑥ 소년범 인권보장 관련 규정 강화, ⑦ 청소년비행예방에 관한 기본규정 신설 등 7가지를 제시하고 있었다.

소년법 개정논의는 먼저 법원에서 공식적으로 시작하였는바, 2004년 7월 5일 서울가정법원은 내규 제95호에 근거하여 '가사소년제도개혁위원회'를 발족하고 제3분과위원회에서 소년사건제도 개선을 논의하였다.

가사소년제도개혁위원회 제3분과위원회는 2004년 7월 20일부터 2005년 2월 14일까지 9주차에 걸쳐 회의를 진행하여 소년재판 및 소년범의 인권보장에 관한 개선방안, 법원선도 도입 여부 등에 관한 논의 및 의결을 하였고, 이를 조문화한 소년법개정안과 가정법원 7대 개혁과제에 관한 건의문을 2005년 6월 법원행정처에 제출하였다.

(2) 소년법의 내용의 변화

개정 소년법의 보호관찰 관련 주요 내용과 변화내용을 정리하여 보면 다음과 같다.

가. 소년보호 대상연령 변화

우선 법 적용 연령 및 촉법소년, 우범소년 연령을 인하하였는데 만 19세는 대학생 연령대로, 소년범의 연령이 낮아지고 범행내용도 사회적 문제화로 이어지기 때문이다. 따라서 범죄소년은 20세 미만에서 19세 미만으로, 촉법 및 우범소년은 12세 이상에서 10세 이상으로 변화하였다. 그러므로 만 19세는 이 법이 적용되지 않고, 만 10세와 만 11세 소년에게는 이 법이 적용됨을 알 수 있다.

최근 우리나라의 촉법소년에 대한 통계를 살펴보면 2005년에는 촉법소년의 인원이 소년범죄 법원접수 전체 인원의 24.8%에 해당하고 있으며, 촉법소년의 비율이 지속적으로 증가하고 있다. 이는 소년범죄가 저연령화되고 있다는 주장에 대한 증거가 되고 있다. 이와 같이 소년범죄의 저연령화와 소년의 육체적·정신적 발육의 정도가 과거보다 빨라졌다는 점과 비행소년의 조기발견과 조기처우가 범죄예방에 중요하다는 점을 고려한다면 촉법소년의 하한연령을 인하하는 것이 타당하다.

이러한 관점과 연계하여 〈표 84〉에서 초·중·고등학교 학교폭력 피해현황을 살펴보고자 한다. 이는 촉법소년의 연령인하에 대한 주장으로 이어지는데 최근 학교폭력이 초등학교에서도 발생하고 있는 상태를 감안한다면 설득력을 가질 수 있다. 초등학교에서의 학교폭력 피해자가 전 중학교, 고등학교에서의 피해자보다 많다는 것은 학교폭력이 초등학교에서도 행해지고 있다는 사실을 증명하는 자료가 될 것이다. 이는 촉법소년에 의한 비행이 심각한 사회문제로서, 이에 대한 적극적인 대처가 필요하다는 것을 나타낸다.

표 84 초·중·고등학교 학교폭력 피해현황(2006년)

구분	총 학생 수(명)	학교폭력 피해자	피해율(%)
초등학교	4,022,895	716,075	17.8
중등학교	2,015,022	338,524	16.8
고등학교	1,783,049	142,644	8

자료: 청소년폭력재단, "학교폭력 실태조사 추이분석"
초등학생 학교폭력 피해율은 계속 증가추세: 2001(8.5%), 2002(13.7%), 2003(17.5%), 2006(17.8%)

이에 개정안의 내용은 소년법 제4조 제1항 제2호 '……10세 이상……'으로 촉법소년의 연령을 하향 조정하였다.

나. 소년보호제도 운용의 변화

최근 개정한 소년법은 소년보호사건에 국선보조인 제도를 도입하였다. 기존의 소년법은 형사소송법상의 국선변호인제도 같은 것이 없어 소년범의 인권에 미흡함을 보완하고자 하였는데 특히 위탁소년에 대해서는 국선보조인 선임이 필수적이며, 위탁소년이 아니라도 필요시 국선보조인 선정이 가능토록 하였다.

또한 보호처분의 다양화와 내실화, 보호처분의 기간을 조정하여 현실에 맞게 조정, 보완하였다. 기존의 소년법은 소년의 품행 교정을 위한 실효성 있는 처분이 되지 못하였고 실효성 제고 및 인권보호를 위해 보호처분의 기간 조정의 필요성이 제기되었다.

이와 함께 사회봉사명령 및 수강명령을 독립처분으로 하여 활용을 확대하였으며 1개월 이내 소년원에 송치하는 처분을 신설하여 보호관찰 명령에 대한 준수의무를 확대하였다. 그리고 인성 위주의 대안교육을 강화하였고, 청소년단체 상담·교육, 외출제한명령, 보호자교육 명령제도를 도입하였다. 사회봉사명령 및 수강명령 시간 및 단기보호관찰 기간을 각각 연장한 것과 장기 소년원 송치처분의 수용상한 기간도 명문화한 것도 다양한 변화 중의 하나로 주목된다.

마지막으로 검사 결정전조사제도를 도입하였는데 그간 소년사건 수사단계에서 소년의 품행 및 환경조사가 미흡하거나 부족하였는데 검사가 보호관찰관 등 전문가가 조사한 소년의 품행, 환경 등 분석자료를 토대로 사건의 처리를 할 수 있도록 명문화하였다. 그리고 조건부 기소유예제도를 도입, 명문화하였는데 그간 법무부 훈령으로 실시되어 왔으나 법적 근거가 미약하다는 비판을 받아 왔었다.

이제까지 범죄예방에 대한 지역사회인사의 자원봉사자에 대한 정책적 활용방안이 마련되어 있지 않아 혼선이 있었는데 소년법에 명문화와 동시에 선도의 내용을 범죄예방위원 선도, 소년선도·교육과 관련된 단체·시설에서의 상담·교육으로 다양화함이 특색이다.

이러한 활동 규정은 경미한 소년범에 대한 사법절차 회부를 막을 수 있어 낙인방지 및 범죄예방에 기여하는 바가 매우 크다고 말할 수 있다.

비행예방정책 기본 규정을 신설하였는데 구법에서는 소년사건의 사후처리 절차만을 규정하여 왔으나 신법에서는 청소년 비행 예방을 위해 체계적이고 종합적인 비행예방 대책을 마련하는 데 중점을 두고 있다.

다. 소년법 개정 관련 과제와 의견

보호관찰은 소년법과는 불가분의 관계가 있다고 말할 수 있다. 소년법의 개정을 통하여 한 단계 진전된 인권보장과 처우합리화에 기여할 수 있을 것으로 기대되지만, 과연 개정소년법이 21세기 인권의 시대에 걸맞은 새로운 소년사법제도로서의 역할과 기능을 적절하게 수행해 내기 위해서는 많은 노력이 필요하다.[320] 개정소년법은 문제현실의 기저를 이루는 전통적인 소년보호이념이 지닌 이중성과 한계, 사법체계와 복지행정체계 간의 연계부족 등의 문제를 여전히 가지고 있기 때문이다. 따라서 개정소년법에서는 이러한 문

---

320) 신의기, 범죄예방정책의 현황과 과제, 법무부 범죄예방정책국, 2008, 25면.

제의 해결보다는 사법기관 중심으로 수행체계를 강화시킨 측면이 있음을 알 수 있고 이러한 개정작업은 끝이 아니라 새로운 시작으로서의 의미를 가진다고 할 수 있다. 이를 좀 더 구체적인 측면에서 이해를 돕기 위하여 소년법이 개정되어 시행되기 전에 보호관찰을 담당하는 범죄예방정책국 소속 공무원들에게 소년법 개정 관련 의견을 설문지로 작성하였다. 소년법 개정 관련 의견은 〈표 85〉와 같다.

표 85 소년법 개정 관련 의견(N = 272)

구분	소년법 개정 관련 의견	평점
연령관련	소년법 적용연령 상한선 하향조정	3.72
	촉법소년 및 우범소년의 연령 하향조정	3.27
	사회봉사명령, 수강명령 부과연령 하향조정	3.54
심리절차	소년심리절차에 국선보조인제도 신설	3.49
	소년심리절차에 진술권 보장	3.58
	소년심리절차에 화해권고 신설	3.53
보호처분	독립처분으로 수강명령과 사회봉사명령제도 도입	3.80
	1개월 이내 소년원 송치제도 도입	3.73
	감호위탁과 보호관찰 병과가능	3.34
	1개월 이내 소년원송치와 장기보호관찰 병과가능	3.61
	보호관찰처분의 부가처분 신설	3.54
	단기보호관찰 기간연장	3.75
법·제도	검사의 결정전조사제도 신설	3.35
	검사의 조건부 기소유예제도 신설	3.29
	비행예방정책 관련 규정 신설	3.38

2) 회복적 사법제도

(1) 회복적 사법 도입의 필요성

〈표 86〉에서 보는 바와 같이 소년범죄의 전과횟수와 관련한 재

범률이 2005년 말 31.0% 이상을 지속적으로 유지하면서 현행 소년 사법체계에 대한 근본적인 변화가 요구되며, 기존의 형사사법체계에서 피해자에 대한 인식 부족으로 가해자와 피해자의 갈등이 해결되지 않아 범죄가 반복되어 사법체계에 대한 적극적인 변화가 요구된다.[321] 또한 대부분의 피해소년이 방치되고 있는 실정에서 피해자에 대한 보호가 요구되기 때문에 제도의 도입이 필요하다. 응보형 모델과 사회복귀모델이 재범방지에 효과적이지 않다는 비판에 근거하여 제3의 대안으로 회복적 사법모델에 대한 연구가 행해지고 있다.

표 86 소년범 전과현황(2000~2006)

전과 연도	계	전과 없음	전과횟수				미 상
			소계	1범	2범	3범 이상	
2000	143,643 (100.0)	90,875 (63.3)	50,018 (34.8)	22,608 (15.7)	11,311 (7.9)	16,099 (11.2)	2,750 (1.9)
2001	130,983 (100.0)	80,942 (61.8)	47,488 (36.3)	20,942 (16.0)	10,342 (7.9)	16,204 (12.4)	2,553 (1.9)
2002	115,423 (100.0)	71,662 (62.1)	41,150 (35.7)	18,326 (15.9)	9,036 (7.8)	13,788 (11.9)	2,611 (2.3)
2003	96,085 (100.0)	61,025 (63.5)	33,013 (34.4)	14,751 (15.4)	7,263 (7.6)	10,999 (11.4)	2,047 (2.1)
2004	72,770 (100.0)	44,267 (60.8)	24,536 (33.7)	11,187 (15.4)	5,227 (7.2)	8,122 (11.2)	3,967 (5.5)
2005	67,478 (100.0)	42,017 (62.3)	20,915 (31.0)	9,307 (13.8)	4,601 (6.8)	7,007 (10.4)	4,546 (6.7)

주: 대검찰청 범죄분석(단위: 명)

(2) 회복적 사법의 개념

회복적 사법(Restorative Justice)이라는 개념[322]은 1977년 바아넷

---

321) 원혜욱, 앞의 논문, 67면.

트(R. E. Barnett)에 의해 당시 북미에서 피해자와 가해자 사이를 조
정하기 위해 활용되었던 여러 원칙들을 지칭하는 의미로 사용된 이
래 수많은 학자 실무가들의 이론적 검토와 실무운용의 경험을 통해
매우 다양한 모습으로 발전해 왔다.

　따라서 회복적 사법의 기본이념은 다양한 방식으로 표현될 수 있고,
회복적 사법에 대한 국내외 문헌상의 정의는 회복적 사법에 관한 실
무프로그램의 숫자만큼이나 다양하다. 어떤 사람은 핵심적 가치나 원
칙을 강조하고, 어떤 이는 그 성과와 목표에 중점을 두는가 하면, 특정
한 절차나 프로그램에 관한 설명으로 회복적 사법을 정의하기도 한
다.323) 회복적 사법에 대한 정의가 다양한 만큼 그 명칭에 관해서도
‘관계적 사법(Relational Justice)’, ‘적극적 사법(Positive Justice)’ 또는
‘재통합적 사법(Reintegarative Justice)’ 등 다양한 표현이 사용되어 왔
지만 현재는 회복적 사법이라는 표현이 일반적인 용어로 정착되었다.

　회복적 사법324)의 실천원리는 본래 아메리카원주민, 하와이원주
민, 캐나다의 아메리카원주민(Canadian first Nations) 그리고 마오리
족(Maori) 문화 등 다양한 토착적 전통으로부터 유래한 것이다. 이
원리들은 또한 대부분의 종교에서 강조하는 가치들을 내포하고 있
다. 모든 회복적 사법실무(프로그램)는 범죄자에 대한 응보나 처벌

---

322) 회복적 사법이라는 개념은 1970년대 후반에 처음 사용되었는데 당시 이 용어는 북미와 유
　　럽에서 행해지고 있는 다양한 형태의 피해자·범죄자조정프로그램을 표현하는 말이었다.

323) 독일의 형법학자 야콥스(Jakobs)는 당사자 사이의 자율적인 갈등 해결이 규범적 기대를 부
　　분적으로 인식적 기대로 전환시킬 수 있다고 하면서, 그 한도에서 회복적 사법은 충분한 적
　　극적 일반예방의 기능을 수행하고 형벌의 불필요성을 근거 지을 수 있다고 본다(Jakobs,
　　Strafrecht, A.T., 2 Aufl., 1993, 1. Abs. Rn. 13c).

324) 회복적 사법은 피해자·가해자조정프로그램과 밀접한 관련성을 갖고 있다. 이 프로그램은
　　영국, 뉴질랜드, 호주, 독일 등에서 도입되어 운영되고 있다. 결국 회복적 사법에서는 범죄
　　자의 행위결과인 해악적인 효과에 초점을 맞추어 적극적으로 배상과 사회복귀절차에 피해
　　자와 범죄자를 관련시킨다.

이 아니라, 피해자에 대한 지원과 원조의 중요성을 강조한다.

1970년대와 1980년대 서구선진국에서는 주로 검찰에 의해 주도되는 응보적 형사사법체제가 주류를 이루고 있었지만, 그러한 상황에서도 피해자 중심적인 새로운 사법모델이 초기형태로 도입되기 시작하였다.

1970년대 후반부터 가시화된 회복적 사법에 관한 초기 연구의 가장 큰 공로자는 미국 펜실베이니아(Pennsylvania) 아크론(Akron) 시에 위치한 메노나이트 중앙위원회의 형사사법부장(Director of the National Criminal Justice Office of Mennonite Central Committee)으로 일하던 쩨어(Howard Zehr)라고 평가된다.[325]

그렇지만 1970년대에는 아직 회복적 사법이 형사사법과 소년사법의 정책입안자들이나 실무가들에게 진지하게 받아들여지지 않았다. 1970년대 중반 이후 북미에서는 종교단체와 민간단체를 중심으로 수많은 형사화해프로그램이 활동하고 있었음에도 불구하고, 민사조정(Civil Court Mediation)에 관하여 주도적 역할을 수행해 온 미국변호사협회(ABA)조차 형사화해프로그램이 태동한 후 20여 년이 지나도록 형사조정(Criminal Mediation)에는 거의 관심을 기울이지 않았다. 미국의 사법실무에 회복적 사법모델이 수용된 것은 1990년대 이후의 일이다.

---

325) 형사화해 모델의 발전에는 크리스티(Nils Christie)의 '재산으로서의 분쟁(1977)'이라는 논문도 큰 영향을 미쳤다. 크리스티는, 탄자니아(Tanzania) 아루샤(Arusha) 지방의 공동체 내 분쟁해결방식을 소개하면서, 현대의 징벌적 형사사법 시스템에서는 분쟁 해결의 권한이 당사자로부터 전문가집단으로 넘어가고 말았다고 비판한다. 그는 파괴적이고 비생산적인 형벌시스템을 시민참여에 의한 조정, 보상과 화해라는 건설적 시스템으로 전환해야 한다고 주장하였고, 그 영향을 받은 캐나다와 미국의 형사화해프로그램은 주로 법률전문가가 아닌 민간자원봉사단체에 의하여 운영되게 되었다.

1994년 미국 변호사협회는 형사화해를 전적으로 수용하고 전국적 차원에서 형사화해 실무를 발전시키기로 하였으며, 1996년에는 미국 연방법무성도 전국의 정책입안자들과 실무자들을 참가시킨 가운데 회복적 사법에 관한 최초의 전국적 회합을 개최하였고, 미네소타대학 사회사업대학(School of Socialwork University of Minnesota)의 회복적 사법 및 조정 센터(center for restorative Justice & Mediation)에 의뢰하여 형사화해프로그램에 대한 전국규모의 조사연구를 실시하였다.

1990년대 중반에는 미국에만도 300개 이상의 형사화해프로그램(Victim - offender Mediation Program)이 설치되었고, 그 밖에도 지역사회봉사단체(Creative Community Services), 지역민 분쟁해결프로그램(Neighborhood Dispute Resolution), 피해배상프로그램(Financial Restitution with Victim input) 또는 피해자 - 가해자 대화그룹(Victim Offender Dialogue Groups or Panels) 등 수많은 회복적 사법프로그램들이 성립하였는데, 그 형태가 워낙 다양하여 완전히 파악하기는 어렵지만, 적게 잡아도 1천 개가 넘는 회복적 사법프로그램이 미국 전역에 산재해 있다.[326]

(3) 회복적 사법의 정책적 제안

이상의 논의를 바탕으로 이제 소위 삼원주의[327]로서의 회복적

---

[326] 유럽에서도 1980년대 이후 형사화해에 대한 관심이 증대되어 영국·독일·프랑스·벨기에 등에서 형사화해프로그램이 성립하였고, 주로 소년사법의 영역에 한정되긴 했지만 형사화해제도 도입을 위한 제도개혁도 추진되었다. 이에 관해 자세한 내용은 김용세 외, "형사화해제도 도입을 위한 입법론적 연구", 한국형사정책연구원, 2001, 35면.

[327] 회복적 사법은 형벌을 완전히 대체하거나 최소한 부분적으로 형벌에 대신할 수 있다. 그 입법론적 모형은 형벌과 보안처분 외에 존재하는 '제3의 유형'이라는 형식을 고려할 수 있다. 형벌과 보안처분의 이원주의 이외의 '제3의 유형'이라는 의미는 회복적 사법이 형벌 목적의 달성에 기여

사법의 이념을 우리의 형사체계에서 어떻게 구체화할 수 있는가의 방안을 찾아보고자 한다.

이러한 회복적 사법의 조정절차의 형사정책적인 의미는 행위자와 피해자의 화해를 촉진하고 그럼으로써 원상회복을 범죄극복의 일차적 수단으로 상정한다는 데 있다.[328] 원상회복은 관련 당사자 사이의 화해를 이끌어 낼 때 가장 형사정책예방수단으로서의 효용가치를 높일 수 있는 것이므로 조정절차는 원상회복이 형법적 예방목적에 기여할 수 있는 최적의 절차적 공간이 된다.[329] 따라서 조정절차의 입법론적 도입은 적극 검토되어야 한다.[330]

이러한 논의는 회복적 사법을 형사법의 법적 효과의 체계에 구체화하는 방식은 다양하지만, 이 문제는 궁극적으로는 우리 사회가 회복적 사법에 의한 범죄사건의 해결에 얼마나 관용적인가 하는 물음에서 시작하여야 할 것이다. 우리의 형사사법에서는 엄격한 처벌보다는 화해나 합의를 중시하고 있다는 현실을 찾을 수 있다.[331]

예컨대 우리 형법 체계는 다수의 친고죄와 반의사불벌죄를 규정하고 있다. 이는 우리 형법은 범죄피해자의 회복적 사법을 요인으로 한 당사자 간의 자율적인 갈등 해결을 부분적으로 인정하고

하는 한 그만큼 형벌을 대체하거나 최소한 감경시킬 수 있다는 점에 있다. 즉 제3원으로서의 형사제재라는 논의의 중점을 회복적 사법이 전통적인 형벌에 대한 '대체기능'(Ersetzungsfunktion)을 갖는다는 것이다. 이러한 대체기능의 이론적 기초는 보충성원칙이다.

328) Roxin, in: FSchoch(Hrsg.), Wiedergutmachung, S.52; G. Weigend, Deliktsopfer und Strafverfahren, S. 541.

329) Schoch, in: Eser/Kaiser/Madlener(Hrsg.), Neue Wege der Wiedergutmachung im Strafrecht, 1990, S.77f.

330) 이호중, 형법상의 원상회복, 형사법연구 제12권, 1999, 327면.

331) 김상균 · 조미숙 · 신석환, 형사사법 복지정책론, 2007, 297면.

있다고 해석할 수 있다. 더구나 반의사불벌죄는 우리 형법 고유의 제도로서 회복적 사법과 당사자 사이의 화해가 형벌에 우선한다는 점을 분명히 보여주고 있기 때문이다. 한편 가해자가 회복적 사법을 이행하였을 때 검사의 기소 재량과 법관의 양형에서도 유리하게 고려된다. 형사절차에서 범죄피해자의 피해에 대한 손해배상을 해결하기 위하여 또한 배상명령제도를 채택하고 있다. 이러한 제도들을 범죄피해자에 대한 회복적 사법이 부분적으로나마 형벌을 완화하거나 대체하는 기능을 담당하고 있음을 입증하는 것이다.

2007년도 12월 21일 소년법의 개정이 이루어져 2008년 6월 22일부터 시행되고 있는 법 제25조의 2[332)]에 소년심리절차에 피해자 진술권이 보장되어 있어 이를 보다 정책적인 측면에서 적극적으로 받아들여 활용해야 할 것을 제안한다. 〈표 87〉은 응보적 사법패러다임과 회복적 사법패러다임의 장단점을 비교한 내용이다.

---

332) 제25조의 2(피해자 등의 진술권) 소년부 판사는 피해자 또는 그 법정대리인 · 변호인 · 배우자 · 직계친족 · 형제자매(이하 이 조에서 '대리인등'이라 한다)가 의견진술을 신청할 때에는 피해자나 그 대리인등에게 심리 기일에 의견을 진술할 기회를 주어야 한다. 다만 다음 각 호의 어느 하나에 해당하는 경우에는 그러하지 아니하다.
　1. 신청인이 이미 심리절차에서 충분히 진술하여 다시 진술할 필요가 없다고 인정되는 경우
　2. 신청인의 진술로 심리절차가 현저하게 지연될 우려가 있는 경우

	응보적 사법	회복적 사법
1	범죄는 국가에 대한 도전으로 파악된다.	범죄는 한 개인에 대한 침해로 정의된다.
2	이미 저질러진 과거의 행위에 대한 책임비난과 유죄의 확정에 초점을 둔다.	무엇을 해야 할 것인지, 책무와 장래의 문제 해결에 초점을 둔다.
3	적대적 관계와 절차의 원칙	대화와 협상의 원칙
4	징벌을 통한 고통 부과, 억지와 예방	화해, 회복을 위한 수단으로서의 배상
5	사법적 정의는 목적과 절차에 의해 파악된다. 적법절차	사법적 정의는 정당한 관계와 결과로 파악된다.
6	사람과 사람 사이의 갈등이라는 범죄의 속성은 은폐되고 억압된다. 갈등은 개인과 국가의 문제로 이해된다.	범죄가 사람과 사람 사이의 갈등이라는 사실을 받아들인다. 갈등을 인정한다는 점에 가치가 있다.
7	특정한 사회적 피해를 다른 것으로 대체	사회적 피해의 회복에 중점을 둔다.
8	지역사회를 배제한 채, 국가가 대리한다는 추상적 원리를 적용	지역사회는 회복적 사법절차에서 중개자(facilitator)의 역할을 수행한다.
9	대립적이고 독립적인 가치의 존중	상호관계의 존중
10	국가가 가해자에게 직접 작용한다. · 피해자는 소외된다. · 가해자는 피동적이다.	피해자와 가해자가 함께 절차에 참여한다. · 피해자의 권리와 기대는 존중된다. · 가해자는 스스로 책임을 수용한다.
11	가해자의 유책성은 형벌의 전제가 된다.	유책한 가해자에게는 자기 행동의 악영향을 이해하고 어떻게 상황을 바로잡을 것인지 결정하도록 돕는다.
12	범죄행위는 법에 의해 도덕적, 사회적, 경제적 및 정치적 반가치로 정의된 것이다.	범죄행위의 도덕적, 사회적, 경제적, 정치적 가치는 총체적 맥락에서 이해된다.
13	국가와 사회에 대한 추상적 '부채'가 문제된다.	부채와 책무는 피해자에 대한 것으로 이해된다.
14	가해자의 과거의 행동에 대한 대응	가해자의 행동이 낳은 유해적 결과에 대한 대응
15	범죄의 낙인은 회복되지 않는다.	회복적 조치를 통해 범죄의 낙인이 회복된다.
16	회오와 용서를 외면한다.	회오와 용서의 가능성이 열려 있다.
17	직업적 대리인을 통한 방어	절차에의 직접 참여

출처: Mark S. Umbreit, 2001: pp.31 - 32.

가. 비독자적 제재로서의 회복적 사법

회복적 사법(원상회복)을 형의 유예제도와 결합하여 집행유예나 선고유예의 조건으로 부과하는 방법이다.[333] 이는 형법상의 대체제

---

333) 독일형법 제56조의 b가 대표적인 입법례이다. 비교법적 내용은, 이호중, 형법상의 원상회복에 관한 연구, 1997, 제4장 참조.

재에 의하여 이행이 담보되어야 한다는 것으로 소위 '상징적 원상회복'으로서 사회봉사명령을 대체제재로 하는 방안이 유용할 것이다.[334] 이러한 관계를 감안한다면 회복적 사법은 형사제재로써 구현이 가능할 것이다. 형법 제59조의 2[335]에 따라 선고를 유예할 때에는 보호관찰을, 집행유예를 하는 경우에는 보호관찰과 사회봉사명령 또는 수강명령을 대체제재로 부과할 수 있다.

이러한 경우에 있어서 회복적 사법을 선고유예나 집행유예의 조건으로 부과할 수 있는 것이다. 즉 '피해자에게 손해배상을 할 것'을 보호관찰의 준수사항의 하나로 부과하는 방법이다.

'보호관찰 등에 관한 법률'(이하 '보호관찰법'이라 한다) 제32조 및 보호관찰법 시행령 제19조는 법원과 보호관찰위원회가 보호관찰대상자에게 부과할 수 있는 특별준수사항을 "보고관찰대상자의 생활력, 심신상태, 범죄 또는 비행의 동기, 거주지의 환경 등으로 보아 보호관찰대상자가 준수할 수 있다고 인정되고 자유를 부당하게 제한하지 아니하는 범위에서 개선, 자립에 도움이 된다고 인정되는 구체적 사항이어야 한다."고 하고 있다. 이에 따르면 피해자에 대한 손해의 회복적 사법을 보호관찰의 준수사항으로 부과하여야 할 것이다.

나. 독자적 제재로서의 회복적 사법

회복적 사법은 그것이 규범 신뢰를 안정화하는 데 충분히 기여

---

334) 이호중, 앞의 논문, 325면.

335) 제59조의 2(보호관찰) ① 형의 선고를 유예하는 경우에 재범방지를 위하여 지도 및 원호가 필요한 때에는 보호관찰을 받을 것을 명할 수 있다. ② 제1항의 규정에 의한 보호관찰의 기간은 1년으로 한다.

335) 이호중, 앞의 논문, 326면.

하는 한 형벌을 대체하는 독자적인 제재수단으로 활용하는 데 주
저할 이유가 없다. 회복적 사법을 형법 고유의 형사제재로서 형벌
을 대체하는 독자적인 제재수단으로 적용하는 것은 충분히 가능하
며 바람직한 방안일 것이다.

비교법적으로는 영국의 피해보상명령(Compensation Order)을 예
로 들 수 있다. 우선 형법 고유의 독자적인 제재로서 회복적 사법
은 '손해의 전보'라는 기준에 의하여 결정되는 것이 아니라, 행위
자와 피해자의 관계에서 범죄로 인한 갈등의 원만한 해결을 위하
여 회복적 사법이 얼마나 기여할 수 있는가에 의하여 결정되어야
한다. 그러한 의미에서 회복적 사법(원상회복)은 피해자의 손해회복
의 이익뿐만 아니라 범죄자의 경제력에 대한 고려를 필요로 한다.
범죄자의 이행 능력을 무시하고 오로지 손해회복이라는 민사법적
관점에서 회복적 사법이 고려된다면 그것은 행위자에 대한 특별예
방의 효과를 달성할 수 없을 뿐만 아니라, 자칫하면 행위자의 이행
불능이 곧 대체제재에 의하여 마치 채무자를 구금한다는 결과가
될 수 있기 때문이다.

3) 향후 추진과제

2008년 6월 22일부터 적용, 실시되고 있는 개정 소년법에 대해서
도 최일선의 담당인력인 보호관찰조직 내의 의견반영에도 많은 관
심이 있어야 할 것이다. 특히 이번 개정된 소년법이 시행됨에 따라
제기될 수 있는 새로운 문제점들에 대해서도 인식함이 필요하며, 이
를 해결하기 위한 향후 추진과제에 역량을 집중해야 할 것이다.

설문으로 실시한 조사분석에서도 소년법 개정에 관한 의견에서

연령과 관련하여 견해차가 확인되었으며, 새로운 법·제도의 개선과 함께 실제 일선에서의 각종 심리절차와 보호처분을 강화해야 한다는 의견이 확인되었다. 특히 소년법 제32조[336]에서 보호처분의 결정에 대하여 6호와 7호의 문제로 6호 처분은 소년보호시설 중간처우의 성격을 가지고 있어 보호소년에 대한 낙인효과와 과밀수용에 따른 문제점을 해소할 수 있는 전문인력과 프로그램의 부족, 재정지원의 미흡으로 인한 보호소년의 특성에 맞는 수탁기관의 부족 등의 문제가 제기된다.[337] 이에 대한 개선방안으로는 전문성 있는 독립적 소년법원체계의 수립과 운용, 전담기관의 설치, 그룹홈의 운영, 전문인력 확보 및 시설 간 협력네트워크의 구축 등이 제시되고 있다.

다음으로 정신질환이 있거나 약물남용과 같은 의학적 치료 요양이 필요한 보호소년에 대하여 병원이나 요양소에 위탁하는 7호 처분은 해당 보호소년의 개선·교화·보호를 위해 가장 실효성 있는 보호처분에 해당한다. 그럼에도 시설의 부족이나 예산의 미흡함으로 인하여 거의 활용이 되지 못하고 있는 문제점이 있다. 따라서 수탁치료병원과 수탁요양소를 확충하고 또한 위탁비용을 국가가 부담함으로써 활성화할 것이 요청된다.[338][339]

---

336) 제32조(보호처분의 결정) ① 소년부 판사는 심리 결과 보호처분을 할 필요가 있다고 인정하면 결정으로써 다음 각 호의 어느 하나에 해당하는 처분을 하여야 한다. 이는 1호 처분인 보호자 또는 보호자를 대신하여 소년을 보호할 수 있는 자에게 감호를 위탁하는 것을 비롯하여 10호 처분의 장기 소년원 송치까지로 구분되어 처분을 결정할 수 있다.

337) 배종대, 형사정책, 2007, 507면.

338) 배종대, 앞의 책, 507면 이하.

339) 심재무, "한국소년보호제도의 문제점과 그 개선방안", 비교형사법연구 제10권 제2호, 한국비교형사법학회 2008, 607면.

따라서 이러한 6호 처분자만이 생활하면서 국가기관에서 설립한 공교육직업전문시설이나 위탁할 수 있는 전문적인 직업교육시설을 설치하여 지도를 받을 수 있도록 할 것이 요구되며 또한 7호 처분에 대해서도 이러한 전담 전문 병원 설립을 통하여 안정된 치료의 방법과 연계된 지도를 계속해 나갈 수 있는 제도적 방법을 찾아야 할 때이다.

제5절 결론

전통적으로 범죄로부터 사회를 보호하는 방법으로 범죄의 사전적 예방활동보다는 범죄자의 재범방지에, 그리고 재범방지를 위하여 범죄자를 교도소 등에 수감하여 사회로부터 격리시키는 시설내처우가 그 중심이 되어 왔다. 하지만 범죄자를 일정기간 시설 내에 격리·구금한다고 하여 사회가 완전히 방위되는 것은 아니다.

따라서 20세기에 이르러 각국의 형사정책 방향은 목적형·교육형주의로 대표되는 특별예방이론의 영향 아래 범죄자의 격리·구금을 통한 사회방위로부터 구금을 수반하지 않는 사회내처우를 통하여 범죄자를 개선·갱생시킴으로써 사회를 방위하려는 방향으로 발전해 왔으며, 보호관찰과 갱생보호는 사회내처우제도의 중심축을 이루고 있다.

특히 보호관찰제도는 유죄가 인정된 범죄자에게 선행을 조건으로 일정기간 형을 유예함으로써 자유로운 가운데 사회생활을 영위하게 하는 한편 국가의 감독을 받게 함으로써 범죄자의 재사회화를 돕고자 하는 제도이다. 보호관찰제도는 사회의 보호, 범죄인의 교화·개선과 사회복귀 그리고 범죄의 예방이라는 측면에서 사회방위, 청소년복지, 인권보장이라는 세 가지 이념에 지배되고 있어 현대 교정이념의 실현에 가장 적합한 시도로 평가받고 있는 것도 사실이다. 그러나 우리나라는 아직 보호관찰제도의 역사가 짧고, 사회적 인식이 낮아 체계적으로 정착되어 있지 못한 실정이며, 보호관찰대상에 대한 집단처우프로그램의 개발이나 연구 그리고 이를 담당할 전문인력의 확보가 매우 미약한 수준에 있는 것이 사실이다. 또한 제도의 미비, 예산 및 시설의 부족, 실질적 처우기술의 미숙 등의 많은 문제를 내포하면서 불완전한 상태로 운용되고 있는 문제점을 가지고 있다.

이 연구에서는 현행 보호관찰제도의 실태분석과 운용상의 문제점, 특히 소년보호관찰 운용실태를 중심으로 보호관찰기구 및 담당인력, 특히 혁신적 직렬통합 사례로서 보호관찰 및 소년보호의 조직통합 후 직무만족과 보호관찰제도 활성화 방안에 관한 요인, 보호관찰의 개시 전 활동 및 실행, 운영프로그램상의 문제점을 알아보면서 이에 대한 개선방안으로서 기구의 확충을 비롯하여 전문인력 확보를 위한 사회사업적 접근방안을 소개하고, 보호관찰 개시 전 활동 및 실행에 있어서의 지도감독 및 원호업무와 판결전조사의 개선방안과 함께 집단처우프로그램에 있어서의 예절교육프로그램과 상담활동의 중요성을 소개함으로써 소년비행의 방지를 위한 보호관찰제도의 활성화 방안을 모색해 보았다.

연구결과에서 제시한 소년보호관찰상의 문제점과 개선방안을 다시 한 번 요약정리하면 다음과 같다. 먼저 현재 보호관찰관으로 재직 중인 현직공무원을 대상으로 소년보호관찰과 관련하여 설문조사를 실시한 결과, 나타난 의견을 다음과 같이 요약할 수 있다. 보호관찰관들은 보호관찰 및 소년보호의 직렬통합으로 인한 개선책과 앞으로의 발전방안은 보호관찰조직이 지속적으로 풀어 나가야 할 과제로 인식하고 있었다. 세부적인 내용을 보면, 보호관찰업무를 수행함에 있어 시급히 해결되어야 할 문제로 보호관찰활동에 필요한 차량지원이나 장비보완에 대한 의견이 많았다. 또 그에 따른 예산과 인력증원에 대한 요구도 많이 차지하였다.

최근 소년법 개정 등으로 각종 소년보호 업무들이 전문화하고 있는 점도 주목해야 할 사안이라 하겠다. 더 나아가 판결전조사제도를 성인범으로 확대하는 문제와 집중보호관찰프로그램의 도입에 대한 보호관찰 일선 공무원들의 공감대가 많이 형성되어 있다는 점을 비추어 볼 때, 앞으로도 계속적인 연구를 통하여 관련 제도를 수정해 나가야 할 것으로 보인다.

지역사회 연계활동에서 현행 범죄예방위원제도의 개선안에 대해서도 새로운 시각에서의 접근이 필요할 것이다. 현행 보호관찰업무에서 지역사회와의 업무협조 및 범죄예방위원 관리제도가 부족한 실정에서 좀 더 효과적인 범죄예방위원제도로 발전시켜 나가야 할 것이다.

특히 소년보호관찰활동의 활성화를 위해 현재의 운영적인 측면과 제도적인 측면에서 문제점은 다음과 같다. 우선 소년보호관찰활동의 운영적인 측면에서 문제점을 지적하면 다음과 같은 것들을 제시할 수 있다. 먼저 보호관찰조직의 독립성에 대한 문제이다. 대부분의 국가에서 범죄예방정책국장(구보호국) 등 고위직을 보호관찰 전문가가 담당하고 있으나 다만 일본에서는 보호국장과 총무과장을 검사가 맡고 있는 정도인데 우리나라는 범죄예방정책국장(구 보호국)뿐만 아니라 인사주무과장과 주무과의 고위직책을 모두 검사가 맡고 있다. 수사전문가인 검사에게 사실상 정반대의 기능을 가지고 있으며, 잦은 인사이동으로 인하여 보호관찰에서 요구되는 전문성을 기대하기는 쉽지 않다. 그러므로 현재의 구조로서는 정책입안자들의 전문성의 취약 때문에 보호관찰에 관한 새로운 기법이나 정책의 개발을 기대하기가 어렵다.

두 번째는 기동장비보완의 문제이다. 보호관찰관의 주 업무인 대상자 거주지 방문지도, 구치소 등에의 판결전조사, (긴급)구인·유치 등 일상적으로 반복되는 출장업무를 위해서는 보호관찰관팀당 1대의 차량이 지급되는 것이 원칙이다. 한 소에 수명 내지 수십 명의 보호관찰관(각 팀 팀장)의 관찰관이 활용하기에 턱없이 부족한 실정으로 장비보완의 문제를 해결함이 시급한 실정이다.

세 번째는 보호관찰처분 및 집행의 문제이다. 그중에서 보호관찰처분에 병과되는 수강명령 교육은 담당인력과 예산부족 등으로 대상자의 적체현상이 계속되고 있으며, 대부분은 보호관찰소가 아닌 외부기관(시설)에 위탁하고 있는 실정이다. 수강명령프로그램이 현실적으로는 몇 가지로 한정되어 있기 때문에 장시간의 수강명령을 받은 자는 그 규정된 시간을 채우기 위해 중복하여 강의를 들어야 하는 실정이며, 프로그램의 획일화 현상이 지속되면서 대상자에게 필요하고 적합한 교육이 제대로 이루어지지 못하고 있다. 현실적인 프로그램의 도입과 개발이 없이는 비행을 방지하고 예방하기 위한 수강명령의 효율성을 기대하기 어려운 것이다. 집단처우의 중요성을 생각할 때, 수강명령을 위한 예산 및 전문인력을 충원하여 현재 활성화되어 있지 않은 이와 같이 다양한 집단처우프로그램의 개발·보급함이 시급하다 하겠다. 이 시점에서 프로그램 개발에 대하여 다행인 것은 우리나라의 강점 중의 하나인 IT산업을 연계하여 응용한 보호관찰의 선진화는 상당한 수준에 있다[340]고 할 수 있는데 '유비쿼터스' 시스템 개발과 '전자발찌' 제도 등을 그 예로 들 수 있다.

넷째, 소년보호 및 보호관찰 처우상의 문제이다. 만약 보호관찰로 가석방된 사람이 보호관찰조건을 준수하지 않거나 출석을 회피 또는 명령에 불응하는 것이 장기간 지속되는 경우, 국가의 형벌권 행사를 포기하는 것이다.

다섯째, 소년보호와 소년법 개정과 관련된 문제를 지적하였다. 이와 관련된 세부적인 문제내용은 보호사건에서의 대상, 소년보호대상 상한연령의 하향조정문제, 우범소년의 규정에 대한 문제들이다.

여섯째, 집중보호관찰 처우프로그램의 문제점이다. 지도감독기법(분류심사, 개별처우)의 문제와 제도 자체의 미비점을 지적할 수 있다. 우리나라의 경우에 집중보호관찰의 정상적인 운영을 위해서는, 장기적으로는 형벌구조의 개선을 통하여 구금과 보호관찰의 중간단계의 형벌을 형법에 도입하는 것이 요구되나, 단기적으로는 현체제 안에서도 부분적이나마 운영을 정상화할 수 있다.

일곱째, 판결전조사제도의 문제점이다. 이의 구체적인 문제점으로 지적할 수 있는 것은 판결전조사의 전문성 확보 문제, 성인범으로의 판결전조사의 확대필요성, 판결전조사제도의 정형화·제도화

---

340) 신의기, "범죄예방정책의 현황과 과제", 법무부 범죄예방정책국, 2008, 45면.

에 관한 문제이다. 현재 법원에서의 판결전조사 의뢰 기준이 제도
화되어 있지 않은 관계로 판결전조사를 활용하는 법원별 편차가
심하고, 개별 법관의 필요와 인식에 의존하고 있는 관계로 조사 수
요를 예측하기 어려워, 조사 전담 직원 배치가 어렵고 조사인력에
대한 충원 계획을 세우는 데 어려운 면이 있다는 점이다.

여덟째는 지역사회 교정활동의 문제점이다. 현재 전국의 보호관
찰소는 지역사회와의 연계를 통한 보호관찰 집행에 노력을 집중하
고 있는 실정이다. 그러나 보호관찰 분야와 관련해서는 민간의 참
여가 큰 실효성을 거두지 못하고 있는 것이 사실이다.

다음은 소년보호관찰의 제도적인 문제점에는 다음과 같다. 첫째,
보호관찰과의 관계정립에 대한 문제이다. 보호관찰은 1989년 도입
당시 소년법에 보호처분으로서 입법화되었으나 이후 1997년 개정
형법에 형사처분으로 도입되면서 다른 형벌과의 관계는 뚜렷하지
못하다. 뚜렷한 법적 성격의 정립 없이 개념과 제도만을 그대로 흡
수한 점과 현재 학계, 실무, 사법부 등은 보호관찰제도에 대하여
아직까지도 혼선을 빚고 있는 실정이다.

둘째, 조직운영상의 문제점이다. 법무부는 보호감호제도 폐지, 소
년원 수용인원 급감, 사회내처우의 중요성 증대 등 보호행정을 둘
러싼 형사정책적 환경변화에 대응하기 위해 소년원·소년분류심사
원 통폐합 및 보호관찰·소년보호직렬 공무원의 통합을 위한 '보호
국 조직혁신 추진계획'을 2005년 3월에 수립하여 추진한 바 있다.
보호국 조직혁신 계획에 따라 2007년 1월 1일자로 소년보호·보호
관찰직 직렬통합이 마무리되었다.

셋째, 제도운용상의 문제점이다. 그중에서 우선 선도보호제도의

문제점, 다이버전의 확대문제이다. 경찰의 다이버전을 허용하게 되는 경우 형사소송법에 규정된 검찰의 수사지휘권이 범죄소년에 대해서만 예외적으로 적용되지 않는다는 문제점이 발생한다. 즉 소년법의 개정을 통한 경찰의 다이버전 허용은 일반 형사절차의 원칙과 모순되는 결과가 발생한다. 따라서 소년사건에 대한 경찰의 다이버전을 허용하기 위해서는 소년법의 개정과 동시에 형사소송법의 개정이 이루어져야 한다.

위에서 제시하고 있는 보호관찰제도의 문제점을 개선하고 활성화하기 위해서 몇 가지 방안을 제시하였다. 먼저 보호관찰조직 및 운영에 관한 방안으로서 보호관찰국의 독립, 인사제도, 장비의 개선 및 직원의 정예화, 보호관찰기구의 확충, 사회보장과 연계한 보호관찰의 확대의 필요성, 소년사법제도와 소년복지제도연계 활용방안을 제시하였고, 지역사회중심의 조직운영의 활성화 방안으로 사회 내 지도·감독활동에 적극연계전략의 제시, 보호관찰 처우네트워크 활용방안, 세미나 등 개최로 지역사회의 관심제고, 범죄예방위원이 직접 참여할 수 있는 프로그램의 개발 등을 제시하였다. 또 보호관찰활동에 대한 적극적인 홍보필요성과 구체적인 방안들도 제시하였다. 한편 보호관찰의 제도적 개선방안으로 첫째, 판결전조사활동의 전문화를 위해 판결전조사의 전문성 확보, 판결전조사의 법·제도의 정비와 확대, 지도·감독 및 원호업무의 명확화, 둘째, 보호관찰 관련 법률인 소년법, 보호관찰 등에 관한 법률, 가정폭력범죄의 처벌 등에 관한 특례법 등에 있는 조항 중에서 보호관찰의 목적달성을 위한 주요 보완내용을 제안하였다. 셋째, 주요 외국의 보호관찰과의 비교를 통하여 우리나라 보호관찰제도에의 도입방안도 아울러 제시한 바 있다.

마지막으로 소년보호관찰의 전문화 방안도 제안하였다. 이를 위해 첫째, 전문상담원의 상담역량의 강화와 심리검사실 설치의 필요성, 둘째, 위반소년에 대한 교육 강화의 필요성과 충격보호관찰, 병영훈련 등 교육방안도 제시하였으며, 특히 보호관찰 특성별 처우프로그램 개발의 필요성도 제안하였다.

이상과 같이 우리나라 보호관찰제도가 활성화되기 위한 개선방안을 살펴보았다. 보호관찰제도는 종래 시설 위주의 응보주의에서 벗어나 교육형주의에 따라 범죄자를 사회 내에서 체계적·전문적으로 처우함으로써 자율적인 개선과 건전한 사회복귀를 기대한다는 점에서 형사정책상의 의의가 높이 평가되는 제도인바, 앞으로 보호관찰기구 및 담당인력을 적극 확충하면서 보호관찰업무의 전문성을 제고하며, 다양한 운영프로그램의 개발·보급을 통해 소년비행의 예방 및 재발방지에 더욱더 큰 역할을 수행해 나가야 할 것이다. 이러한 필요성의 한 가지 예로 소년보호사건에 대한 검사의 결정전조사와 판사의 판결전조사는 보호관찰소에서 담당하게 되는바 보호관찰의 과중한 업무와 전문인력의 부족으로 인하여 이 제도의 활성화에 저해 요인이 될 수 있다.341) 이와 같은 연유로 전문인력의 확충이 필요하다는 이유이다.

새로운 제도가 도입되어 정착이 되기까지는 시행착오를 비롯한 우여곡절을 겪는 것이 일반적인 것으로, 보호관찰제도도 미국의 매사추세츠 주에서 공식적으로 실시된 지 110여 년 만에 우리나라에 도입되어 실시되었는데 20여 년의 세월이 흐르는 동안 많은 발전

---

341) 심재무, 앞의 논문, 292면.

을 한 것은 사실이다. 이 제도는 검찰이 실무적 필요성 때문에 도입, 실시하게 된 것으로 현재의 안정적인 단계에까지 발전하게 된 데에는 검찰의 도움이 컸다. 그동안 공무원 채용시험에서 보호관찰직이 신설되어 5급, 7급, 9급 합격자들이 대거 등장하여 이들에 의해 보호관찰제도가 주도적으로 실시되는 단계에 이르게 되었다.

보호관찰제도의 기본이 정착된 지 20년이 된 이 시점에서 이제는 사회변화의 급진적 추세에 맞추어 가교적 입장에서 지속적으로 연구, 개발되어야 할 단계에 이르게 되었다. 따라서 이들 전문적 보호관찰 공무원의 자체적인 조직으로 제도의 운용에 효율성이 제고되어야 할 때가 되었으며 보호관찰의 전반적인 정책수립이나 운용을 가칭 보호관찰청 등의 독립된 조직을 만들어 보호관찰직 공무원들에게 맡겨도 될 시기가 되었다.

PROBATION

제2부

범죄이론과 범죄발생원인론

제1장 범죄원인과 범죄자 유형

제1절 범죄원인론과 동향

사람의 신체를 구성하고 있는 기관 간에 균형이 깨지거나 조직의 상태에 이상이 생기면 질병에 걸리는 것처럼 사회 구성원 간에도 정상적인 조화가 이루어지지 못할 때는 병리현상으로서의 범죄가 발생하게 된다.

범죄는 사회가 건강하지 못한 증거인데 건강한 사회, 정의가 강물처럼 흐르는 사회에서는 범죄가 발생하기 어렵다. 그러나 인류가 지상에서 생활해 온 이후 어느 시절 어느 나라(곳)에서나 범죄가 없던 적은 없는데 그럼에도 범죄 없는 이상사회의 건설은 인류의 바람이었다. 범죄는 어느 나라에서는 중대한 사회문제의 하나인데 질과 양에 있어 각국의 차이가 있기는 하나 대체로 경제적인 선진 사회일수록 범죄의 종류나 질에 있어 정도가 심한 상태이다. 범죄는 결국 사회 발전과 어느 정도 비례하는 역기능적 현상이라고 볼 수 있다. 과거 미개했던 시절이나 현재도 사회발전이 낮은 국가에서는 범죄의 종류도 적을 뿐 아니라 주로 본능에 입각한 단순한 것들이 대부분이다.

우리의 경우도 1960년대 경제개발이 시작된 이후 질적·양적 면에서 범죄문제가 심각한 사회문제로 대두되었는데 시기에 따라서는 경제성장의 속도를 앞지르는 경우도 적지 않았다. 특히 1999년만 해도 고소·고발된 건수가 180만 건을 넘어섰다. 범죄에 있어 암수(暗數)가 최고 10배 정도 된다고 한다면 위법행위가 이루어졌지만 고소·고발되지 않은 범죄를 고려한다면 최고 1,800만 건으로 예상할 수 있다(4,600만 인구 중 10세 미만 및 70세 이상의 노령 인구 약 1,000만 명을 제외하면 3,600만 정도 인구가 되는데 이들 중 1,800만 건의 위법행위가 이루어졌다면 활동인구의 50% 정도가 한 해 동안 1번 정도의 범죄행위를 한 것이 되는데 고소·고발되었더라면 입건되었을 행위를 한 것이 된다).

최근 범죄의 일반적 동향을 살펴보면, 2007년 전체 범죄발생 및 검거현황은 아래의 표에서 보는 바와 같이 1,965,977건이 발생하여 전년대비 7.5% 증가하였고, 1,720,000건 검거되어 전년 대비 9.6% 증가하였다(범죄백서, 2008).

표 88 2007년 전체범죄 발생·검거현황

구분 \ 연도	2007(형법범/특별법범)	2006(형법범/특별법범)	증 감
발생건수	1,965,977 (845,311/1,120,666)	1,829,211 (828,021/1,001,190)	7.5% (2.1/11.9)
인 구 비	3,987.7 (1,714.6/2,273.1)	3,733.7 (1,690.1/2,043.6)	25.4 (24.5/229.5)
검거건수	1,720,000 (667,959/1,052,041)	1,569,547 (640,296/929,251)	9.6% (4.3/13.2)
검 거 율	87.5 (79.0/93.9)	85.8 (77.3/92.8)	1.7 (1.7/1.1)

주: 1. 범죄분석
　　2. 인구비는 인구 10만명 당 범죄 발생건수

정부의 노력으로 범죄 발생의 건수를 어느 정도를 줄일 수 있지만 한계가 있을 수밖에 없는데 각국은 범죄를 줄이기 위해 최선의 노력을 다하고 있는 것은 사실이다. 범죄 발생의 원인에 대해서는 18세기 전부터 꾸준히 연구되어 왔는데, 초기에는 주로 이탈리아 학파들이 범죄의 원인을 생물학적·유전적인 것으로 보았고, 그 후 독일과 프랑스 학자들은 사회적·환경적인 것으로 이해하였다. 최근 미국에서의 연구는 범죄 발생의 원인을 위의 어느 한쪽으로 보는 것보다 다원적 요인으로 보는 동태적(動態的) 관찰방법이 주류를 이루고 있다.

즉 소질과 환경의 상호작용에 의해 변화 가능한 인격성의 자유의지를 고려하여 평가하는 절충적인 입장이 있는데 이 견해가 타당성이 높다. 인간의 의사 자유의지가 범죄 발생의 직접적 원인이 되는 것은 사실이지만, 의사 자유에 관한 정확한 개념 확정이 쉽지 않은 문제점이 있다(배종대, 2000: 145).

최근에는 미국의 사회학적 입장에서 범죄원인을 규명함에 있어 모든 범죄에 공통적인 원인을 추출하여 이를 일반적인 요인으로 정형화하려는 경향이 있다. 이는 범죄원인을 구체적인 개인에 대한 심리분석이나 범죄의 종류, 범죄 양상을 토대로 연구하는 게 아니라, 범죄가 일어나기까지의 사회적인 환경 또는 일정한 행위가 범죄로 인식되기까지의 사회적인 태도를 거시적인 입장에서 고찰하는 것이다(배종대, 2000: 146). 범죄원인에 관한 그간의 동향은 다음과 같다.

1. 근대 이전

고대의 속죄시대나 중세의 엄벌주의적 형벌관이 지배하던 시대에는 논리적 근거보다는 인간의 본능적인 반동이나 전제적인 정치권력의 유지를 위한 입장에서 형벌이 활용되었다. 이러한 이유 때문에 범죄원인에 대한 과학적인 분석은 불가능하며 신체적인 특징, 정신질환, 범죄 통계적인 고찰, 재판사례들의 기록 등을 통해 이해하는 데 불과했다. 특히 고대에는 범죄를 악마의 장난이나 영혼의 혼란, 귀신론적인 것으로 설명하였다. 그러므로 범죄의 원인이 된 악마를 가려내는 것이 중요한 문제여서 마녀재판이나 비과학적인 우연에 의해 혐의자의 범죄 여부를 가려내는 재판이 이루어지곤 했다.

2. 근대

1) 고전주의(구파)

형법에 있어 구파는 범죄가 자유의사를 가진 인간에 의해서 일어난다고 주장함으로써 계몽주의적 사상을 바탕으로 하였다. 이 시대는 초기 자본주의가 형성되는 시기로 개인주의, 자유주의 사상이 대두되어 봉건적 전제주의가 종료되면서 인간은 누구의 종속으로서가 아닌 자유로운 이성인으로서 인식하게 되었다. 즉 인간은 죄를 범할 수도, 범하지 않을 수도 있는 이성적인 자유인이어서 자기 행동을 자기의지로 결정하여 자신에게 유리한 방법으로 행위한다고 보고, 범죄인은 이 같은 결정의 과정에서 위법행위를 택하였기 때문에 이에 대한 대가를 받아야 한다는 것인데 그의 대가로서의 형은 응보적인 것이어야 한다고 보았다.

2) 근대학파(신파)

20세기 초에 들어와서 범죄 발생의 원인을 개인의 자유행위에 의해서인가(비결정론) 아니면 소질이나 환경 등 선천적·후천적인 요인으로 개인적인 범죄 여부를 자신의 의사로 결정할 수 없다(결정론)는 대립이 있다. 결정론적 입장을 취하는 견해는 인간의 의사와 행위는 개인의 특수한 소질(Lombroso 등)과 환경적 조건(께뜰레, 페리)에 결정된다고 보는 것이다.

비결정론은 Kant 등에 의해 주장된 것으로 인간은 자유의사를 갖고 있음을 전제로 범죄적인 위법행위나 준법적인 적법행위는 전적으로 자신의 의사에 의해 실행된다고 보는 견해이다. 이 같은 견해는 모두 일면의 타당성을 가진 것으로 어느 것이 전적으로 옳다고 볼 수는 없고 복합적·다원적으로 이해해야 할 것이다.

3) 현대의 경향

지난 시대에 논의된 결정론이나 비결정론은 각각 일면의 진리는 있으나 범죄원인을 명쾌하게 설명하는 데는 어려움이 많아 비결정론에서 말하는 행위자의 자유의사 존재 및 역할 여부를 형사절차 단계에서 명확하게 확인하는 것은 어려운 일이고, 결정론에서 말하는 것처럼 선천적인 유전적인 소질이나 후천적인 환경적 요인만으로 범죄원인을 밝히는 것 또한 어려운 일이기 때문에 다원적인 입장에서 동태적인 관찰방법, 즉 소질과 환경의 상호작용에 의해 변화 가능한 인격성의 자유의지를 함께 고려하여 범죄원인을 파악하는 절충적인 입장이 현재 주류를 이루고 있다.

유럽에서 연구된 전통적인 범죄학이 미국에서는 좀 더 현실적·

실제적인 문제에서 논의되고 있는데 사회학적 연구방법을 원용하여 범죄원인이 되는 요인을 명제화하여 모든 범죄에 공통적인 원인으로써 설명이 가능하도록 하는 일반화 이론이 주류를 이루고 있다.

범죄학 연구는 유럽 일부와 라틴아메리카 지역에서는 범죄 생물학파(유전적)가 우세하고, 미국에서는 범죄 사회학파가 지배적이어서 범죄생물학파는 별다른 관심을 끌지 못하고 있다.

정리를 하자면, 근대 이전에는 범죄원인을 비과학적인 방법으로 이해했으나 근대 이후 특히 근대 초기(1920년대까지)에는 단원주의(single-factor theory)적 입장에서 선천적·결정론적·생물학적인 소질이나 후천적인 사회학적 환경 어느 하나만으로도 범죄원인을 설명하였는데 Lombroso, Goddard 등이 대표적 인물이다.

다원주의(multiple-factor theory)적 입장에서는 다수 관련 요인들이 복합적 관계로 범죄원인이 된다고 하며 이 복합적 요인 상호간의 관계를 분석하는 데 치중하고 있다. 특히 미국에서 1950년대부터 Healy와 Sutherland(분화적 접촉 이론을 전개한 범죄학자로 여기서 그는 범죄 전체에 관한 일반 이론을 주장하였다) 등에 의해 범죄에 대한 보편적인 원인을 규명하려는 일반이론주의(general theory)가 대두되어 다수 요인들의 복합관계를 몇 가지 일반적 명제로 정리하여 모든 범죄에 공통된 이론을 추출하려고 하였다. 이에 비해 유형(類型)주의는 범죄원인을 일반적으로 설명하는 것은 어렵다고 보고, 범죄별로 그 원인의 특수성을 정립하는 특수이론을 수립하려는 입장을 취하고 있다.

이러한 여러 견해들은 각기 나름대로의 특징이 있으나, 모든 범죄를 동시에 공동적인 원리로 설명할 수 있는 일반적 보편 이론이

수립될 수 있다면 가장 바람직한 일이 아닐 수 없으나 이는 사실상 불가한 것으로 너무 추상적·이상적인 이론으로 볼 수밖에 없다.

제2절 범죄의 주요 이론

1. 아노미 이론

사회·문화 구조적압력설이라 하는데, 아노미(Anomie)란 문화목표와 제도화된 수단 간의 괴리, 즉 성공목표에 대한 강한 충동을 느끼면서도 비합법적 수단방법을 사용해서라도 꼭 달성해야겠다는 것이거나 아니면 성공목표 자체를 외면해 버리고자 하는 심적 충동을 말하는데 이러한 아노미가 상대적으로 불만이 많은 하층민으로 하여금 범죄를 강요하는 요소가 된다는 것이다. 이 이론의 대표적 학자인 Merton에 의하면 사회의 소외계층이라 볼 수 있는 하층민은 그 사회가 목표로 하고 있는, 또는 사회의 현실적인 구조에 불만이 많아 기초 체제에 동조하기보다는 비협조적 입장을 취하고 있는 점에 관심을 가져야 한다. 그는 범죄를 사회가 생산한 악(socially derived sin)이라고 보았다(Merton, 1957).

Merton은 사회문화구조는 두 개의 요소로 구성되어 있는데 하나는 문화적으로 규정된 목표(culturally defined goals, purpose of interest)이고, 또 하나는 제도적 규범(institutional norms)이라고 한다. 문화적으로 규정된 목표란 성공해야 할 목표 내지는 성취욕구이고, 제도적 규범은 그 성공목표에 도달하기 위한 합법적인 수단이다. 그런데 이 두 요소가 조화를 이루지 못할 때 문제가 된다. 정상적인 방법,

즉 제도적 규범에 합당한 합법적인 방법으로써 설정된 성공의 목표
에 도달하려는 사람이 있고, 또 비합법적인 이상행동을 통해서라도
성공의 목표를 추구함으로써 위로를 받으려는 쪽(신진규, 1987: 290
-291)으로 나가게 되는데, 이러한 현상은 사회문화의 구조적 모순
에서 기인한다. 이러한 아노미의 심리 상태가 사회에 일반화되어 있
을 때에, 즉 사회 자체의 구조가 사람들로 하여금 아노미 상태에 빠
지도록 압력을 주는 경우를 아노미 사회(Anomie society)라고 한다.

Merton의 연구에 의하면, 아노미 사회에서 사람들이 반응하는 방
식은 다음과 같은 5가지 유형이 있다고 한다(신진규, 1997: 291).

① 동조형(comformity): 사회의 모든 현상을 정상적·통상적인
   것으로 받아들임으로써 불만 없이 살아가는 계층들이다.

② 개신형(innovation): 사회의 현실에 기본적으로 불만을 가지면
   서 현실의 성공목표를 적극적으로 추구하지만 그 과정에서
   수단과 방법을 가리지 않고 성취하려는 계층들인데 이 과정
   에서 범죄적 행위도 불사하게 된다.

③ 예범형(ritualism): 현실의 높은 성공목표에 관심을 가지지 않
   고 제도적 규범 수단에 충실하여 순종적인 생활을 해 나가는 사
   람들로서 범죄나 비행에는 가담하지 않는 순진한 복종형이다.

④ 퇴행형(retreatist): 극도의 욕구불만 계층으로 현실적인 성공목
   표는 포기하고 제도적인 생활규범에도 복종할 것도 거부하면
   서 반사회적 생활을 즐기는 자들인데 알코올, 마약중독자나
   부랑자들이 여기에 속한다.

⑤ 반역형(rebellion): 사회의 성공목표나 제도 중 일부는 인정하
   고 일부는 배척하는 기질로서 갈등을 크게 느끼는 계층인데,

현실적인 제도의 개혁을 주장하여 데모나 혁명에 가담하는 유형들이다.

위의 분류 중에서 범죄와 친한 계층은 개신형, 퇴행형 및 반역형들로서 현실적인 규범을 무시하고 일탈적 행동을 자행할 그룹들인데 형사범에 특히 친할 수 있는 계층은 개신형이다. 이들은 적극적으로 제도적인 규범들을 배척하고(수단과 방법을 가리지 않고) 성공목표를 달성하려는 계층들이다. 이들은 사회가 요구하는 성공목표에 대해 희망과 기대를 가짐과 동시에 그들에게 허용되고 있는 제도적·규범적인 수단은 극도로 제한되어 있어 성공목표에 대한 요구와 제도적 수단에 대한 요구를 도저히 따를 수 없기 때문에 불만과 갈등에 가득 찬 계층들로 목표와 현실과의 차이가 클수록 일탈행위가 더 커지게 된다.

2. 문화적 기회구조의 이론

문화적 기회구조 이론(theory off differential opportunity structures)은 Sutherland의 문화적 접촉의 이론과 Merton의 아노미 이론을 종합하여 범죄와 비행의 문제를 설명하려는 것으로 Cloward와 Ohrin에 의하여 주장되었다(Cloward, 1959: 164 – 176).

Sutherland의 문화발달 또는 문화적 접촉이론은 비합법적인 범죄적 행동방식을 학습환경의 접근 가능성만 문제로 삼고 합법적(준법적)인 행동방식을 전하는 학습환경의 접근 가능성의 문제는 경시하고 있다고 보고, 아노미 이론은 이와 반대로 성공목표에 도달하는 방법인 합법적 수단의 기회 차별성만 강조할 뿐 현실적으로 불가능하며 비합법적인 수단의 접근 가능성의 차별에 관해서는 별로 언급하지 않는 결점이 있다고 한다.

그러나 사람들이 비행성을 학습하거나 실제 행동으로 옮길 때 합법적인 것과 비합법적인 방법과의 차이를 느끼게 되는데 이 과정에서 비행으로 나아가는가, 합법적인 방법으로 나아가는가의 여부가 결정된다고 본다. 이것은 기회구조의 개념을 도입하여 설명하는 데 비행성 학습의 기회구조와 비행행위의 예행의 기회구조의 양면에서 분석함으로써 비행성의 과정을 해명할 수 있다는 것이다.

3. 문화지체 이론

문화지체 이론(cultural lag theory)이란 사회 내의 다양한 사회문제, 즉 실업문제, 노동문제, 교통사고, 소년비행 및 범죄문제 등은 결국 사회 내의 각종 문화의 부조화적인 변동·발전에 기인한다고 보는 이론이다. 즉 문화 간의 변동·발전의 속도가 서로 달라서 부조화를 이룰 때 사회문제가 발생한다는 것으로 미국의 Willian F. Ogburn이 주장한 이론이다. 구체적으로 말하면 인간사회의 문화에는 기본적 생계와 관련된 기계, 식품생산, 교역 등 물질문화(material culture)와 이와 관련해서 이루어지는 결혼생활·가정생활, 종교·도덕·법·정치·교육제도 등의 적응문화(adaptive culture)가 있는데 일반적으로 물질문화가 선행적으로 발전·변화하고 적응문화는 뒤따라 서서히 변하게 되는데 이 과정에서 적응문화가 효율적으로 변화·적응하지 못하면 문화의 지체가 일어나는데 이

과정에서 각종의 사회문제(이혼, 범죄)가 일어나게 된다는 것이다 (Ogburn & Nimkoff, 1940: 886-893).

이에 의하면 범죄를 포함한 사회문제는 양자 간에 있어 변화의 고도가 적절히 조정되지 못했기 때문에, 다시 말하자면 사회개발정책(social planning)의 잘못 때문에 일어난다고 한다. 이 이론은 타당성은 있으나 다음과 같은 비판도 받고 있다.

첫째, 이 이론은 범죄 발생의 일반적인 배경을 설명하는 데 적합하나 개별적인 범죄를 설명하는 데는 미흡하기 때문에 구체적인 개인적·사회적 원인의 분석이 필요하다.

둘째, 문화의 지체란 상대적인 개념이기 때문에 어느 한 개인에게 지체라고 인식될 수 있다고 하여 다른 사람에게도 반드시 그럴 수는 없다는 것이다.

이와 같은 이유로 문화지체이론을 현실적으로 적용하는 데에는 가치관의 차이에 따른 인식의 내용을 조정할 수 없는 문제점이 있다.

4. 남성동일화론

남성동일화론(masculine-identification theory)은 Loch, H. A와 Niederhoffer, A가 제창한 것으로 동일화(identification)란 타인의 일반적인 행동양식에 맞추어 그의 사고, 감정, 행동 등을 정형화해 가는 과정이다. 현대사회에서는 가정에서 가정교육의 여성화가 진행되어 소년에게 부친을 남성의 모델로 이용하는 것이 곤란하게 된다. 그러나 소년이 청년기에 달했을 때 남성으로서 행동함을 요구하게 되고 지금까지 길러져 온 여성적인 생활양식과 사람들의 기대와의 틈바구니에서 긴장을 경험하게 된다. 이때 여성문화에 대한 반항이 시작되고, 이 반항은 남성적인 것으로 과시되어 공격적, 파괴적, 악질, 무책임한 행동의 형태로 나타내기 쉬운데 이것이 때때로 비행으로 나타나는 것이다(平野同一, 1982: 143－144, 이영희, 1999: 259－260).

5. 낙인이론

낙인이론(labelling theory)은 Becker, H.와 Lemert, E. 등에 의해 정립된 이론으로서 비행을 행위보다는 행위자에 중점을 둔다. 1차적인 일탈보다는 일탈 행위가 계속되는 습관적인 행위인 2차 일탈을 사회학적으로 중요한 것으로 보면서 모든 비행 행위는 사회적으로 그에 부과된 역할을 수행하는 과정에서 일어나는 것이라고 보는 이론이다(김준호, 1989: 181).

이와 같이 낙인이론은 범죄자를 만들어 가는 과정에 관한 이론으로서 Becker는 사회적 지위로서 일탈은 행위의 특성이 아닌 다른 사람이 범죄인에게 법과 제재를 적용한 결과이며 결과적으로 준법과 일탈은 상대적이라고 주장하였다. 또한 Lemert는 일차적 일탈과 이차적 일탈로 구분하여 한 개인이 일차적 일탈을 저지르고 난 후 그 개인에게 사회적 상호작용 안에서 효과적으로 부인되는 경우에 이차적 일탈이 발생한다고 하였다.

6. 갈등이론

갈등이론(conflict theory)은 Taylor, I.와 Quinnery, R. 등이 주장한

것으로, 법을 만드는 과정에서 누가 누구를 위한 법을 제정하고 그것을 집행하느냐의 규칙제정의 과정과 동기에 초점을 두어 설명하였다. 그런데 법은 지배적인 입장에 있는 사람들의 이익을 위하여 제정되는 것으로 범죄나 비행은 지배적인 입장에 있는 사람들의 이익에 반하는 행동을 표현하는 것이며 계층 간의 힘과 이해관계의 대립이 범죄나 비행의 정의, 방법을 결정한다는 의미로서 범죄나 비행은 그러한 정의와 그것을 정한 법의 적용과를 좌우할 만큼 충분히 공중의 지지를 얻을 수 없는 소수집단에서 보다 많이 발생한다는 견해이다(平野同一, 1982: 143－144, 이영희, 1999: 263).

7. 상대적 결핍이론

상대적 결핍이론(relativity deficiency theory)은 Toby, J.가 제창한 것으로서 사람들은 자기와 같은 사회적 부류에 속해 있다고 생각되는 사람들 혹은 자기와 현재 관계를 보유하고 있는 사람들과 비교해서 자기는 부당하게 차별된 대우를 받는다고 생각하거나 불행한 사정에 놓여 있다고 느끼는 것이 비행화의 요인으로 작용한다는 것이다.

8. 사회통제이론

Hirshi에 의해 제시된 사회통제이론(사회유대이론)에 의하면 인간은 누구나 선천적으로 일탈 및 비행성향을 갖고 태어난다고 보고 비행의 원인보다는 비행성향을 갖고 있는 인간이 어떠한 이유로 비행을 하지 않게 되는가에 대한 원인을 설명하려고 한다. Hirshi는

비행을 저지르지 못하게 하는 사회유대요소로서 ① 애정(attachment),
② 집착(committment), ③ 몰두(involvement), ④ 신념(belief)을 들고
이들 4가지 요소는 유기적으로 관련되어 있으며 전체적으로 지극
히 약화되면 범죄나 비행에의 확률이 높아진다고 한다. 특히 그는
청소년의 사회화에 있어 중요한 가정, 학교, 친구와의 유대를 강조
하고, 결국 청소년이 비행을 하게 되는 이유는 그들이 가정, 학교,
친구와의 유대가 약화되었기 때문이라고 보고 있다(박경일 외 8,
2000: 278).

제2장 범죄발생원인론

제1절 개인적 소질

1. 생물학적 이론

범죄자를 생물학적으로 분석하게 된 것은 이탈리아의 내과의사였던 Lombroso에 의해서였는데, 그는 법의학자로 많은 사형수들의 두개골을 해부함으로써 그들에게는 일반인과 다른 골상학적 특징이 있음을 밝혔다. 그는 범죄자를 특별한 인종으로 생각하는 생래성 범죄인성을 주장하였다. 그는 범죄자의 전형을 생래적인 것으로 보고 범인성(犯人性)을 격세유전을 한다고 주장함으로써 당시에 유행했던 유전학의 영향을 받아 범죄성향도 조상들로부터 유전되는 것이라는 가설을 수립하였다. 그 후 T. Vierustein, F. von Roden 등에 의해 계속 연구되었는데 범죄인에게는 ① 범죄성의 발현에 특히 불리한 영향을 주는 선조의 유전 조건은 어떤 것인가에 관한 범인성(犯人性) 유전부인(遺傳負因)에 관한 것과, ② 그러한 유전 조건들은 각 개체의 인격형성에 어느 정도의 영향을 미치느냐에 하는 범죄인(犯罪人) 가계의 연구와 쌍생아(雙生兒) 연구의 방법 등

두 가지 방향으로 해명하고 있다(신진규, 1995: 118).

1) 범죄인 가계에 관한 연구

범죄인 가계(family tree)란 특정한 가계 내의 범죄인, 정신병자, 정신병질자, 부랑자 등이 많이 출생한 가계를 말하는 것으로 H. Goddard에 의한 Kallikaks, Dugdale, Estabrook에 의한 Jukes 연구 등이 대표적 사례이다. 이 연구들의 결과는 범죄성의 발현에 유전의 중요성을 인식할 수 있기는 하나 이들 연구들은 가계인들의 환경에 대해서는 고려되지 않았고, 범죄생물학이나 정신의학적 지식이 없던 시절에 이루어진 것이며, 배우자들로부터의 유전에 대해서도 고려되지 않았을 뿐 아니라, 이와 같은 특수한 가문의 사례를 일반적인 것으로 보기 어렵다는 비판도 받고 있다.

2) 쌍생아 연구

20세기 초에는 쌍둥이 연구가 범죄학에 있어 유전과 소질의 관계를 밝히는 자료로 많이 활용되었는데 쌍생아에는 일란성과 이란성의 두 종류가 있다. 일란성은 1개의 난자에 1개의 정자

가 수태하여 태아가 형성되는 도중에 분열하여 쌍둥이가 되는 것으로 동일한 소질을 가질 확률이 크고, 이란성 쌍둥이는 처음부터 2개의 난자에 각기 정자가 수태함으로써 쌍둥이가 되는 것으로 소질이 다를 확률이 크다. 이 같은 연구는 영국의 Galton, 독일의 J. Lange 등이 연구하였는데 일란성의 경우는 30조(組) 중 10조가, 이란성의 경우는 2조만 2명 모두가 범죄를 행한 것으로 되었다. 이 연구는 범죄에 있어 유전의 영향을 어느 정도 밝혀 주고 있으나, 쌍둥이들이 대체로 같은 환경 속에서 자라는 경우가 많은데도 환

경적 요인에 대한 분석이 고려되지 않고 있다. 또 일란성, 이란성은 구별하기가 어렵고, 사례의 수가 적고, 환경이 같은 경우에 대한 것이어서 이를 전적으로 신뢰하기는 어렵다고 할 것이다. 결국 유전소질이 범죄에 영향을 미치기는 하나 환경적 요인들에 의해 크게 제약이 되는 것을 간과해서는 안 될 것이다.

범인성 유전부인

범죄학에서 유전부인(hereditary defect)이란 범죄자의 혈연 중에서 범죄성을 유발하기 쉬운 나쁜 유전 조건으로서의 정신병, 정신병질, 음주벽, 범죄성의 특징을 갖는 자가 있는 경우를 말하는 것으로 이러한 유전부인이 범죄자의 혈연 중에서 많이 발견될 때 범인성의 유전부인이 있다고 본다. 이 같은 유전부인이 부모로부터 유래된 경우를 직접부인, 조부모로부터 인한 것일 때에는 간접부인, 부모의 형제에게로부터일 경우는 방계부인이라고 한다. Lombroso가 주장한 생래적 범죄인설에 의하면 입술의 돌출, 턱뼈와 광대뼈의 이상발달, 두개골 이상 등 일정한 신체적·정신적 특징 등이 유전부인의 현상인데 이러한 생래적 범죄인은 필연적으로 범죄를 행하게 된다고 했다. Lombroso는 전체 범죄인 중에서 생래적 범죄인이 차지하는 비율이 처음에는 65~70%라고 했다가 뒤에는 35~40% 정도라고 수정하였다. 이는 유전이 범죄의 영향을 미치는 것은 사실이나 절대적이라고 볼 수 없고 유전적 요인이 다른 요소와 결합하여 범죄를 발생시키는 데 기여하는 것은 틀림없다. Lombroso 이외에는 Stumpfl, Glueck 부부, Riedel, Schnell 등의 연구도 있다. 이들의 연구를 종합하면 다음과 같이 말할 수 있다(이보영, 1996: 181 - 182).

첫째, 정신병의 경우 그 유전부인이 범죄자의 부모에게 나타나는 비율은 초범, 재발범보다 누범, 조발범, 중한 풍속범 등의 경우가 더 높다. 둘째, 정신병질의 유전부인도 일회성 범죄자, 초범자 등보다 누범자, 중한 풍속범죄자들의 경우 그 부모에게서의 출현율이 더 높게 나타나고 있다. 이 경우에도 어머니보다는 아버지에게서 그 출현율이 높다. 셋째, 양친 중 음주벽자, 범죄성의 출현율은 일반 범죄자보다 누범자, 조발범, 불량흉악범, 중한 풍속범 등의 경우가 더 높게 나타나고 있다. 그러나 이와 같은 유전부인 자체가 범죄로 바로 연결되는지, 부모의 범죄성적 기질 때문에 양육 기능이 저하되고 나쁜 환경이 조성되었기 때문에 자녀들에게 내재되어 있는 범죄적인 기질이 범죄 발생에 직접적으로 영향을 미치는 것인지는 말하기 어려우나 어쨌든 큰 영향을 끼치는 것은 사실이다.

3) 양자연구

이는 범죄자 중 입양아(入養兒)를 조사하여 양부(養父)와 실부(實父)에 대한 범죄성을 대비해 보는 연구방법인데 양부보다 실부 쪽의 영향을 많이 받게 되는 경우는 유전적 요소가 크다는 것을 입증하려는 것이다. 이에 대해서는 Hutchings와 Mednick의 연구가 유명한데 이의 결과는 ① 실부, 양부 모두 비범죄자인 경우는 10.5%, ② 양부만 범죄자인 경우 11.5%, ③ 실부만 범죄자인 경우 21%, ④ 실부와 양부 모두 범죄자인 경우 36.2%로 되어 있어(이보영, 1996: 187) 실부가 범죄자인 경우가 범죄 발생이 많은 것으로 파악되었다.

그 외에도 신체적 원인으로서 두개골의 모양이나 체형에 따른 경우 및 성염색체의 형태, 구성, 개수 등을 조사하여 성염색체의 구성에 이상이 있을 때 성격적 변이가 있을 수 있고, 이것이 범죄성 발현에 연관된다는 연구가 있다. 즉 인간은 23쌍, 46개의 염색체가 있는데 이 중 44개는 상염색체이고 2개는 성염색체로 이것의 조합에 따라 남녀가 결정된다고 한다. 1959년 제이콥스와 스트롬은 성염색체의 이상이 범죄 성향과 연관된다는 것을 증명하는 연구를 하였다. XXY형은 여성형(女性型) 남성인데 이 경우는 대개 고환이 작고 무정자증이 있으며, 여성형의 유방을 갖거나 장신이 되는 등의 신체적 특징을 가지는데 이런 사람들은 지능이 낮고 반사회적이며 미숙하고 자신감이 결여되어 있다고 한다. 이러한 유의 사람은 경우에 따라 동성애의 경향이 있고, 성범죄, 조직폭력, 절도 등을 범할 가능성이 많다고 한다. 또 XXY형의 경우는 더욱 범죄성이 강한데 이들은 남성(男性)의 염색체 이상으로 신장이 크고 지능이 낮으며 성적으로 조숙하여 조발성 범죄가 많아 일반인보다 많게는 60배 정도 범죄자가 될 확률이 높은데 공격성이 강하기 때문에 성범죄, 방화범, 살인 등을 범할 가능성이 많다고 한다(배종대, 2000: 158 – 159).

2. 정신적 결함과 범죄

정신적 결함이란 정신심리 상태에 이상이 있는 것으로 행동 유형에 따라 정신병, 정신신경증, 정신병질로 나눈다. 범죄심리학은 다시 ① Freud의 정신분석학적 범죄론, 즉 콤플렉스를 중심으로 하여 범죄의 원인을 규명하려는 태도, ② Alder의 개성심리학적 범죄론, 즉 욕구충족을 중심으로 범죄의 원인을 살펴보는 태도와 ③ Schneider의 정신병리학적 범죄론, 즉 범죄를 정신병이나 정신병질의 결과라고 보는 입장의 3가지 경향으로 크게 나눌 수 있다.

정신병과 범죄

정신병(Psychosis)이란 사람의 정신기능에 이상이 있어 정상적인 사회생활이 어려운 경우로 정신분열증, 조울증, 망상병, 간질 등이 있다. 정신병 중 ① 기질성(외인성) 정신병이란 뇌를 침해하는 각종 상해, 질병 또는 기관의 손상으로 인해 일어나는 범죄로 노년성 치매, 매독에 의한 진행마비, 간질, 중독성 정신병 등이 있고, ② 본능성(심인성) 정신병은 뇌의 기질적인 장애가 없는데도 순전히 심인성에 의한 정신병으로 정신분열증, 조울증, 망상증과 같은 것이 있다. 그러나 정신병을 이렇게 구별하는 것 자체가 쉬운 일이 아니다.

일반적인 결론은 정신적 결함 자체가 범죄에 미치는 영향은 정상인 데 비해 전혀 특징이 없고 외국의 통계에서도 2% 이하인 것으로 되어 있다(1994년 대검찰청 분석에 의하면 정신적 결함이 인정되는 자는 전체 형법범의 검거인원 357,255명 중 933명에 불과하였다). 정신장애로 인한 경우는 자신을 지키기도 어려운 형편에 범죄로 나간다는 것은 이론적으로도 어려운 일이다. 정신장애로 인해 죄를 범한 경우는 이들을 개선, 교화하기 위해 사회보호법에서 치료감호제도를 마련하고 있다. 즉 정신병질로 인한 범죄는 형법상 처벌이 어렵기 때문에(책임능력의 문제) 사회보호법에 의해 치료감호소에서 처분하고 있는데 우리나라에서는 아직 이 제도가 활성화되지 못하고 있다.

3. 신체 결함과 범죄

신체적 조건과 범죄에 대한 연구도 18세기 이후에 진행되어 왔는데 대표적인 것이 범죄인의 골상과 체격에 관한 연구이다. 특히 체격형에 따른 범죄와의 관계는 지금까지도 논란이 계속되고 있다.

1) 골상학적 연구

골상학(Phrenologie)은 인간의 운명이나 성격, 나아가서 범죄적 경향이나 범죄성을 개인의 신체구조상의 특징, 즉 두개골, 얼굴 모습, 손금 등과 관련하여 살피는 것이다. 이는 두뇌에 있어 대뇌 내부의 발달은 뇌 기능과 밀접한 관계를 가지고 있으며 뇌는 신체적으로 두개의 형상을 변화시킨다는 입장에서 두개골의 외형을 분석함으로써 뇌의 상태를 알 수 있다. 또한 이 두개골의 모양과 안면의 모습에 따라 성격, 지능 상태와 범죄성과의 상관관계를 연구하는데 오래전부터 관심의 대상이 되고 있다(동양에서는 중국 한나라 때부터 관상, 수상, 골상을 연구하였고, 서양에서는 Aristoteles가 인상학을 저술하였다). 근대에 와서 문제와 관련하여 이를 체계적으로 연구한 사람은 F. J. Gall(1758~1828, 오스트리아 빈의 외과 의사 Franz Joseph Gall(1758~1828))이 "골상학(*Phronologie*)"이란 책을 내면서부터인데 이 책은 당시 범죄학에 큰 영향을 미쳤다. 골상을 기초로 한 생래적(生來的) 범죄인에 관한 연구는 이탈리아의 내과의사 출신인 Lombroso에 의해서인데 생래적 범죄인이 전체 범죄인의 35~40%가 되는데 이들에 대해서는 교정이나 교화의 효과를 기대할 수 없기 때문에 영구 격리하거나 도태(死刑)시켜야 한다고 주장하였다. 그 뒤 영국의 Goring은 Lombroso 이론의 타당성을 검증하기 위해 10년 동안 영국 각지의 교도소에 수감되어 있는 3,000명과 일반인 3,000명을 대상으로 비교 조사한 결과 범죄자 집단에서 신장과 체중에서 열세하다는 것만 밝혀졌다.

골상학적 연구는 처음에는 대단한 반응이 있었지만 20세기에 와서는 과학적으로 완전히 부정되고 하나의 가설로 남아 있는 형편이다(이보영, 1996: 204).

2) 체격에 관한 연구

체격(body type)이란 신체구조의 특징을 말하는 것으로 체격을 범죄와 관련해서 Krestschner, Sheldon, Glueck 부부 등이 연구하였는데, 그들에 의하면 일정한 체격형은 일정한 성질이나 기질을 나타내는데 그에 상응하는 정신병질 및 정신병이 존재한다고 한다. Krestschner는 인간의 정신적·심리적 활동, 성격에 따른 반응행동 등은 생물학적 조직이나 구조에 따라 설명이 가능한 것으로 보고 인간의 체격을 비만형(Pyknisch), 투사형(Athletisch), 세장형(Leptosom)으로 나누고 이들 체격형에 친한 정신병질 등을 조사하였다(그는 비만형은 순환성 기질인데 순환병질형이고 조울병에 친하며, 투사형은 점착성 기질이고 간질병질형이라고 한다. 세장형도 분열성적 기질인데 분열병질에 친하고 정신분열증 환자가 많다고 한다). Sheldon과 Schwab, Riedel, Rohden, Glueck 부부, 吉益 등도 이 같은 입장에서 연구하였는데 범죄인 중에는 비범죄인들에 비해 체형으로 투사형과 세장형이 많고 이에 대응하여 범죄인의 성격에는 분열성이 많고 순환성(비만형)은 적다고 한다.

이들 중 사기, 절도범은 세장형이, 폭력성 재산범이나 풍속범에는 투사형이, 비폭력적 풍속범에는 발육부전형이 많은 것으로 조사되었다.

4. 연령과 범죄

사람은 연령에 따라 사고가 다르고 행동의 영역이 다를 뿐 아니라 사회적 여건도 달라지며, 신체의 생리조건의 변동에 따라 활동의 폭 또한 달라지기 때문에 연령에 따라 특정한 범죄와 친하게 된다. 연령은 일반적으로 청소년기, 성년기, 장년기, 갱년기, 노년기로 나누는데 그중에서 청소년기, 갱년기, 노년기가 특히 범죄친화적인 경향이 있다.

1) 청소년기(14~23세)

이 시기는 유아기에서 성년기로 옮겨지는 과도기에 해당되는데 육체적으로는 급성장하여 자신감을 가져 외부적인 권위나 질서에 반항하게 되나 정신적으로는 미성숙하여 불안정·불안감에 빠지기 쉽고, 주변 환경이나 자극에 민감하게 대처하며 반항적·자포자기적 기질에 빠지기 쉬운 등 변화무쌍한, 그래서 탈선하기 쉬운 시기이다.

2) 갱년기(40대 중반~50대)

주로 여성의 경우 신체적인 구조조정이 있게 되며 폐경 등으로 인한 심리적인 불안감, 자신감의 상실, 우울성, 성욕 감퇴 등의 현상이 현저한데 청소년기와 더불어 인생의 위기 시기로서 각종 비리에 빠지기 쉽다.

3) 노년기(60세 이상)

남녀 간에 이 시기가 되면 정신적·신체적인 능력이 크게 감소되므로 인생무상에 대한 불안감에서 마음이 크게 약하게 되어 대수롭지 않는 일에도 노여워하며 모욕적 반응을 일으키기 쉬운데 환경보다는 심리적·내적인 영향을 많이 받는다.

4) 연령층에 따른 범죄의 특성

연령층에 따른 범죄의 경향을 개괄하면 10대에는 절도 등 재산범죄가 70% 이상이고, 폭행, 강도, 강간 등의 폭력형 범죄도 많다. 청소년들이 사회적응이 잘 안 되는 과정에서 비행이 발생되는 것이다. 즉 가정에서 자녀의 과잉보호, 과잉기대, 입시에의 중압감, 가치관의 혼란, 불량한 교우, 매스컴의 영향 등에 의해 비행이 촉발된다.

20~25세에는 인생에 있어 범죄 발생이 가장 많은 시기로 주로 폭행, 상해, 강도 등이 많으며, 26~40세까지는 생활의 안정과 함께 범죄도 감소하는 형편인데 재산범죄 중 사기, 횡령 등 지능적인 범죄가 많고, 36~40세까지는 간통 등 풍속범이 다른 연령층보다 많다. 41~50세에서는 범죄성향이 증가하는데 ① 여성범죄 증가, ② 재산범죄, 공무원범죄, 위조범 등이 많다. 50~60대는 전체적으로 범죄량이 적은데 50대는 재산범죄, 60대는 위조범죄가 상대적으로 높은 비율을 차지하고 있다. 청·장년기는 체력이 왕성하고 성적 충동도 많은 시기여서 힘을 수반하는 강력범과 재산범죄에 있어 절도, 강도가 많은 데 비해 갱년기, 노년기에는 체력적인 문제 때문에 지능적인 범죄가 많다.

제2절 개인환경적 요인

후천적인 환경이 범죄에 끼치는 영향에 관한 것인데 환경적 요인에는 개인적 환경과 사회적 환경이 있다. 개인적 환경에는 가정, 학교, 직장 같은 것이 있고, 사회적 환경은 사람이 공유하는 것으로 자연, 계절, 경제, 경기, 전쟁, 거주지역, 매스컴 등의 영향이 있다.

1. 가정환경과 범죄

가정은 태어나서 성장할 때까지 생활의 요람이기 때문에 인격형성에 가장 큰 영향을 끼치게 된다. 사실상 환경적인 범죄 성향의 여부는 가정교육, 환경에 절대적 영향을 받는데 정상적인 가정에서는 범죄자들이 거의 발생하지 않으며 비행이나 범죄는 가정환경이 비정상인 경우가 대부분이라고 할 것이다. 따라서 정상적인 가정의 부모는 자녀에게 사회 구성원으로서의 행동방식을 학습시켜야 하는데 부모의 가르침과 함께 모범적인 행동도 중요하다.

1) 결손가정

보편적으로 결손가정은 양친 모두 또는 한쪽이 없는 가정(형태적 결손가정)을 말하지만, 양친이 있어도 그 역할을 감당하지 못할 때, 양친의 불화나 갈등으로 인한 방임, 부도덕 가정 등의 기능적 결함을 가진 가정 또한 결손가정이다.

결손가정 출신자들의 범죄 경향은 취학 전까지는 어머니 결손이 심리적 영향이 크고, 취학 후에는 아버지의 결손이 더 큰 영향을 미치는 것으로 되어 있다. 학령기 이전에는 모친의 사랑이 도덕 발달의 기초로 작용한다. 취학 이후에는 양육의 문제보다는 친구 집단과의 관계, 학교라는 제2의 가정이 존재하므로 모친의 영향은 감소되고 부친의 시대적·경제적 여건이 심리적으로 영향을 미치게 된다. 물론 아들, 딸에 따라 결손가정의 자녀들에 대한 사회의 편

견과 결손으로 경제적·사회적 여건이 심리적으로 영향을 미치게
된다. 결손가정이 청소년 범죄와 무관하다는 견해는 결손 그 자체
보다는 결손가정의 자녀들에 대한 사회의 편견과 결손으로 경제
적·사회적으로 정상적인 사람보다 훨씬 불리한 입장에 서 있기
때문이라는 것이다. 가정의 결손으로 인해 유년시절 부모로부터 애
정 결핍, 엄격하지만 일관성 없는 교육방식 등이 문제인 것이다.

저자가 보호관찰심사위원으로 10여 년 관여한 경험에 의하면 비
행자 중에서 80% 이상이 결손가정 출신임을 알 수 있었는데 청소
년의 비행은 철이 들 나이만 되면 대부분이 자체 해결이 되는 수가
많기 때문에 결손가정이 비행이 아닌 범죄에도 영향이 크다고 볼
수 없을 것이다.

2) 빈곤가정

빈곤가정이란 가정의 소득이 전체 평균에 미달하는 경제적 하류
가정을 말하는데 과거에는 비행자 중 빈곤가정 출신이 90% 정도
로 절대적이었으나 최근에는 중류 이상 가정출신의 소년범죄가
30% 정도로 늘어 가고 있다(1993년에는 하류가정 78.3%, 중류가
정 21.4%, 상류가정 0.3%이었으나, 1997년에는 하류가정 70.3%,
중류가정 29.3%, 상류가정 0.4% 정도로 조정되었다. 중·상류층은
하류층보다 적기 때문에 절대적으로 비교하는 것은 무리이다). 그
러나 가정의 빈곤이 범죄의 중요한 원인으로 작용하고 있는 것은
사실이다.

3) 부도덕 가정

부도덕 가정은 가족 구성원의 일부나 전부가 범죄나 비행에 관

련이 있어 가정적인 도덕질서가 타락한 가정인데 기능적인 결손가정을 말하는 것으로 청소년비행의 중요 원인이 되고 있다. Sutherland의 차별접촉이론은 범죄는 상호작용을 통해 학습된 행동이라고 보기 때문에 범죄의 기술·방법·동기 등도 학습되며, 합법적 행위동기조차도 학습의 결과라고 보고 있다. 어린 시절 학습된 비도덕적·비행적·범죄적 기질이 가치관 형성에 결정적으로 나쁜 영향을 미치게 된다.

4) 갈등가정

갈등가정이란 양친 간의 감정, 가치관, 종교관, 자녀관 등으로 갈등이 심화되어 가족 전체가 화합되지 못한 경우인데 자녀들의 양육에 부정적 영향을 미쳐 자녀들은 가정보다도 바깥으로 돌기를 좋아하여 가출의 중요 원인이 되고 있다. 갈등의 원인은 주로 양친의 성격차이가 많겠으나, 고부관계, 부모와 자녀와의 세대차이나 주거의 지나친 협소, 장기 환자나 신체적 결함이 있는 구성원이 있는 경우에도 많다.

5) 시설가정

시설가정이란 고아원, 보육원 같은 사회시설이 가정의 역할을 하는 경우이다. 이 가정의 자녀들은 부모나 가족 구성원의 따뜻한 사랑을 체험할 수 없기 때문에 정서적으로 안정감이 없고 늘 고립감을 갖기 쉬워 반항적·거부적 성격일 경우가 많고 다른 사람과의 융화가 어렵다. 이론은 이러함에도 현실적으로 시설가정 출신이 비행이나 범죄자가 되는 경우는 정상적인 가정 출신에 비해 특징이 없다. 시설가정의 문제는 한국전쟁 직후 사회적인 문제가 되었지

만, 오늘날에는 특별히 우리나라의 문제만도 아니고 범죄자에 대한
비중에 있어서도 특별한 요소가 없다.

2. 가정폭력의 문제

가정폭력은 가족 구성원 간에 발생하는 폭력으로 주로 부부간의
폭력문제가 된다. 그 외도 부모와 자녀 간의 폭력, 자식의 부모에
대한 폭력 등이 심심찮게 일어나고 있다. 가정폭력은 대개 상습적
으로 은밀하게 이루어지는 것으로 범행 장소가 가정이라는 것과
피해자가 수동적·소극적으로 대처하기 때문에 피해가 커진다는
것이 문제이다. 가정폭력이 범죄 수준에 해당된다고 해도 법은 가
정의 문제에 개입하는 자체를 꺼리므로 문제해결에 직접적인 도움
이 될 수 없는 경우가 많고 폭력으로 인한 가족 간의 갈등, 자녀들
에 있어 폭력적인 분위기에 무감각해지므로 세습화될 가능성도 많
다. 가정폭력의 원인인 잘못된 가치관으로 인한 권위주의적 태도,
교육을 빙자한 자녀에 대한 가혹행위, 종교관의 갈등, 경제적 빈곤,
난폭한 성격, 신체적·정신적인 질병, 성장 환경에 따른 애정의 결
핍, 그리고 가정 밖의 사회에서 자행되는 폭력적 분위기 등으로 폭
력행위에 익숙해져 있는 것이 문제이다. 가정폭력은 가정을 파괴시
키고 당사자의 인격파탄으로 인한 또 다른 범죄로의 이행 등의 문
제도 야기되므로 법이 적극적으로 개입할 필요가 있다. 가정폭력은
대체로 남편의 아내에 대한 폭력이 주종을 이루고 있는데 사법기
관조차도 이는 어느 정도 부정한 아내에 대한 남편의 당연한 권리
행사로 생각하는 경향이 있고, 자녀의 구타도 가정교육의 방법으로

안이하게 생각하는데 이러한 인식부터 바꿔야 할 것이다. 아무리 부정한 아내나 잘못된 행동을 한 자녀라고 하더라도 폭력적인 방법으로 문제를 해결하려는 발상 자체가 잘못된 것이다. 인간의 존엄성은 우선 가정에서부터 이루어져야 한다. 이러한 입장에서 정부는 1997년에 가정폭력 범죄의 처벌 등에 관한 특례법(법 5436호, 1997)과 가정폭력방지 및 피해자 보호 등에 관한 법률(법 5487호, 1997)을 제정하였다.

3. 학교교육

학교는 제2의 가정으로 개인의 인격형성에 큰 영향을 미치는, 가족이 아닌 동료와 스승 간에 사회활동으로 인해 상호 영향을 주는 곳이기 때문에 사회화를 위한 1차적인 훈련기관인 것이다. 범죄는 반사회적 행위이므로 학교교육은 범죄나 비행과 중요한 관계가 있다.

학교교육이 범죄를 억제한다는 견해와 범죄를 조장한다는 견해가 있는데, 전자의 경우는 학교교육이 정상적인 사회인이 되기 위한 행위와 덕성을 가르치기 때문에 범죄적인 반사회적인 행위를 억제한다고 한다(吉益는 일본의 경우 초·중·고등학교 출신의 범죄가 60%이고, 전문대학 이상의 학력자는 10% 정도라고 조사했다). 그러나 학교교육이 범죄를 조장한다는 부정적인 연구도 있는데 학교가 입시 위주, 기술교육 등에 치중하다 보니 인간성 형성을 위한 사회교육이나 인성교육이 제대로 이루어지지 않기 때문에 이에 적응하지 못하는 학생들은 탈선적인 행위로 나가는 경우가 많다는 것이다. 불취학(不就學)자의 범죄가 매우 낮은 것은 이를 증

명한다고 한다. 롬브로조, 가로팔로, 따르드, 길린, 아샤펜부르크 등
이 이와 같은 부정적인 입장을 취했다.

학교교육과 범죄는 직접적인 관련이 없다. 범죄는 개인의 개별적
인 문제로 교육 내용과 관계가 있는 것이 아니다. 저학력자의 범죄
비율이 높은 것은 저학력자들이 사회에 적응하기 어려운 여건 때
문이다. 그러나 소위 화이트칼라 범죄는 학력이 범죄 조장적 영향
을 끼치는 경우이다. 학교가 범죄 조장적 역할을 경우는 이 외에도
불량 교우를 사귀는 기회가 되기 때문에 비행집단을 구성하게 되
는 것이 문제이다. 학업에 적응하지 못하거나 단체적인 규율에 적
응하지 못하게 되면, 소외감을 느끼게 되고 소외감을 극복하는 방
법으로서 범죄로 나올 가능성이 많은 것은 일반적 현상이다(이태
언, 1986). 학교생활에 적응하지 못하는 원인은 여러 가지가 있겠
으나, ① 지능이 부족한 경우로 학교에서 가르치는 교과 내용을 수
용하기 어려운 경우이다. ② 부모나 본인의 잘못된 교육관이 문제
가 될 수 있다. 즉 부모가 못 이룬 꿈을 자녀를 통해 이루어 보상
받으려는 일념에서 자녀의 자질을 고려하지 않고 무리한 기대치를
설정하여 자녀에게 스트레스를 줌으로써 교과목이나 학교생활에
반발감을 갖게 되는 경우가 있다. ③ 그러나 무엇보다 큰 문제는
정부의 교육제도와 정책이다. 거의 매년 바뀌는 교육정책도 큰 문
제이고 아직도 입시 위주의 교육으로 인한 개인의 능력 개발, 인간
성 향상을 위한 사회교육이 거의 무시되고 있다. 결국 교육 전문가
들의 잘못된 교육정책이 교육을 망치는 형편이 되고 있다. 교육은
외부의 영향보다도 자생력을 길러 학생들이 예측 가능한 입장에서
경쟁력 있는 교육을 함으로써 교육 본래의 사명을 다해야 하는 것

이다. 이렇게 되면 교육이 범죄를 조장시킨다는 부정적인 견해가
상당 부분 해소될 것으로 생각된다. ④ 또한 학력 차별에 대한 우
리 사회의 인식 문제도 교육의 부정적인 측면을 조장시킨다. 최근
에 와서 대학 지원자를 대비한 고등교육 기관의 수용능력이 거의
100%에 가깝게 되어 소위 입시지옥은 거의 해소되었다고 하더라
도 새로이 명문대학과 비명문대학, 서울과 지방대학의 차이 등이
새삼스럽게 부각되었다. 학력의 차별은 대학 진학 기회의 충족으로
상당히 해결되었다 하더라도 구태여 명문대학으로 진학하기 위한
입학경쟁의 치열함이 과거와 다를 바 없으므로 대학 간의 차등을
해소하는 것은 물론 사회적으로도 대학에 대한 인식을 바르게 갖
도록 하는 것이 중요하다. 간판 위주의 차별이 아니고 실력에 의해
평가되는 사회적 분위기가 성숙되어야 할 것이다.

4. 직업과 범죄

1) 일반적 경향

직업 내지 직장은 사람이 살아가는 데 필요한 물질적 자료를 얻
을 수 있는 수단이자 자신의 욕망을 실현시키는 사회, 스트레스
해소의 장이 되기 때문에 중요한 의미를 갖는다. 그러므로 직업을
갖는 것은 정상적인 사회생활을 위한 필수적 요건이라고 할 것인
데 직업 유무가 범죄의 영향에 미치는 것은 당연하다. 즉 일정한
직업이 없이 생계유지가 어려운 사람들은 본능적으로 재산범죄를
저지를 수밖에 없고 장기간 실업사태가 있으면 범죄의 유혹에 빠
지기 쉽기 때문에 범죄자 비율에 있어서도 무직자가 직업 있는 사

람보다 범죄 성향이 높은 것은 당연한 일이다(1997년의 경우 실업률은 5%(IMF로 인해 증가되었다 해도)인 데 비해 범죄 비율은 12%이었다).

직업의 종류에 따라 특정한 범죄를 범하는 경우들이 있고 또 직종에 따라 범죄친화적이고 범죄와 관계가 적은 경우가 있다. 대체로 공무원, 전문자유직업인, 농림업, 가사 사용인 등은 범죄율이 낮으나, 자유노동자, 상공업자, 교통업무 종사자 등은 범죄율이 높다. 그리고 직종에 따라 범죄친화적인 것을 보면(배종대, 2000: 228) ① 상업종사자는 폭리, 위조, 조세범죄, 금융범죄 등과 관련이 깊고, ② 교통업무 종사자는 업무상과실치사상의 범죄를, ③ 공무원은 뇌물죄를, ④ 자유업 종사자는 위조, 횡령, 배임죄 등과 친하다.

2) 화이트칼라 범죄

화이트칼라(white color) 범죄는 블루칼라(blue color crime) 범죄와 대비되는 것으로 사회·경제적 위치가 높은 사람이 그 직업상 저지르는 범죄이다(이는 Sutherland(1949)가 처음으로 사용했는데 미국의 대형 법인체를 대상으로 자기 보고와 기록 조사를 통해 각종 위법행위를 조사하여 특징을 붙인 이름이다). 블루칼라는 육체노동자들이 즐겨 입는 복장을 나타내는 것으로 경제적 하층계급을 상징하는데 범죄가 사회통합에 실패한 사람들에 의한 행위라는 고정관념의 차이가 있으면서도 그와는 또 다른 방법으로 범죄원인을 분류한 내용으로 자리를 잡았다. 1997년의 경우 우리나라에서도 화이트칼라에 의한 판사, 회계사, 건축가, 사업가 등에 의한 범죄들은 특징을 가지고 있어 미국의 경우와 비슷하였다.

즉 화이트칼라 범죄의 특징은 자신의 전문지식을 이용하여 은밀하게 이루어지는 것이 특징인데 피해가 크고 또 범죄적 유혹에 빠질 가능성도 높다. 또한 업무수행과정에서 야기되므로 이를 적발하는 것도 어렵고 증거 수집도 어렵다. 그러므로 암수율이 높다. 경제발전이 가속화되면서 중산층이 늘어남으로써 화이트칼라 범죄도 크게 증가하고 있고 전문지식을 수행하는 과정에서 유혹에 의해 이루어지는 경우가 많기 때문에 범죄의식이 희박한 것이 큰 문제이다. 본인뿐 아니라 일반인들도 이들 전문직종에 의해 이루어지는 범죄를 중대한 범죄로 비난하지 않고 있는 것도 큰 문제이다.

제3절 사회환경적 요인

환경적 요인의 두 번째는 사회적 환경인데 이는 모든 사람이 공통적으로 영향을 받는 요소들이다. 이에는 기후와 같은 자연환경, 정치나 경제적인 환경, 전쟁이나 매스컴의 영향 등이 있다.

1. 자연환경과 범죄

이는 일정 지역의 생활여건이 범죄와 어떤 연관이 있느냐에 대한 것으로 시간, 계절, 기후, 요일 등과 범죄와의 관계를 연구하는 것이다.

1) 시간과 범죄

미국의 경우 하루 중 ① 오후 8시에서 새벽 4시가 전체 범죄 중

발생의 45%를 차지하는데 특히 오후 10시에서 밤 12시의 2시간이 전체 범죄의 16%를 차지한다고 한다. 우리나라의 경우는 이 시간대의 범죄가 42.7%나 된다고 한다. ② 오후 12시에서 오후 6시까지로 20.4%, ③ 저녁 6시에서 8시까지는 8.2%, ④ 새벽 4시부터 7시까지는 4.2%, ⑤ 아침 7시부터 9시까지는 4.4%로 되어 있다. 밤 시간대는 어둡기 때문에 남의 눈을 피하기 쉬워 은밀하게 할 수 있어 절도, 강도, 살인, 방화, 도박, 도로교통범죄 등이 주로 행하여지고, 낮에는 절도, 폭행, 업무상 과실치사상, 교통사고처리특례법 위반, 소매치기 등이 많이 발생한다(배종대, 2000: 185). 이는 범죄 성격에 따른 구별이지 그 범죄의 원인과는 관계가 없다.

2) 계절과 범죄

계절과 범죄와의 관계를 고찰하는 것이다. 더울 때 불쾌지수가 높고 활동을 왕성하게 할 수 있기에 폭력이 자주 일어나고 성범죄도 노출이 심한 더운 철에 많다. 또 더울 때는 피해자도 긴장이 해이해져 범죄적 유발 원인을 제공하는 수가 많고 휴가로 인한 옥외, 단체생활의 기회가 많기 때문에 범죄의 기회가 많은 것이다. 겨울에는 활동이 위축될 뿐 아니라 단체적 활동보다는 개인적 활동을 하기 쉽기 때문에 범죄적 기회가 상대적으로 적다. 1995년 강간죄의 경우 3월부터 8월까지 증가하다가 9월부터 감소하기 시작하여 11월에서 2월은 격감하였다. 즉 8월이 절정이었고 2월이 최저인 현상을 볼 수 있었다. 대신 봄이 시작되는 3월에는 격증하였는데 2월 대비 36.7%의 증가 현상을 보였다.

3) 기후와 범죄

기후에 따라서도 범죄 양상이 다르다. 추운 지방에는 재산범죄
가, 더운 지방에는 폭력범죄가 많다고 한다.

4) 요일과 범죄

월급이 아니고 주급을 받는 나라에서는 금, 토, 일요일에 범죄가
많다. 연휴나 주말에는 폭력범, 풍속범, 교통범죄가 많고, 월요일이
나 화요일에는 주의력이 떨어져 과실범이 상대적으로 많다. 우리나
라의 경우는 요일에 따른 범죄의 빈도에 별 차이가 없다. 일요일이
제일 적고 월요일, 수요일, 목요일, 화요일 그리고 토요일, 금요일
순서로 건수가 많아지고 있다.

2. 정치적, 경제적 환경

정치체제나 경제적인 환경이 범죄에 영향을 미칠 수 있다. 우리
의 경우 군사정권 시대 특별한 종류의 범죄들이 있었는데 살인, 사
기, 강도 같은 일반 범죄들이 자행된 것과 정통성 없는 정부라 하
여 이에 항거하는 재야세력들의 범죄들이 그것이다. 강권적인 독
재, 전체주의 체제에서는 범죄가 줄어든다는 견해가 있다. 정치적
의견이 하나로 집약되기 때문에 이로 인한 재야단체들의 정치 성
향의 범죄들은 줄어든 것이 틀림없으나, 이는 일시적인 현상일 뿐
이고 정치적 동기로 인한 공안사범과 같은 범죄는 증가되기 마련
이며 정치에 대한 회의 때문에 매춘, 이혼, 과도한 알코올 소비 등
의 사회 조소적인 범죄들이 늘게 되어 있다. 이러한 체제에 있어서
는 집권자들에 의한 범죄들이 자행되기 쉬운데 정권 유지를 위한

범죄들이 지속적으로 행해질 수밖에 없다. 이렇게 보면 독재 권력 하에서는 일반 범죄는 줄어들지 모르나 공안사범이나 각종 특별법 위반의 반체제적인 범죄는 크게 증가할 수밖에 없다. 경제적 발전과 범죄에 대해서도 경제발전은 국민경제의 구조나 사회생활 관계를 변화시키기 때문에 범죄의 양상도 다를 수밖에 없다. 예컨대 우리와 같이 경제구조가 농업에서 공업국으로 바뀌는 과정에 있어 수반되는 사회조직의 변화, 의식의 변화로 인해 전통적인 범죄들은 줄어들거나 없어지고 새로운 범죄들이 발생하였다. 즉 자본주의적 이윤추구의 극대화를 위한 치열한 경쟁의 과정에서 또는 소득의 향상으로 자가용 시대가 됨으로써 교통기관의 번잡으로 인한 교통범죄, 노사갈등이나 대량실업 등으로 인한 범죄 등 경제성 범죄가 속출하게 된 것이다. Exner는 독일이 농업국에서 공업국으로 경제체제가 전면 바뀌게 된 1882년에서 1936년까지 범죄 통계를 통해 다음과 같은 사실을 밝혔다(이보영, 1996: 232).

① 국가의 공공질서에 대한 범죄가 3배 이상 증가했고(형벌 법규의 정비 강화 때문임), ② 대인 범죄는 인구증가, 인구의 도시 집중에 따른 사회적 마찰의 증가, 영양의 향상과 알코올 소비량 증가 등으로 일시 증가했으나 사회가 안정됨에 점차 감소하는 경향을 보였고, ③ 재산범죄는 단순 절도의 현저한 감소(장물, 절도의 감소)로 전체적으로 감소하게 되지만 경제 거래의 증대, 신용거래의 발달, 기업 규모의 확대 등으로 사기, 횡령 등이 증가했으며, ④ 유죄 판결 수는 13% 정도 감소했다는 것이다. 독일의 이 같은 경향을 우리나라의 1960년대 후반 이후 공업국으로 탈바꿈되는 과정과 비교해 볼 필요가 있다.

㉠ 경제변동에 따라 범죄 양상도 변하게 되는데 주로 주식인 곡물가격과 관련이 있다. 서민층에서는 곡물가격이 생계와 관련된 것이므로 이로 인한 절도가 상관관계에 있게 된다(George von Mayer는 곡물가격곡선과 절도곡선의 상관관계를 밝히기 위해 1835년에서 1861 사이 독일의 바이에른 지방의 상황을 통해 입증하였다). 그러나 일정한 경제발전의 단계가 지나면 이 같은 평행관계는 깨어지게 된다. 절대빈곤의 문제가 상대빈곤의 문제로 바뀌었기 때문이다. 즉 자본주의 경제가 발달함에 따라 소득 상태가 전반적으로 개선, 향상됨으로써 곡물 획득과 같은 절대빈곤의 단계를 지났기 때문에 일본은 1907년, 독일은 1929년에 이 같은 현상이 나타났다(이보영, 1996: 232).

㉡ 소득변동에 따라 범죄 양상도 달라진다. 명목소득이 물가 상승률에 못 미칠 때나 소득이 최소의 생계지수에 미치지 못할 때에는 절도가 빈번히 일어나는 등 실질 임금과 절도죄는 상관관계가 있음이 명백하다.

㉢ 경기변동과 범죄에 있어 경기가 호황(prosperity)과 불황(depression)이 주기적으로 나타나는 경우 호황에서 불황으로 옮길 때 경제적 혼란이 일어나는데 이를 경제공황(risis, panic)이라고 한다. 호황기에는 생산과 거래의 확대, 고용량의 증대, 신용경제의 팽창 등의 현상이 일어나지만 경제적 불황기에는 생산과 거래의 감소, 실업의 증가, 기업의 도산 등이 빈번하므로 국민생활에 큰 영향을 미치는데 특히 임금 노동자 계급에는 경제 수준의 열악으로 생활의 불안이 심화되어 절도의 증가 현상이 크고, 부모의 실업으로 인한 훈육 기능의 저하, 부모 권위의 실추로 청소년 범죄도 수반되어 증

가하게 된다. 경기변동에 따른 범죄 증가에 대한 연구는 Sellin, Exner 등 많은 학자들에 의해 연구되었으나 Sutherland, Tappen 등은 경기변동과 범죄와는 큰 관계가 없다는 입장을 취하고 있다.

불경기 때에는 절도범의 증가율이 여성의 경우 특히 기혼 여성의 경우가 높은데 이는 가족의 생활을 직접 챙기는 주부로서의 입장 때문일 것이다. 호경기에는 종업원이나 젊은 층에 있어 사기, 횡령, 배임죄가 증가하고, 불경기 때에는 기업주나 고령층에서 사기, 횡령, 배임 같은 재산범죄가 빈번하다.

㉣ 빈곤과 범죄와의 관계에 대해서는 견해의 대립이 있다. Laccassagne 등의 Ryon학파는 범죄는 불황의 산물이라고 보고 빈곤과 범죄는 긴밀한 관계가 있음을 주장하였으며, Marx 등은 유물론적 입장에서 자본주의를 범죄의 온상으로 생각하여 대부분의 노동층은 경제적 악조건 때문에 재산범죄를 비롯한 각종의 범죄를 유발하기 때문에 빈부의 격차를 조장하는 자본주의를 없애야 한다고 주장했다.

절대적 빈곤층에서는 절도와 강도 같은 곤궁범(Notkrimirinalotät)이 많다는 주장이 Glueck과 Bonger 등에 의해 제기되었고, Healy와 Bronner는 빈곤과 범죄의 상관관계를 부정하고 있다. 경제의 꾸준한 발전으로 절대빈곤은 상당히 해결되었기 때문에 의식주 해결이라는 원초적인 동기로 인한 범죄는 마땅히 줄어들어야 하는데도 상대적 빈곤의 입장에서 심리적인 박탈감을 느끼는 사람들에 의한 사기, 횡령, 배임 등의 이욕범(利慾犯)들이 빈번하여 경제발전에 따라 범죄가 감소되는 게 아니고 도리어 증가하는 입장에 있다.

3. 전쟁과 범죄

전쟁은 막대한 물자를 소모할 뿐 아니라 국가적인 비상시기이므로 정상 유통질서를 무너뜨리기 때문에 국민경제의 파탄을 초래하여 대량실업으로 인한 빈곤층을 양산하여 그들에게 범죄성을 조장하게 된다. 경제활동인구들, 가정적으로는 가정경제를 책임지고 있던 생산계층들이 전장(戰場)으로 나감으로써 가정경제의 파탄, 자녀들의 훈육, 감독 기능의 불안으로 인한 비행의 초래, 거주를 이곳저곳으로 옮김으로써 규범의식에 대한 갈등, 가치관의 갈등도 생겨 환경에 적응하지 못함으로써 심리적 불안으로 또한 범죄성이 조장된다.

전쟁은 범죄를 억제하는 기능을 한다는 연구도 있다. 즉 평상시의 범죄 인구들이 군인으로 차출되므로 범죄인구의 감소로 전쟁은 범죄를 억제하는 기능을 한다는 것이다. 즉 평상시 범죄인구들이 군인으로 차출됨으로써 범죄인구의 감소를 들고 또 적국을 향한 공격성 본능의 발산으로 욕구불만 계층의 스트레스를 해소시키는 역할을 한다. 전쟁 초기에는 국민적인 애국심과 희생심, 절제심이 촉구되어 범죄적 충동은 억제될 뿐 아니라 배급제 실시 등으로 국민 간의 경쟁의식이 지양되고 규율적·통제적인 생활방식으로 전환되어 범죄적 소지가 적어지고, 마약이나 술 등 범죄 촉발 요인들이 감소되므로 충동적인 범죄가 줄어들게 된다. 그러나 전쟁이 장기화되면 승리에 대한 신념이 흔들리게 되면서 통제에 대한 인내심이 약화되어 특히 청소년과 여성범죄가 크게 증가하고 폭력범도 성행하게 된다. 특히 패전의 기색이 농후해지고 정치적·군사적 붕

괴에 따른 경제파탄으로 인플레이션의 격증으로 인한 궁핍의 격심으로 모든 종류의 범죄들이 폭발적으로 일어난다. 즉 국가는 국민에 대한 통제력을 상실하기 때문에 무법천지와 같은 현상이 일어날 수 있다. 세계적으로 1차 대전이나 2차 대전 때 전쟁 당사국의 사정이 이와 비슷했고, 한국전쟁 때에도 근본적인 상황이 유사했으리라 본다. 그러나 우리의 경우는 범죄 통계도 없고 아직 자본주의가 형성되기 전이기 때문에 전쟁으로 인한 경제적 파탄 현상은 크지 않았다고 볼 수 있다. 다만 전후 이데올로기의 갈등이 심화된 것이 특징이었고, 한반도 전체가 전쟁터였기 때문에 범죄가 일어날 수 있는 기회가 사실상 없었던 것이다.

4. 도시와 농촌의 범죄

자본주의 사회는 도시 발전을 촉진시켰는데 농업사회와는 달리 각국은 인구의 대부분이 도시에서 공동생활을 하게 되므로 여러 가지 범죄의 기회들이 많다. 도시의 밀집도나 규모에 따라서 범죄의 양상이 다른데 도시화된 지역이나 개인적으로 도시인이 된 사람들은 범죄적 기질이 크게 증대된 것이 사실이다. 도시화가 범죄 증가를 가져오게 된 원인은 ① 인구의 밀집으로 인한 거래관계의 증대 현상 때문이다. 이 때문에 개인 간의 불화가 빈번해지고 개인 이기주의에 입각한 협력체제의 붕괴가 나타난다. ② 대량생산과 대량소비로 인한 과정에서 상대방의 인격을 잘 알 수 없기 때문에 상호 속이는 고의범이 크게 증가된다. ③ 이동성의 증대로 근린관계가 해체됨으로써 애향심이나 이웃에 대한 따스한 인정이 희박해진다. 이로 인한 개인주의의 팽배로 도시 전체의 이익보다는 개인의 이익이 우선됨으로써 범죄적 요소가 된다. ④ 가치관이나 윤리의식의 갈등이다. 도시지역은 이질적인 사람들이 집합하여 거주하므로 성장환경의 상이로 인한 가치관과 윤리의식, 규범의식의 혼동이 있어 이것이 반사회적 행동으로 나타날 수 있다. 인간관계도 형식적이기 쉬워 인격적이고 또 익명성(anonymity)으로 인한 자기보호적 기질이 강하여 범죄 유발적 경향이 크다. ⑤ 핵가족화함으로써 부모의 자녀에 대한 교육, 통제 기능이 약화되고, 가족 간에 대화의 시간이 적어 특히 부부간의 갈등이나 자녀들의 일탈문제가 제기될 수 있다. ⑥ 도심지역을 중심으로 빈민지역이 형성되게 되는데 일용근로자들은 도심의 열악한 거주지역에 거주하게 되고 경제적으로 여유가 있는 사람들은 변두리 지역의 생활, 환경적 여건이 좋은 곳으로 빠져나감으로써 도심지역은 업무 지역화가 됨과 동시에 틈새를 비집고 열악한 거주 형태의 무허가 주택들이 건립되어 도심 외곽지역의 슬럼화가 확산된다. 이 지역에 거주하는 청소년들은 특히 주거적 환경의 열악으로 비행성이 조장될 가능성이 크다. 대도시의 경우는 여러 지역으로 자연스럽게 나누어짐으로써 생활환경들이 서로 다르게 되는데 우범지역은 대개 지방으로 통하는 외곽지역이거나 도시 중심부의 유흥지역, 사창가와 더불어 이들 빈민지역이 우범지역이 된다.

도시는 대체로 재산범죄, 풍속범죄가 많고, 시골지역은 상대적으로 조직폭력 범죄가 많다. 농촌지역은 보수성이 강하기 때문에 진실성이나 도덕성이 강하여 본능적·충동적인 행위들이 많아 살인, 강간, 방화, 폭행 등의 조직폭력적인 강력범이 많은 것이다. 그러나 갈

수록 교통과 통신수단의 발달로 도시와 농촌의 격차가 감소됨으로
써 범죄에 있어서도 질적·양적 차이가 감소되어 간다고 할 것이다.

5. 매스컴과 범죄

현대는 매스컴 시대라고 할 수 있는데 매스컴에 의해 국내 각
지역 간, 세대 간 등의 차이들이 줄어들기도 하는 등 생활의 전통
적인 질서가 허물어지고 있다. 매스컴이 범죄에 억제적 기능이 있
는가, 아니면 기여하는 바가 큰가 하는 문제는 단정적으로 말하기
는 어렵다. ① 매스컴이 범죄와 전혀 관련이 없다는 주장은
Klapper, Ricutti, Lewin 등의 미국 사회학자들이 실증적 조사를 토
대로 주장하고 있다. 매스컴은 비인격적 관계에서 사회적으로 제시
되어 있는 환경에 불과하므로 범죄의 증가 현상과 전혀 무관하다
는 것이다. ② 긍정설 중 Katy, Berkowiz, Wilson 등은 매스컴은 폭
력을 위장하여 묘사, 표출함으로써 특히 청소년 시청자들의 모방
충동을 야기하고 범죄의 수법이나 과정에 대한 암시를 하며 폭력
을 영웅화하는 등으로 미화함으로써 단기적으로는 직접 범죄를 발
생하는 요인이 된다고 한다. 또한 매스컴은 개인의 다양한 취미를
단순화·정형화시킴으로써 건전한 취미활동을 축소시킨다. 이로 인
해 폭력, 범죄, 오락 쪽에 탐닉하게 되고 범인성을 길러 주게 된다.
이러므로 부지불식간에 범죄에 대해 무감각해져 범죄행위를 자연
스러운 행위처럼 이행하게 된다. 어쨌든 매스컴은 성장기에 있는
청소년들에게는 큰 영향을 끼치므로 매스컴에 자주 접촉하게 되면
인격의 왜곡, 잠재적 비행의 형성을 초래하기 쉽고, 은연중 자기통

제력이 약화되기 쉽다. 현실적으로 매스컴의 역할은 다양한 것으로 ① 범죄 억제적 기능으로서는, 즉 첫째는 부담 없이 대량의 생활정보와 지식을 전달하므로 건전한 생활인의 표준을 제시함으로써 건강한 국민성을 함양시키고 상호간의 입장을 이해하도록 함으로써 사회적 모순을 감소시키고 사회통합적 기능을 갖게 하며, 둘째는 범죄자의 범행 내용을 국민들에게 알려 국민적 지탄을 받도록 하여 범죄에 대한 혐오감을 갖게 하므로 범죄 억제 기능을 한다. ② 범죄 조장적 기능으로서 첫째는 범행 장면을 노골적으로 묘사함으로써 관심 있는 자들에게 범죄수법을 가르치는(모방범죄) 기능을 하는데 은연중에 범죄를 미화하는 역할을 하기도 한다. 범죄자들의 딱한 사정을 보도하여 국민적인 동정을 자아내고 교정기관의 부정성을 표출하여 반정부적·반사회적 기질을 조장하며, 둘째는 광고나 극을 통해 상류층의 화려한 생활을 소개함으로써 괴리감을 갖게 하여 소외층들의 범행을 부추기는 역할을 하게 되며, 셋째는 범죄적 행위를 자주 보도하면 국민들이 범죄에 대한 감각을 마비시켜 사소한 범죄에 대해서는 아예 범죄시하지 않는 양심마비 상태를 초래하게 되고, 넷째는 특히 음란한 장면들은 청소년들의 성적 충동을 일으키는 원인이 되기도 한다. 그러나 범죄자들에 대한 일방적인 범행 결과에 대한 보도, 재판으로 확정되지도 않은 범죄자에 대해 정죄함으로써 여론 재판적 결과를 미치기도 하는 등 피의자의 인권침해적 요소도 많다. 매스컴 담당자는 경찰 측에서 제동하는 범행 기사에 너무 치중하지 말고 자체적으로 상대방의 입장도 조사하여 공정한 보도가 이루어지도록 하는 것이 필요하다.

제**3**부

범죄대책과 형사사법기관의 이해

제1장 범죄예방 및 범죄대책

제1절 범죄예방과 대책의 의의

 범죄자에 대한 대책과 범죄에 대한 예방은 형사정책의 결론적인 부분이 된다. 범죄에 대한 대책에는 예방과 발생된 결과에 대한 처우, 교정방안이 있지만 예방이 바람직할 뿐만 아니라 효율성이 높은 것이 사실이다. 그러나 현실적으로 예방을 위하여 수사력을 투입하거나 사회조직을 가동하는 일은 쉽지 않다. 수사기관은 발생된 범죄에 대한 처단을 담당하고 교정기관(사회내처우 포함)은 범죄자의 교정에 힘쓰며, 이에 버금가는 힘과 조직을 가진 사회단체는 범죄예방 쪽을 담당하는 이중적인 제도를 운용하게 되면 어느 사회이고 간에 범죄의 건수를 훨씬 줄일 수 있을 것이다.

 본 장에서는 범죄에 대한 대책을 알아봄에 있어 먼저 범죄자를 확정하는 일에 관여하는 경찰, 검찰 수사기관과 범죄자에 대한 최종적인 평가를 내리는 법원의 역할에 대하여 살펴보고, 범죄자에 대한 대책을 형사정책적인 측면에서의 현행 제도와 수형자의 기본권과 대책 및 범죄피해자의 구조대책에 대하여 차례로 살펴보기로 한다.

　좀 더 자세히 보자면 먼저 범죄자 관련 형사사법기관들로서의 경찰, 검찰, 법원에 대해서는 간략하게 각 기관이 무슨 일을 하는지 그 개념을 알아본 다음 개선되어야 할 사항들에 대하여 알아보고, 형사정책적인 측면에서의 대책은 현재 전통적인 시설내처우제도와 사회내처우제도로 나누어 설명할 것인바, 시설내처우는 다시 교도소, 보호(치료)감호소, 보안처분 등과 비행소년에 대한 보호처분을 집행하고 있는 소년원, 분류심사원 등으로 나누어 살펴보고 사회내처우는 보호관찰제도를 중심으로 사회봉사명령, 수강명령, 보호관찰소 선도조건부 기소유예제도, 갱생보호제도, 가석방, 가퇴원, 가출소 등으로 나누어 살펴보기로 한다.

제2절　범죄예방의 중요성

　범죄는 세균과 같아 세균이 일정한 원인력이 있는 한 평시에는 잠복되어 있다가 적당한 온도와 습도가 맞추어지면 활동하게 되는 것과 같이 범죄도 범죄적인 요소들이 각 사람 속에 내재되어 있는데, 이것이 적당하게 타이밍이 맞으면 발동을 하게 되는 것이다. 따라서 어느 누구도 전혀 범죄성과 무관한 사람은 없다. 성경에서도 죄성이 없는 의인이 하나도 없다고 선언하고 있다. 각종의 범죄행위는 다양한 인간 행위나 자연현상과 같이 범죄 행위를 적극적으로 유발하는 힘과 그것의 발생을 억제하는 힘의 역학 관계에 따라 범죄가 발생하기도 하고 발생하지 않기도 한다. 범죄 실행의 동기가 되는 범죄 유발력을 구성하는 요소들은 개별적인 욕구나 욕망, 유혹의 대상인 사물의 가치의 정도 등일 것이다. 욕구도 여러 면으로 분석을 할 수 있는데[342] ① 생리적 욕구의 결핍(섭취의 욕구, 산소, 수분, 음식, 감각의 만족), 긴장(방출의 욕구: 분비물, 유분비, 탄소분비, 대소변), 해(害), 회피의 욕구(불쾌, 열, 냉한, 고통의 회피) 등이 있고, ② 심리적 욕구에는 ⅰ) 사물에 관련된 욕구(획득, 보존, 질서화, 구성), ⅱ) 우월, 성취, 인정, 과시 등과 같이 자기주장에 관련된 욕구, ⅲ) 방패, 회피, 방어, 반발과 같은 방위에 관련된 욕구, ⅳ) 공격, 굴종, 비난 회피 등의 Sadism적인 것, ⅴ) 소속, 거부, 보유, 의존 등 애정에 관련된 욕구, ⅵ) 인지, 설명 등 경험의 추구에 관련된 것이 있다. 그리고 욕구도 순위가 있는데 1순위는 배고픔, 성욕 등 생리적인 욕구이고, 2순위는 안전의 욕구, 자기실현의 욕구, 즉 외부로부터 위험을 피하고자 하는 욕구, 3순위는 애정 욕구, 집단에의 소속 욕구, 4순위는 존경스러운 평가를 받고자 하는 욕구, 5순위는 자기실현의 욕구, 즉 예술적 재능의 발전을 도모하고자 하는 욕구 등이다. 그러나 이러한 욕구는 사람의 성격이나 기질에 따라 다르게 나타난다. ① 논리적인 사람, 즉 진리 탐구를 중시하고 지식의 체계와 등에 관심이 많은 사람, ② 부의 축적, 이익의 증대, 경제적으로 유용한 사물의 획득과 처분에 흥미가 많은 경제적인 인간(der ökonomische Mensch), ③ 예술활동에 관심을 가지며 거기에 도취하는 경향의 심미적인 인간(der aesetische Mensch)으로 경제생활에 별 관심이 없는 자, ④ 자기를 희생하면서 사회복지증진, 사회사업 등에 몰두하는 사회적 인간(der soziale Mensch), ⑤ 권력을 행사하여 남을 지배하고 많은 사람에게

---

342) 신진규, 범죄학 겸 형사정책, 법문사, 1995, 100면.

영향을 주는 일에 관심이 많은 권력적 인간(der macht Mensch), ⑥
신비의 세계, 초월적 가치에 관심을 갖는 종교적인 사람(der
religiöse Mensch) 등이 있다.[343] 이상과 같은 기질의 차이가 각 사
람의 욕구, 욕망 구조의 차이를 가져와 동일한 유혹 사물에 대해서
도 유혹의 정도가 다른 것이다. 이 같이 성격이나 기질이 다르게
된 것은 유전적인 것과 환경적인 것 등 많은 복합적인 이유들이 있
을 것이다.

범죄를 유발시키는 또 하나의 요인인 유혹 사물의 가치 크기로,
이에 대한 인식의 정도는 객관적일 수도 있고 주관적일 수도 있으
나 주로 주관적인 판단에 따른다. 또 자신이 처한 환경에 따라 유
혹 사물을 보는 시각이 다르며, 직업에 따라서 유혹 사물의 크기도
다르고 성별과 연령 등의 차이에 따라 달리 나타난다.

제3절 범죄억제력의 요소

범죄를 억제하는 내심의 요소들은 내부적인 것과 외부적인 것으
로 나눌 수 있는데 ① 내부적인 것으로는 도덕적인 양심의 강도
여하이다. 도덕의식, 법의식은 각각 사람에 따라 정도가 다른데 이
것이 범죄 억제력의 차이인 것이다. 인도주의적인 권선징악적(勸善
懲惡的) 사고에 의해 사람은 사랑, 자비, 동정심 등 많은 기능들이
발동된다. 종교적인 차원에서 신앙적 양심도 이와 같은 맥락의 문
제인데 어느 면에서는 윤리나 법, 도덕의식, 준법의식보다 더 강한

---

343) 신진규, 앞의 책, 101~102면.

범죄 억제 모델일 것이다. ② 외부적인 억제 요소는 범행을 못 하게 되는 원인이 내적인 것이 아니라 현실적, 외부적인 것으로서 ⅰ) 피해자가 개인적으로 행사하는 억제력은 그의 방어능력일 것이다. 격투기의 능력 정도에 있어 대상 가옥에 대한 철저한 방어 시설들 같은 것이고, ⅱ) 일반 사회인이 집단적으로 행사하는 억제력이 있는데 이는 사회적 통제 작용으로 나타난다. 과거 농업사회에서는 지연이나 혈연 등이 인간적 관계가 사회 통제적 기능으로 역할을 했으나 도시화가 되면서 이러한 전통적 개념이 사라지자 사회 통제는 느슨하게 되었다. 오늘날에는 어른이 어른으로서 역할을 못 하고 스승이 제자들에게 스승 노릇을 못 하게 되었다. 요즈음 각 조직에서도 나이 많은 선임자들은 도리어 젊은 신참자들의 눈치를 살펴야 함으로써 인격적 권위를 상실하게 되었다. 나이 많은 간부급 내지 선임자는 정년이 가까워 퇴직해야 할 입장에 있고 젊은 신참자는 자신이 상대적으로 오래도록 조직에 머물 것이기 때문에 주인적 의식을 갖게 된다. ③ 국가의 사법기관에 의한 통제력이다. 즉 검찰, 경찰, 법원 등 법을 집행하는 기관의 작용인 법적 통제작용에 의한 것인데, ⅰ) 범죄 인지 및 범죄자 검거 능률 여하에 따라 다른데 검거율이 높으면 이들에 의한 통제력이 효과가 있게 된다. ⅱ) 인지, 검거된 범죄자에 대한 형사적·행정적 징벌의 크기에 따라 통제력이 다르게 된다. 징벌의 양이 크고 무거울 경우 국가 사법기관에 대한 외포심이 증대되어 범죄 회피적 기질이 우세하게 된다.

결국 범죄의 예방은 범죄의 억제력에 의해 좌우되므로 유발요인보다는 억제적 요인이 강하면 범죄는 발생하지 않는다. 가정, 학교,

교회 등이 앞장서서 구성원들의 도덕심이나 윤리성의 신장, 준법정
신의 고양이 필요할 뿐만 아니라 국가에서도 합리적인 법 집행을
통해 범죄 충동적 유혹을 차단하도록 해야 할 것이다.

제4절 범죄대책의 모델

범죄대책의 목적설정과 관련하여 제프리(C. R. Jeffery)는 범죄억
제모델, 사회복귀모델, 환경공학을 통한 범죄통제모델 등 세 가지
범죄대책의 모델을 제시하고 있으며,[344] 레피토는 주택건축과정에
서 공동체의 익명성을 줄이고 범죄자의 침입과 도주를 차단하며
순찰·감시가 용이하도록 구성하여 범죄예방을 도모하여야 한다는
'방어공간(defensible space)'의 개념을 특별히 사용하였다.

1. 범죄억제모델

범죄억제모델은 형법의 형벌을 수단으로 범죄를 미연에 방지하
려는 모델을 말한다. 이것은 주로 범죄인을 교화·개선하여 범죄가
다시 일어나지 않도록 하는 데에 중점을 두는 전통적 방법에 속한
다. 즉 범죄예방의 방법으로서 진압적 방법을 사용하는 유형으로
볼 수 있으며 이러한 억제모델은 처벌을 통한 범죄예방의 효과를
높이기 위해서 처벌의 신속성(swiftness), 확실성(certainty), 엄격성
(severity)을 요구한다.[345]

---

344) C. R. Jeffery, *Crime Prevention through Environmental Design*, 1971, pp.78 – 119.

2. 사회복귀모델

사회복귀모델은 범죄억제모델과 비교하여 범죄인에 대한 처우에서 차이가 있다. 이 모델은 임상적 치료를 통해 개선하는 방법 또는 지역활동·교육·직업훈련 등을 이용하여 사회복귀를 도와주는 방법을 사용한다. 범죄인의 복지에 대한 관심도 이 모델에 의해 본격적으로 시작되었다고 할 수 있다. 사회복귀모델은 현재행형의 가장 중요한 기초를 이루고 있다. 반면에 이 모델의 한계는 범죄인의 개인적 특성에 따라 범죄정책을 수시로 변화시켜야 하는 점이다. 사회복귀효과가 개인에 따라 차이가 나는 것도 단점의 하나라고 할 수 있다.

3. 환경공학을 통한 범죄통제모델

환경공학을 통한 범죄통제모델은 범죄정책에 국한하지 않고 사회 전반의 분위기를 조정함으로써 범죄를 줄이려는 것을 말한다. 이것은 각종 도시환경정책, 주거환경정화 등의 외부적인 것뿐만 아니라 사회구성원에 대한 교육과 인간관계개선, 정치·경제·문화 등과 관련한 포괄적 정책을 포함하고 있다. 그러나 범죄가 환경의 영향을 받는다는 것은 어쩌면 상식에 속하는 문제이기 때문에 이것을 범죄대책의 모델이라고 보는 것은 무리가 있다. 이 모델의 의의가 있다면, 반사회적 행위를 형법적 수단을 우선적으로 이용하여 통제하려는 데 대한 반성에 있다고 할 수 있다.

---

345) 박상기·손동권·이순래 공저, 형사정책, 한국형사정책연구원, 2003, 360면.

4. 레피토의 범죄예방모델

이 모델은 범죄행위에 대한 위험과 어려움을 높여 범죄기회 (crime opportunity)를 줄임으로써 범죄예방을 도모하려는 방법으로서 특별히 '상황적 범죄예방모델'이라 불린다. 그리고 범죄발생요인으로서 범죄욕구, 범죄능력 및 범죄기회를 들면서 범죄기회가 주어지면 누구든지 범죄를 저지를 수 있는 것으로 보는 일상범죄이론이 상황적 범죄예방모델의 이론적 근거가 된다. 상황적 예방이론에 대해서는 한 지역의 상황적 예방활동의 효과는 다른 지역으로 확산되어 다른 지역의 범죄예방에도 긍정적인 영향을 미치게 된다는 소위 '이익의 확산효과(diffusion of benifit)'를 인정하는 견해가 대두되고 있다. 그러나 상황적 범죄예방활동은 다른 시간, 다른 장소에서의 범죄행위로 전이되는 소위 '전이효과(displacement effect)'가 있을 뿐이라는 부정적인 시각도 대두되고 있다. 특히 레피토(T. A. Reppetto)는 전이양상을 시간적(temporal) 전이, 전술적(tactical) 전이, 목표물(target)의 전이, 지역적(territorial) 전이, 기능적(functional) 전이의 다섯 가지로 분류하였다.[346] 이에 따르면 상황적 범죄예방활동은 전이효과를 가지기 때문에 사회의 전체적인 측면에서 범죄를 줄일 수 없게 된다는 것이다. 그리고 상황적 범죄예방활동은 높은 담, 철조망 등 과도한 경비시설에 의해 요새화된 사회(fortress society)를 형성하고, 국가기관(大兄: big brother)에 의해 과도하게 통제되는 국가통제사회를 만들어 결국에는 국민의 인권을 침해할 소지를 안고 있다는 비판을 받는다.[347]

---

346) Reppetto, *Crime Prevention and the Displacement Phenomenon, Crime & Delinquency*, 1976.

　이상에서 제시된 모델들은 상충관계에 있는 것이 아니라 보완관계에 있다고 할 수 있기 때문에 어느 하나를 배제할 수 있는 것은 아니다. 그리고 범죄억제 모델은 어느 정도의 형사정책을 사후적으로 평가·분류하는 데에는 유용한 방법이 될 수는 있으나 형사정책의 구체적 방향을 정하기에는 너무 추상적 내용으로 되어 있는 것이 흠이다.[348] 따라서 이러한 모델들은 구체적 사회환경에 적응하여 서로 보완되거나 통합적으로 활용되는 것이 바람직하다.

---

347) 기광도, 범죄예방활동에 관한 이론, 형사정책연구소식 제26호, 1994, 30면.
348) 배종대, 형사정책, 홍문사, 2003, 303~304면.

제2장 형사사법기관의 이해

본 장에서는 범죄수사기관에 의하여 입건된 범죄자에 대한 경찰, 검찰 및 법원 등의 처리내용을 살펴보고자 한다. 성인범죄자에 대한 처리과정을 보면 아래의 표[349]와 같다. 또한 범죄사건의 처리과정, 즉 범죄수사기관에 의하여 입건된 범죄자에 대한 비범죄화론(다이버전)과 경찰, 검찰 및 법원 등의 처리 내용을 살펴보면 다음과 같다.

1. 비범죄화론

1) 개념

비범죄화론(혹은 탈범죄화, decriminalization, Entkriminalisierung) 이란 형사절차에서 특정범죄에 대한 형사처벌의 범위를 축소하는 것을 의미한다. 이에는 수사기관이 형벌법규가 존재함에도 불구하고 사실상 수사하지 아니함으로써 달성되는 수사상의 비범죄화, 재판주체가 더 이상 범죄로 판단하지 않음으로써 달성되는 재판상의 비범죄화, 입법자에 의한 법률규정 그 자체의 폐지를 통한 입법상의 비범죄화가 가능하다.[350]

---

349) 법무연수원, 범죄백서, 2008, 169면.
350) 김창군, 비범죄화의 실현방안, 형사정책 제8호, 1996, 50면 이하.

우선적으로 국가는 형법의 보충성원칙에 따라 단순히 사회윤리와 도덕에 맡길 수 있는 영역이 형법에 범죄로서 규정되어 있다면 이를 비범죄화하는 것이 합리적이다. 이러한 관점에서 현행 형법전에서 혼인빙자 간음죄(제304조)가 대표적인 비범죄화 대상으로 거론된다. 결혼해 주겠다고 거짓말을 하고 여자와 정을 통한 행위는 단순한 도덕적·윤리적 비난의 대상에 불과하며 강간죄처럼 상대방의 법익을 강제로 침해하는 범죄실질은 없다는 것이다. 이처럼 단순히 도덕 또는 윤리의 위반에 해당하는 행위를 비범죄화함으로써 형법을 탈도덕화 내지 탈윤리화시켜야 한다는 관점에서 비범죄화 대상으로 거론되는 것으로는 간통죄, 낙태죄 및 단순도박죄 등이 있다.

그리고 최근에 제정된 '장기 등 이식에 관한 법률'은 뇌사를 사망 그 자체로 보지는 않았지만 의사가 뇌사상태에 있는 환자로부터 장기를 적출하여 이식하는 행위에 대해 그 적법성을 인정하는 방법으로 비범죄화시켰다. 또한 소극적 안락사에 대한 비범죄화의 움직임도 현재 의료계에 의해 활발히 전개되고 있다. 비범죄화론은 특정 행위에 대한 법적 규제와 비규제라는 형사정책적 접근론이다. 그러나 비범죄화론이 자칫 범죄행위에 대한 사회적 동의를 의미하는 것으로 오인될 수 있는 점을 경계하여야 한다.[351]

2. 다이버전의 개념

다이버전(diversion)이란 다양한 개념으로 사용되고 있지만 일반적

---

351) 박상기·손동권·이순래 공저, 앞의 책, 390면.

으로는 공식적 형사절차로부터의 이탈과 동시에 사회내처우프로그램에 위탁하는 것을 그 내용으로 한다. 이는 형사사법기관이 통상의 형사절차를 중단하고 이를 대체하는 새로운 절차로의 이행을 의미하며, 이를 통하여 형사제재의 최소화를 도모할 수 있다는 점에서 통상의 형사절차에 해당하는 보석이나 구속적부심사제도와는 차이가 있으며, 다이버전은 형사사법의 탈제도화(deinstitutionalization)라는 의미에서 낙인이론의 산물이라고 할 수 있다. 즉 낙인이론에서는 사회적 낙인이 일탈행동을 더욱 증가시킬 수 있으며, 기존의 사회통제체제가 범죄문제를 해결하기보다는 더욱 악화시킨다는 가정을 하며 이에 따라 다이버전운동(diversion movement)이 발생한 것이다.352) 일부 낙인이론가들은 경미범죄의 경우에 형사처벌대상에서 제외하는 것이 오히려 사회에 이익이 된다는 급진적 비간섭정책(radical non - intervention)을 주장하기도 한다.

일반 형사절차에서 다이버전은 진행단계별로 체포 전 다이버전, 기소 전 다이버전, 공판절차 개시 전 다이버전으로 분류될 수 있으며, 주체에 따라 경찰에 의한 다이버전, 검사의 다이버전, 법원에 의한 다이버전이 있을 수 있다. 또한 통상의 형사절차로부터 이탈된 다이버전 대상자에 대한 처우 실시 여부에 따라 단순 다이버전과 개입형 다이버전(예: 범죄인에 대한 교육과 직업알선, 지역사회의 처우프로그램, 의학적·심리적 치료, 피해자에 대한 손해배상이나 화해)으로 나눌 수 있다.353)

---

352) Akers, *Criminological Theories*, 2nd ed., 1997, 104면.
353) 이기헌, 낙인이론에 대한 비판적 고찰, 서울대 박사학위논문, 1988, 107면, 박상기·손동권·이순래 공저, 392면.

3. 경찰

경찰은 치안유지의 1차적인 책임을 진 기관으로 범죄의 예방과 진압기능을 모두 담당하고 있는데 현재 정부행정조직상 행정자치부의 외청으로 되어 있다. 경찰은 형사정책의 최전방에 위치하여 국민의 생명과 신체, 재산 등을 실질적으로 보호하고 있으므로 이 같은 기능을 실질적으로 행사할 수 있도록 필요한 권한이 주어져야 한다.

경찰은 국민의 일반 치안을 담당하는 일선기관이기 때문에 국민의 사생활 관계 이외의 일체의 분야에 개입하여 공공의 안녕과 질서유지의 직무를 수행하고 있는데 구체적으로는 범죄의 예방, 진압, 수사, 경비, 요인경호 및 대공관계업무, 치안정보의 수집, 작성, 배포, 교통의 단속, 위해의 말한다. 최근 파출소 관할지역을 중심으로 24시간 체제로 순찰활동을 하고 있으나 형식에 치우친 방지 등의 일체의 치안업무이다(경찰관직무집행법 제2조). 그러나 이 중 대표적인 것이자 경찰의 일상적인 활동은 범죄의 예방·진압과 수사 관계활동 등일 것이다.

1) 범죄예방과 진압

경찰의 범죄예방활동은 일반적인 방범활동과 특별방범활동으로 나눌 수 있다.

일반적 방범활동은 범죄예방적 활동으로서 범죄의 기회나 유발요인을 제거하는 노력인데 순찰활동이나 외근방문을 통해 범죄발생의 가능지역을 돌아보거나 호구조사, 불심검문, 경찰제지, 피난 등의 조치를 하며, 필요한 경우에는 보호조치 및 각종 법령위반행

위를 사전적으로 단속하는 일을 감이 있다. 주차질서 단속, 불법
노점행위, 도로 무단점유, 쓰레기 무단투기 등 기초질서 확립 차원
에서 많은 위법적 요소가 있지만 이에 대한 구체적인 단속이 없는
것이 아쉽다.

특별방범활동은 특별한 대상이나 사항을 상대로 하는 방범활동
인데 이것은 국민이나 지역민의 이해나 협력을 얻어 장기적·지속
적으로 실시함으로써 우범적인 요소를 순화시켜 가는 것이다. 범죄
성이 큰 자들에 대한 순화교육이며 취업알선, 생활지도를 내용으로
하는 방범보도, 방범정보수집, 방범진단, 방범홍보 등이 있는데, 우
리나라도 이들 제도를 활성화하도록 노력하여야 할 것이다. 특히
지역민들로 구성되는 자율방범활동을 육성·지원함으로써 경찰활
동을 보완할 수 있도록 활성화시키는 것이 좋다고 본다.

2) 범죄의 수사

범죄수사의 기능은 범죄가 발생했을 때 이에 대한 범인의 발견,
확보, 증거의 수집, 보전을 위한 활동을 총칭하는 것으로서 경찰은
검찰수사를 보조하는 입장에 있기 때문에 특히 초동수사에 있어
만전을 기해야 한다. 수사에 있어 경찰의 역할은 사건의 발생을 인
지한 후 수사를 개시해야 하는데 수사의 단서는 주로 고소, 고발이
겠으나 현행범 체포나 변사자의 검시, 불심검문, 신문기사나 소문
등에 의해서도 할 수 있다. 수사가 진행되면 일단 피의자의 신원을
확보하는 것이 문제인데 피의자의 신원을 확보하였을 때는 체포나
구속의 방법으로 신병을 확보하여야 할 것이고 피의자를 모르는
상태에서는 이를 밝히는 데 주력을 하게 된다. 어쨌든 발생된 범죄

를 설명할 수 있는 증거를 다방면으로 수집해야 하는데 이 과정에서 상당한 전문성이 필요한 것이다.

경찰의 수사방법으로는 임의수사와 강제수사가 있으나 이론적으로 임의수사가 원칙이지만 현실적으로 강제수사가 대부분 활용되고 있다. 강제수사는 피의자에 대한 체포, 구속, 압수수색, 검증, 현행범의 체포나 긴급체포 등이 있다. 사전영장이 필요하나 긴급체포 등의 경우는 사후영장제도를 인정하고 있다. 피의자를 체포, 구속하는 것은 증거인멸의 방지, 도주의 방지, 법정에의 출석을 확보하기 위한 필요 때문에 이 과정에서 인권침해와 관련된 문제들이 자주 발생되고 있다.

4. 검찰

1) 서설

범죄를 수사하고 공소를 제기하여, 법원에 법의 정당한 적용을 요구하는 국가행정 작용이다. 현재 한국에서는 국가소추주의와 기소독점주의에 의해서 국가기관인 검사가 이 작용을 담당하고 있다. 즉 일반의 형사소송에 있어서는 검사가 국가기관으로서 검찰권을 행사한다. 검사는 각자가 단독제의 관청으로서 모두 자기의 이름으로 검찰사무를 행할 권한을 가지며, 각자가 국가기관으로서 의사를 결정·표시한다. 다만 검사동일체의 원칙에 따라 상명하복의 관계에 서지만, 직무상으로는 독립성을 가진다. 그 직무의 내용을 보면 형사상 공익의 대표자로서 1) 범죄수사, 공소제기와 그 유지에 필요한 행위, 2) 범죄수사에 관한 사법경찰관리의 지휘감독, 3) 법원에 대한 법령의 정당한 적용의 청구, 4) 재판집행의 지휘감독, 5) 국가를 당사자 또는 참가인으로 하는 소송과 행정소송의 수행 및 감독, 6) 다른 법령에 의하여 그 권한에 속하는 사항으로 민사상 금치산, 한정치산 선고를 신청하고, 부재자의 재산관리 및 회사의 해산명령을 청구하며, 외국회사 지점의 폐쇄명령을 청구하는 등의 직무를 행한다. 검사의 임명에는 법관과 같이 엄격한 임명자격이 요구되는 반면, 정치적 압력을 배제하기 위하여 강력한 신분보장이 인정되고 있다.

기타 업무로 각 지방검찰청에서는 각 지역의 범죄예방위원들을 관리하며 선도조건부 기소유예제도의 활용을 위해 선도상담실을 운영하고 있다. 범죄예방을 위해서는 검찰은 별다른 활동을 하지 않는다. 대국민관계에 있어 일선 치안유지의 책임은 경찰에 있기 때문이다. 다만 검찰은 범죄 진압적인 입장에서 경찰을 지휘하여 수사에 주도적인 위치를 확보하는 데 불과한 제2선의 기관이다. 범죄피해자는 주로 경찰에 고소, 고발하겠지만 검찰에 직접 고소, 고발하는 경우도 있는데 이때 검찰은 그 서류를 관할 경찰로 넘겨서 경찰로 하여금 기초조사를 하도록 하고 있다.

2) 검찰조직과 검사동일체의 원칙

검찰사무를 통괄하는 기관을 검찰청이라 하는데, 검찰청은 법무부에 소속한다. 검찰청은 법무부장관을 정점으로 대검찰청·고등검찰청·지방검찰청의 3종이 있고, 각각 사법부인 대법원·고등법원·지방법원에 대응하여 설치되고 있다. 검찰청은 행정기관이지만, 그 기능과 조직이 사법권과 밀접한 관련이 있어서 준사법적 기능 또는 준사법적 기관이라고 일컬어진다. 검찰청은 검찰청법에 의하여 설치되며 검찰청의 공무원은 검사와 검찰청 직원으로 나눈다. 검사의 직급은 검찰총장·고등검사장·검사장 및 검사로 구분한다 (검찰청법 제6조). 검찰청직원으로는 검찰청에 관리관·검찰이사관·검찰부이사관·검찰서기관·수사서기관·검찰사무관·마약사무관·검찰주사·마약수사주사·검찰주사보·검찰서기보·마약수사서기보 및 별정직 공무원을 둔다(같은 법 제45조).

검사는 검찰을 구성하는 구성원으로 단독제 행정관청이지만 준사법기관으로서 지위가 보장되며 검찰권 행사에 있어서는 검사동일체의 원칙에 의해 상사의 명령과 지휘·감독에 복종해야 하는데 이는 범죄의 수사나 공소의 제기, 유지 및 재판의 집행 등의 검찰권을 행사함에 있어 전국적으로 균형을 이루게 함으로써 검찰권 행사에 공정을 기하고 전국적으로 통일된 수사망을 확립하여 범죄에 효율적으로 대처하기 위함이다.

검사동일체원칙의 내용은 ① 검사는 조직체를 이루고 있기 때문에 상명하복의 관계에 있다. 검찰총장과 각 검사장, 지청장 등은 검찰사무에 관하여 소속 검사를 지휘·감독하고 당해 검사는 이에 복종하여야 한다. ② 직무승계와 이전의 권한인데 소속 검찰청의 장은 소속 검사의 직무를 자신이 처리하거나 다른 검사가 처리하도록 할 수 있다. 이 권한이 정치적으로 남용되면 담당검사는 맡은 사건을 소신껏 처리하는 도중에 검사교체를 통해 수사활동을 왜곡할 수 있는 소지가 많다. ③ 직무대리권인데 각급 검찰청의 장이 유고 시에는 차장검사가 자동적으로 소속장의 직무를 대리한다는 것이다. 이와 같은 내용의 검사동일체의 원칙은 장·단점이 각각 있다.

장점으로는 검사가 사건을 처리하는 도중에 전보나 퇴직을 하더라도 소송법상 전혀 문제가 없으므로 당해 사건이 재판에 계류 중이었을 경우 관여검사가 경질이 되어도 공판절차를 갱신할 필요가 없다는 점이다.

3) 검사의 소송법상 지위

형사소송법상 검사는 많은 권한을 부여받고 있는바 다음과 같다.

① 수사의 주체이다. 검사는 범죄의 혐의가 있다고 생각될 때는 범인, 범죄사실과 증거를 수사해야 한다. 이때 검사가 할 수 있는 수사과정상의 행위는 피의자의 신문, 참고인 조사, 피의자 구속, 체포, 긴급체포, 압수, 수색, 검증, 판사에 대한 영장청구권, 판사에 대한 강제처분청구권, 증거보전청구권, 수사지휘권, 수사종결권 등인데 해당 부서장인 검사가 이를 행한다.

② 공소의 주체인데 어느 나라이고 간에 공소권은 검사가 독점으로 수행하는 검사의 고유권한이다. 검사가 공소권을 행사함에 있어 적정을 기하기 위한 제도적인 장치로서 불기소처분의 통지, 불기소이유의 통지, 재정신청, 검찰항고 등의 제도를 두고 있다. 즉 검사의 공소권 행사에 불만이 있는 경우는 위와 같은 제도를 활용함으로써 간접적으로 공소권 행사에 개입할 수 있다. 공소권자로서 검사는 재판이 진행되는 동안 소송당사자로서 원고의 지위를 갖게 되는데 공판정 출석권, 기소요지 진술권, 공판기일 변경신청권, 기피신청권, 피고인 신문권, 증거조사 신청권, 증거조사 참여권, 증인신문권, 증거조사 후의 검사의 의견진술권, 변론재개 신청권, 공소장 변경 신청권, 상소권, 당사자로서의 권리를 가진다.

③ 법령의 정당한 적용의 청구권에 있어서도 독자적인 지위를 가지는데 비상상고제도, 공소장의 적용법조 명시제도, 상소제도 등은 검사가 법원에 대하여 요구할 수 있는 권리이다.

④ 재판의 집행기관이다. 검사는 재판의 결과를 집행하는데 특히 사형, 자유형의 집행을 위하여 당사자를 확보하기 위해 형집행장을 발부하여 구인할 수 있다.

⑤ 인권옹호기관으로서의 지위인데 특히 경찰이 수사과정에서 혐의자나 피의자를 구금한 경우 구속장소인 유치장을 순방한다. 검사장이나 지청장은 불법체포, 구속의 유무를 조사하기 위해 검사로 하여금 관할 수사관서의 피의자 체포, 구속장소를 감찰하게 하고 감찰하는 검사는 체포·구속된 자를 신문하고 관련 서류를 조사할 수 있다. 이 결과 구속이나 체포가 적법한 절차에 의하지 않았다고 의심할 만한 상당한 이유가 있을 때에는 즉시 체포 또는 구속된 자를 석방하거나 사건을 검찰에 송치할 것을 명하여야 한다.

4) 기소편의주의

검사가 공소권을 행사함에 있어 사건을 검토한 결과 기소할 만한 사유가 못 된다고 볼 때에는 불기소를 할 수 있는데 불기소처분에도 기소유예와 좁은 의미의 불기소로 나누어 볼 수 있다. 기소유예는 범죄혐의가 인정이 되고 법원에서 유죄판결을 할 가능성이 높음에도 형사정책적인 고려에서 일정한 기간 공소를 유예하는 것을 말한다.

기소편의주의는 적절하게만 운용이 되면 법원의 재판량을 경감시키고 범죄자에 대한 개별적 처우효과를 기할 수 있어 좋지만 이 제도가 악용되어 검사의 자의적인 판단이나 정치적인 압력에 의해

불공정하게 이용되면 검찰독재의 위험성이 내포되어 있다. 기소유예제도는 이렇게 활용하기에 따라서 약이 되고 독이 되기도 하는데 이 같은 폭넓은 재량권을 인정하는 이유는 형사정책적인 입장에서의 일반예방 내지 특별예방적 효과를 거둘 수 있기 때문이다.

특별예방적 관점에서는 단기자유형의 폐해를 방지할 수 있고 전과자라는 낙인이나 자격상실 등을 회피할 수 있을 뿐 아니라 특히 검찰이 즐겨 사용하는 선도조건부기소유예제도와 결합하여 범죄소년을 소년절차의 초기단계에서 방향을 바꾸어 범죄예방자원봉사위원에 의한 선도, 보호를 받도록 하여 소년의 재범방지와 재사회화에 기여하게 된다. 일반예방적 관점에서는 범죄예방을 고려하여 처벌의 필요가 없다고 볼 때 기소를 유예하는 경우이다.

인권의 측면에서 볼 때 피해자도 반드시 형사처벌을 원하지 않을 수도 있겠지만 범죄행위로 인한 재산상, 정신적인 피해에 대해서는 반드시 가해자로부터 최소한의 보상을 받도록 검찰이 이 과정에서 최선을 다하여 중재(역할)를 해야 할 것인데 원만하게 수습이 안 될 경우는 기소를 하는 이에 대한 제도적인 장치가 필요하다.

검사의 불기소처분에 대해서도 이미 말한 대로 ① 재정신청으로 고소, 고발인은 그 검사 소속의 고등검찰청에 대응하는 고등법원에 그 처분의 합당성 여부를 심사해 주도록 청구하는 것인데(형소법 제260조 제1항) 이를 재판상준기소절차라고 한다. 그러나 모든 사건에 적용되는 것은 아니고 형법 제123조의 타인의 권리행사방해죄, 제124조의 불법체포, 감금죄, 제125조의 폭행가혹행위죄 등 공무원의 직권남용죄에 대해서만 가능하도록 되어 있다. 재정신청은 불기소통지를 받은 날로부터 10일 이내에 서면으로 해야 한다. ②

헌법소원으로도 가능하다. 즉 고소, 고발인은 검사의 불기소처분에 대해 그로 인해 헌법상 보장된 기본권이 침해되었다고 볼 때는 헌법재판소에 소원할 수 있는 것이다. 이때는 검찰항고나 재정신청 절차를 먼저 거쳐야 한다(헌재법 제68조 제1항). ③ 항고, 재항고인데 이것은 일반적으로 널리 활용되고 있는 제도이다. 검사의 불기소처분에 불복이 있는 고소, 고발인은 그 검사가 소속하고 있는 지방검찰청이나 지청을 거쳐 서면으로 관할 고등검찰청 검사장에게 항고할 수 있고 이 항고를 기각한 경우에는 검찰총장에게 재항고도 할 수 있다(검찰청법 제10조 제1항, 제2항). 이와 같은 검찰항고는 검사의 불법, 부당한 불기소처분에 대해 검찰 내부에서 재검토하게 함으로써 신속하게 시정을 촉구하는 제도이기는 하나 검사동일체원칙의 현행 제도하에서 효율성에는 의문을 제기할 수 있다. 검찰항고는 불기소통지를 받은 날로부터 30일 이내에 해야 하며, 항고인에게 책임 없는 사유로 인해 항고를 못 했음을 소명한 때는 그 사유가 없어지는 날로부터 항고기간 30일을 기산한다. 기소중지의 사유가 없어졌거나 새로운 증거가 발견된 때에는 그 사유를 소명하면 항고기간을 경과한 후에도 항고할 수 있다(검찰청법 제10조 제4항). 고소, 고발인이 검사의 처분에 불만이 있어 고등법원에 재정신청을 한 건에 대해서는 검찰항고를 할 수가 없다. 검찰항고서를 송부받은 고등검찰청에서는 항고가 이유 있다고 생각되면 당해 지방검찰청이나 지청에 재수사를 지시한다. 검찰항고는 서면으로서만 가능하다.

5. 법원

  법원은 범죄자에 대한 대책에 있어 최종적인 처분을 하는 기관인
데 경찰이나 검찰의 역할은 결국 법원의 정당한 처분에 협력하는
입장에 있는 것이다. 형사재판은 범죄자의 범죄행위에 대해 기계
적·자동적으로 법을 적용하는 것이 아니고 재판과정을 통해 피해
자의 감정과 피고인의 심적 상황 등 가변적인 상황적 요소들을 면
밀히 파악하여 범죄방지와 범죄자의 재사회화를 위한 그러면서도
피해자의 입장을 충실히 고려하여 합리적으로 결론을 도출함으로써
재판의 형사정책적 기능을 실질적으로 구현하여야 하는 것이다.

1) 재판의 기능

  검사가 사건을 기소하게 되면 최종적인 처리는 법원에서 하게
되는데 법원은 증거에 입각하여 검사의 주장의 타당성을 판단하여
피고인에게 형벌을 가할 것인지의 여부를 결정하게 된다. 유죄를
인정하더라도 형벌의 종류와 양을 결정해야 하는데 이 양형의 과
정을 통해 범죄자에 대해서는 그가 행한 행위에 대한 응분의 처분
을 받게 하지만 동시에 범죄자에 대한 갱생이나 양심회복을 위한
교육기능도 가지며, 일반국민에게도 범죄자가 처벌되는 과정을 통
해 법을 지키며 살아야겠다는 인식을 가르치게 됨과 아울러 동시
에 사회의 정의구현 내지 회복하게 되는 것이다. 이와 같이 사건
하나하나의 재판을 통해 범죄인과 일반인에게는 범죄행위의 결과
가 어떻다는 것을 깨닫게 함으로써 위하적인 기능을 갖게 되고 국
가나 사회를 위해서는 준법정신의 함양을 통한 질서유지에 협력하
는 형사정책적으로 커다란 영향을 미치는 결과가 된다.

형법각칙에서는 각 범죄에 따른 형의 상한과 하한의 폭이 광범
위하여 법관의 재량권이 너무 크다는 점도 있으나 법관 입장에서
도 너무 융통성이 큰 재량의 여지 때문에 양형에 고민할 경우도 많
다. 양형의 과정에서 문제되는 것은 ① 양형의 근거, ② 범죄자의
인적 특질과 범행에 조화를 이룬 적정절차에 입각했는가 여부, ③
지역 간, 시기적으로 양형 정도에 차이는 없는가, ④ 외국의 동종
의 사건과 비교할 때 문제가 없는가, ⑤ 검사의 구형과 양형, 법관
의 인적 특질과 양형과의 상관관계 등이다.

2) 형의 유예제도

재판과정에서 형이 경미하거나 특별히 참작할 사유가 있을 때에
는 유죄를 인정하여 일정한 형을 선고하더라도 이를 일정기간 동
안 유예하는 제도가 바로 집행유예이며, 선고유예는 집행유예보다
도 더 엄격하여 초범인 경우 질적으로나 양적으로 범죄가 경미한
경우에 선고 자체를 유예하는 경우이다. 이 제도들은 범죄자에게
실형을 집행하지 않은 채 사회생활을 하도록 하면서 자신의 행위
에 대한 반성을 촉구한다는 점에서 경우에 따라서는 유용한 제도
인데 최근에는 이들을 보호관찰, 사회봉사명령, 수강명령에 붙임으
로써 제도의 효율성을 높이고 있다.

(1) 선고유예

선고유예제도는 12~13세기부터 영국에서 재판관습으로 인정되
었다가 유럽에서 미국으로 전수되어 보호관찰부선고유예제도가 확
립되는 계기가 되었다. 우리나라에서도 1997년 개정형법에서 선고
유예를 받은 사람에게 지도나 원호가 필요한 경우에 1년 이내 기

간으로 보호관찰을 받도록 하여 보호관찰부선고유예제도가 도입되었다. 현재 우리나라의 법원에서는 보호관찰부집행유예제도는 폭넓게 활용하고 있으나 보호관찰부선고유예제도는 거의 활용하고 있지 않은데 이들에 대해 보호관찰이라는 제도적 장치가 있기 때문에 안심하고 선고유예제도의 활용을 통해 범죄인에 대한 좀 더 유리한 입장에서의 교정효과를 볼 수 있도록 해야 할 것이다. 왜냐하면 선고유예는 비록 유죄판결의 일종이기는 하지만 선고유예를 받은 날로부터 일정한 기간 내에 자격정지 이상의 형을 받지 않은 상태로 유예기간을 경과하면 면소된 것과 같은 효과가 있어 범죄자에게 좀 더 유리한 법적 효과를 가지기 때문이다.

선고유예는 ① 1년 이하의 징역이나 금고, 자격정지 또는 벌금형을 선고할 경우에, ② 개전의 정이 현저하고, ③ 자격정지 이상의 형을 받은 전과가 없는 경우에 대하여 선고가 가능한데 형을 병과하는 경우에도 형의 전부 또는 일부에 대해 그 선고를 유예할 수 있다(형법 제59조 제2항).

(2) 집행유예

집행유예란 법원에서 유죄판결을 하여 형을 선고한 경우에도 일정한 요건을 갖춘 경우에는 교정적 차원에서 형의 집행을 일정기간 유예하는데 그 기간 동안 다른 죄를 범해 금고 이상의 형의 판결을 받지 않으면 유예했던 형의 집행을 종료한 것으로 보는 제도이다.

이 제도는 영·미에서 일찍이 발달된 것으로 사회내처우의 하나로서 우리나라에서도 많이 활용되고 있다. 집행유예의 요건은 ① 3년 이하의 징역이나 금고를 선고할 경우, ② 참작할 만한 정상이 충분히 있고, ③ 금고 이상의 형을 선고받아 집행이 종료 또는 면제된 지 5년이 경과된 경우에 할 수 있는데 집행유예 기간 중의 범죄에 대해서는 다시 집행유예를 할 수 없다.

집행유예의 경우에도 그 기간 동안 보호관찰이나 사회봉사명령 또는 수강명령을 명할 수 있는데 어느 경우나 집행유예 기간 내에 집행이 종료되어야 한다.

집행유예기간은 1년 이상 5년 이하의 기간으로 판결주문에서 선고된 형의 기간보다 길어야 하는데 법원의 재량으로 유예기간을 정한다. 유예기간을 무사히 경과하면 선고의 효력이 상실되므로 처음부터 형의 선고가 없었던 것과 동일한 것으로 되기 때문에 전과자로도 되지 않는다. 그러나 형의 선고가 있었다는 기왕의 법률효과는 그대로 지속된다. 집행유예 기간 중에 다른 범죄로 인하여 금고 이상의 형을 받은 경우에는 집행유예의 효력을 상실하며(형법 제63조), 집행유예선고를 받고 금고 이상의 형을 선고받아 집행이 종료된 후 또는 면제된 날로부터 5년이 경과되지 않았음이 발각된 때에도 집행유예가 취소되고 선고한 형을 집행한다(형법 제64조 제1항, 필수적 취소사유).

또 보호관찰이나 사회봉사명령, 수강명령이 병과된 집행유예의 경우 중대한 준수사항의 위반 시에도 집행유예를 취소할 수 있다(형법 제64조 제2항, 임의적 취소사유). 그러나 이미 집행유예를 받은 삶에 대해 과정의 문제가 있다고 하여 이를 취소시키는 것은 일사부재리의 원칙에 반한다는 비판도 있다.

제1절 형사정책적 처우대책

형사정책적 단계는 형사사법절차의 일부이지만 수형자 등의 처우를 중심으로 이루어지는 행정작용으로서의 성격을 가지고 있으며, 우리가 흔히 교정현장이라고 할 때는 바로 형사사법절차 중의 행형단계가 이루어지는 현장을 말하기도 한다.

행형단계에서의 범죄자들에 대하여서는 각종의 처우가 이루어지게 되는데 현재 범죄자 처우의 내용으로는 사법처우(행형의 전제), 교정처우, 보호처우 등이 포함되고 있다.[354]

사법처우(행형의 전제)란 처우의 개별화를 위해 행형 또는 교정단계 이전에 제재의 종류와 정도를 결정하는 것을 말한다. 제재의 선택과 제재의 양정으로 구분된다. 전자는 어떤 종류의 제재를 과할 것인가를 결정하는 것을 의미하고, 후자는 범죄자의 행위·인격·환경 등의 요인을 고려하여 어느 정도의 제재를 과할 것인가를 결정하는 것을 의미한다.

교정처우란 교정단계에서 이루어지는 범죄자처우를 말하며 주로 시설내처우를 논의대상으로 한다. 가장 좁은 의미의 범죄자처우이다. 교정처우는 재판의 집행과 범죄인의 개선·갱생이라는 복합적 의미를 가지고 있다. 예컨대 가석방·개방처우 등을 결합시킴으로써 교정처우는 탄력적으로 운용될 수 있다.

---

354) 배종대, 앞의 책, 397면.

표 89 교정시설 및 기관과 주요 활동

구분	주요 시설	활동 및 서비스
수용시설	교도소(구치소)	형의 유무에 따라 기결(미결)수용자를 수용 성별, 연령별, 죄의 경중, 기능별로 분류 수용
	보호감호소	재범의 위험이 있는 자에 대해 특수한 교육, 개선 및 치료가 필요할 경우, 수용 및 교정
	특수교도소	약물, 알코올남용, 나환자 등 특수처우가 필요한 대상을 수용
보호시설	보호관찰소	교정시설에 수용하지 않고 일상 사회생활을 영위하면서 재범에 빠지지 않도록 대상자를 지도, 감독하고 원호하는 사회내처우(상담, 취업 알선, 학교 복귀, 환경 개선 등) －사회봉사명령: 지정 시간에 무보수로 근로에 종사함으로써 죄를 반성하고 지역사회에 봉사하도록 하는 형사제재
보호시설	소년원	가정법원소년부에서 송치된 비행소년들을 보호, 수용하여 교정교육을 하는 특수교육기관(학교교육, 직업훈련, 심성순화, 심신의 보호, 지도) 등
	소년분류심사원	범죄소년에 대한 분류심사를 실시하여 법원소년부에 자료제공, 교정처우 지침 제시, 사후지도 권고 등
	치료감호소	범죄를 저지른 장애인 및 약물중독자의 재활을 위한 보호와 서비스
민간시설	갱생보호기관 (한국갱생보호공단)	집행유예나 선고유예자, 가석방처분이나 출소자를 대상으로 정신적·물질적 원고 제공, 건전한 사회복귀와 재적응 도모
	소년보호시설	소년법원에서 4호 처분을 받은 소년들을 아동복지시설 또는 소년보호시설 등에 위탁하여 감호, 학업 및 직업교육 제공
	종교·사회기관 및 시설지역사회복지관 및 복지시설	다양한 교정기관·시설로부터 서비스대상자를 위탁받음.

보호처우는 사법처우와 연계해서 또는 교정처우 이후의 단계에서 범죄인의 재사회화를 목적으로 행하여지는 처우를 말한다. 이것에 대한 보기로는 사회내처우의 대표적 형태인 보호관찰을 들 수 있다. 소년법과 보호관찰등에관한법률에 따른 보호관찰, 각종 유예제도나 가석방과 보호관찰의 결합, 유권적·임의적 갱생보호의 실시 등이 주된 내용이다. 이 밖에 사회봉사명령, 수강명령 등도 여기에 포함된다.

이하에서는 수용시설, 보호시설, 민간시설 등의 교정시설 및 기관과 주요 활동은 아래의 표[355]와 같으며 형사정책적 단계에서의 범죄자 처우대책을 교정시설내처우, 소년보호시설내처우 및 사회내 처우로 나누어 살펴보기로 한다.

1. 교정시설내 처우

1) 교정시설의 의의

교정시설은 행형 내지 수형자의 처우를 위한 국가시설로서 좁게는 행형시설을 의미한다. 넓은 의미로는 형벌뿐만 아니라 보안처분을 집행하기 위한 국가시설도 여기에 포함된다.

대표적 행형시설인 교도소는 협의로는 자유형(형법 제41조, 형벌 중 징역, 금고, 구류를 자유형이라 하며 범죄인의 자유를 박탈하는 것을 내용으로 하는 형벌의 일종임)이 확정된 자, 노역장유치(벌금 미납으로 인한 환형처분)를 선고받은 자를 격리 수용하는 시설을 의미하지만, 광의로는 형사피의자와 형사피고인과 같은 미결수용자와 사형수를 수용하기 위한 미결수용실과 구치소를 포함한다. 이렇게 보면 교정시설은 형사소송절차 및 형집행을 보전하기 위한 물적인 계호시설과 관리직원의 결합체로 운영되는 국가시설을 의미한다고 할 수 있다.

오늘날 교도소는 처음에는 '감옥'으로 호칭되었고, 그 다음에는 '형무소'로 불렸다. 교도소라고 부르기 시작한 것은 1961년 12월 24일 행형법이 제정되면서부터이다. 교도소로 개칭한 이유는 종래 감옥이나 형무소가 심어 준 응보적 색채를 불식시키고 교정·교화

---

355) 배임호·박경일·이태언·신석환·전영록 공저, 교정복지론, 양서원, 2001, 36면.

의 이념을 분명하게 하기 위한 목적을 가지고 있다.

과거에 교정시설은 범죄자의 행위를 응징하는 역할을 담당하던 곳이었다. 그러므로 구금상태에서 고통을 가하고 자유를 박탈하는 것에 시설의 존재의미가 있었으나, 점차 범죄인을 사회에 다시 복귀시키기 위한 기능을 하는 장소로 인식이 바뀌었다. 따라서 교도소의 현대적 의의는 범죄인을 위한 교육의 장이라는 점에서 찾을 수 있고, 구금과 격리는 단지 교육을 위한 전제조건으로 이해하는 것이 옳을 것이다.

2) 교정시설의 역사

자유형의 집행을 위한 구금시설로서 근대적 의미의 감옥은 그 역사가 그렇게 오래된 것은 아니다. 사회에서 원치 않는 사람들을 잡아두는 시설은 인류의 역사와 더불어 존재하였지만, 그것은 단순한 구금 이상의 기능을 하는 곳은 아니었기 때문에 자유박탈과 함께 노동의 부과, 행형을 통한 교화·개선을 목적으로 하는 점에서 오늘날의 감옥과 본질적으로 구별된다고 할 수 있다. 그러므로 근대 이전의 감옥은 동굴, 지하실, 탑 등 범인의 탈주를 방지할 수 있는 시설이면 그 종류를 가리지 않았고 그 이상의 기능을 필요로 하지도 않았다.

구금형 시설로서 근대적 의미의 교도소가 생성되기 시작한 곳은 대체로 16세기경 영국으로 추정되고 있다. 그 사회적 배경이 된 것은 당시 엔클로져운동의 결과 농촌사람들이 대거 도시로 유입되면서 많은 도시빈민, 부랑자, 절도범을 양산하였고 따라서 이들에 대해 교정프로그램이나 직업훈련 등 체계적이고 장기적인 대책수립이 필요하였기 때문이다. 이러한 목적을 위한 시설로서 1552년 영국왕 에드워드 6세가 리들리(Ridley) 주교의 건의에 따라서 브라이드웰(Bridewell)궁을 활용하도록 한 것이 있다. 당시 영국에서는 브라이드웰로 통칭되는 노역장 시설이 여러 곳에 설치되었다.[356]

그러나 근대적 의미의 교도소에 가장 근접한 형태는 1596년 암스테르담에 설치되었던 암스테르담 교정원(Tuchthuis)으로서 현대교도소의 효시로 인정되고 있다. 이 교정원은 부랑자, 절도범 등을 분리 수용하면서 작업과 교화의 내용을 달리하는 등 발전적 시설과 운영방법을 취하였다.

소년범죄자에 대한 특별한 수용시설의 역사적 보기로는 1703년 클레멘스 11세 교황이 로마 시내에 산 미켈레(San Michele) 소년감화원을 설치한 것을 들 수 있다. 이 시설은 범죄소년을 비롯한 불량청소년에 대해 과학적 방법으로 인격훈련과 직업훈련을 실시하였는데, 그 운영방식이 탁월하였기 때문에 이후의 교도소 발달에 큰 영향을 미쳤고, 특히 감옥개량운동의 선구자 하워드(John Howard)가 그의 저서에 반복하여 인용할 만큼 깊은 감명을 준 것으로 유명하다.

그리고 이와 같은 다양한 형태의 구금시설이 국가의 공형벌체계와 결합된 것은 1777년 하워드가 「감옥의 상태」를 출간한 18세기 후반 이후 19세기 중반에 걸친 일로 여겨진다. 미국에서는 프랭클린(B. Franklin)이 이끈 필라델피아 신행형법의 제정, 월넛구치소의 독거감옥 설치, 1819년 뉴욕 오번감옥의 침묵제 등이 도입되었다.[357]

하워드의 「감옥의 상태」는 그가 유럽 전역의 많은 감옥시설을 둘러보고 분석한 결과를 쓴 것이다. 그의 감옥여행은 스코틀랜드와

---

356) 허주욱, 행형학, 일조각, 1998, 179면, 배종대, 410면, 신진규, 575면.
357) 허주욱, 258면, 박상기·손동권·이순래, 형사정책, 한국형사정책연구원, 1998, 366면.

아일랜드뿐만 아니라 기타 유럽대륙 여러 나라에까지 미쳤는데, 12년간 5회를 반복하였다고 한다. 하워드가 감옥에 관심을 가지게 된 것은, 1773년 43세의 나이에 베드포드샤이어의 보안관(Sheriff)에 임명되면서 감옥을 둘러볼 기회를 가졌는데, 무죄가 확정된 자가 감옥수수료를 내지 않았다는 이유로 계속 유치되고 있는 현실을 목격한 것이 계기가 되었다고 한다.358)

우리나라에 근대적 행형제도가 도입된 것은 1894년 갑오경장 이후이다. 이것은 서구보다 약 100년 정도 늦은 것으로 판단된다. 조선시대에는 대명률의 오형제도에 따라서 감옥은 단순한 미결구금 또는 사형 등 형집행을 위한 일시적 구금시설의 기능을 담당하였을 뿐이고 구금 자체가 형벌로 인정되지는 않았다. 오늘날의 징역형과 유사한 것으로 도형이 있었는데, 그 내용이 1~3년간 일정한 작업장에서 노역을 제공하는 것이었으므로 구금시설이 분명하지 않고 선고의 예도 많지 않았기 때문에 양자는 구별된다고 할 수 있다. 그리고 조선시대의 금고는 오늘날의 금고형과 달리 일정기간 관리가 되는 것을 금하는 일종의 자격형에 불과하였다. 자유형제도가 본격적으로 도입된 것은 한일합방으로 일본형법이 적용되면서부터이다. 1948년 정부수립 이후에는 법무부 형정국이 교정행정을 총괄하였고, 1950년 행형법이 제정되고, 1961년에는 행형법 개정을 통해 형무소를 교도소로 개칭하였다. 1962년에는 형정국도 교정국으로 개칭하였다.

범죄자를 수용하여 교정·교화하는 시설로서는 교도소·소년교도소·구치소·보호감호소가 있는데 교도소, 소년교도소 및 구치소는 징역형, 금고형, 노역장유치 및 구류형을 받은 자와 미결수용

---

358) 신진규, 앞의 책, 577면.

자를 주로 수용하고 보호감호소는 사회보호법에 의한 보호감호처분을 받은 자를 수용하고 있다. 이밖에 사회보호법에 의한 치료감호처분을 받은 자를 수용하여 치료하는 치료감호소가 있으나 엄밀한 의미의 교정시설로는 볼 수 없으므로 아래에 나오는 피감호자에 대한 처우에서 후술한다.

2002년 말 현재 전국의 일선교정시설은 교도소 29(개방교도소 1, 여자교도소 1, 소록도지소 1포함), 소년교도소 2, 구치소 8, 구치소지소 4, 보호감호소 2개소가 있다.

2. 구금의 방식359)

자유형의 집행방법에서 유형제도(유배제도)가 사라진 이래 수형자를 일정한 시설에 구금함으로써 자유를 박탈하고 교화·개선을 꾀하는 구금은 자유형의 유일한 집행제도로 자리 잡고 있다. 다만 어떻게 하면 자유박탈과 교화·개선조치의 조화를 이룩할 수 있을 것인가 하는 점에서 구금제도 자체보다는 구금방식에 관심이 모아지게 되었다. 구금방식은 수형자의 개선·교화가능성, 위생, 국가재정 등을 종합적으로 고려하여 결정되는데, 원래 일정한 시설에 수용하는 시설내처우가 원칙이지만 최근에는 사회복귀의 관점이 강조되면서 사회에 근접한 형태의 처우방식이 요청됨으로써 개방처우가 확대되는 경향에 있다. 예를 들면 외부통근제나 사회내처우와 같은 중간처우제도가 여기에 속한다.

---

359) 배종대, 앞의 책, 416~418면.

1) 구금방식의 종류

(1) 독거제

가. 의의·장단점

독거제는 수형자를 교도소 안의 독방에 구금하여 수형자 상호간의 접촉을 방지함으로써 서로 악영향을 주고받는 것을 미연에 예방하기 위한 제도를 말한다. 독거제는 영국의 감옥개량가 존 하워드가 1777년 「감옥상태론」에서 잡거구금의 무질서와 비위생을 지적하면서 반독거제 형태인 주간 또는 야간독거제를 주장하면서 처음으로 제기되었다. 그 결과 영국의 3개 도시 그리고 필라델피아협회의 주도하에 필라델피아 시에 월넛(Walnut)교도소라는 독거감옥이 등장하였다. 월넛교도소는 중범죄자에 대해 주간, 야간 모두 독거구금을 하는 엄격한 방식을 취하였다. 이것을 펜실바니아제 또는 필라델피아식이라고 부른다.[360)

독거제는 수형자 상호간의 통모·악영향 배제, 속죄와 반성기회의 제공, 개별처우의 유리, 감시감독·질서유지의 효율성이 장점으로 지적된다. 그러나 단점으로는 사회복귀를 위한 공동생활의 훈련이 불가능하고 정신적인 고독상태로 인한 장애의 초래, 집단작업이나 교육의 어려움 그리고 국가의 재정부담을 들 수 있다.

나. 현행법의 태도

현행법은 독거수용을 원칙으로 하고 필요한 경우에 예외적으로 혼거수용을 할 수 있도록 규정하고 있다. 독거수용자는 다른 수용자와

---

360) 허주욱, 180면, 정영석·신양균, 형사정책, 법문사, 1997, 515면.

의 접촉을 금하며 소환·운동·목욕·접견·교회·진찰 기타 부득이한 경우를 제외하고는 항상 독거시켜야 한다. 독거수용기간은 계속하여 2년을 초과하지 못하며, 다만 소장이 특히 독거수용을 계속할 필요가 있다고 인정하는 경우에는 6개월을 연장할 수 있다. 그리고 소년수형자는 소장이 특별히 필요하다고 인정하는 경우를 제외하고는 6개월 이상 독거 수용해서는 안 된다.

수용자는 다른 법령 및 행형법시행령에 특별한 규정이 있는 경우를 제외하고는 다음 순위에 따라 독거 수용한다. 즉 1) 도주의 우려가 있는 자, 2) 수용질서를 해칠 우려가 있는 자, 3) 미결수용자로서 증거인멸의 우려가 있는 자, 4) 다른 수용자에게 나쁜 영향을 미칠 우려가 있는 자, 5) 분류심사를 위하여 필요한 자, 6) 여죄사건이 계류 중인 자, 7) 수용생활에 적응하기 위하여 특히 안정이 필요한 자의 순서이다.

소장 및 교도소 등 소속의 의무관은 매주 1회 이상 독거수용자를 시찰하여야 한다. 독거수용자를 시찰한 교도관은 시찰사항을 지체 없이 소장에게 보고하여야 한다. 그러나 소장이 특히 필요하다고 인정하는 경우를 제외하고는 남자교도관은 여자교도관의 참여 없이는 독거 수용한 여자를 시찰하지 못한다.

(2) 혼거제
가. 의의
혼거제는 다수의 수형자를 같은 방에 수용하는 구금방식으로서 잡거제라고도 한다. 장단점은 독거제와 반대이다. 행형비용의 절감과 공동생활을 통한 사회적응훈련의 연마로 사회복귀에 기여할 수 있는 것은 혼거제의 장점에 속한다. 고립에 의한 정신적 장애나 자살을 방지할 수 있는 것도 혼거제의 장점이다. 그러나 단점은 범죄학습의 기회 확대, 적절한 개별처우의 어려움, 석방 후 감방동료가 공범이 될 수 있는 가능성, 감시·질서유지의 어려움, 폭동과 탈옥의 도모 등을 들 수 있다. 이 중에서도 혼거제의 가장 심각한 폐해는 감방동료의 간접경험을 통해 새로운 범죄수법을 익히는 이른바 교도소가 '범죄대학'으로 전락하는 문제일 것이다.

혼거제의 이러한 문제점은 수형자를 무차별적으로 함께 수용하는 데서 비롯된다. 그렇다고 해서 모든 수형자에 대한 독거구금이 대안이 될 수 있는 것은 아니기 때문에 혼거제에 대한 다양한 개선책이 등장하고 있다. 예를 들면 혼거상태에서 상호간의 교담을 제한하는 침묵제, 주간에는 혼거제를 사용하고 야간에는 독방에 수용하는 반독거제가 그것이다.

나. 현행법의 태도

현행법에 의하면 교도소장은 시설 등의 사정에 비추어 필요하다고 인정할 예외적 경우에만 수용자를 혼거 수용할 수 있도록 되어 있다. 그렇지만 수형자의 급증, 국가재정상의 이유 등으로 우리 행형 실무는 혼거수용을 마치 원칙처럼 사용하고 있다. 그러나 법률상 혼거수용이 금지되어 있는 경우도 있다. 예를 들면 노역장 유치의 선고를 받은 자와 기타 수형자는 부득이한 사유가 있는 경우가 아니면 혼거 수용하여서는 안 된다. 또한 신체장애자인 수용자와 기타의 수용자도 부득이한 사유가 있는 경우를 제외하고는 혼거수용을 금한다. 다만 간호에 종사하는 자는 예외로 할 수 있다.

혼거실에는 3인 이상의 자를 수용한다. 다만 요양 기타 부득이한 사유가 있는 경우에는 예외로 한다. 10인 이내로 혼거하도록 하는 것이 수용관리 및 처우를 위해 바람직하다고 보는 견해가 있지만,[361] 그만큼 철저한 과학적 분류가 전제되어야 할 것이고 수형자의 인간다운 행형환경보다 관리자의 효율성을 중시한 입장이라고 할 수 있다.

(3) 오번제(Auburn System)

오번제는 미국 뉴욕 주의 오번감옥에서 1823년 당시 소장이었던 린즈(Lynds)가 처음으로 실시하면서 붙여진 이름이다. 주간에는 혼거생활을 하게 하고 야간에는 독방에 구금하는 방식으로서 주간에 혼거 수용할 동안에는 엄중한 침묵이 강요되었다고 하여 일명 침묵제라고도 한다. 이 제도는 극단적 독거제인 펜실바니아제와 혼거제의 단점을 극복하기 위하여 제시된 절충적 구금방식이라고 할 수 있다. 그리고 주간의 혼거시간에는 공장에서 공동 작업하는 것이 가능하였기 때문에 산업사회가 필요로 하는 노동력의 확보가 가능한 장점도 가지고 있었다. 하지만 오번제가 요구하는 혼거생활 시의 침묵은 인간의 본질적 인격성에 대한 침해로서 인간의 존엄에 반한다고 할 것이다. 그리고 교담금지에 위반할 때 수반되는 제재조치는 수형자들을 항상 긴장과 불안 속에서 살게 함으로써 재사회화에도 도움이 되지 않는다.

(4) 엘마이라제(Elmira System)

엘마이라제는 수형자의 자력적 개선에 중점을 두는 행형제도로서 다른 말로 감화제라고도 한다. 부정기형과 누진처우점수제를 결합하여 행형성적의 등급에 따라 처우를 완화하고 가석방하는 것을

---

361) 정영석·신양균, 앞의 책, 526면.

내용으로 하는 제도이다. 1876년 뉴욕의 엘마이라 감화원에서 원장인 브록웨이(Z. Brockway)에 의해 처음 실시되었고, 16~30세의 초범자를 대상으로 하였다.[362] 엘마이라에 수용된 사람은 최고형기의 범위 안에서 자신의 노력 여하에 따라 석방시기를 앞당길 수 있도록 함으로써 사회복귀프로그램에 몰두하는 동기를 주고자 하였다.

브록웨이는 엘마이라를 학과·직업·도덕교육을 시키는 학교와 같은 분위기로 만들려고 하였고, 3등급으로 나누어 1등급으로 격상되면 가석방될 수 있도록 하였다. 특히 청소년 범죄자의 교화에 효과가 있었다고 전하고, 단점으로는 대상자의 제한, 새로운 방법의 개발 부족, 좋은 등급을 받기 위한 속임수의 구별문제 등이 지적되고 있다.[363]

(5) 수형자자치제

수형자자치제는 수형자 스스로의 책임에 기초하여 한편으로는 교도소 내의 질서를 유지하게 하고 다른 한편으로는 자신의 사회복귀를 준비하는 자치활동으로 행형을 운용하는 제도이다. 즉 수형자의 자발적인 자치활동을 통하여 사회적응능력을 높이고자 하는 제도이다. 자치의 인정범위에 따라 전면자치제와 부분자치제로 나뉜다. 수형자자치제가 행형제도로서 처음 실시된 곳은 오번교도소이다. 이후 싱싱교도소, 포트머스해군교도소에서 채택된 바가 있고 특히 싱싱교도소의 자치제는 자치제의 모범으로 알려져 있다. 이 수형자자치제는 세계 각국에 일반화되지는 못하였고 다만 누진처우의 최상급자에 대해서만 일정한 범위의 자치를 인정하는 형태로 남아 있을 뿐이다.

---

362) 이윤호, 교정학, 박영사, 2003, 155면.
363) 배종대, 앞의 책, 420면 이하.

(6) 카티지제(Cottage System)

카티지제는 기존의 행형제도가 주로 대형화 또는 집단화를 전제로 하여 획일적으로 운용됨으로써 많은 폐해를 낳았음에 착안하여 시행된 소집단처우제도로서 1854년 미국 오하이오 주 랭커스터에서 처음 시행되었다. 이 제도는 수형자를 개별특성에 따라 20~30명 단위의 카티지로 나누어서 각 카티지별로 행형내용의 강도를 달리하는 처우방법을 적용함으로써 교정효과의 극대화를 꾀하고자 하였다. 그러기 위해서는 이에 필요한 과학적 처우방법의 개발과 전문인력의 양성이 필수요건인데 이것은 곧 국가의 재정적 부담능력과 직결되는 문제이다.

(7) 선행보상제도(Good Time System)

일명 선시제 또는 선행감형제도라고도 한다. 교도소의 규칙을 잘 준수하고 작업에 자발적으로 참여하고 그 실적이 우수하며 그리고 기타 선행을 행하는 수형자에게 그 대가로 일정한 수형기간을 단축시켜 주는 제도를 말한다. 가석방제도는 형기 중 사회내처우로 형집행방법이 전환된다는 점에서 선행보상제도와 구별된다.

이 제도는 수형자의 자발적 개선노력에 동기를 부여할 수 있다는 점에서 긍정적 측면이 있다. 그러나 형기단축의 기준이 명확하지 않음으로써 행정권의 자의적 행사와 결합하여 결국 사법권을 침해할 수 있는 소지를 다분히 내포하고 있으며, 또한 외형적 태도의 변화가 내면적 변화를 담보할 수 있는 것은 아니기 때문에 경우에 따라서는 외면적 연기에 능한 교활한 수형자가 선행보상제도에 의해 조기 석방되는 경우도 배제할 수 없다는 단점을 가지고 있다.

제2절 사회내처우의 갱생보호

1. 의의 및 필요성

갱생보호(更生保護, after‒care)란 형사처분을 받은 자에 대한 교정사업의 최종 단계로서 형사처분이나 보호처분을 받은 자에게 정신적·물질적으로 원조를 함으로써 사회의 일원으로 복귀할 수 있는 기반을 조성하여 범죄인의 재범을 방지하고 사회 적응을 돕는 보호활동을 말하는 것이다.[364]

넓은 의미의 갱생보호는 범죄인의 사회복귀를 촉진하기 위한 공공적인 활동 일체를 말하는데 이에는 출소자의 보호와 같은 비권력적이고 임의적인 보호, 즉 좁은 의미의 갱생보호를 포함하여 보호관찰과 같이 국가가 권력적이고 강제적으로 행하는 유권적인 보호를 말한다. 그러나 좁은 의미 내지 보통 말하는 갱생보호는 범죄인의 사회복귀를 촉진하기 위한 공공적인 활동 가운데서 권력적인 부분을 제외한 비권력적인 부분만을 말한다.

교도소나 소년원 등에 교정처우를 받고 출소한 경우 그대로 두면 재범을 할 우려가 크기 때문에 after‒care로서의 갱생보호가 꼭 필요한 것으로 범죄대책들 중에서 갱생보호는 가장 중요한 내용의 하나[365]라고 볼 수 있으며 이 제도의 필요성도 여기에 있다.

---

364) 신석환 외, 신보호관찰론, 학현사, 2005, 226면.
365) 박재윤, 범죄대책의 올바른 방향, 갱생보호 창간호(96년 9월 9일).

2. 갱생보호의 연혁

1) 외국의 발전과정

갱생보호는 18세기 유럽에서 시작된 자연법과 계몽주의사상이 기독교적인 박애사상이 영향을 미쳐서 형성된 제도이다. 갱생보호는 국가가 주도하는 경우와 민간인이나 민간단체가 주도하는 두 가지 경우가 있는데, 영·미법계 국가에서는 민간인에 의한 갱생보호사업에서 출발하여 국가의 공적업무로 발전하였고, 대륙법계 국가에서는 국가 주도하에서 시작되다가 민간인 및 민간단체가 참여하는 방향으로 발전하였다.[366] 영국에서는 1862년에 갱생보호법 (Discharged Prisoner Aid Act)이 제정되었고, 1907년에는 범죄자 보호관찰법에 의해 유권적 갱생보호제도인 probation이 실시되었으며 1936년에는 전국 석방수형자 원호협회가 창설되었다. 미국에서는 민간단체의 자선적 활동에서 시작되었는데 R. Wister가 1776년에 개인 재산을 투자하여 필라델피아협회(Philadelphia Society for Assisting Distressed Prisoners)를 창설하여 출소 후 어려운 생활을 하고 있는 범죄자들을 도왔다. 이 협회는 1787년에 교도소의 비참함을 감경코자 하는 필라델피아협회(Philadelhpia Society for Alleviation the Miseries of public prisoners)로 개칭하여 행형개량과 출소자 보호사업에 힘썼는데, 이 운동은 그 후 여러 주로 파급되어 각 주에 교도소협회가 창설되었고 국고의 보조도 받게 되었다.[367] 일본에서는 1882년(명치 15년)의 감옥법에 별방유치제도를 규정했으며 1888년에는 일본

---

366) 정진연, 갱생보호에 관한 연구, 갱생보호 '97년 봄호, 한국갱생보호공단, 1997, 9면.
367) 정진연, 앞의 책, 9면.

감옥협회가 설립되었고, 1926년(대정 3년)에는 출소자 보호에 대한 전국 단체로 재단법인 보도회가 조직되었는데 이것이 오늘날의 일본갱생보호협회로 발전하였다.368)

2) 우리나라의 발전과정

우리나라의 갱생보호는 민간독지가의 은혜적인 구호사업활동에서 시작되었다. 기록상으로는 1911년에서 1912년에 걸쳐 당시 감옥의 직원규약에 의해 민간독지가의 협력을 얻어 보호협회가 발족되었다. 이때에는 독지가의 자선에만 의지하였으므로 형사정책상 체계적인 효과는 기대할 수가 없었다. 그러다가 1942년 조선사법보호사업령과 동 보호위원회에 의하여 일본의 사법보호제도와 동일한 형태로 운영되었다.369)

그 후 1958년에는 현행 소년법의 근간이 된 소년법이 제정되었고 지금까지 4차에 걸친 개정이 있었다.370) 현재 사용하고 있는 보호관찰이란 용어는 1958년 소년법이 제정되면서371)372) 처음으로 명문화된 이후 일부의 형사법규에도 규정되었다.

1961년 법률 제730호로 갱생보호법이 제정되어 법무부 장관의 감독하에 공법인체인 갱생보호회가 설립되었고(같은 법 제6조), 당

---

368) 更生保護會, 日本의 保護司制度, 1971.

369) 朝鮮司法保護領(制令 第9號, 1942年 3月 23日 制定), 同保護委員會令(勅令 第93號), (金振煥, 更生保護의 理論과 實際 및 改善方法, 法務研究(第8輯), 法務研修院, 1981, p.77).

370) 이태언 외, 앞의 책, 342면.

371) 소년법은 1958년 7월 24일 법률 제489호로 제정되었는데, 1963년 7월 31일과 1977년 12월 31일, 1988년 12월 전면 개정을 거쳐 1996년 1월 5일 법 4929호로 개정되어 오늘에 이르고 있다. 소년법은 4장 71개조와 부칙 3개조로 구성되어 있다.

372) 2007년 12월 21일 법률 제8722호로 소년법의 일부 개정, 공포된 후 6개월이 경과하는 2008년 6월 22일부터 시행되고 있다. 소년법은 4장 71개조와 부칙 6개조로 구성되어 있다.

초에는 민간단체로 발족한 것이었으나, 지금은 국가와 민간이 병합한 기구로 운영되고 있다.[373] 일반적으로 갱생보호제도에는 피보호자의 신청이나 동의에 의해 개시되는 임의적 보호관찰제도[374]와 선고유예·집행유예 및 가석방이 행하여진 후 국가에 의해 강제적으로 갱생보호에 부치는 유권적 보호관찰제도[375]가 있다. 1986년에 다시 개정이 되었고 1995년 1월 5일에는 사회 내의 처우에 관한 법을 통합하여 서로 역할분담을 통해 출소자의 사후관리업무에 효율성을 높이기 위해 갱생보호법과 보호관찰법이 통합되어 보호관찰 등에 관한 법률로 공포되어 이 법에 의해 종래의 갱생보호회가 한국갱생보호공단으로 새 출발을 하게 되었다

3. 갱생보호의 방법

갱생보호의 방법에는 ① 숙식 제공, ② 여비 지급, ③ 생업도구, 생업조성금품의 지급 또는 대여, ④ 직업훈련 및 취업 알선, ⑤ 갱생보호대상자에 대한 자립지원, ⑥ 제1호 내지 제5호의 보호에 부수하는 선행지도 등으로 되어 있다. 숙식 제공은 물론 여비 지급과 생업조성금품 지급, 직업훈련, 취업알선 및 자립지원에 대한 사후관리를 하는 선행지도[376]가 있다.

---

373) 권순영·허주욱 공저, 행형학, 일조각.

374) 이 제도를 영·미에서는 prisoner's aid라고 한다.

375) 이 제도를 영·미에서는 probation, parole이라고 한다.

376) 갱생보호사업의 방법 중 한 가지 방법인 관찰보호는 1995년 1월 5일 보호관찰등에관한법률 개정으로 폐지되고 선행지도의 방법으로 바뀌었다.

4. 한국법무보호복지공단

갱생보호사업은 위에서 설명한 바와 같이 민간인 사업자에 의한 경우도 있으나 주체적으로 실시하는 것은 국가적 기구인 공단 형태의 한국갱생보호공단에 의해서이다.

우리나라의 경우 갱생보호공단은 1995년 1월 5일 보호관찰 등에 관한 법률에 의해 갱생보호법이 통합됨으로써 이 법에 근거하여 1995년 6월 20일 종래의 갱생보호회가 한국갱생보호공단으로 설립 등기를 하게 되었다.

갱생보호법과 보호관찰법이 통합되어 보호관찰 등에 관한 법률로 공포되어 이 법에 의해 종래의 갱생보호회가 한국갱생보호공단으로 새 출발을 하게 되었으며, 갱생보호라는 용어의 부정적 이미지를 개선하고 갱생보호사업을 효율적으로 추진하기 위하여 법률 제9168호(2008. 12. 26.)로 '보호관찰 등에 관한 법률'을 일부 개정하여 '한국법무보호복지공단'을 설립하였고, 공포 후 3개월이 경과한 날인 2009년 3월 27일부터 시행하고 있다.[377]

---

377) 신석환, 앞의 논문, 2008, 76면.

1. '보호관찰등에관한법률 개정' 및 '형의집행및수용자의처우에관한법률' 시행 개요

법무부는 지난 26일 보호관찰관의 판결전조사를 성인범까지 확대, 한국갱생보호공단의 명칭을 한국법무보호복지공단으로 변경, 공단 유사명칭 사용 시 행정형벌의 과태료 전환 등을 주요 내용으로 한 '보호관찰등에관한법률'을 개정하였다.

판결전조사제도의 대상 확대의 경우 개정 전에는 소년범에 한하여 판결전조사가 가능하도록 규정되어 있었으나, 이번 법률 개정을 통해 성인범에 대해서도 판결전조사가 가능하도록 규정했다. 지금까지 성인범에 대해서는 재판과정에서 객관적 양형자료의 필요에 따라 명문의 규정이 없음에도 실시되어 왔고, 2004년 이후부터는 성인범에 대한 판결전조사가 소년범에 대한 판결전조사보다도 많이 이루어지고 있었다.

또한 금번 법개정으로 인해 '한국갱생보호공단'의 명칭을 '한국법무보호복지공단'으로 변경하였다. 갱생보호라는 용어의 부정적 이미지를 개선하고 출소자 지원사업에 대한 민간참여를 확대하기 위하여 약 14년간 사용해 온 '한국갱생보호공단'의 명칭을 '한국법무보호복지공단'으로 변경한 것이다.

한편 지난 22일부터 △ 집필 사전허가제 폐지 △ 교정시설의 경비등급화 △ 장비의 과학화 △ 수용자분류제도의 개선 등 교정행정을 선진화하는 내용으로 종래의 '행형법' 등을 제·개정한 '형의 집행 및 수용자의 처우에 관한 법률·시행령·시행규칙'(이하 '형집행법령')이 시행됐다.

새롭게 시행되는 형집행법령은 2004년부터 4년여에 걸쳐 법조계, 학계,

시민단체 등의 다양한 의견을 수렴하여 마련되었으며 교정행정을 선진화하기 위한 개혁적인 내용을 담고 있다.

형집행법령에 따르면 기존 허가사항이었던 서신·집필·접견이 수용자의 기본적 권리로 전환되고 서신 검열은 '원칙적 검열 – 예외적 무검열'에서 '원칙적 무검열 – 예외적 검열'로 전환돼 수용자와 서신 상대방의 프라이버시가 보호된다.

종전의 차별금지 규정에 장애와 나이, 출신지역·출신민족, 용모 등 신체조건과 병력(病歷), 혼인 여부, 정치적 의견 및 성적(性的) 지향 등이 추가됐고 여성과 노인, 장애인 수용자 등에 대한 처우규정도 신설돼 사회적 약자의 인권이 보호된다.

수용자의 인권신장과 사회적응력 강화를 위해 징벌 사유가 발생한 날로부터 2년이 지나면 국가 징벌권이 소멸하도록 징벌시효제도가 신설됐고 귀휴(歸休, 복역 중 휴가)를 할 수 있는 최소 복역기간도 1년에서 6개월로 단축돼 단기수형자도 귀휴가 가능하게 됐다.

이와 함께 일반 귀휴기간도 1년 중 10일 이내에서 20일 이내로 확대돼 수형자의 사회적응능력을 키워 주게 된다.

사형확정자의 경우 사형집행이 장기간 유보되고 있는 현실을 고려해 교육·교화프로그램을 받을 수 있고 신청을 받아 작업도 할 수 있게 처우가 개선된다. 또 교정시설을 신설하는 경우 원칙적으로 수용인원이 500명 이내의 소규모가 되도록 했고 적정한 수준의 공간과 채광·통풍·남방을 위한 시설도 갖추며 수용자에 대한 정기 건강검진도 의무화했다.

이 밖에 전자장비시스템(CCTV, 무인감시시스템 등)이 도입돼 교도관이 엄격한 기준에 따라 안전과 질서를 위협한다고 판단되면 사용할 수 있도록 했고 수용자가 주류·담배·현금·수표를 반입하거나 수용자가 아닌 사람이 이들 물품을 반입해도 관련자가 형사 처벌된다.

징벌위원회 위원을 3명 이상 5명 이하에서 5명 이상 7명 이하(외부위원 3명 이상)로 늘리는 한편 순수 외부인사로 구성되는 교정자문위원회가 기관별로 신설돼 교정행정의 투명성을 높이게 된다.

☞ 판결전조사제도란 형사재판절차에서 유죄가 인정된 자에게 판결 전에

법무부 소속 보호관찰관이 환경, 성격 등에 대하여 과학적 조사를 하는 것으로 그 조사결과는 피고인에 대한 양형 및 적합한 처우를 하기 위한 기초 자료로 활용되고 있음.

2. '보호관찰 등에 관한 법률' 일부개정법률* 법률 제9168호(2008. 12. 26.)

보호관찰등에관한법률 일부를 다음과 같이 개정한다.

제명 '보호관찰등에관한법률'을 '보호관찰 등에 관한 법률'로 한다.

제3조 제1항 제4호를 다음과 같이 한다.

1. '소년법' 제32조 제1항 제4호 및 제5호의 보호처분을 받은 자제6조 제
   2호를 다음과 같이 한다.
2. 임시퇴원, 임시퇴원의 취소 및 '보호소년 등의 처우에 관한 법률' 제43
   조 제3항에 따른 보호소년의 퇴원(이하 '퇴원'이라 한다)에 관한 사항

제12조 제2항 및 제3항을 각각 제3항 및 제4항으로 하고, 같은 조에 제2항을 다음과 같이 신설하며, 같은 조 제4항(종전의 제3항) 중 '출석'을 '심사'로, '記名捺印'을 '서명 또는 기명날인'으로 한다.

② 제1항에도 불구하고 회의를 개최할 시간적 여유가 없는 부득이한 경우로서 대통령령으로 정하는 경우에는 서면으로 의결할 수 있다. 이 경우 재적의원 과반수의 찬성으로 의결한다.

제19조 제1항을 다음과 같이 한다.

① 법원은 피고인에 대하여 '형법' 제59조의 2 및 제62조의 2에 따른 보호관찰, 사회봉사 또는 수강(受講)을 명하기 위하여 필요하다고 인정하면 그 법원의 소재지(所在地) 또는 피고인의 주거지를 관할하는 보호관찰소의 장에게 범행 동기, 직업, 생활환경, 교우관계, 가족상황, 피해회복 여부 등 피고인에 관한 사항의 조사를 요구할 수 있다.

제3장 제1절에 제19조의 2를 다음과 같이 신설한다.

제19조의 2(결정전조사) ① 법원은 '소년법' 제12조에 따라 소년 보호사건에 대한 조사 또는 심리를 위하여 필요하다고 인정하면 그 법원의 소재지 또는 소년의 주거지를 관할하는 보호관찰소의 장에게 소년의 품행, 경력, 가정상황, 그 밖의 환경 등 필요한 사항에 관한 조사를 의뢰할 수 있다.

② 제1항의 의뢰를 받은 보호관찰소의 장은 지체 없이 조사하여 서면으로 법원에 통보하여야 하며, 조사를 위하여 필요한 경우에는 소년 또는 관계인을 소환하여 심문하거나 소속 보호관찰관으로 하여금 필요한 사항을 조사하게 할 수 있다.

제22조의 제목 '(가석방 및 임시퇴원의 신청)'을 '(가석방·퇴원 및 임시퇴원의 신청)'으로 하고, 같은 조 제1항을 다음과 같이 한다.

① 교도소·구치소·소년교도소 및 소년원(이하 '수용기관'이라 한다)의 장은 '소년법' 제65조 각 호의 기간이 지난 소년수형자 또는 수용 중인 보호소년에 대하여 법무부령으로 정하는 바에 따라 관할 심사위원회에 가석방, 퇴원 또는 임시퇴원 심사를 신청할 수 있다.

제23조의 제목 '(가석방 및 임시퇴원의 심사와 결정)'을 '(가석방·퇴원 및 임시퇴원의 심사와 결정)'으로 하고, 같은 조 제1항을 다음과 같이 하며, 같은 조 제2항 중 '가석방'을 '가석방·퇴원'으로 한다.

① 심사위원회는 제22조 제1항에 따른 신청을 받으면 소년수형자에 대한 가석방 또는 보호소년에 대한 퇴원·임시퇴원이 적절한지를 심사하여 결정한다.

제25조를 다음과 같이 한다.

제25조(법무부장관의 허가) 심사위원회는 제23조에 따른 심사 결과 가석방, 퇴원 또는 임시퇴원이 적절하다고 결정한 경우 및 제24조에 따른 심사 결과 보호관찰이 필요 없다고 결정한 경우에는 결정서에 관계 서류를 첨부하여 법무부장관에게 이에 대한 허가를 신청하여야 하며, 법무부장관은 심사위원회의 결정이 정당하다고 인정하면 이를 허가할 수 있다.

제30조 제5호를 다음과 같이 한다.

5. '소년법' 제32조 제1항 제4호 및 제5호의 보호처분을 받은 자는 그 법률에서 정한 기간

제36조를 다음과 같이 한다.

제36조(갱생보호사업자 등의 원조와 협력) 보호관찰소의 장은 제34조에 따른 원호와 제35조에 따른 응급구호를 위하여 필요한 경우에는 국공립기관, 제67조 제1항에 따라 갱생보호사업 허가를 받은 자, 제71조에 따른 한국법무보호복지공단, 그 밖의 단체에 대하여 숙식 제공이나 그 밖의 적절한 원

조 또는 협력을 요청할 수 있다. 이 경우 필요한 비용은 국가가 예산의 범위에서 지급한다.

제49조 제1항을 다음과 같이 한다.

① 보호관찰소의 장은 '소년법' 제32조 제1항 제4호 또는 제5호의 보호처분에 따라 보호관찰을 받고 있는 사람이 보호관찰 기간 중 제32조의 준수사항을 위반하고 그 정도가 무거워 보호관찰을 계속하기 적절하지 아니하다고 판단되면 보호관찰소 소재지를 관할하는 법원에 보호처분의 변경을 신청할 수 있다.

제51조 각 호 외의 부분 중 '각 호의 1'을 '각 호의 어느 하나'로 하고, 같은 조에 제7호를 다음과 같이 신설한다.

7. 제53조에 따라 보호관찰이 정지된 임시퇴원자가 '보호소년 등의 처우에 관한 법률' 제43조 제1항의 나이가 된 때

제63조 각 호 외의 부분 중 '각 호의 1'을 '각 호의 어느 하나'로 하고, 같은 조에 제5호를 다음과 같이 신설한다.

5. 제49조에 따라 보호처분이 변경된 때

제64조의 제목 '(준용)'을 '(준용규정)'으로 하고, 같은 조 제2항을 다음과 같이 한다.

② 사회봉사·수강명령대상자의 준수사항이나 명령 위반에 따른 경고, 구인, 유치, 집행유예 취소 및 보호처분 변경 등에 관해서는 제37조부터 제47조까지 및 제49조를 준용한다.

제66조 제1항을 다음과 같이 한다.

① 갱생보호대상자와 관계 기관은 보호관찰소의 장, 제67조 제1항에 따라 갱생보호사업 허가를 받은 자 또는 제71조에 따른 한국법무보호복지공단에 갱생보호 신청을 할 수 있다.

제5장 제3절의 절 번호 및 제목을 다음과 같이 한다.

제3절 한국법무보호복지공단

제71조를 다음과 같이 한다.

제71조(한국법무보호복지공단의 설립) 갱생보호사업을 효율적으로 추진하기 위하여 한국법무보호복지공단(이하 '공단'이라 한다)을 설립한다.

제98조 제1항을 다음과 같이 한다.

① 이 법에 따른 공단이 아닌 자는 한국법무보호복지공단 또는 이와 유사한 명칭을 사용하지 못한다.

제99조 제5호를 삭제한다.

제100조를 다음과 같이 한다.

제100조(양벌규정) 법인의 대표자나 법인 또는 개인의 대리인, 사용인, 그 밖의 종업원이 그 법인 또는 개인의 업무에 관하여 제99조의 위반행위를 하면 그 행위자를 벌하는 외에 그 법인 또는 개인에게도 해당 조문의 벌금형을 과(科)한다. 다만 법인 또는 개인이 그 위반행위를 방지하기 위하여 해당 업무에 관하여 상당한 주의와 감독을 게을리하지 아니한 경우에는 그러하지 아니하다.

제101조를 다음과 같이 신설한다.

제101조(과태료) ① 제98조를 위반한 자에게는 200만 원 이하의 과태료를 부과한다.

② 제1항에 따른 과태료는 대통령령으로 정하는 바에 따라 법무부장관이 부과·징수한다.

부칙

(1) (시행일) 이 법은 공포 후 3개월이 경과한 날(주: 2009. 3. 27.)부터 시행한다.

(2) (다른 법률의 개정) 지방세법 일부를 다음과 같이 개정한다. 제271조 제3항 중 '한국갱생보호공단'을 '한국법무보호복지공단'으로 한다.

*** 보호관찰 등에 관한 법률 개정이유 및 주요내용**

법률 제9748호 <공포일자: 2009.05.28> <시행일자: 2009.11.29>

○ 개정이유

보호관찰소의 장에 대한 판결문 송부 기한을 판결이 확정된 날부터 3일 이내로 정하고, 개별 보호관찰 대상자의 특성에 따라 적용되는 외출제한 등 특별준수사항을 일반준수사항과 별도로 법률에 직접 규정하며, 보호장구의 사용근거를 명확히 함으로써 보호관찰대상자의 인권을 보호하고, 갱생보호

시설의 설치 근거를 마련하는 등 현행 제도의 운영상 나타난 일부 미비점을 개선·보완하는 한편,

법 문장을 원칙적으로 한글로 적고, 어려운 용어를 쉬운 용어로 바꾸며, 길고 복잡한 문장은 체계 등을 정비하여 간결하게 하는 등 국민이 법 문장을 이해하기 쉽게 정비하려는 것임.

○ 주요내용

가. 판결문 송부 기한 개선(안 제20조 및 제60조)

　　법원은 판결이 확정된 날부터 3일 이내 보호관찰소의 장에게 판결문을 송부하도록 하여 보호관찰 집행절차의 통일성을 확보하도록 함.

나. 보호관찰 대상자의 특별준수사항의 명문화(안 제32조제3항)

　　1) 보호관찰 대상자에 대한 특별준수사항은 개별 대상자의 특성에 따라 적용되는 것이므로 일반준수사항과 차별화할 필요가 있고, 대상자의 기본권을 제한하는 내용이므로 법률에 직접 규정하는 것이 필요함.

　　2) 법원은 범죄와 보호관찰 대상자의 특성 등을 고려하여 외출제한, 출입금지, 손해회복의 노력의무 등을 보호관찰 대상자의 특별준수사항으로 따로 과할 수 있도록 규정함.

다. 보호관찰 분류처우 근거 규정 마련(안 제33조의2 신설)

　　보호관찰소의 장은 재범위험성 등 보호관찰대상자의 개별적 특성을 고려하여 보호관찰을 위한 분류처우를 실시하도록 함.

라. 보호장구 사용 근거의 명문화(안 제45조의2 신설)

　　보호관찰 대상자에 대해 법원이 발부한 영장을 집행하는 과정에서 필수불가결하게 사용되는 수갑, 포승 등 보호장구의 종류 및 사용 요건을 법률에 명확히 규정하여 보호관찰 대상자의 인권을 보호하도록 함.

마. 갱생보호시설 설치 근거 마련(안 제65조제3항)

　　갱생보호사업을 위해 설립된 공단 및 갱생보호사업 허가를 받은 자는 갱생보호를 위하여 갱생보호시설을 설치·운영할 수 있도록 명확히 근거 규정을 둠.

보호관찰 등에 관한 법률

보호관찰 등에 관한 법률 일부를 다음과 같이 개정한다.

제1장의 장 번호 및 제목을 다음과 같이 한다.

제1장 총칙

제1조 및 제2조를 각각 다음과 같이 한다.

제1조(목적) 이 법은 죄를 지은 사람으로서 재범 방지를 위하여 보호관찰, 사회봉사, 수강(受講) 및 갱생보호(更生保護) 등 체계적인 사회 내 처우가 필요하다고 인정되는 사람을 지도하고 보살피며 도움으로써 건전한 사회 복귀를 촉진하고, 효율적인 범죄예방 활동을 전개함으로써 개인 및 공공의 복지를 증진함과 아울러 사회를 보호함을 목적으로 한다.

제2조(국민의 협력 등) ① 모든 국민은 제1조의 목적을 달성하기 위하여 그 지위와 능력에 따라 협력하여야 한다.

② 국가와 지방자치단체는 죄를 지은 사람의 건전한 사회 복귀를 위하여 보호선도 사업을 육성할 책임을 진다.

제3조를 다음과 같이 한다.

제3조(대상자) ① 보호관찰을 받을 사람(이하 "보호관찰 대상자"라 한다)은 다음 각 호와 같다.

1. 「형법」 제59조의2에 따라 보호관찰을 조건으로 형의 선고유예를 받은 사람

2. 「형법」 제62조의2에 따라 보호관찰을 조건으로 형의 집행유예를 선고받은 사람

3. 「형법」 제73조의2 또는 이 법 제25조에 따라 보호관찰을 조건으로 가석방되거나 임시퇴원된 사람

4. 「소년법」 제32조제1항제4호 및 제5호의 보호처분을 받은 사람

5. 다른 법률에서 이 법에 따른 보호관찰을 받도록 규정된 사람

② 사회봉사 또는 수강을 하여야 할 사람(이하 "사회봉사·수강명령 대상자"라 한다)은 다음 각 호와 같다.

1. 「형법」 제62조의2에 따라 사회봉사 또는 수강을 조건으로 형의 집행유

예를 선고받은 사람

2. 「소년법」 제32조에 따라 사회봉사명령 또는 수강명령을 받은 사람

3. 다른 법률에서 이 법에 따른 사회봉사 또는 수강을 받도록 규정된 사람

③ 갱생보호를 받을 사람(이하 "갱생보호 대상자"라 한다)은 형사처분 또는 보호처분을 받은 사람으로서 자립갱생을 위한 숙식 제공, 여비 지급, 생업도구와 생업조성 금품의 지급 또는 대여, 직업훈련 및 취업알선 등 보호의 필요성이 인정되는 사람으로 한다.

제4조를 다음과 같이 한다.

제4조(운영의 기준) 보호관찰, 사회봉사, 수강 또는 갱생보호는 해당 대상자의 교화, 개선 및 범죄예방을 위하여 필요하고도 적절한 한도 내에서 이루어져야 하며, 대상자의 나이, 경력, 심신상태, 가정환경, 교우관계, 그 밖의 모든 사정을 충분히 고려하여 가장 적합한 방법으로 실시되어야 한다.

제2장의 장 번호 및 제목을 다음과 같이 한다.

제2장 보호관찰기관

제2장제1절의 절 번호 및 제목을 다음과 같이 한다.

제1절 보호관찰 심사위원회

제5조를 다음과 같이 한다.

제5조(설치) ① 보호관찰에 관한 사항을 심사·결정하기 위하여 법무부장관 소속으로 보호관찰 심사위원회(이하 "심사위원회"라 한다)를 둔다.

② 심사위원회는 고등검찰청 소재지 등 대통령령으로 정하는 지역에 설치한다.

제6조를 다음과 같이 한다.

제6조(관장 사무) 심사위원회는 이 법에 따른 다음 각 호의 사항을 심사·결정한다.

1. 가석방과 그 취소에 관한 사항

2. 임시퇴원, 임시퇴원의 취소 및 「보호소년 등의 처우에 관한 법률」 제43

조제3항에 따른 보호소년의 퇴원(이하 "퇴원"이라 한다)에 관한 사항

3. 보호관찰의 임시해제와 그 취소에 관한 사항

4. 보호관찰의 정지와 그 취소에 관한 사항

5. 가석방 중인 사람의 부정기형의 종료에 관한 사항

6. 이 법 또는 다른 법령에서 심사위원회의 관장 사무로 규정된 사항

7. 제1호부터 제6호까지의 사항과 관련된 사항으로서 위원장이 회의에 부치는 사항

제7조부터 제11조까지를 각각 다음과 같이 한다.

제7조(구성) ① 심사위원회는 위원장을 포함하여 5명 이상 9명 이하의 위원으로 구성한다.

② 심사위원회의 위원장은 고등검찰청 검사장 또는 고등검찰청 소속 검사 중에서 법무부장관이 임명한다.

③ 심사위원회의 위원은 판사, 검사, 변호사, 보호관찰소장, 지방교정청장, 교도소장, 소년원장 및 보호관찰에 관한 지식과 경험이 풍부한 사람 중에서 법무부장관이 임명하거나 위촉한다.

④ 심사위원회의 위원 중 3명 이내의 상임위원을 둔다.

제8조(위원의 임기) 위원의 임기는 2년으로 하되, 연임할 수 있다. 다만, 공무원인 비상임위원의 임기는 그 직위에 있는 기간으로 한다.

제9조(위원의 해임 및 해촉) 위원이 다음 각 호의 어느 하나에 해당하면 해임하거나 해촉할 수 있다.

1. 심신장애로 직무수행이 불가능하거나 현저히 곤란하다고 인정될 때

2. 직무 태만, 품위 손상, 그 밖의 사유로 인하여 위원으로서 직무를 수행하기 적당하지 아니하다고 인정될 때

제10조(위원의 신분 등) ① 상임위원은 고위공무원단에 속하는 별정직 국가공무원 또는 4급상당의 별정직 국가공무원으로 한다.

② 상임위원이 아닌 위원은 명예직으로 한다. 다만, 예산의 범위에서 법무부령으로 정하는 바에 따라 여비나 그 밖의 수당을 지급할 수 있다.

제11조(심사) ① 심사위원회는 심사자료에 의하여 제6조 각 호의 사항을 심사한다.

② 심사위원회는 심사에 필요하다고 인정하면 보호관찰 대상자와 그 밖의

관계인을 소환하여 심문하거나 상임위원 또는 보호관찰관에게 필요한
사항을 조사하게 할 수 있다.

③ 심사위원회는 심사에 필요하다고 인정하면 국공립기관이나 그 밖의 단
체에 사실을 알아보거나 관계 자료의 제출을 요청할 수 있다.

제12조를 다음과 같이 한다.

제12조(의결 및 결정) ① 심사위원회의 회의는 재적위원 과반수의 출석으
로 개의하고, 출석위원 과반수의 찬성으로 의결한다.

② 제1항에도 불구하고 회의를 개최할 시간적 여유가 없는 부득이한 경우
로서 대통령령으로 정하는 경우에는 서면으로 의결할 수 있다. 이 경
우 재적위원 과반수의 찬성으로 의결한다.

③ 심사위원회의 회의는 비공개로 한다.

④ 결정은 이유를 붙이고 심사한 위원이 서명 또는 기명날인한 문서로 한다.

제13조를 다음과 같이 한다.

제13조(명칭, 관할 구역, 운영 등) 심사위원회의 명칭, 관할 구역 및 직무
범위와 위원의 임명 또는 위촉, 그 밖에 심사위원회의 운영에 필요한 사항은
대통령령으로 정한다.

제2장제2절(제14조부터 제18조까지)을 다음과 같이 한다.

제2절 보호관찰소

제14조(보호관찰소의 설치) ① 보호관찰, 사회봉사, 수강 및 갱생보호에
관한 사무를 관장하기 위하여 법무부장관 소속으로 보호관찰소를 둔다.

② 보호관찰소의 사무 일부를 처리하게 하기 위하여 그 관할 구역에 보호
관찰지소를 둘 수 있다.

제15조(보호관찰소의 관장 사무) 보호관찰소(보호관찰지소를 포함한다. 이
하 같다)는 다음 각 호의 사무를 관장한다.

1. 보호관찰, 사회봉사명령 및 수강명령의 집행

2. 갱생보호

3. 검사가 보호관찰관이 선도(善導)함을 조건으로 공소제기를 유예하고
위탁한 선도 업무

4. 제18조에 따른 범죄예방 자원봉사위원에 대한 교육훈련 및 업무지도

5. 범죄예방활동

6. 이 법 또는 다른 법령에서 보호관찰소의 관장 사무로 규정된 사항

제16조(보호관찰관) ① 보호관찰소에는 제15조 각 호의 사무를 처리하기 위하여 보호관찰관을 둔다.

② 보호관찰관은 형사정책학, 행형학, 범죄학, 사회사업학, 교육학, 심리학, 그 밖에 보호관찰에 필요한 전문적 지식을 갖춘 사람이어야 한다.

제17조(보호관찰소의 명칭 등) 보호관찰소의 명칭, 관할 구역, 조직 및 정원, 그 밖에 필요한 사항은 대통령령으로 정한다.

제18조(범죄예방 자원봉사위원) ① 범죄예방활동을 하고, 보호관찰활동과 갱생보호사업을 지원하기 위하여 범죄예방 자원봉사위원(이하 "범죄예방위원"이라 한다)을 둘 수 있다.

② 법무부장관은 법무부령으로 정하는 바에 따라 범죄예방위원을 위촉한다.

③ 범죄예방위원의 명예와 이 법에 따른 활동은 존중되어야 한다.

④ 범죄예방위원은 명예직으로 하되, 예산의 범위에서 직무수행에 필요한 비용의 전부 또는 일부를 지급할 수 있다.

⑤ 범죄예방위원의 위촉 및 해촉, 정원, 직무의 구체적 내용, 조직, 비용의 지급, 그 밖에 필요한 사항은 법무부령으로 정한다.

제3장의 장 번호 및 제목을 다음과 같이 한다.

제3장 보호관찰

제3장제1절의 절 번호 및 제목을 다음과 같이 한다.

제1절 판결 전 조사

제19조를 다음과 같이 한다.

제19조(판결 전 조사) ① 법원은 피고인에 대하여 「형법」 제59조의2 및 제62조의2에 따른 보호관찰, 사회봉사 또는 수강을 명하기 위하여 필요하다고 인정하면 그 법원의 소재지(所在地) 또는 피고인의 주거지를 관할하는 보

호관찰소의 장에게 범행 동기, 직업, 생활환경, 교우관계, 가족상황, 피해회
복 여부 등 피고인에 관한 사항의 조사를 요구할 수 있다.

  ② 제1항의 요구를 받은 보호관찰소의 장은 지체 없이 이를 조사하여 서
면으로 해당 법원에 알려야 한다. 이 경우 필요하다고 인정하면 피고
인이나 그 밖의 관계인을 소환하여 심문하거나 소속 보호관찰관에게
필요한 사항을 조사하게 할 수 있다.

  ③ 법원은 제1항의 요구를 받은 보호관찰소의 장에게 조사진행상황에 관
한 보고를 요구할 수 있다.

제3장제2절(제20조)을 다음과 같이 한다.

제2절 형의 선고유예 및 집행유예와 보호관찰

제20조(판결의 통지 등) ① 법원은 「형법」 제59조의2 또는 제62조의2에
따라 보호관찰을 명하는 판결이 확정된 때부터 3일 이내에 판결문 등본 및
준수사항을 적은 서면을 피고인의 주거지를 관할하는 보호관찰소의 장에게
보내야 한다.

  ② 제1항의 경우 법원은 그 의견이나 그 밖에 보호관찰에 참고가 될 수
있는 자료를 첨부할 수 있다.

  ③ 법원은 제1항의 통지를 받은 보호관찰소의 장에게 보호관찰 상황에 관
한 보고를 요구할 수 있다.

제3장제3절의 절 번호 및 제목을 다음과 같이 한다.

제3절 가석방 및 임시퇴원

제21조를 다음과 같이 한다.

제21조(교도소장 등의 통보의무) ① 교도소·구치소·소년교도소의 장은
징역 또는 금고의 형을 선고받은 소년(이하 "소년수형자"라 한다)이 「소년법」
제65조 각 호의 기간을 지나면 그 교도소·구치소·소년교도소의 소재지를
관할하는 심사위원회에 그 사실을 통보하여야 한다.

  ② 소년원장은 보호소년이 수용된 후 6개월이 지나면 그 소년원의 소재지
를 관할하는 심사위원회에 그 사실을 통보하여야 한다.

제22조 및 제23조를 각각 다음과 같이 한다.

제22조(가석방ㆍ퇴원 및 임시퇴원의 신청) ① 교도소ㆍ구치소ㆍ소년교도소 및 소년원(이하 "수용기관"이라 한다)의 장은 「소년법」 제65조 각 호의 기간이 지난 소년수형자 또는 수용 중인 보호소년에 대하여 법무부령으로 정하는 바에 따라 관할 심사위원회에 가석방, 퇴원 또는 임시퇴원 심사를 신청할 수 있다.

② 제1항의 신청을 할 때에는 제26조 또는 제27조에 따라 통지받은 환경조사 및 환경개선활동 결과를 고려하여야 한다.

제23조(가석방ㆍ퇴원 및 임시퇴원의 심사와 결정) ① 심사위원회는 제22조제1항에 따른 신청을 받으면 소년수형자에 대한 가석방 또는 보호소년에 대한 퇴원ㆍ임시퇴원이 적절한지를 심사하여 결정한다.

② 심사위원회는 제21조에 따른 통보를 받은 사람에 대하여는 제22조제1항에 따른 신청이 없는 경우에도 직권으로 가석방ㆍ퇴원 및 임시퇴원이 적절한지를 심사하여 결정할 수 있다.

③ 심사위원회는 제1항 또는 제2항에 따라 소년수형자의 가석방이 적절한지를 심사할 때에는 보호관찰의 필요성을 심사하여 결정한다.

④ 심사위원회는 제1항부터 제3항까지의 규정에 따라 심사ㆍ결정을 할 때에는 본인의 인격, 교정성적, 직업, 생활태도, 가족관계 및 재범 위험성 등 모든 사정을 고려하여야 한다.

제24조를 다음과 같이 한다.

제24조(성인수형자에 대한 보호관찰의 심사와 결정) ① 심사위원회는 「형의 집행 및 수용자의 처우에 관한 법률」 제122조에 따라 가석방되는 사람에 대하여 보호관찰의 필요성을 심사하여 결정한다.

② 심사위원회는 제1항에 따른 보호관찰심사를 할 때에는 제28조에 따른 보호관찰 사안조사 결과를 고려하여야 한다.

제3장제4절(제26조부터 제28조까지)을 다음과 같이 한다.

제4절 환경조사 및 환경개선활동

제26조(환경조사) ① 수용기관의 장은 소년수형자 및 「소년법」 제32조제1항제8호부터 제10호까지의 보호처분 중 어느 하나에 해당하는 처분을 받은

사람(이하 "수용자"라 한다)을 수용한 경우에는 지체 없이 거주예정지를 관할하는 보호관찰소의 장에게 신상조사서를 보내 환경조사를 의뢰하여야 한다.

　② 제1항에 따라 환경조사를 의뢰받은 보호관찰소의 장은 수용자의 범죄 또는 비행의 동기, 수용 전의 직업, 생활환경, 교우관계, 가족상황, 피해회복 여부, 생계대책 등을 조사하여 수용기관의 장에게 알려야 한다. 이 경우 필요하다고 인정하면 수용자를 면담하거나 관계인을 소환하여 심문(審問)하거나 소속 보호관찰관에게 필요한 사항을 조사하게 할 수 있다.

제27조(환경개선활동) ① 보호관찰소의 장은 제26조에 따른 환경조사 결과에 따라 수용자의 건전한 사회 복귀를 촉진하기 위하여 필요하다고 인정하면 본인의 동의를 얻거나 가족·관계인의 협력을 받아 본인의 환경개선을 위한 활동을 할 수 있다.

　② 보호관찰소의 장은 제1항에 따른 환경개선활동을 위하여 필요하다고 인정하면 수용기관의 장에게 수용자의 면담 등 필요한 협조를 요청할 수 있다.

　③ 보호관찰소의 장은 제1항에 따른 환경개선활동의 결과를 수용기관의 장과 수용기관의 소재지를 관할하는 심사위원회에 알려야 한다.

제28조(성인수형자에 대한 보호관찰 사안조사) ① 교도소·구치소·소년교도소의 장은 징역 또는 금고 이상의 형을 선고받은 성인(이하 "성인수형자"라 한다)에 대하여 「형의 집행 및 수용자의 처우에 관한 법률」 제121조에 따라 가석방심사위원회에 가석방 적격심사신청을 할 때에는 신청과 동시에 가석방 적격심사신청 대상자의 명단과 신상조사서를 해당 교도소·구치소·소년교도소의 소재지를 관할하는 심사위원회에 보내야 한다.

　② 심사위원회는 교도소·구치소·소년교도소의 장으로부터 가석방 적격심사신청 대상자의 명단과 신상조사서를 받으면 해당 성인수형자를 면담하여 직접 제26조제2항 전단에 규정된 사항, 석방 후의 재범 위험성 및 사회생활에 대한 적응 가능성 등에 관한 조사(이하 "보호관찰 사안조사"라 한다)를 하거나 교도소·구치소·소년교도소의 소재지 또는 해당 성인수형자의 거주예정지를 관할하는 보호관찰소의 장에게 그 자료를 보내 보호관찰 사안조사를 의뢰할 수 있다.

③ 제2항에 따라 보호관찰 사안조사를 의뢰받은 보호관찰소의 장은 지체
  없이 보호관찰 사안조사를 하고 그 결과를 심사위원회에 통보하여야
  한다.

④ 교도소·구치소·소년교도소의 장은 심사위원회 또는 보호관찰소의
  장으로부터 보호관찰 사안조사를 위하여 성인수형자의 면담 등 필요한
  협조 요청을 받으면 이에 협조하여야 한다.

제3장제5절의 절 번호 및 제목을 다음과 같이 한다.

제5절 보호관찰

제29조를 다음과 같이 한다.

제29조(보호관찰의 개시 및 신고) ① 보호관찰은 법원의 판결이나 결정이
확정된 때 또는 가석방·임시퇴원된 때부터 시작된다.

② 보호관찰 대상자는 대통령령으로 정하는 바에 따라 주거, 직업, 생활계
  획, 그 밖에 필요한 사항을 관할 보호관찰소의 장에게 신고하여야 한다.

제30조를 다음과 같이 한다.

제30조(보호관찰의 기간) 보호관찰 대상자는 다음 각 호의 구분에 따른
기간에 보호관찰을 받는다.

1. 보호관찰을 조건으로 형의 선고유예를 받은 사람: 1년

2. 보호관찰을 조건으로 형의 집행유예를 선고받은 사람: 그 유예기간. 다
   만, 법원이 보호관찰 기간을 따로 정한 경우에는 그 기간

3. 가석방자: 「형법」 제73조의2 또는 「소년법」 제66조에 규정된 기간

4. 임시퇴원자: 퇴원일부터 6개월 이상 2년 이하의 범위에서 심사위원회
   가 정한 기간

5. 「소년법」 제32조제1항제4호 및 제5호의 보호처분을 받은 사람: 그 법
   률에서 정한 기간

6. 다른 법률에 따라 이 법에서 정한 보호관찰을 받는 사람: 그 법률에서
   정한 기간

제31조부터 제33조까지를 각각 다음과 같이 한다.

제31조(보호관찰 담당자) 보호관찰은 보호관찰 대상자의 주거지를 관할하

는 보호관찰소 소속 보호관찰관이 담당한다.

　제32조(보호관찰 대상자의 준수사항) ① 보호관찰 대상자는 보호관찰관의 지도·감독을 받으며 준수사항을 지키고 스스로 건전한 사회인이 되도록 노력하여야 한다.

　② 보호관찰 대상자는 다음 각 호의 사항을 지켜야 한다.

1. 주거지에 상주(常住)하고 생업에 종사할 것

2. 범죄로 이어지기 쉬운 나쁜 습관을 버리고 선행(善行)을 하며 범죄를 저지를 염려가 있는 사람들과 교제하거나 어울리지 말 것

3. 보호관찰관의 지도·감독에 따르고 방문하면 응대할 것

4. 주거를 이전(移轉)하거나 1개월 이상 국내외 여행을 할 때에는 미리 보호관찰관에게 신고할 것

③ 법원 및 심사위원회는 판결의 선고 또는 결정의 고지를 할 때에는 제2항의 준수사항 외에 범죄의 내용과 종류 및 본인의 특성 등을 고려하여 필요하면 보호관찰 기간의 범위에서 기간을 정하여 다음 각 호의 사항을 특별히 지켜야 할 사항으로 따로 과(科)할 수 있다.

1. 야간 등 재범의 기회나 충동을 줄 수 있는 특정 시간대의 외출 제한

2. 재범의 기회나 충동을 줄 수 있는 특정 지역·장소의 출입 금지

3. 피해자 등 재범의 대상이 될 우려가 있는 특정인에 대한 접근 금지

4. 범죄행위로 인한 손해를 회복하기 위하여 노력할 것

5. 일정한 주거가 없는 자에 대한 거주장소 제한

6. 사행행위에 빠지지 아니할 것

7. 일정량 이상의 음주를 하지 말 것

8. 마약 등 중독성 있는 물질을 사용하지 아니할 것

9. 「마약류관리에 관한 법률」상의 마약류 투약, 흡연, 섭취 여부에 관한 검사에 따를 것

10. 그 밖에 보호관찰 대상자의 재범 방지를 위하여 필요하다고 인정되어 대통령령으로 정하는 사항

④ 보호관찰 대상자가 제2항 또는 제3항의 준수사항을 위반하는 등 사정 변경의 상당한 이유가 있는 경우에는 법원은 보호관찰소의 장의 신청 또는 검사의 청구에 따라, 심사위원회는 보호관찰소의 장의 신청에 따

라 각각 준수사항의 전부 또는 일부를 추가하거나 변경할 수 있다.

⑤ 제2항부터 제4항까지의 준수사항은 서면으로 고지하여야 한다.

제33조(지도·감독) ① 보호관찰관은 보호관찰 대상자의 재범을 방지하고 건전한 사회 복귀를 촉진하기 위하여 필요한 지도·감독을 한다.

② 제1항의 지도·감독 방법은 다음 각 호와 같다.

1. 보호관찰 대상자와 긴밀한 접촉을 가지고 항상 그 행동 및 환경 등을 관찰하는 것

2. 보호관찰 대상자에게 제32조의 준수사항을 이행하기에 적절한 지시를 하는 것

3. 보호관찰 대상자의 건전한 사회 복귀를 위하여 필요한 조치를 하는 것

제33조의2를 다음과 같이 신설한다.

제33조의2(분류처우) ① 보호관찰소의 장은 범행 내용, 재범위험성 등 보호관찰 대상자의 개별적 특성을 고려하여 그에 알맞은 지도·감독의 방법과 수준에 따라 분류처우를 하여야 한다.

② 제1항에 따른 분류처우에 관하여 필요한 사항은 대통령령으로 정한다.

제34조, 제35조 및 제37조부터 제45조까지를 각각 다음과 같이 한다.

제34조(원호) ① 보호관찰관은 보호관찰 대상자가 자조(自助)의 노력을 할 때에는 그의 개선과 자립을 위하여 필요하다고 인정되는 적절한 원호(援護)를 한다.

② 제1항의 원호의 방법은 다음 각 호와 같다.

1. 숙소 및 취업의 알선

2. 직업훈련 기회의 제공

3. 환경의 개선

4. 보호관찰 대상자의 건전한 사회 복귀에 필요한 원조의 제공

제35조(응급구호) 보호관찰소의 장은 보호관찰 대상자에게 부상, 질병, 그 밖의 긴급한 사유가 발생한 경우에는 대통령령으로 정하는 바에 따라 필요한 구호를 할 수 있다.

제37조(보호관찰 대상자 등의 조사) ① 보호관찰소의 장은 보호관찰을 위하여 필요하다고 인정하면 보호관찰 대상자나 그 밖의 관계인을 소환하여 심문하거나 소속 보호관찰관에게 필요한 사항을 조사하게 할 수 있다.

② 보호관찰소의 장은 보호관찰을 위하여 필요하다고 인정하면 국공립기관이나 그 밖의 단체에 사실을 알아보거나 관련 자료의 열람 등 협조를 요청할 수 있다.

③ 제1항과 제2항의 직무를 담당하는 사람은 직무상 비밀을 엄수하고, 보호관찰 대상자 및 관계인의 인권을 존중하며, 보호관찰 대상자의 건전한 사회 복귀에 방해되는 일이 없도록 주의하여야 한다.

제38조(경고) 보호관찰소의 장은 보호관찰 대상자가 제32조의 준수사항을 위반하거나 위반할 위험성이 있다고 인정할 상당한 이유가 있는 경우에는 준수사항의 이행을 촉구하고 형의 집행 등 불리한 처분을 받을 수 있음을 경고할 수 있다.

제39조(구인) ① 보호관찰소의 장은 보호관찰 대상자가 제32조의 준수사항을 위반하였거나 위반하였다고 의심할 상당한 이유가 있고, 다음 각 호의 어느 하나에 해당하는 사유가 있는 경우에는 관할 지방검찰청의 검사에게 신청하여 검사의 청구로 관할 지방법원 판사의 구인장을 발부받아 보호관찰 대상자를 구인(拘引)할 수 있다.

1. 일정한 주거가 없는 경우

2. 제37조제1항에 따른 소환에 따르지 아니한 경우

3. 도주한 경우 또는 도주할 염려가 있는 경우

② 제1항의 구인장은 검사의 지휘에 따라 보호관찰관이 집행한다. 다만, 보호관찰관이 집행하기 곤란한 경우에는 사법경찰관리에게 집행하게 할 수 있다.

제40조(긴급구인) ① 보호관찰소의 장은 제32조의 준수사항을 위반한 보호관찰 대상자가 제39조제1항 각 호의 어느 하나에 해당하는 사유가 있는 경우로서 긴급하여 제39조에 따른 구인장을 발부받을 수 없는 경우에는 그 사유를 알리고 구인장 없이 그 보호관찰 대상자를 구인할 수 있다. 이 경우 긴급하다 함은 해당 보호관찰 대상자를 우연히 발견한 경우 등과 같이 구인장을 발부받을 시간적 여유가 없는 경우를 말한다.

② 보호관찰소의 장은 제1항에 따라 보호관찰 대상자를 구인한 경우에는 긴급구인서를 작성하여 즉시 관할 지방검찰청 검사의 승인을 받아야 한다.

③ 보호관찰소의 장은 제2항에 따른 승인을 받지 못하면 즉시 보호관찰
    대상자를 석방하여야 한다.

제41조(구인 기간) 보호관찰소의 장은 제39조 또는 제40조에 따라 보호관
찰 대상자를 구인하였을 때에는 제42조에 따라 유치(留置)한 경우를 제외하
고는 보호관찰소 등에 인치(引致)한 때부터 48시간 이내에 석방하여야 한다.

제42조(유치) ① 보호관찰소의 장은 다음 각 호의 신청이 필요하다고 인
정되면 제39조 또는 제40조에 따라 구인한 보호관찰 대상자를 수용기관 또
는 소년분류심사원에 유치할 수 있다.

  1. 제47조에 따른 보호관찰을 조건으로 한 형의 선고유예의 실효(失效) 및
     집행유예의 취소 청구의 신청
  2. 제48조에 따른 가석방 및 임시퇴원의 취소 신청
  3. 제49조에 따른 보호처분의 변경 신청
  ② 제1항에 따른 유치는 보호관찰 대상자를 인치한 때부터 48시간 이내
     에 보호관찰소의 장이 검사에게 신청하여 검사의 청구로 관할 지방법
     원 판사의 허가를 받아 한다.
  ③ 보호관찰소의 장은 유치 허가를 받은 때부터 24시간 이내에 제1항 각
     호의 신청을 하여야 한다.
  ④ 검사는 보호관찰소의 장으로부터 제1항제1호의 신청을 받고 그 이유
     가 타당하다고 인정되면 48시간 이내에 관할 지방법원에 보호관찰을
     조건으로 한 형의 선고유예의 실효 또는 집행유예의 취소를 청구하여
     야 한다.

제43조(유치기간) ① 제42조에 따른 유치의 기간은 같은 조 제2항에 따라
법원의 허가를 받은 날부터 20일로 한다.

  ② 법원은 제42조제1항제1호 또는 제3호에 따른 신청이 있는 경우에 심
     리(審理)를 위하여 필요하다고 인정되면 심급마다 20일의 범위에서
     한 차례만 유치기간을 연장할 수 있다.
  ③ 보호관찰소의 장은 제42조제1항제2호에 따른 신청이 있는 경우에 심
     사위원회의 심사에 필요하면 검사에게 신청하여 검사의 청구로 지방
     법원 판사의 허가를 받아 10일의 범위에서 한 차례만 유치기간을 연
     장할 수 있다.

제44조(유치의 해제) 보호관찰소의 장은 다음 각 호의 어느 하나에 해당하는 경우에는 유치를 해제하고 보호관찰 대상자를 즉시 석방하여야 한다.

1. 검사가 제47조제1항에 따른 보호관찰소의 장의 신청을 기각한 경우
2. 법원이 제47조제1항에 따른 검사의 청구를 기각한 경우
3. 심사위원회가 제48조에 따른 보호관찰소의 장의 신청을 기각한 경우
4. 법무부장관이 제48조에 따른 심사위원회의 신청을 허가하지 아니한 경우
5. 법원이 제49조에 따른 보호관찰소의 장의 신청을 기각한 경우

제45조(유치기간의 형기 산입) 제42조에 따라 유치된 사람에 대하여 보호관찰을 조건으로 한 형의 선고유예가 실효되거나 집행유예가 취소된 경우 또는 가석방이 취소된 경우에는 그 유치기간을 형기에 산입한다.

제45조의2를 다음과 같이 신설한다.

제45조의2(보호장구의 사용) ① 보호관찰소 소속 공무원은 보호관찰 대상자에 대한 정당한 직무집행 과정에서 도주 방지, 항거 억제, 자기 또는 타인의 생명·신체에 대한 위해(危害) 방지를 위하여 필요하다고 인정되는 상당한 이유가 있으면 다음 각 호의 보호장구를 사용할 수 있다.

1. 수갑
2. 포승
3. 전자충격기
4. 가스총

② 보호장구는 필요한 최소한의 범위에서 사용하여야 하며, 보호장구를 사용할 필요가 없게 되면 지체 없이 사용을 중지하여야 한다.

③ 제1항에 따른 보호장구를 사용하려면 사전에 해당 보호관찰 대상자에게 경고를 하여야 한다. 다만, 긴급한 상황으로 사전에 경고할 만한 시간적 여유가 없을 때에는 그러하지 아니하다.

④ 보호장구의 사용절차에 관하여 필요한 사항은 법무부령으로 정한다.

제46조를 다음과 같이 한다.

제46조(준용 규정) 보호관찰 대상자의 구인 및 유치에 관하여는 「형사소송법」 제72조, 제75조, 제82조, 제83조, 제85조제1항·제3항·제4항, 제86조, 제87조, 제89조, 제204조, 제214조의2 및 제214조의3을 준용한다.

제3장제6절의 절 번호 및 제목을 다음과 같이 한다.

제6절 보호관찰의 종료

제47조 및 제48조를 각각 다음과 같이 한다.

제47조(보호관찰을 조건으로 한 형의 선고유예의 실효 및 집행유예의 취소) ① 「형법」 제61조제2항에 따른 선고유예의 실효 및 같은 법 제64조제2항에 따른 집행유예의 취소는 검사가 보호관찰소의 장의 신청을 받아 법원에 청구한다.

② 제1항의 실효 및 취소절차에 관하여는 「형사소송법」 제335조를 준용한다.

제48조(가석방 및 임시퇴원의 취소) ① 심사위원회는 가석방 또는 임시퇴원된 사람이 보호관찰기간 중 제32조의 준수사항을 위반하고 위반 정도가 무거워 보호관찰을 계속하기가 적절하지 아니하다고 판단되는 경우에는 보호관찰소의 장의 신청을 받거나 직권으로 가석방 및 임시퇴원의 취소를 심사하여 결정할 수 있다.

② 심사위원회는 제1항에 따른 심사 결과 가석방 또는 임시퇴원을 취소하는 것이 적절하다고 결정한 경우에는 결정서에 관계 서류를 첨부하여 법무부장관에게 이에 대한 허가를 신청하여야 하며, 법무부장관은 심사위원회의 결정이 정당하다고 인정되면 이를 허가할 수 있다.

제49조를 다음과 같이 한다.

제49조(보호처분의 변경) ① 보호관찰소의 장은 「소년법」 제32조제1항제4호 또는 제5호의 보호처분에 따라 보호관찰을 받고 있는 사람이 보호관찰기간 중 제32조의 준수사항을 위반하고 그 정도가 무거워 보호관찰을 계속하기 적절하지 아니하다고 판단되면 보호관찰소 소재지를 관할하는 법원에 보호처분의 변경을 신청할 수 있다.

② 제1항에 따른 보호처분의 변경을 할 경우 신청대상자가 19세 이상인 경우에도 「소년법」 제2조 및 제38조제1항에도 불구하고 같은 법 제2장의 보호사건 규정을 적용한다.

제50조를 다음과 같이 한다.

제50조(부정기형의 종료 등) ① 「소년법」 제60조제1항에 따라 형을 선고받은 후 가석방된 사람이 그 형의 단기(短期)가 지나고 보호관찰의 목적을

달성하였다고 인정되면 같은 법 제66조에서 정한 기간 전이라도 심사위원회는 보호관찰소의 장의 신청을 받거나 직권으로 형의 집행을 종료한 것으로 결정할 수 있다.

　② 임시퇴원자가 임시퇴원이 취소되지 아니하고 보호관찰 기간을 지난 경우에는 퇴원된 것으로 본다.

제51조를 다음과 같이 한다.

제51조(보호관찰의 종료) 보호관찰은 보호관찰 대상자가 다음 각 호의 어느 하나에 해당하는 때에 종료한다.

1. 보호관찰 기간이 지난 때
2. 「형법」 제61조에 따라 보호관찰을 조건으로 한 형의 선고유예가 실효되거나 같은 법 제63조 또는 제64조에 따라 보호관찰을 조건으로 한 집행유예가 실효되거나 취소된 때
3. 제48조 또는 다른 법률에 따라 가석방 또는 임시퇴원이 실효되거나 취소된 때
4. 제49조에 따라 보호처분이 변경된 때
5. 제50조에 따른 부정기형 종료 결정이 있는 때
6. 보호관찰 기간 중 금고 이상의 형의 집행을 받게 된 때
7. 제53조에 따라 보호관찰이 정지된 임시퇴원자가 「보호소년 등의 처우에 관한 법률」 제43조제1항의 나이가 된 때

제52조 및 제53조를 각각 다음과 같이 한다.

제52조(임시해제) ① 심사위원회는 보호관찰 대상자의 성적이 양호할 때에는 보호관찰소의 장의 신청을 받거나 직권으로 보호관찰을 임시해제할 수 있다.

　② 임시해제 중에는 보호관찰을 하지 아니한다. 다만, 보호관찰 대상자는 준수사항을 계속하여 지켜야 한다.

　③ 심사위원회는 임시해제 결정을 받은 사람에 대하여 다시 보호관찰을 하는 것이 적절하다고 인정되면 보호관찰소의 장의 신청을 받거나 직권으로 임시해제 결정을 취소할 수 있다.

　④ 제3항에 따라 임시해제 결정이 취소된 경우에는 그 임시해제 기간을 보호관찰 기간에 포함한다.

제53조(보호관찰의 정지) ① 심사위원회는 가석방 또는 임시퇴원된 사람이 있는 곳을 알 수 없어 보호관찰을 계속할 수 없을 때에는 보호관찰소의 장의 신청을 받거나 직권으로 보호관찰을 정지하는 결정(이하 "정지결정"이라 한다)을 할 수 있다.

   ② 심사위원회는 제1항에 따라 보호관찰을 정지한 사람이 있는 곳을 알게 되면 즉시 그 정지를 해제하는 결정(이하 "정지해제결정"이라 한다)을 하여야 한다.

   ③ 보호관찰 정지 중인 사람이 제39조 또는 제40조에 따라 구인된 경우에는 구인된 날에 정지해제결정을 한 것으로 본다.

   ④ 형기 또는 보호관찰 기간은 정지결정을 한 날부터 그 진행이 정지되고, 정지해제결정을 한 날부터 다시 진행된다.

   ⑤ 심사위원회는 제1항에 따라 정지결정을 한 후 소재 불명이 천재지변이나 그 밖의 부득이한 사정 등 보호관찰 대상자에게 책임이 있는 사유로 인한 것이 아닌 것으로 밝혀진 경우에는 그 정지결정을 취소하여야 한다. 이 경우 정지결정은 없었던 것으로 본다.

제3장제7절(제54조부터 제58조까지)을 다음과 같이 한다.

제7절 보호관찰사건의 이송 등

제54조(직무상 비밀과 증언 거부) 심사위원회 및 보호관찰소의 직원이거나 직원이었던 사람이 다른 법률에 따라 증인으로 신문(訊問)을 받는 경우에는 그 직무상 알게 된 다른 사람의 비밀에 대하여 증언을 거부할 수 있다. 다만, 본인의 승낙이 있거나 중대한 공익상 필요가 있는 경우에는 그러하지 아니하다.

제55조(보호관찰사건의 이송) 보호관찰소의 장은 보호관찰 대상자가 주거지를 이동한 경우에는 새 주거지를 관할하는 보호관찰소의 장에게 보호관찰사건을 이송할 수 있다.

제56조(군법 적용 대상자에 대한 특례)「군사법원법」 제2조제1항 각 호의 어느 하나에 해당하는 사람에게는 이 법을 적용하지 아니한다.

제57조(「형사소송법」의 준용) 보호관찰에 관하여 이 법에 특별한 규정이

있는 경우를 제외하고는 그 성질에 반하지 아니하는 범위에서 「형사소송법」
을 준용한다.

　제58조(「형의 집행 및 수용자의 처우에 관한 법률」 적용의 일부 배제) 이
법(제28조는 제외한다)에 따른 가석방에 관하여는 「형의 집행 및 수용자의
처우에 관한 법률」 제119조부터 제122조까지의 규정을 적용하지 아니한다.

　제4장의 장 번호 및 제목을 다음과 같이 한다.

제4장 사회봉사 및 수강

　제59조부터 제62조까지를 각각 다음과 같이 한다.

　제59조(사회봉사명령ㆍ수강명령의 범위) ① 법원은 「형법」 제62조의2에
따른 사회봉사를 명할 때에는 500시간, 수강을 명할 때에는 200시간의 범위
에서 그 기간을 정하여야 한다. 다만, 다른 법률에 특별한 규정이 있는 경우
에는 그 법률에서 정하는 바에 따른다.

　② 법원은 제1항의 경우에 사회봉사ㆍ수강명령 대상자가 사회봉사를 하
거나 수강할 분야와 장소 등을 지정할 수 있다.

　제60조(판결의 통지 등) ① 법원은 「형법」 제62조의2에 따른 사회봉사 또
는 수강을 명하는 판결이 확정된 때부터 3일 이내에 판결문 등본 및 준수사
항을 적은 서면을 피고인의 주거지를 관할하는 보호관찰소의 장에게 보내야
한다.

　② 제1항의 경우에 법원은 그 의견이나 그 밖에 사회봉사명령 또는 수강
　　명령의 집행에 참고가 될 만한 자료를 첨부할 수 있다.

　③ 법원 또는 법원의 장은 제1항의 통지를 받은 보호관찰소의 장에게 사회봉
　　사명령 또는 수강명령의 집행상황에 관한 보고를 요구할 수 있다.

　제61조(사회봉사ㆍ수강명령 집행 담당자) ① 사회봉사명령 또는 수강명령
은 보호관찰관이 집행한다. 다만, 보호관찰관은 국공립기관이나 그 밖의 단체
에 그 집행의 전부 또는 일부를 위탁할 수 있다.

　② 보호관찰관은 사회봉사명령 또는 수강명령의 집행을 국공립기관이나
　　그 밖의 단체에 위탁한 때에는 이를 법원 또는 법원의 장에게 통보하
　　여야 한다.

③ 법원은 법원 소속 공무원으로 하여금 사회봉사 또는 수강할 시설 또는
강의가 사회봉사·수강명령 대상자의 교화·개선에 적당한지 여부와
그 운영 실태를 조사·보고하도록 하고, 부적당하다고 인정하면 그
집행의 위탁을 취소할 수 있다.

④ 보호관찰관은 사회봉사명령 또는 수강명령의 집행을 위하여 필요하다
고 인정하면 국공립기관이나 그 밖의 단체에 협조를 요청할 수 있다.

제62조(사회봉사·수강명령 대상자의 준수사항) ① 사회봉사·수강명령
대상자는 대통령령으로 정하는 바에 따라 주거, 직업, 그 밖에 필요한 사항
을 관할 보호관찰소의 장에게 신고하여야 한다.

② 사회봉사·수강명령 대상자는 다음 각 호의 사항을 준수하여야 한다.

1. 보호관찰관의 집행에 관한 지시에 따를 것

2. 주거를 이전하거나 1개월 이상 국내외여행을 할 때에는 미리 보호관찰
관에게 신고할 것

③ 법원은 판결의 선고를 할 때 제2항의 준수사항 외에 대통령령으로 정
하는 범위에서 본인의 특성 등을 고려하여 특별히 지켜야 할 사항을
따로 과(科)할 수 있다.

④ 제2항과 제3항의 준수사항은 서면으로 고지하여야 한다.

제63조 및 제64조를 각각 다음과 같이 한다.

제63조(사회봉사·수강의 종료) 사회봉사·수강은 사회봉사·수강명령 대
상자가 다음 각 호의 어느 하나에 해당하는 때에 종료한다.

1. 사회봉사명령 또는 수강명령의 집행을 완료한 때

2. 형의 집행유예 기간이 지난 때

3. 「형법」 제64조제2항에 따라 집행유예의 선고가 취소된 때

4. 사회봉사·수강명령 집행기간 중 금고 이상의 형의 집행을 받게 된 때

5. 제49조에 따라 보호처분이 변경된 때

제64조(준용 규정) ① 사회봉사·수강명령 대상자에 대하여는 제34조부터
제36조까지 및 제54조부터 제57조까지의 규정을 준용한다.

② 사회봉사·수강명령 대상자의 준수사항이나 명령 위반에 따른 경고,
구인, 유치, 집행유예 취소 및 보호처분 변경 등에 관하여는 제37조부
터 제45조까지, 제45조의2, 제46조, 제47조 및 제49조를 준용한다.

제5장의 장 번호 및 제목을 다음과 같이 한다.

제5장 갱생보호

제5장제1절의 절 번호 및 제목을 다음과 같이 한다.

제1절 갱생보호의 방법 및 개시

제65조를 다음과 같이 한다.
제65조(갱생보호의 방법) ① 갱생보호는 다음 각 호의 방법으로 한다.
1. 숙식 제공
2. 여비 지급
3. 생업도구, 생업조성금품의 지급 또는 대여
4. 직업훈련 및 취업 알선
5. 갱생보호 대상자에 대한 자립 지원
6. 제1호부터 제5호까지의 보호에 딸린 선행지도
② 제1항 각 호의 구체적인 내용은 대통령령으로 정한다.
③ 제71조에 따른 한국법무보호복지공단 또는 제67조에 따라 갱생보호사
   업의 허가를 받은 자는 제1항 각 호의 갱생보호활동을 위하여 갱생보
   호시설을 설치·운영할 수 있다.
④ 제3항의 갱생보호시설의 기준은 법무부령으로 정한다.
제66조를 다음과 같이 한다.
제66조(갱생보호의 신청 및 조치) ① 갱생보호 대상자와 관계 기관은 보
호관찰소의 장, 제67조제1항에 따라 갱생보호사업 허가를 받은 자 또는 제
71조에 따른 한국법무보호복지공단에 갱생보호 신청을 할 수 있다.
② 제1항의 신청을 받은 자는 지체 없이 보호가 필요한지 결정하고 보호
   하기로 한 경우에는 그 방법을 결정하여야 한다.
③ 제1항의 신청을 받은 자가 제2항에 따라 보호결정을 한 경우에는 지체
   없이 갱생보호에 필요한 조치를 하여야 한다.
제5장제2절(제67조부터 제70조까지 및 제70조의2)을 다음과 같이 한다.

제2절 갱생보호사업자

제67조(갱생보호사업의 허가) ① 갱생보호사업을 하려는 자는 법무부령으로 정하는 바에 따라 법무부장관의 허가를 받아야 한다. 허가받은 사항을 변경하려는 경우에도 또한 같다.

② 법무부장관은 갱생보호사업의 허가를 할 때에는 사업의 범위와 허가의 기간을 정하거나 그 밖에 필요한 조건을 붙일 수 있다.

제68조(허가의 기준) 법무부장관은 다음 각 호의 기준에 맞지 아니할 때에는 갱생보호사업의 허가를 하여서는 아니 된다.

1. 갱생보호사업에 필요한 경제적 능력을 가질 것

2. 갱생보호사업의 허가신청자가 사회적 신망이 있을 것

3. 갱생보호사업의 조직 및 회계처리 기준이 공개적일 것

제69조(보고의무) 갱생보호사업의 허가를 받은 자(이하 "사업자"라 한다)는 법무부령으로 정하는 바에 따라 다음 해의 사업계획과 전년도의 회계 상황 및 사업 실적을 법무부장관에게 보고하여야 한다.

제70조(갱생보호사업의 허가 취소 등) 법무부장관은 사업자가 다음 각 호의 어느 하나에 해당할 때에는 그 허가를 취소하거나 6개월 이내의 기간을 정하여 그 사업의 전부 또는 일부의 정지를 명할 수 있다. 다만, 제1호 또는 제4호에 해당하는 때에는 그 허가를 취소하여야 한다.

1. 부정한 방법으로 갱생보호사업의 허가를 받은 경우

2. 갱생보호사업의 허가 조건을 위반한 경우

3. 목적사업 외의 사업을 한 경우

4. 정당한 이유 없이 갱생보호사업의 허가를 받은 후 6개월 이내에 갱생보호사업을 시작하지 아니하거나 1년 이상 갱생보호사업의 실적이 없는 경우

5. 제69조에 따른 보고를 거짓으로 한 경우

6. 이 법 또는 이 법에 따른 명령을 위반한 경우

제70조의2(청문) 법무부장관은 제70조에 따라 갱생보호사업자의 허가를 취소하려면 청문을 하여야 한다.

제72조부터 제93조까지를 각각 다음과 같이 한다.

제72조(법인격) 공단은 법인으로 한다.

제73조(사무소) ① 공단의 주된 사무소의 소재지는 정관으로 정한다.

② 공단은 정관으로 정하는 바에 따라 필요한 곳에 지부와 지소를 둘 수 있다.

제74조(정관) ① 공단의 정관에는 다음 각 호의 사항이 포함되어야 한다.

1. 목적

2. 명칭

3. 주된 사무소 및 지부·지소에 관한 사항

4. 기금에 관한 사항

5. 임직원에 관한 사항

6. 이사회에 관한 사항

7. 업무에 관한 사항

8. 재산 및 회계에 관한 사항

9. 공고에 관한 사항

10. 정관의 변경에 관한 사항

11. 내부규정의 제정·개정 및 폐지에 관한 사항

② 공단은 정관을 변경하려면 법무부장관의 인가를 받아야 한다.

제75조(등기) 공단은 그 주된 사무소의 소재지에서 설립등기를 함으로써 성립한다.

제76조(임원 및 그 임기) ① 공단에 이사장 1명을 포함한 10명 이내의 이사와 감사 1명을 둔다.

② 이사장은 법무부장관이 임명하고, 그 임기는 2년으로 하되 연임할 수 있다. 다만, 임기가 만료된 이사장은 그 후임자가 임명될 때까지 그 직무를 행한다.

③ 이사는 갱생보호사업에 열성이 있고, 학식과 덕망이 있는 사람 중에서 이사장의 제청에 의하여 법무부장관이 임명하거나 위촉하며, 임기는 3년으로 하되 연임할 수 있다. 다만, 공무원인 이사의 임기는 그 직위에 있는 동안으로 한다.

④ 감사는 이사장의 제청에 의하여 법무부장관이 임명하며, 임기는 2년으로 하되 연임할 수 있다.

제77조(임원의 직무) ① 이사장은 공단을 대표하고 공단의 업무를 총괄한다.

② 감사는 공단의 업무 및 회계를 감사한다.

③ 이사장 아닌 이사와 감사는 비상근으로 할 수 있다.

제78조(임원의 결격사유) 다음 각 호의 어느 하나에 해당하는 사람은 공단의 임원이 될 수 없다.

1. 대한민국 국민이 아닌 사람

2. 「국가공무원법」 제33조 각 호의 어느 하나에 해당하는 사람

제79조(임원의 해임) ① 임원이 제78조 각 호의 어느 하나에 해당하게 되면 당연히 퇴직한다.

② 법무부장관은 임원이 다음 각 호의 어느 하나에 해당할 때에는 그 임원을 해임하거나 해촉할 수 있다.

1. 갱생보호사업에 열성이 없다고 인정될 때

2. 직무상의 의무를 위반하거나 직무수행을 게을리하였을 때

3. 그 밖의 사유로 인하여 임원으로서 부적당하다고 인정될 때

제80조(이사회) ① 공단의 업무에 관한 주요 사항을 심의·의결하기 위하여 공단에 이사회를 둔다.

② 이사회는 이사장과 이사로 구성한다.

③ 이사장은 이사회를 소집하고 그 의장이 된다.

④ 감사는 이사회에 출석하여 의견을 진술할 수 있다.

제81조(직원의 임면) 공단의 직원은 정관으로 정하는 바에 따라 이사장이 임면(任免)한다.

제82조(공단의 사업) 공단은 그 목적을 달성하기 위하여 다음 각 호의 사업을 한다.

1. 갱생보호

2. 갱생보호제도의 조사·연구 및 보급·홍보

3. 갱생보호사업을 위한 수익사업

4. 공단의 목적 달성에 필요한 사업

제83조(공단의 자산) 공단은 다음 각 호의 재산을 그 자산으로 한다.

1. 공단이 소유하고 있는 부동산과 그 밖의 재산

2. 국고보조금

3. 자산으로부터 생기는 과실(果實)

4. 그 밖의 수입

제84조(공단의 사업계획 등) ① 공단의 회계연도는 정부의 회계연도에 따른다.

② 공단은 법무부령으로 정하는 바에 따라 매 회계연도가 시작되기 전에 다음 회계연도에 실시할 공단의 사업계획 및 예산을 법무부장관에게 제출하여 그 승인을 받아야 한다. 이를 변경할 때에도 또한 같다.

③ 공단은 법무부령으로 정하는 바에 따라 매 회계연도의 종료 후 전년도의 사업 실적과 결산을 법무부장관에게 제출하여야 한다.

제85조(기부금품의 보고) 공단은 갱생보호사업을 위하여 기증받은 금품이 있을 때에는 그 접수 상황 및 처리 상황을 법무부장관에게 보고하여야 한다.

제86조(갱생보호기금의 설치) 갱생보호사업의 추진에 필요한 재원을 확보하기 위하여 공단에 갱생보호기금(이하 "기금"이라 한다)을 설치한다.

제87조(기금의 재원) 기금은 다음 각 호의 재원으로 조성한다.

1. 기금의 운용으로 생기는 수익금

2. 공단의 사업으로 생기는 수입금

3. 관계 법령에 따른 기부금

제88조(기금의 운용·관리) ① 기금은 공단이 운용·관리한다.

② 기금의 운용·관리에 필요한 사항은 대통령령으로 정한다.

제89조(기금의 사용) 기금은 제82조 각 호의 사업을 위하여 사용한다.

제90조(자금의 차입) 공단은 기금 운용에 필요하다고 인정하면 법무부장관의 승인을 받아 기금의 부담으로 자금을 차입할 수 있다.

제91조(이익금의 처리) 공단은 매 사업연도의 결산 결과 이익금이 생기면 이월손실금의 보전(補塡)에 충당하고, 그 나머지는 기금으로 적립하여야 한다.

제92조(준용 규정) 공단에 관하여 이 법에서 규정한 것을 제외하고는 「민법」 중 재단법인에 관한 규정을 준용한다.

제93조(벌칙 적용 시의 공무원 의제) 공단의 임직원은 「형법」과 그 밖의 법률에 따른 벌칙을 적용할 때에는 공무원으로 본다.

제5장제4절의 절 번호 및 제목을 다음과 같이 한다.

제4절 갱생보호사업의 지원 및 감독

제94조부터 제97조까지를 각각 다음과 같이 한다.

제94조(보조금) 국가나 지방자치단체는 사업자와 공단에 대하여 보조할 수 있다.

제95조(조세감면) 국가나 지방자치단체는 갱생보호사업에 대하여 「조세특례제한법」 및 「지방세법」에서 정하는 바에 따라 국세 또는 지방세를 감면할 수 있다.

제96조(수익사업) ① 사업자 또는 공단은 갱생보호사업을 위하여 수익사업을 하려면 사업마다 법무부장관의 승인을 받아야 한다. 이를 변경할 때에도 또한 같다.

② 법무부장관은 수익사업을 하는 사업자 또는 공단이 수익을 갱생보호사업 외의 사업에 사용한 경우에는 수익사업의 시정이나 정지를 명할 수 있다.

제97조(감독) ① 법무부장관은 사업자와 공단을 지휘·감독한다.

② 법무부장관은 사업자와 공단에 대하여 감독상 필요한 경우에는 그 업무에 관한 사항을 보고하게 하거나 자료의 제출이나 그 밖에 필요한 명령을 할 수 있으며, 소속 공무원에게 사업자 및 공단의 운영 실태를 조사하게 할 수 있다.

③ 제2항에 따라 조사를 하는 공무원은 그 권한을 나타내는 증표를 지니고 이를 관계인에게 내보여야 한다.

제98조를 다음과 같이 한다.

제98조(유사명칭의 사용금지) ① 이 법에 따른 공단이 아닌 자는 한국법무보호복지공단 또는 이와 유사한 명칭을 사용하지 못한다.

② 이 법에 따른 사업자가 아닌 자는 갱생보호회 또는 이와 유사한 명칭을 사용하지 못한다.

제6장의 장 번호 및 제목을 다음과 같이 한다.

제6장 벌칙

제99조를 다음과 같이 한다.

제99조(벌칙) 다음 각 호의 어느 하나에 해당하는 자는 1년 이하의 징역 또는 300만원 이하의 벌금에 처한다.

1. 갱생보호사업의 허가를 받지 아니하고 갱생보호사업 명목으로 영리행위를 한 자
2. 갱생보호사업의 허가를 받은 후 이를 이용하여 갱생보호사업의 목적에 반하여 영리행위를 한 자
3. 제70조에 따른 정지명령을 위반한 자
4. 제96조제2항에 따른 명령을 위반한 자

부칙

이 법은 공포 후 6개월이 경과한 날부터 시행한다.

3. 개정 소년법의 보호관찰 관련 항목 검토

1. 소년법 적용 연령 상한선 하향조정(제2조)
2. 촉법소년 및 우범소년의 연령 하향조정(제4조 1항 2호)
3. 보호관찰소장의 통고처분 신설(제4조 3항)
4. 보호관찰소에 대한 법원의 결정전조사 의뢰(제12조)
5. 소년심리절차에서 국선보조인제도 신설(제17조의 2)
6. 소년심리절차에 피해자 진술권 보장(제25조의 2)
7. 소년심리절차에서 화해권고 신설(제25조의 3)
8. 독립처분으로서 수강명령과 사회봉사명령제도 도입(제32조 1항 2, 3호)
9. 1개월 이내의 소년원 송치제도 도입(제32조 1항 8호)
10. 아동복지시설, 소년보호시설 감호위탁과 보호관찰 병과 가능(제32조 2항 3, 4호)
11. 1개월 이내 소년원 송치와 장기 보호관찰 병과 가능(제32조 2항 5호)
12. 사회봉사명령, 수강명령 부과연령 하향조정(제32조 3, 4항)
13. 보호관찰처분의 부가처분 신설(제32조의 2)
14. 단기보호관찰 기간의 연장(제33조 2항)

15. 검사의 결정전조사제도 신설(제49조의 2)

16. 검사의 조건부 기소유예제도 신설(제49조의 3)

17. 비행예방정책 관련 규정 신설(제67조의 2)

4. 개정 소년법의 보호관찰 관련 항목 해설

1. 소년법 적용 연령 상한선 하향조정(제2조)

제2조(소년 및 보호자) 이 법에서 '소년'이란 19세 미만인 자를 말하며, '보호자'란 법률상 감호교육(監護敎育)을 할 의무가 있는 자 또는 현재 감호하는 자를 말한다.

[전문개정 2007. 12. 21.]

2. 촉법소년 및 우범소년의 연령 하향조정(제4조 1항 2호)

제4조(보호의 대상과 송치 및 통고) ① 다음 각 호의 어느 하나에 해당하는 소년은 소년부의 보호사건으로 심리한다.

1. 죄를 범한 소년

2. 형벌 법령에 저촉되는 행위를 한 10세 이상 14세 미만인 소년

3. 다음 각 목에 해당하는 사유가 있고 그의 성격이나 환경에 비추어 앞으로 형벌 법령에 저촉되는 행위를 할 우려가 있는 10세 이상인 소년

가. 집단적으로 몰려다니며 주위 사람들에게 불안감을 조성하는 성벽(性癖)이 있는 것

나. 정당한 이유 없이 가출하는 것

다. 술을 마시고 소란을 피우거나 유해환경에 접하는 성벽이 있는 것

② 제1항 제2호 및 제3호에 해당하는 소년이 있을 때에는 경찰서장은 직접 관할 소년부에 송치(送致)하여야 한다.

3. 보호관찰소장의 통고처분 신설(제4조 3항)

제4조(보호의 대상과 송치 및 통고) ① 다음 각 호의 어느 하나에 해당하는 소년은 소년부의 보호사건으로 심리한다.

1. 죄를 범한 소년

2. 형벌 법령에 저촉되는 행위를 한 10세 이상 14세 미만인 소년

3. 다음 각 목에 해당하는 사유가 있고 그의 성격이나 환경에 비추어 앞으로 형벌 법령에 저촉되는 행위를 할 우려가 있는 10세 이상인 소년

가. 집단적으로 몰려다니며 주위 사람들에게 불안감을 조성하는 성벽(性癖)이 있는 것

나. 정당한 이유 없이 가출하는 것

다. 술을 마시고 소란을 피우거나 유해환경에 접하는 성벽이 있는 것

② 제1항 제2호 및 제3호에 해당하는 소년이 있을 때에는 경찰서장은 직접 관할 소년부에 송치(送致)하여야 한다.

③ 제1항 각 호의 어느 하나에 해당하는 소년을 발견한 보호자 또는 학교·사회복리시설·보호관찰소(보호관찰지소를 포함한다. 이하 같다)의 장은 이를 관할 소년부에 통고할 수 있다.

[전문개정 2007. 12. 21.]

4. 보호관찰소에 대한 법원의 결정전조사 의뢰(제12조)

제12조(전문가의 진단) 소년부는 조사 또는 심리를 할 때에 정신과의사·심리학자·사회사업가·교육자나 그 밖의 전문가의 진단, 소년 분류심사원의 분류심사 결과와 의견, 보호관찰소의 조사결과와 의견 등을 고려하여야 한다.

[전문개정 2007. 12. 21.]

5. 소년심리절차에서 국선보조인제도 신설(제17조의 2)

제17조의 2(국선보조인) ① 소년이 소년분류심사원에 위탁된 경우 보조인이 없을 때에는 법원은 변호사 등 적정한 자를 보조인으로 선정하여야 한다.

② 소년이 소년분류심사원에 위탁되지 아니하였을 때에도 다음의 경우 법원은 직권에 의하거나 소년 또는 보호자의 신청에 따라 보조인을 선정할 수 있다.

1. 소년에게 신체적·정신적 장애가 의심되는 경우

2. 빈곤이나 그 밖의 사유로 보조인을 선임할 수 없는 경우

3. 그 밖에 소년부 판사가 보조인이 필요하다고 인정하는 경우

③ 제1항과 제2항에 따라 선정된 보조인에게 지급하는 비용에 대해서는

'형사소송비용 등에 관한 법률'을 준용한다.

[본조신설 2007. 12. 21.]

6. 소년심리절차에 피해자 진술권 보장(제25조의 2)

제25조의 2(피해자 등의 진술권) 소년부 판사는 피해자 또는 그 법정대리인·변호인·배우자·직계친족·형제자매(이하 이 조에서 '대리인등'이라 한다)가 의견진술을 신청할 때에는 피해자나 그 대리인등에게 심리 기일에 의견을 진술할 기회를 주어야 한다. 다만 다음 각 호의 어느 하나에 해당하는 경우에는 그러하지 아니하다.

1. 신청인이 이미 심리절차에서 충분히 진술하여 다시 진술할 필요가 없다고 인정되는 경우
2. 신청인의 진술로 심리절차가 현저하게 지연될 우려가 있는 경우

[본조신설 2007. 12. 21.]

7. 소년심리절차에서 화해권고 신설(제25조의 3)

제25조의 3(화해권고) ① 소년부 판사는 소년의 품행을 교정하고 피해자를 보호하기 위하여 필요하다고 인정하면 소년에게 피해 변상 등 피해자와의 화해를 권고할 수 있다.

② 소년부 판사는 제1항의 화해를 위하여 필요하다고 인정하면 기일을 지정하여 소년, 보호자 또는 참고인을 소환할 수 있다.

③ 소년부 판사는 소년이 제1항의 권고에 따라 피해자와 화해하였을 경우에는 보호처분을 결정할 때 이를 고려할 수 있다.

[본조신설 2007. 12. 21.]

8. 독립처분으로서 수강명령과 사회봉사명령제도 도입(제32조 1항 2, 3호)
9. 1개월 이내의 소년원 송치제도 도입(제32조 1항 8호)

제3절 보호처분〈개정 2007. 12. 21.〉

제32조(보호처분의 결정) ① 소년부 판사는 심리 결과 보호처분을 할 필요가 있다고 인정하면 결정으로써 다음 각 호의 어느 하나에 해당하는 처분을 하여야 한다.

1. 보호자 또는 보호자를 대신하여 소년을 보호할 수 있는 자에게 감호 위탁

2. 수강명령

3. 사회봉사명령

4. 보호관찰관의 단기(短期) 보호관찰

5. 보호관찰관의 장기(長期) 보호관찰

6. '아동복지법'에 따른 아동복지시설이나 그 밖의 소년보호시설에 감호 위탁

7. 병원, 요양소 또는 '보호소년 등의 처우에 관한 법률'에 따른 소년의료 보호시설에 위탁

8. 1개월 이내의 소년원 송치

9. 단기 소년원 송치

10. 장기 소년원 송치

10. 아동복지시설, 소년보호시설 감호위탁과 보호관찰 병과 가능(제32조 2항 3, 4호)

11. 1개월 이내 소년원 송치와 장기 보호관찰 병과 가능(제32조 2항 5호)

② 다음 각 호 안의 처분 상호간에는 그 전부 또는 일부를 병합할 수 있다.

1. 제1항 제1호·제2호·제3호·제4호 처분

2. 제1항 제1호·제2호·제3호·제5호 처분

3. 제1항 제4호·제6호 처분

4. 제1항 제5호·제6호 처분

5. 제1항 제5호·제8호 처분

12. 사회봉사명령, 수강명령 부과연령 하향조정(제32조 3, 4항)

③ 제1항 제3호의 처분은 14세 이상의 소년에게만 할 수 있다.

④ 제1항 제2호 및 제10호의 처분은 12세 이상의 소년에게만 할 수 있다.

⑤ 제1항 각 호의 어느 하나에 해당하는 처분을 한 경우 소년부는 소년을 인도하면서 소년의 교정에 필요한 참고자료를 위탁받는 자나 처분을 집행하는 자에게 넘겨야 한다.

⑥ 소년의 보호처분은 그 소년의 장래 신상에 어떠한 영향도 미치지 아니한다.[전문개정 2007. 12. 21.]

13. 보호관찰처분의 부가처분 신설(제32조의 2)

제32조의 2(보호관찰처분에 따른 부가처분 등) ① 제32조 제1항 제4호 또는 제5호의 처분을 할 때에 3개월 이내의 기간을 정하여 '보호소년 등의 처우에 관한 법률'에 따른 대안교육 또는 소년의 상담·선도·교화와 관련된 단체나 시설에서의 상담·교육을 받을 것을 동시에 명할 수 있다.

② 제32조 제1항 제4호 또는 제5호의 처분을 할 때에 1년 이내의 기간을 정하여 야간 등 특정 시간대의 외출을 제한하는 명령을 보호관찰대상자의 준수 사항으로 부과할 수 있다.

③ 소년부 판사는 가정상황 등을 고려하여 필요하다고 판단되면 보호자에게 소년원·소년분류심사원 또는 보호관찰소 등에서 실시하는 소년의 보호를 위한 특별교육을 받을 것을 명할 수 있다.

[본조신설 2007. 12. 21.]

14. 단기보호관찰 기간의 연장(제33조 2항)

제33조(보호처분의 기간) ① 제32조 제1항 제1호·제6호·제7호의 위탁 기간은 6개월로 하되, 소년부 판사는 결정으로써 6개월의 범위에서 한 번에 한하여 그 기간을 연장할 수 있다. 다만 소년부 판사는 필요한 경우에는 언제든지 결정으로써 그 위탁을 종료시킬 수 있다.

② **제32조 제1항 제4호의 단기 보호관찰기간은 1년으로 한다.**

③ 제32조 제1항 제5호의 장기 보호관찰기간은 2년으로 한다. 다만 소년부 판사는 보호관찰관의 신청에 따라 결정으로써 1년의 범위에서 한 번에 한하여 그 기간을 연장할 수 있다.

④ 제32조 제1항 제2호의 수강명령은 100시간을, 제32조 제1항 제3호의 사회봉사명령은 200시간을 초과할 수 없으며, 보호관찰관이 그 명령을 집행할 때에는 사건 본인의 정상적인 생활을 방해하지 아니하도록 하여야 한다.

⑤ 제32조 제1항 제9호에 따라 단기로 소년원에 송치된 소년의 보호기간은 6개월을 초과하지 못한다.

⑥ 제32조 제1항 제10호에 따라 장기로 소년원에 송치된 소년의 보호기간은 2년을 초과하지 못한다.

⑦ 제32조 제1항 제6호부터 제10호까지의 어느 하나에 해당하는 처분을

받은 소년이 시설위탁이나 수용 이후 그 시설을 이탈하였을 때에는 위 처분
기간은 진행이 정지되고, 재위탁 또는 재수용된 때로부터 다시 진행한다.

[전문개정 2007. 12. 21.]

15. 검사의 결정전조사제도 신설(제49조의 2)

제49조(검사의 송치) ① 검사는 소년에 대한 피의사건을 수사한 결과 보
호처분에 해당하는 사유가 있다고 인정한 경우에는 사건을 관할 소년부에
송치하여야 한다. ② 소년부는 제1항에 따라 송치된 사건을 조사 또는 심리
한 결과 그 동기와 죄질이 금고 이상의 형사처분을 할 필요가 있다고 인정
할 때에는 결정으로써 해당 검찰청 검사에게 송치할 수 있다. ③ 제2항에 따
라 송치한 사건은 다시 소년부에 송치할 수 없다.

[전문개정 2007. 12. 21.]

제49조의 2(검사의 결정전조사) ① 검사는 소년 피의사건에 대하여 소년
부 송치, 공소제기, 기소유예 등의 처분을 결정하기 위하여 필요하다고 인
정하면 피의자의 주거지 또는 검찰청 소재지를 관할하는 보호관찰소의 장,
소년분류심사원장 또는 소년원장(이하 '보호관찰소장등'이라 한다)에게 피의
자의 품행, 경력, 생활환경이나 그 밖에 필요한 사항에 관한 조사를 요구할
수 있다.

② 제1항의 요구를 받은 보호관찰소장등은 지체 없이 이를 조사하여 서면
으로 해당 검사에게 통보하여야 하며, 조사를 위하여 필요한 경우에는 소속
보호관찰관·분류심사관 등에게 피의자 또는 관계인을 출석하게 하여 진술
요구를 하는 등의 방법으로 필요한 사항을 조사하게 할 수 있다.

③ 제2항에 따른 조사를 할 때에는 미리 피의자 또는 관계인에게 조사의
취지를 설명하여야 하고, 피의자 또는 관계인의 인권을 존중하며, 직무상
비밀을 엄수하여야 한다.

④ 검사는 보호관찰소장등으로부터 통보받은 조사결과를 참고하여 소년
피의자를 교화·개선하는 데에 가장 적합한 처분을 결정하여야 한다.

[본조신설 2007. 12. 21.]

16. 검사의 조건부 기소유예제도 신설(제49조의 3)

제49조의 3(조건부 기소유예) 검사는 피의자에 대하여 다음 각 호에 해당하는 선도(善導) 등을 받게 하고, 피의사건에 대한 공소를 제기하지 아니할 수 있다. 이 경우 소년과 소년의 친권자·후견인 등 법정대리인의 동의를 받아야 한다.

1. 범죄예방자원봉사위원의 선도
2. 소년의 선도·교육과 관련된 단체·시설에서의 상담·교육·활동 등
[본조신설 2007. 12. 21.]

17. 비행예방정책 관련 규정 신설(제67조의 2)

제3장의 2 비행 예방〈신설 2007. 12. 21.〉

제67조의 2(비행 예방정책) 법무부장관은 제4조 제1항에 해당하는 자(이하 '비행소년'이라 한다)가 건전하게 성장하도록 돕기 위하여 다음 각 호의 사항에 대한 필요한 조치를 취하여야 한다.

1. 비행소년이 건전하게 성장하도록 돕기 위한 조사·연구·교육·홍보 및 관련 정책의 수립·시행
2. 비행소년의 선도·교육과 관련된 중앙행정기관·공공기관 및 사회단체와의 협조체계의 구축 및 운영

[본조신설 2007. 12. 21.]

5. '형의 집행 및 수용자의 처우에 관한 법률' 개요 및 법률

'집필 사전허가제 폐지 등 수용자 인권 대폭 신장'하였는데 수용자의 집필 등 창작활동이 자유롭게 보장되고, 서신내용에 대해서도 원칙적으로 검열을 받지 않게 되는 등 수용자 인권이 대폭 신장되었다.

법무부는 이 같은 내용을 골자로 하는 행형법 전부 개정 법률 '형의집행 및수용자의처우에관한법률'이 2008년 12월 22일부터 시행된다고 밝혔는데 이에 따라 1950년 제정 이래 사용되던 '행형법'이란 명칭은 반세기 만에 역사 속으로 사라졌다.

개정법률은 우선 종전 차별금지규정에 장애·나이·출신지역·출신민

족·용모 등 신체조건과 병력, 혼인여부, 정치적 의견 및 성적지향 등을 추가해 합리적 이유 없이 이를 이유로 차별받지 않도록 했다. 여성·노인·장애인 수용자 등 사회적 약자에 대한 처우규정도 신설해 신체적 특성과 연령·건강상태, 장애정도 등을 고려해 적정한 배려를 하도록 했다.

또한 수용자에 대한 집필 사전허가제를 폐지해 수용자가 자유롭게 창작활동을 할 수 있도록 하고, 수용자의 외부 교통권 보장과 사회적응력 강화를 위해 서신의 상대방을 확인할 수 없는 경우 등 특별한 경우를 제외하고는 원칙적으로 서신내용에 대한 검열을 하지 못하도록 했다.

수용자의 신체검사 시에는 수치심을 유발하지 않도록 하고 특히 면밀한 검사가 필요할 때는 다른 수용자가 볼 수 없는 차단된 장소에서 하도록 했다. 그간 인권논란을 일으켰던 보호장비 가운데 사슬을 폐지하고 대신 보호복, 보호침대를 도입했다.

미결수용자의 무죄추정에 따른 처우규정도 만들어 수사 및 재판과정에서 최대한 방어권을 보장받을 수 있도록 했다.

귀휴가 허용되는 최소 복역기간을 1년에서 6개월로 단축해 단기수형자에 대해서도 귀휴가 가능토록 하는 한편, 귀휴기간도 연간 10일 이내에서 20일 이내로 확대했다.

이와 함께 징벌시효제도를 신설해 징벌사유가 발생한 날로부터 2년이 지나면 징벌을 부과하지 못하도록 하고, 수용자가 징벌위원회에 서면 또는 구술로 자기에게 유리한 사실을 진술하거나 증거를 제출할 수 있도록 했다.

법률 제6038호 일부개정 1999. 12. 28.

법률 제7655호(치료감호법) 일부개정 2005. 08. 04.

법률 제7849호(제주특별자치도 설치 및 국제자유도시 조성을 위한 특별법) 일부개정 2006. 02. 21.

법률 제8728호 법제명변경 및 전면개정 2007. 12. 21. ('행형법'에서 변경)

법률 제9136호 일부개정 2008. 12. 11.

'형의 집행 및 수용자의 처우에 관한 법률'

제1편 총칙

제1조(목적) 이 법은 수형자의 교정교화와 건전한 사회복귀를 도모하고, 수용자의 처우와 권리 및 교정시설의 운영에 관하여 필요한 사항을 규정함을 목적으로 한다.

제2조(정의) 이 법에서 사용하는 용어의 뜻은 다음과 같다.

1. '수형자'란 징역형·금고형 또는 구류형의 선고를 받아 그 형이 확정된 사람과 벌금 또는 과료를 완납하지 아니하여 노역장 유치명령을 받은 사람을 말한다.
2. '미결수용자'란 형사피의자 또는 형사피고인으로서 체포되거나 구속영장의 집행을 받은 사람을 말한다.
3. '사형확정자'란 사형의 선고를 받아 그 형이 확정된 사람을 말한다.
4. '수용자'란 수형자·미결수용자·사형확정자, 그 밖에 법률과 적법한 절차에 따라 교도소·구치소 및 그 지소(이하 '교정시설'이라 한다)에 수용된 사람을 말한다.

제3조(적용범위) 이 법은 교정시설의 구내와 교도관이 수용자를 계호(戒護)하고 있는 그 밖의 장소로서 교도관의 통제가 요구되는 공간에 대하여 적용한다.

제4조(인권의 존중) 이 법을 집행하는 때에 수용자의 인권은 최대한으로 존중되어야 한다.

제5조(차별금지) 수용자는 합리적인 이유 없이 성별, 종교, 장애, 나이, 사회적 신분, 출신지역, 출신국가, 출신민족, 용모 등 신체조건, 병력(病歷), 혼인 여부, 정치적 의견 및 정적(性的) 지향 등을 이유로 차별받지 아니한다.

제8조(교정시설의 순회점검) 법무부장관은 교정시설은 운영, 교도관 및 경비교도의 복무, 수용자의 처우 및 인권실태 등을 파악하기 위하여 매년 1회 이상 교정시설을 순회 점검하거나 소속 공무원으로 하여금 순회 점검하게 하여야 한다.

제9조(교정시설의 시찰 및 참관) ① 판사와 검사는 직무상 필요하면 교정

시설을 시찰할 수 있다.

② 제1항의 판사와 검사 외의 사람은 교정시설을 참관하려면 학술연구 등 정당한 이유를 명시하여 교정시설의 장(이하 '소장'이라 한다)의 허가를 받아야 한다.

제2편 수용자의 처우

제1장 수용
제11조(구분수용) ① 수용자는 다음 각 호에 따라 구분하여 수용한다. [개정 2008. 12. 11.][시행일 2008. 12. 22.]

1. 19세 이상 수형자: 교도소
2. 19세 미만 수형자: 소년교도소
3. 미결수용자: 구치소
4. 사형확정자: 교도소 또는 구치소. 이 경우 구체적인 구분 기준은 법무 부령으로 정한다.

② 교도소 및 구치소의 각 지소에는 교도소 또는 구치소에 준하여 수용자 를 수용한다.

제12조(구분수용의 예외) ① 다음 각 호의 어느 하나에 해당하는 사유가 있으면 교도소에 미결수용자를 수용할 수 있다.

1. 관할 법원 및 검찰청 소재지에 구치소가 없는 때
2. 구치소의 수용인원이 정원을 훨씬 초과하여 정상적인 운영이 곤란한 때
3. 범죄의 증거인멸을 방지하기 위하여 필요하거나 그 밖에 특별한 사정 이 있는 때

② 취사 등의 작업을 위하여 필요하거나 그 밖에 특별한 사정이 있으면 구치소에 수형자를 수용할 수 있다.

③ **수형자가 소년교도소에 수용 중에 19세가 된 경우에는 교육·교화프 로그램, 작업, 직업훈련 등을 실시하기 위하여 특히 필요하다고 인정 되면 23세가 되기 전까지는 계속하여 수용할 수 있다. [개정 2008. 12. 11.][시행일 2008. 12. 22.]**

제13조(분리수용) ① 남성과 여성은 분리하여 수용한다.

② **제12조에 따라 수형자와 미결수용자, 19세 이상의 수형자와 19세 미만의 수형자를 같은 교정시설에 수용하는 경우에는 서로 분리하여 수용한다. [개정 2008. 12. 11.][시행일 2008. 12. 22.]**

제2장 물품지급
제3장 금품관리
제4장 수용자의 처우
제5장 접견·서신수수 및 전화통화

제41조(접견) ① 수용자는 교정시설의 외부에 있는 사람과 접견할 수 있다. 다만 다음 각 호의 어느 하나에 해당하는 사유가 있으면 그러하지 아니하다.

1. 형사 법령에 저촉되는 행위를 할 우려가 있는 때
2. '형사소송법'이나 그 밖의 법률에 따른 접견금지의 결정이 있는 때
3. 수형자의 교화 또는 건전한 사회복귀를 해칠 우려가 있는 때
4. 시설의 안전 또는 질서를 해칠 우려가 있는 때

③ 제2항에 따라 녹음·녹화하는 경우에는 사전에 수용자 및 그 상대방에게 그 사실을 알려주어야 한다.

④ 접견의 횟수·시간·장소·방법 및 접견내용의 청취·기록·녹음·녹화 등에 관하여 필요한 사항은 대통령령으로 정한다.

제42조(접견의 중지 등) 교도관은 접견 중인 수용자 또는 그 상대방이 다음 각 호의 어느 하나에 해당하면 접견을 중지할 수 있다.

1. 범죄의 증거를 인멸하거나 인멸하려고 하는 때
2. 제92조의 금지물품을 주고받거나 주고받으려고 하는 때
3. 형사 법령에 저촉되는 행위를 하거나 하려고 하는 때
4. 수용자의 처우 또는 교정시설의 운영에 관하여 거짓사실을 유포하는 때
5. 수형자의 교화 또는 건전한 사회복귀를 해칠 우려가 있는 행위를 하거나 하려고 하는 때
6. 수형자의 교화 또는 건전한 사회복귀를 해칠 우려가 있는 행위를 하거

나 하려고 하는 때

제43조(서신수수) ① 수용자는 다른 사람과 서신을 주고받을 수 있다. 다만 다음 각 호의 어느 하나에 해당하는 사유가 있으면 그러하지 아니하다.
    1. '형사소송법'이나 그 밖의 법률에 따른 시선의 수수금지 및 압수의 결정이 있는 때
    2. 수형자의 교화 또는 건전한 사회복귀를 해칠 우려가 있는 때
    3. 시설의 안전 또는 질서를 해칠 우려가 있는 때
    ② 제1항 본문에도 불구하고 같은 교정시설의 수용자 간에 서신을 주고받으려면 소장의 허가를 받아야 한다.
    ③ 소장은 수용자가 주고받는 서신에 법령에 따라 금지된 물품이 들어 있는지 확인할 수 있다.
    ④ 수용자가 주고받는 서신의 내용은 검열받지 아니한다. 다만 다음 각 호의 어느 하나에 해당하는 사유가 있으면 그러하지 아니하다.
    1. 서신의 상대방이 누구인지 확인할 수 없는 때
    2. '형사소송법'이나 그 밖의 법률에 따른 서신검열의 결정이 있는 때
    3. 제1항 제2호 또는 제3호에 해당하는 내용이나 형사 법령에 저촉되는 내용이 기재되어 있다고 의심할 만한 상당한 이유가 있는 때
    4. 대통령령으로 정하는 수용자 간의 서신인 때

제44조(전화통화) ① 수용자는 소장의 허가를 받아 교정시설의 외부에 있는 사람과 전화통화를 할 수 있다.
    ② 제1항에 따른 허가에는 통화내용의 청취 또는 녹음을 조건으로 붙일 수 있다.
    ③ 제42조는 수용자의 전화통화에 관하여 준용한다.
    ④ 제2항에 따라 통화내용을 청취 또는 녹음하려면 사전에 수용자 및 상대방에게 그 사실을 알려주어야 한다.

제6장 종교와 문화
제49조(집필) ① 수용자는 문서 또는 도화를 작성하거나 문예·학술, 그 밖의 사항에 관하여 집필할 수 있다. 다만 소장이 시설의 안전 또는 질서를

해칠 명백한 위험이 있다고 인정하는 경우는 예외로 한다.

② 제26조는 제1항에 따라 작성 또는 집필한 문서나 도화의 소지 및 처리에 관하여 준용한다.

③ 제1항에 따라 작성 또는 집필한 문서나 도화가 제43조 제5항 각 호의 어느 하나에 해당하면 제43조 제7항을 준용한다.

④ 집필용구의 관리, 집필의 시간·장소, 집필한 문서 또는 도화의 외부반출 등에 관하여 필요한 사항은 대통령령으로 정한다.

제7장 특별한 보호

제52조(임산부인 수용자의 처우) ① 소장은 수용자가 임신 중이거나 출산(유산을 포함한다)한 경우에는 모성보호 및 건강유지를 위하여 정기적인 검진 등 적절한 조치를 하여야 한다.

② 소장은 수용자가 출산하려고 하는 경우에는 외부의료시설에서 진료를 받게 하는 등 적절한 조치를 하여야 한다.

제53조(유아의 양육) ① 여성수용자는 자신이 출산한 유아를 교정시설에서 양육할 것을 신청할 수 있다. 이 경우 소장은 다음 각 호의 어느 하나에 해당하는 사유가 없으면, 생후 18개월에 이르기까지 허가하여야 한다.

1. 유아가 질병·부상, 그 밖의 사유로 교정시설에서 생활하는 것이 특히 부적당하다고 인정되는 때

2. 수용자가 질병·부상, 그 밖의 사유로 유아를 양육할 능력이 없다고 인정되는 때

3. 교정시설에 전염병이 유행하거나 그 밖의 사정으로 유아양육이 특히 부적당한 때

② 소장은 제1항에 따라 유아의 양육을 허가한 경우에는 필요한 설비와 물품의 제공, 그 밖에 양육을 위하여 필요한 조치를 하여야 한다.

제8장 수형자의 처우

제1절 통칙

제55조(수형자 처우의 원칙) 수형자에 대해서는 교육·교화프로그램, 작

업, 직업훈련 등을 통하여 교정교화를 도모하고 사회생활에 적응하는 능력
을 함양하도록 처우하여야 한다.

　제56조(개별처우계획의 수립 등) ① 소장은 제62조의 분류처우위원회의
의결에 따라 수형자의 개별적 특성에 알맞은 교육·교화프로그램, 작업, 직
업훈련 등의 처우에 관한 계획(이하 '개별처우계획'이라 한다)을 수립하여
시행한다.
　② 소장은 수형자가 스스로 개선하여 사회에 복귀하려는 의욕이 고취되도
　　록 개별처우계획을 정기적으로 또는 수시로 점검하여야 한다.

　제57조(처우) ① 수형자는 제59조의 분류심사의 결과에 따라 그에 적합한
교정시설에 수용되며, 개별처우계획에 따라 그 특성에 알맞은 처우를 받는다.
　② 교정시설은 도주방지 등을 위한 수용설비 및 계호의 정도(이하 '경비등급'
　　이라 한다)에 따라 다음 각 호로 구분한다. 다만 동일한 교정시설이라도
　　구획을 정하여 경비등급을 달리할 수 있다.
　1. 개방시설: 도주방지를 위한 통상적인 설비의 전부 또는 일부를 갖추지
　　아니하고 수형자의 자율적 활동이 가능하도록 통상적인 관리·감시의
　　전부 또는 일부를 하지 아니하는 교정시설
　2. 완화경비시설: 도주방지를 위한 통상적인 설비 및 수형자에 대한 관
　　리·감시를 일반경비시설보다 완화한 교정시설
　3. 일반경비시설: 도주방지를 위한 통상적인 설비를 갖추고 수형자에 대
　　하여 통상적인 관리·감시를 하는 교정시설
　4. 중(重)경비시설: 도주방지 및 수형자 상호간의 접촉을 차단하는 설비를
　　강화하고 수형자에 대한 관리·감시를 엄중히 하는 교정시설
　③ 수형자에 대한 처우는 교화 또는 건전한 사회복귀를 위하여 교정성적
　　에 따라 상향 조정될 수 있으며, 특히 그 성적이 우수한 수형자는 개
　　방시설에 수용되어 사회생활에 필요한 적정한 처우를 받을 수 있다.
　④ 수형자는 교화 또는 건전한 사회복귀를 위하여 교정시설 밖의 적당한
　　장소에서 봉사활동·견학, 그 밖에 사회적응에 필요한 처우를 받을
　　수 있다.
　⑤ 학과교육생·직업훈련생·외국인·여성·장애인·노인·환자, 그 밖

에 별도의 처우가 필요한 수형자는 법무부장관이 특히 그 처우를 전
담하도록 정하는 시설(이하 '전담교정시설'이라 한다)에 수용되며,
그 특성에 알맞은 처우를 받는다. 다만 전담교정시설의 부족이나 그
밖의 부득이한 사정이 있는 경우에는 예외로 할 수 있다.
⑥ 제2항 각 호의 시설의 설비 및 계호의 정도에 관하여 필요한 사항은
대통령령으로 정한다.

제2절 분류심사

제3절 교육과 교화프로그램

제63조(교육) ① 소장은 수형자가 건전한 사회복귀에 필요한 지식과 소양
을 습득하도록 교육할 수 있다.
② 소장은 '교육기본법' 제8조의 의무교육을 받지 못한 수형자에 대해서
는 본인의 의사·나이·지식 정도, 그 밖의 사정을 고려하여 그에 알
맞게 교육하여야 한다.
③ 소장은 제1항 및 제2항에 따른 교육을 위하여 필요하면 수형자를 외부
의 교육기관에 통학하게 하거나 위탁하여 교육받게 할 수 있다.
④ 교육과정·외부통학·위탁교육 등에 관하여 필요한 사항은 법무부령
으로 정한다.

제4절 작업과 직업훈련

제65조(작업의 부과) ① 수형자에게 부과하는 작업은 건전한 사회복귀를
위하여 기술을 습득하고 근로의욕을 고취하는 데에 적합한 것이어야 한다.
② 소장은 수형자에게 작업을 부과하려면 나이·형기·건강상태·기
술·성격·취미·경력·장래생계, 그 밖의 수형자의 사정을 고려하
여야 한다.

제66조(작업의무) 수형자는 자신에게 부과된 작업과 그 밖의 노역을 수행
하여야 할 의무가 있다.

제67조(신청에 따른 작업) 소장은 금고형 또는 구류형의 집행 중에 있는
사람에 대해서는 신청에 따라 작업을 부과할 수 있다.

제68조(외부 통근 작업 등) ① 소장은 수형자의 건전한 사회복귀와 기술 습득을 촉진하기 위하여 필요하면 외부기업체 등에 통근 작업하게 하거나 교정시설의 안에 설치된 외부기업체의 작업장에서 작업하게 할 수 있다.

② 외부 통근 작업 대상자의 선정기준 등에 관하여 필요한 사항은 법무부령으로 정한다.

제69조(직업능력개발훈련) ① 소장은 수형자의 건전한 사회복귀를 위하여 기술 습득 및 향상을 위한 직업능력개발훈련(이하 '직업훈련'이라 한다)을 실시할 수 있다.

② 소장은 수형자의 직업훈련을 위하여 필요하면 외부의 기관 또는 단체에서 훈련을 받게 할 수 있다.

③ 직업훈련 대상자의 선정기준 등에 관하여 필요한 사항은 법무부령으로 정한다.

제72조(작업의 면제) ① 소장은 수형자의 가족 또는 배우자의 직계존속이 사망하면 2일간, 부모 또는 배우자의 기일을 맞이하면 1일간 해당 수형자의 작업을 면제한다. 다만 수형자가 작업을 계속하기를 원하는 경우는 예외로 한다.

② 소장은 수형자에게 부상·질병, 그 밖에 작업을 계속하기 어려운 특별한 사정이 있으면 그 사유가 해소될 때까지 작업을 면제할 수 있다.

제73조(작업수입 등) ① 작업수입은 국고수입으로 한다.

② 소장은 수형자의 근로의욕을 고취하고 건전한 사회복귀를 지원하기 위하여 법무부장관이 정하는 바에 따라 작업의 종류, 작업성적, 교정성적, 그 밖의 사정을 고려하여 수형자에게 작업장려금을 지급할 수 있다.

제74조(위로금·조위금) ① 소장은 수형자가 다음 각 호의 어느 하나에 해당하면 법무부장관이 정하는 바에 따라 위로금 또는 조위금을 지급한다.

1. 작업 또는 직업훈련으로 인한 부상 또는 질병으로 신체에 장해가 발생한 때

2. 작업 또는 직업훈련 중에 사망하거나 그로 인하여 사망한 때

② 위로금은 석방할 때에 본인에게 지급하고, 조위금은 그 상속인에게 지급한다.

제75조(다른 보상·배상과의 관계) 위로금 또는 조위금을 지급받을 사람이 국가로부터 동일한 사유로 '민법'이나 그 밖의 법령에 따라 제74조의 위로금 또는 조위금에 상당하는 금액을 지급받은 경우에는 그 금액을 위로금 또는 조위금으로 지급하지 아니한다.

제5절 귀휴

제77조(귀휴) ① 소장은 6개월 이상 복역한 수형자로서 그 형기의 3분의 1(21년 이상의 유기형 또는 무기형의 경우에는 7년)이 지나고 교정성적이 우수한 사람이 다음 각 호의 어느 하나에 해당하면 1년 중 20일 이내의 귀휴를 허가할 수 있다.

1. 가족 또는 배우자의 직계존속이 위독한 때
2. 질병이나 사고로 외부의료시설에의 입원이 필요한 때
3. 천재지변이나 그 밖의 재해로 가족, 배우자의 직계존속 또는 수형자 본인에게 회복할 수 없는 중대한 재산상의 손해가 발생하였거나 발생할 우려가 있는 때
4. 그 밖에 교화 또는 건전한 사회복귀를 위하여 법무부령으로 정하는 사유가 있는 때

② 소장은 다음 각 호의 어느 하나에 해당하는 사유가 있는 수형자에 대해서는 제1항에도 불구하고 5일 이내의 특별귀휴를 허가할 수 있다.

1. 가족 또는 배우자의 직계존속이 사망한 때
2. 직계비속의 혼례가 있는 때

③ 소장은 귀휴를 허가하는 경우에 법무부령으로 정하는 바에 따라 거소의 제한이나 그 밖에 필요한 조건을 붙일 수 있다.
④ 제1항 및 제2항의 귀휴기간은 형 집행기간에 포함한다.

제78조(귀휴의 취소) 소장은 귀휴 중인 수형자가 다음 각 호의 어느 하나에 해당하면 그 귀휴를 취소할 수 있다.

1. 귀휴의 허가사유가 존재하지 아니함이 밝혀진 때
2. 거소의 제한이나 그 밖에 귀휴허가에 붙인 조건을 위반한 때

제9장 미결수용자의 처우

제80조(참관금지) 미결수용자가 수용된 거실은 참관할 수 없다.

제81조(분리수용) 소장은 미결수용자로서 사건에 서로 관련이 있는 사람은 분리 수용하고 서로 간의 접촉을 금지하여야 한다.

제84조(변호인과의 접견 및 서신수수) ① 제41조 제2항에도 불구하고 미결수용자와 변호인(변호인이 되려고 하는 사람을 포함한다. 이하 같다)과의 접견에는 교도관이 참여하지 못하며 그 내용을 청취 또는 녹취하지 못한다. 다만 보이는 거리에서 미결수용자를 관찰할 수 있다.

② 미결수용자와 변호인 간의 접견은 시간과 횟수를 제한하지 아니한다.

③ 제43조 제4항 단서에도 불구하고 미결수용자와 변호인 간의 서신은 교정시설에서 상대방이 변호인임을 확인할 수 없는 경우를 제외하고는 검열할 수 없다.

제85조(조사 등에서의 특칙) 소장은 미결수용자가 징벌대상자로서 조사받고 있거나 징벌집행 중인 경우에도 소송서류의 작성, 변호인과의 접견·서신수수, 그 밖의 수사 및 재판 과정에서의 권리행사를 보장하여야 한다.

제87조(유치장) 경찰관서에 설치된 유치장은 교정시설의 미결수용실로 보아 이 법을 준용한다.

제88조(준용규정) 형사사건으로 수사 또는 재판을 받고 있는 수형자와 사형확정자에 대해서는 제84조 및 제85조를 준용한다.

[개정 2008. 12. 11.][시행일 2008. 12. 22.]

제10장 사형확정자

제89조(사형확정자의 수용) ① 사형확정자는 독거 수용한다. 다만 자살방지, 교육교화프로그램, 작업, 그 밖의 적절한 처우를 위하여 필요한 경우에는 법무부령으로 정하는 바에 따라 혼거 수용할 수 있다.

② 사형확정자가 수용된 거실은 참관할 수 없다.

[전문개정 2008. 12. 11.][시행일 2008. 12. 22.]

제90조(개인상담 등) ① 소장은 사형확정자의 심리적 안정 및 원만한 수용생활을 위하여 교육 또는 교화프로그램을 실시하거나 신청에 따라 작업을 부과할 수 있다.

[개정 2008. 12. 11.][시행일 2008. 12. 22.]

② 사형확정자에 대한 교육·교화프로그램, 작업, 그 밖의 처우에 필요한 사항은 법무부령으로 정한다.

[개정 2008. 12. 11.][시행일 2008. 12. 22.]

제91조(사형의 집행) ① 사형은 교정시설의 사형장에서 집행한다.

② 공휴일과 토요일에는 사형을 집행하지 아니한다.

제11장 안전과 질서

제94조(전자장비를 이용한 계호) ① 교도관은 자살·자해·도주·폭행·손괴, 그 밖에 수용자의 생명·신체를 해하거나 시설의 안전 또는 질서를 해하는 행위(이하 '자살등'이라 한다)를 방지하기 위하여 필요한 범위에서 전자장비를 이용하여 수용자 또는 시설을 계호할 수 있다. 다만 전자영상장비로 거실에 있는 수용자를 계호하는 것은 자살등의 우려가 큰 때에만 할 수 있다.

제95조(보호실 수용) ① 소장은 수용자가 다음 각 호의 어느 하나에 해당하면 의무관의 의견을 고려하여 보호실(자살 및 자해 방지 등의 설비를 갖춘 거실을 말한다. 이하 같다)에 수용할 수 있다.

1. 자살 또는 자해의 우려가 있는 때

2. 신체적·정신적 질병으로 인하여 특별한 보호가 필요한 때

② 수용자의 보호실 수용기간은 15일 이내로 한다. 다만 소장은 특히 계속하여 수용할 필요가 있으면 의무관의 의견을 고려하여 연장할 수 있다.

③ 제2항 단서에 따른 기간연장은 7일 이내로 하되, 계속하여 3개월을 초과할 수 없다.

④ 소장은 수용자를 보호실에 수용하거나 수용기간을 연장하는 경우에는 그 사유를 본인에게 알려주어야 한다.

⑤ 의무관은 보호실 수용자의 건강상태를 수시로 확인하여야 한다.

⑥ 소장은 보호실 수용사유가 소멸한 경우에는 보호실 수용을 즉시 중단
   하여야 한다.

제96조(진정실 수용) ① 소장은 수용자가 다음 각 호의 어느 하나에 해당
하는 경우로서 강제력을 행사하거나 제98조의 보호장비를 사용하여도 그 목
적을 달성할 수 없는 경우에만 진정실(일반 수용거실로부터 격리되어 있고
방음설비 등을 갖춘 거실을 말한다. 이하 같다)에 수용할 수 있다.

 1. 교정시절의 설비 또는 기구 등을 손괴하거나 손괴하려고 하는 때

 2. 교도관 및 경비 교도(이하 이 장에서 '교도관등'이라 한다)의 제지에도
    불구하고 소란행위를 계속하여 다른 수용자의 평온한 수용생활을 방
    해하는 때

② 수용자의 진정실 수용기간은 24시간 이내로 한다. 다만 소장은 특히
   계속하여 수용할 필요가 있으면 의무관의 의견을 고려하여 연장할 수
   있다.

③ 제2항 단서에 따른 기간연장은 12시간 이내로 하되, 계속하여 3일을
   초과할 수 없다.

④ 진정실 수용자에 대해서는 제95조 제4항부터 제6항까지의 규정을 준
   용한다.

제97조(보호장비의 사용) ① 교도관은 수용자가 다음 각 호의 어느 하나
에 해당하면 보호장비를 사용할 수 있다.

 1. 이송·출정, 그 밖에 교정시설 밖의 장소로 수용자를 호송하는 때

 2. 도주·자살·자해 또는 다른 사람에 대한 위해의 우려가 큰 때

 3. 위력으로 교도관등의 정당한 직무집행을 방해하는 때

 4. 교정시설의 설비·기구 등을 손괴하거나 그 밖에 시설의 안전 또는 질
    서를 해칠 우려가 큰 때

제98조(보호장비의 종류 및 사용요건) ① 보호장비의 종류는 다음 각 호
와 같다.

 1. 수갑

2. 머리보호장비

3. 발목보호장비

4. 보호대(帶)

5. 보호의자

6. 보호침대

7. 보호복

8. 포승

② 보호장비의 종류별 사용요건은 다음 각 호와 같다.

1. 수갑·포승: 제97조 제1항 제1호부터 제4호까지의 어느 하나에 해당하는 때

2. 머리보호장비: 머리 부분을 자해할 우려가 큰 때

3. 발목보호장비·보호대·보호의자: 제97조 제1항 제2호부터 제4호까지의 어느 하나에 해당하는 때

4. 보호침대·보호복: 자살·자해의 우려가 큰 때

③ 보호장비의 사용절차 등에 관하여 필요한 사항은 대통령령으로 정한다.

제99조(보호장비 남용 금지) ① 교도관은 필요한 최소한의 범위에서 보호장비를 사용하여야 하며, 그 사유가 소멸하면 사용을 지체 없이 중단하여야 한다.

② 보호장비는 징벌의 수단으로 사용되어서는 아니 된다.

제100조(강제력의 행사) ① 교도관등은 수용자가 다음 각 호의 어느 하나에 해당하면 강제력을 행사할 수 있다.

1. 도주하거나 도주하려고 하는 때

2. 자살하려고 하는 때

3. 자해하거나 자해하려고 하는 때

4. 다른 사람에게 위해를 끼치거나 끼치려고 하는 때

5. 위력으로 교도관등의 정당한 직무집행을 방해하는 때

6. 교정시설의 설비·기구 등을 손괴하거나 손괴하려고 하는 때

7. 그 밖에 시설의 안전 또는 질서를 크게 해치는 행위를 하거나 하려고 하는 때

② 교도관등은 수용자 외의 사람이 다음 각 호의 어느 하나에 해당하면
강제력을 행사할 수 있다.

1. 수용자를 도주하게 하려고 하는 때
2. 교도관등 또는 수용자에게 위해를 끼치거나 끼치려고 하는 때
3. 위력으로 교도관등의 정당한 직무집행을 방해하는 때
4. 교정시설의 설비·기구 등을 손괴하거나 하려고 하는 때
5. 교정시설에 침입하거나 하려고 하는 때
6. 교정시설의 안(교도관이 교정시설의 밖에서 수용자를 계호하고 있는 경우 그 장소를 포함한다)에서 교도관등의 퇴거요구를 받고도 이에 응하지 아니하는 때

③ 제1항 및 제2항에 따라 강제력을 행사하는 경우에는 보안장비를 사용할 수 있다.

④ 제3항에서 '보안장비'란 교도봉·가스분사기·가스총·최루탄 등 사람의 생명과 신체의 보호, 도주의 방지 및 시설의 안전과 질서유지를 위하여 교도관등이 사용하는 장비와 기구를 말한다.

⑤ 제1항 및 제2항에 따라 강제력을 행사하려면 사전에 상대방에게 이를 경고하여야 한다. 다만 상황이 급박하여 경고할 시간적인 여유가 없는 때에는 그러하지 아니하다.

⑥ 강제력의 행사는 필요한 최소한도에 그쳐야 한다.

⑦ 보안장비의 종료, 종류별 사용요건 및 사용절차 등에 관하여 필요한 사항은 법무부령으로 정한다.

제101조(무기의 사용) ① 교도관등은 다음 각 호의 어느 하나에 해당하는 사유가 있으면 수용자에 대하여 무기를 사용할 수 있다.

1. 수용자가 다른 사람에게 중대한 위해를 끼치거나 끼치려고 하여 그 사태가 위급한 때
2. 수용자가 폭행 또는 협박에 사용할 위험물을 소지하여 교도관등이 버릴 것을 명령하였음에도 이에 따르지 아니하는 때
3. 수용자가 폭동을 일으키거나 일으키려고 하여 신속하게 제지하지 아니하면 그 확산을 방지하기 어렵다고 인정되는 때

4. 도주하는 수용자에게 교도관등이 정지할 것을 명령하였음에도 계속하
여 도주하는 때

5. 수용자가 교도관등의 무기를 탈취하거나 탈취하려고 하는 때

6. 그 밖에 사람의 생명·신체 및 설비에 대한 중대하고도 뚜렷한 위험을
방지하기 위하여 무기의 사용을 피할 수 없는 때

② 교도관등은 교정시설의 안(교도관이 교정시설의 밖에서 수용자를 계호하
고 있는 경우 그 장소를 포함한다)에서 자기 또는 타인의 생명·신체를
보호하거나 수용자의 탈취를 저지하거나 건물 또는 그 밖의 시설과 무기
에 대한 위험을 방지하기 위하여 급박하다고 인정되는 상당한 이유가
있으면 수용자 외의 사람에 대해서도 무기를 사용할 수 있다.

제102조(재난 시의 조치) ① 천재지변이나 그 밖의 재해가 발생하여 시설
의 안전과 질서유지를 위하여 긴급한 조치가 필요하면 소장은 수용자로 하
여금 피해의 복구나 그 밖의 응급용무를 보조하게 할 수 있다.

② 소장은 교정시설의 안에서 천재지변이나 그 밖의 사변에 대한 피난의
방법이 없는 경우에는 수용자를 다른 장소로 이송할 수 있다.

③ 소장은 제2항에 따른 이송이 불가능하면 수용자를 일시 석방할 수 있다.

④ 제3항에 따라 석방된 자는 석방 후 24시간 이내에 교정시설 또는 경찰
관서에 출석하여야 한다.

제103조(수용을 위한 체포) ① 교도관은 수용자가 도주 또는 제133조 각
호의 어느 하나에 해당하는 행위(이하 '도주등'이라 한다)를 한 경우에는 도
주 후 또는 출석 기한이 지난 후 72시간 이내에만 그를 체포할 수 있다.

제104조(마약류사범 등의 관리) ① 소장은 마약류사범·조직폭력사범 등
법무부령으로 정하는 수용자에 대해서는 시설의 안전과 질서유지를 위하여
필요한 범위에서 다른 수용자와의 접촉을 차단하거나 계호를 엄중히 하는
등 법무부령으로 정하는 바에 따라 다른 수용자와 달리 관리할 수 있다.

② 소장은 제1항에 따라 관리하는 경우에도 기본적인 처우를 제한하여서
는 아니 된다.

제12장 규율과 상벌

제105조(규율 등) ① 수용자는 교정시설의 안전과 질서유지를 위하여 법무부장관이 정하는 규율을 준수하여야 한다.

② 수용자는 소장이 정하는 일과시간표를 준수하여야 한다.

③ 수용자는 교도관의 직무상 지시에 복종하여야 한다.

제108조(징벌의 종류) 징벌의 종류는 다음 각 호와 같다.

1. 경고
2. 50시간 이내의 근로봉사
3. 3개월 이내의 작업장려금 삭감
4. 30일 이내의 공동행사 참가 정지
5. 30일 이내의 신문열람 제한
6. 30일 이내의 텔레비전 시청 제한
7. 30일 이내의 자비구매물품(의사가 치료를 위하여 처방한 의약품을 제외한다) 사용 제한
8. 30일 이내의 작업 정지
9. 30일 이내의 전화통화 제한
10. 30일 이내의 집필 제한
11. 30일 이내의 서신수수 제한
12. 30일 이내의 접견 제한
13. 30일 이내의 실외운동 정지
14. 30일 이내의 금치(禁置)

제111조(징벌위원회) ① 징벌대상자의 징벌을 결정하기 위하여 교정시설에 징벌위원회(이하 이 조에서 '위원회'라 한다)를 둔다.

② 위원회는 위원장을 포함한 5인 이상 7인 이하의 위원으로 구성하고, 위원장은 소장의 바로 다음 순위자가 되며, 위원은 소장이 소속 기관의 과장(치소의 경우에는 7급 이상의 교도관) 및 교정에 관한 학식과 경험이 풍부한 외부인사 중에서 임명 또는 위촉한다. 이 경우 외부 위원은 3인 이상으로 한다.

제112조(징벌의 집행) ① 징벌은 소장이 집행한다.

② 소장은 징벌집행을 위하여 필요하다고 인정하면 수용자를 분리하여 수용할 수 있다.

③ 제108조 제14호의 처분을 받은 사람에게는 그 기간 중 같은 조 제4호부터 제13호까지의 처우제한이 함께 부과된다. 다만 소장은 수용자의 권리구제, 수형자의 교화 또는 건전한 사회복귀를 위하여 특히 필요하다고 인정하면 집필·서신수수·접견 또는 실외운동을 허가할 수 있다.

제13장 권리구제

제116조(소장 면담) ① 수용자는 그 처우에 관하여 소장에게 면담을 신청할 수 있다.

④ 소장은 면담한 결과 처리가 필요한 사항이 있으면 그 처리결과를 수용자에게 통지하여야 한다.

제117조(청원) ① 수용자는 그 처우에 관하여 불복하는 경우 법무부장관·순회점검공무원 또는 관할 지방교정청장에게 청원할 수 있다.

② 제1항에 따라 청원하려는 수용자는 청원서를 작성하여 봉한 후 소장에게 제출하여야 한다. 다만 순회점검공무원에 대한 청원은 말로도 할 수 있다.

③ 소장은 청원서를 개봉하여서는 아니 되며, 이를 지체 없이 법무부장관·순회점검공무원 또는 관할 지방교정청장에게 보내거나 순회점검공무원에게 전달하여야 한다.

④ 제2항 단서에 따라 순회점검공무원이 청원을 청취하는 경우에는 해당 교정시설의 교도관등이 참여하여서는 아니 된다.

⑤ 청원에 관한 결정은 문서로써 하여야 한다.

⑥ 소장은 청원에 관한 결정서를 접수하면 청원인에게 지체 없이 전달하여야 한다.

제3편 수용의 종료

제1장 가석방

제119조(가석방심사위원회) '형법' 제72조에 따른 가석방의 적격 여부를 심사하기 위하여 법무부장관 소속으로 가석방심사위원회(이하 이 장에서 '위원회'라 한다)를 둔다.

제120조(위원회의 구성) ① 위원회는 위원장을 포함한 5인 이상 9인 이하의 위원으로 구성한다.

② 위원장은 법무부차관이 되고, 위원은 판사, 검사, 변호사, 법무부 소속 공무원, 교정에 관한 학식과 경험이 풍부한 사람 중에서 법무부장관이 임명 또는 위촉한다.

③ 이 법에 규정된 사항 외에 위원회에 대하여 필요한 사항은 법무부령으로 정한다.

제121조(가석방 적격심사) ① 소장은 '형법' 제72조 제1항의 기간이 지난 수형자에 대해서는 법무부령으로 정하는 바에 따라 위원회에 가석방 적격심사를 신청하여야 한다.

② 위원회는 수형자의 나이, 범죄동기, 죄명, 형기, 교정성적, 건강상태, 가석방 후의 생계능력, 생활환경, 재범의 위험성, 그 밖에 필요한 사정을 고려하여 가석방의 적격 여부를 결정한다.

제122조(가석방 허가) ① 위원회는 가석방 적격결정을 하였으면 5일 이내에 법무부장관에게 가석방 허가를 신청하여야 한다.

② 법무부장관은 제1항에 따른 위원회의 가석방 허가신청이 적정하다고 인정하면 허가할 수 있다.

제2장 석방

제123조(석방) 수용자의 석방은 사면·형기종료 또는 권한이 있는 자의 명령에 따라 소장이 한다.

제124조(석방시기) ① 사면, 가석방, 형의 집행면제, 감형에 따른 석방은 그 서류 도달 후 12시간 이내에 행하여야 한다. 다만 그 서류에서 석방일시를 지정하고 있으면 그 일시에 행한다.

② 형기종료에 따른 석방은 형기종료일에 행하여야 한다.

③ 권한이 있는 자의 명령에 따른 석방은 서류 도달 후 5시간 이내에 행하여야 한다.

제125조(피석방자의 일시수용) 소장은 피석방자가 질병이나 그 밖에 피할 수 없는 사정으로 귀가하기 곤란한 경우에 본인의 신청이 있으면 일시적으로 교정시설에 수용할 수 있다.

제3장 사망

제127조(사망 통지) 소장은 수용자가 사망한 경우에는 그 사실을 즉시 그 가족(가족이 없는 경우에는 다른 친족)에게 통지하여야 한다.

제4편 교정자문위원회 등

제129조(교정자문위원회) ① 교정시설의 운영과 수용자 처우 등에 관한 소장의 자문에 응하기 위하여 교정시설에 교정자문위원회(이하 이 조에서 '위원회'라 한다)를 둔다.

② 위원회는 5인 이상 7인 이하의 위원으로 구성하고, 위원장은 위원 중에서 호선하며, 위원은 교정에 관한 학식과 경험이 풍부한 외부인사 중에서 소장의 추천을 받아 법무부장관이 위촉한다.

③ 이 법에 규정된 사항 외에 위원회에 관하여 필요한 사항은 법무부령으로 정한다.

제130조(교정위원) ① 수용자의 교육·교화·의료, 그 밖에 수용자의 처우를 후원하기 위하여 교정시설에 교정위원을 둘 수 있다.

② 교정위원은 명예직으로 하며 소장의 추천을 받아 법무부장관이 위촉한다.

제5편 벌칙

제132조(주류의 반입 등) ① 다음 각 호의 어느 하나에 해당하는 행위를 한 사람은 6개월 이하의 징역 또는 200만 원 이하의 벌금에 처한다.

1. 주류·담배·현금·수표를 교정시설에 반입하거나 소지·사용·수수·교환 또는 은닉하는 행위
2. 수용자에게 전달할 목적으로 주류·담배·현금·수표를 허가 없이 교정시설에 반입하거나 수용자와 수수 또는 교환하는 행위

② 제1항의 미수범은 처벌한다.

③ 제1항의 금지물품은 몰수한다.

제133조(출석의무 위반 등) 다음 각 호의 어느 하나에 해당하는 행위를 한 수용자는 1년 이하의 징역에 처한다.

1. 정당한 사유 없이 제102조 제4항을 위반하여 일시석방 후 24시간 이내에 교정시설 또는 경찰관서에 출석하지 아니하는 행위
2. 귀휴·외부통근, 그 밖의 사유로 소장의 허가를 받아 교도관의 계호 없이 교정시설 밖으로 나간 후에 정당한 사유 없이 기한 내에 돌아오지 아니하는 행위

② (경과조치) 이 법 시행 당시 종전의 규정에 의하여 청원작업의 정지의 징벌이 결정되었거나 집행 중인 경우에는 그 집행개시일부터 2개월이 되는 날까지 효력을 가진다.

부칙 〔2005. 8. 4. 제7655호(치료감호법)〕

제3조 제4항 중 "'행형법' 제5조 제1항"을 "'형의 집행 및 수용자의 처우에 관한 법률' 제8조"로 한다.

⑨ 약사법 일부를 다음과 같이 개정한다.

제23조 제4항 제10호 중 "'행형법'"을 "'형의 집행 및 수용자의 처우에 관한 법률'"로 한다.

⑩ 위험직무 관련 순직공무원의 보상에 관한 법률 일부를 다음과 같이 개정한다.

제2조 제1호 아목 중 "'행형법' 제15조 제1항 각 호"를 "'형의 집행 및 수용자의 처우에 관한법률' 제101조 제1항 각 호"로 한다.

⑪ 치료감호법 일부를 다음과 같이 개정한다.

제51조 중 "'행형법'을 '형의 집행 및 수용자의 처우에 관한 법률'"로 한다.

⑫ 통신비밀보호법 일부를 다음과 같이 개정한다.

제3조 제1항 제3호 중 '행형법 제18조·제19조'를 "'형의 집행 및 수용자의 처우에 관한 법률' 제41조·제43조·제44조"로 한다.

제6조(다른 법령과의 관계) 이 법 시행 당시 다른 법령에서 종전의 '행형법' 또는 그 규정을 인용한 경우 이 법 중 그에 해당하는 규정이 있는 때에는 종전의 규정을 갈음하여 이 법 또는 이 법의 해당 조항을 인용한 것으로 본다.

부칙 [2008. 12. 11. 제9136호]

이 법은 2008년 12월 22일부터 시행한다.

1. 국내문헌

1) 단행본

강호성, 호주보호관찰제도에 관한 다양한 기법연구(국외훈련보고서), 2007.
김기두, 한국소년범죄연구, 박영사, 1970.
김상균 외, 신형사정책, 형설출판사, 2005.
김상균·이상원, 경찰학개론, 대명출판사, 2005.
김상균·신석환, 교정학개론, 청목출판사, 2009.
김일수, 새로 쓴 형법총론, 박영사, 2006.
김철호, 일본보호관찰업무연수보고, 수원보호관찰소, 1998.
문선화, 보호관찰제도와 실천, 아시아미디어, 2000.
문제민, 보호관찰감독지도, 백산출판사, 2003.
박상기·손동권·이순래, 형사정책, 2003.
박경일 외 8, 사회복지학강의, 양서원, 2000.
박수환, 영국보호관찰, 외국제도연수보고, 2000.
박정선, "소년범의 범죄화 과정 및 보호방안 연구", 한국형사정책연구원, 2004.
배종대, 형사정책, 홍문사, 2002, 2005.
배임호·박경일·이태언·신석환·전영록, 교정복지론, 양서원, 2007.
신진규, 형사정책, 형설출판사, 1989.
신진규, 범죄학 겸 형사정책, 법문사, 1995.

심재무, 형법총론과 연습강의, 신지서원, 2007.

손순용 외, 교정복지실천론, 푸른북, 2006.

오영근·김화수 외 공저, 한국교정학, 한국교정학회, 2007.

유기천, 형법학(총론), 일조각, 1981.

이무웅, 보호관찰제도론, 1992.

이보영, 형사정책, 제일법규. 1996.

이인영 외, 법학개론, 박영사, 2006.

이영희, 교정복지의 이론과 실제, 홍익출판사, 1999.

이상현, 소년비행학, 박영사, 2003.

이성칠, 한국보호관찰의 현황과 과제, 한국형사정책연구원, 2003.

이성칠, 판결전조사제도 발전적 고찰, 대구보호관찰소 서부지소, 2007.

이윤호, 교정학, 박영사, 2007.

이재상, 사회보호법론, 경문사, 1981.

이재상, 보안처분에 관한 연구, 2003.

이형섭, 보호관찰제도론, 법무연수원교재, 2004.

이형제, 미국보호관찰제도 연구, 해외연수 보고서, 2004.

이태언, 형법학정리, 부산외국어대 출판부, 2003.

이태언/신석환, 신보호관찰론, 학원사, 2005.

정영석·신양균 공저, 형사정책, 1996.

정주영, 보호관찰법론, 해양문화사, 2000.

조미숙·김상균·신석환, 형사사법과 복지정책론, 청목출판사, 2007.

최문기·심재무 외, 법과 생활, 세종출판사, 2006.

최문기·심재무 외, 인권과 법, 세종출판사, 2003.

최용기, 헌법원론, 대명출판사, 2003.

최석윤·공역, 독일형사법 입문, 길안사, 1998.

최옥채, 교정복지론, 학지사, 2006.

홍봉선, 교정복지론, 공동체, 2007.

2) 논문

권오익, "범죄자의 사회내처우제도 개선방안에 관한 연구", 숭실대학교 대학원 박사학위논문, 2005.

김배원, "판결문의 공개 확대방안에 대한 헌법적 검토", 부산대학교 법학연구 제47권 제1호, 2006,

김선수, "보호관찰제도의 연구", 경남대학교 법학연구소 경남법학(제4집), 1988.

김일수, "보호관찰제도의 과제와 발전방향", 법무부 보호관찰 제4호, 2004.

김일수, "음주운전자에 대한 자동차 시동잠금장치 도입에 관한 연구", 한국보호관찰학회 정기학술대회, 2002.

김재중, "대체형벌로서의 전자감시제도", 충북대 법학연구소 제17권 제2호, 2006.

김준호, "청소년비행과 측정", 《청소년 범죄 연구》 7, 법무부, 1989.

김준호·이순래, "소년범죄자의 성인범죄자로서의 전이에 관한 연구", 형사정책연구원 연구보고서, 1995.

김혜정, "개정법률안에 도입된 양형자료조사제도에 관한 검토": 형사소송법 및 보호관찰 등에 관한 법률 개정법률안을 중심으로, 형사법연구 제26호, 2006.

박성수, "지역사회서비스제공 전달을 위한 소요인력 확보": 보호관찰(사회봉사명령대상자 활용)을 중심으로, 통일로 통권221호, 2007.

박영숙, "보호관찰제도의 활성화 방안", 교정복지연구 제8호, 2007.

선우 영, 영국의 소년사법제도, 각국의 소년사법제도의 연구, 법무자료 113집, 1989.

송병호, "리더쉽이 조직변화에 미치는 영향에 관한 연구", 동국대학교 대학원 박사학위논문, 2003.

송영구, "범죄예방자원봉사위원제도의 운영실태와 개선방안", 부산대학교 행정대학원 석사학위논문, 2003.

신석환, "보호관찰제도의 활성화 방안에 관한 연구" 경성대학교 대학원 박사학위논문, 2009.

신의기, 범죄예방정책의 현황과 과제, 법무부 범죄예방정책국, 2008.

신창언, "미국의 보호관찰제도", 해외 파견검사연구논문집(제2집), 1979.
심재무, "한국소년보호제도의 문제점과 그 개선방안", 비교형사법연구
　　　　제10권 제2호, 한국비교형사법학회, 2008.
안현석, "한국비행청소년 교정교화 정책에 관한 연구", 경기대학교 대
　　　　학원 박사학위논문, 2001.
오영근, "선도조건부기소유예제도의 실태와 개선방안", 법무부보고서,
　　　　1998.
오영근, "보호관찰시행 10년의 회고", 형사정책연구 제10권 제4호, 한
　　　　국형사정책연구원, 1999.
유석원, "보호관찰제도의 운용방향", 1997, 보호 통권4호.
이금형, "청소년 인권보호를 위한 사법처리절차 개선방안", 인권정책연
　　　　구회 제2차 토론회 자료집, 2004.
이인영, "면책적 긴급피난에 관한 연구", 천안대학교 진리논단 9호, 2005.
이법호, "소년범에 대한 시설내처우 및 사회내처우의 효과적인 연계방
　　　　안", 보호 통권 18호, 2006.
이재상, "보호관찰제도의 연구", 법조, 1977. 3.
이재상, "독일의 보호관찰제도", 소년보호관찰제도연구보호자료 제5집,
　　　　1986.
이창한, "범죄소년에 대한 양형의 결정요인에 관한 연구", 동국대학교
　　　　대학원 박사학위논문, 2005.
이태원, 영국보호관찰제도, 법무부 보호 2000년 6월.
이태언, "소외가 범죄에 미치는 영향에 관한 고찰", ≪사회과학연구논
　　　　집≫ 제2집, 부산외국어대학교, 1986.
이태언, "보호관찰심사위원회의 활성화 방안", 비교법학 제17집, 2006.
이호룡, "사회보장행정법의 법리에 관한 연구", 한양대학교 대학원 박
　　　　사학위논문, 2000.
이호중, "형법상의 원상회복", 형사법연구 제12권, 1999.
원혜욱, "법무부 소년법 개정안의 개요", 법무연수원, 2007.
조성민, "보호관찰현장에서의 직원수퍼비전 활성화 방안", 부산대 대학
　　　　원 박사학위논문, 2007.
조용철, "경찰업무의 적정화에 관한 연구", 동국대학교 대학원 박사학
　　　　위논문, 2005.

조미숙, "기능적 결손가정 청소년의 비행행동 예방을 위한 중재요인에
    관한 연구", 형사정책연구 제13권 제3호, 2002.
정동기, "사회봉사명령제도의 연구", 한양대학교 대학원 박사학위논문,
    1997.
진수명, "보호관찰프로그램으로서의 병영훈련", 형사정책연구소식 제41호,
    1997.
한상호, "소년심판제도의 운용현황 및 개선방향", 청소년범죄연구 제1집,
    1983.
차용석, "보호관찰제도의 효율적 시행방안", 청소년범죄연구 제7집, 1989.
한영수, "보호관찰의 형사사법체계상 지위와 문제점", 한국보호관찰학
    회 정기학술대회, 2002.
경성대 법학연구소, "청소년 범죄와 보호관찰", 부산보호관찰소 공동
    연구발표문, 2007.

3) 기타 자료

법무부, 존 에드워드 상원의원, 보호관찰제도의 재구성, 미국의회, 2002
    년 6월 12일 발표.
법무부, 보호관찰통계연보(통권 제5호), 2006.
법무부, 범죄예방실무, 법무부보호국, 2005.
법무부, 전국보호관찰기관장회의, 2005.
법무부, 판결전조사 분석, 2006.
법무부, 팀제편성, 운영에 관한 지침, 보호국 관찰과, 2005.
법무부, 교정위원 운영지침, 교정국, 2005.
법무부, 21세기 보호관찰 발전전략, 보호관찰기획단, 2003.
법무부, 특정성폭력범죄자 위치추적법령 해설, 사회보호정책과, 2008. 12.
법무부 보호국, 소년보호론집 Vol.7, 바인텍, 2006.
법무부 범죄예방정책국, 범죄예방정책 발전 대토론회, 2008. 11. 21.
법무연수원, 범죄백서, 2007.
법무연수원, 보호관찰연구논문집(창간호), 2005.
법원행정처, 새로운 형사재판실무, 2002.

한국형사정책연구원, 가석방 심사체제 정비방안에 관한 연구, 1998.

한국형사정책연구원, 선진각국의 보호관찰조직 및 인력의 운영 실태에
　　　관한 연구, 2003.

대구지검 형사1부, 검사결정전환경조사제도 시행방안, 2007. 4. 23.

보도자료, "보호관찰 그물망 촘촘하게 짠다", 법무부 보호국, 2006.

보도자료, 조직개편 및 법교육 강화 등, 법무부 보호국, 2007.

보도자료, 범죄피해자보호 종합대책 수립 – 법무부, 네이버뉴스, 2004년
　　　9월 2일자.

서울대학교 법학연구소, 법학, 제48권 제2호, 2007.

서울보호관찰소, 보호관찰실무연구 논문집, 이환기획, 2001.

수원보호관찰소, 일본보호관찰제도론, 2002.

대구보호관찰소 안동지소, 영국보호관찰, 외국제도 연수보고, 2000.

경찰청, 최상의 치안서비스를 위한 정책로드맵, 2005 – 2006.

경찰청, 경찰백서, 2006.

통계청, 한국통계연감(제53호), 2006.

경찰개혁위원회, 자치경찰제의 이해, 1993.

한국경찰법학회, 경찰법연구, 대한 피엔디, 2005.

법률 제8394호, 특정범죄자에 대한 위치추적 전자장치 부착에 관한 법
　　　률, 2007년 4월 27일 공포.

법제사법위원회, 보호관찰 등에 관한 법률 일부개정법률안, 2008. 12.

한국보호관찰학회, 21세기 한국보호관찰의 역할과 과제, 2002.

한국보호관찰학회, 보호관찰도입 15주년의 성과분석 및 전망, 2004.

한국보호관찰학회, 보호관찰제도의 변화를 유도할 형사제재의 도입에
　　　관한 논의, 2006.

한국보호관찰학회, 성인 사회봉사명령 제도 도입10주년 회고와 전망, 2007.

한국보호관찰학회, 보호관찰, 세종출판사, 2005.

한국보호관찰학회, 선진한국의 보호관찰제도 운영현황 연구, 영진사, 2000.

한국비교형사법학회, 제6회 한·중 형법학술심포지움, 2008.

법률 제9168호(2008. 12. 26), "보호관찰 등에 관한 법률" 중 일부 개정
　　　법률.

www.moj.go.kr/

2. 국외문헌

1) 동양서

齊藤豊治, 少年法硏究, 2: 少年法改正の檢討, 成文堂, 2006.
染田惠, 犯罪者の社會內處遇の探求: 處遇の多樣化と修復的司法, 成
　　　文堂, 2006.
梁田惠, 保護觀察における基本的人權の保障とその方法, 犯罪社會學
　　　硏究, 第17券,
日本犯罪社會學會, 1993.
藤本哲也, 刑事政策槪論, 靑林書院, 2006.
更生保護會, 日本の更生保護制度, 1970.
高橋和雄, 保護觀察官の地位と硏修, 日本の矯正と保護　3券, 有斐閣,
　　　1981.
菊田幸一, 保護觀察理論, 東京: 有信堂, 1969.
森下忠, 刑事政策の新展改, 東京: 成文堂, 1968.
小川太郎, 法律學の體系, 東京: 有斐閣, 1952.
日本法務省, 犯罪白書, 法務總合硏究所, 1995.
枰木一久, 保護觀察運營の　諸形式, 日本の　矯正と保護　第3券, 有斐
　　　閣, 1981.
平野同一, ≪講座, 少年保護≫, 東京: 大成出版社, 1982.

2) 서양서

Bartollas, Clemens, Juvenile Delinquency, Addison－Wesley, 2005.
Champion, Dean J., Probation, Parole and Community Corrections in the
　　　United States, Prentice Hall, 2007.
Mintrop, Heinrich, Schools on Probation: How Accountability Works,
　　　Teachers College Pr., 2003.
Howell, James C., Preventing & Reducing Juvenile Delinquency: A
　　　Comprehensive Framework, Sage Publs., 2003.

G. Shelden, Randall. Delinquency And Juvenile Justice in American Society, Waveland Pr. Inc., 2005.

C. Calhoun, Thomas/L. Chapple, Constance, Readings in Juvenile Delinquency and Juvenile Justice, Prentice Hall, 2003.

National Implementation Guide for the Criminal Justice Act 2003 community sentence provisions, Edition 2 version 5F

Restructuring Probation – What Works?, Napo's Response to the Home Office Consultation Paper 'Restructuring Probation to Reduce ReOffending'

Gallaway, Burt, Restitution as Integrative Punishment, in Randy E. Barnet and John Hegel Ⅲ(e · ds.) Assessing the Criminal, Cambridge, MA: Ballinger, 1997.

Hough, M./Mayhew, P., The British Crime Survey: First Report, Home Office Research Study, 1983.

National Institute of Corrections, The Goals of Community Sanctions, 1986, Henry Mannle and J. Davis Hirschel, Fundamentals of Criminology, Englewood Cliffs, NJ: Prentice – Hall, 1986.

Lee h, Bowker, Correctons, New York: Macmillan Publishing Co. 1982.

Reppetto, Crime prevention and the displacement phenomenon, Crime & Delinquency, 1976.

Grünwald, Sicherungsverwahrung, Arbeithaus vorbeugende Verwahrung und Sicherungsaufsicht in Entwurf, 1964, ZStW 76.

H. Jeschek/T. Weigend, Lehrbuch des Strafrechts, Allgemeiner Teil, 5. Aufl., Berlin: Dunker & Humblot, 1996.

K. Lackner, StGB, 20. Aufl., Muenchen: C.H. Beck, 1993.

G. Jakobs, Strafrecht A.T., 2. Aufl., Berlin: Walter de Gruyter, 1993.

Schoenke/Schroeder, Strafgesetzbuch, Kommentar, 27. Aufl., Muenchen: C.H. Beck, 2006

Cloward R. A., "Ilegitimate Means, Anomie and Devient Behavier", *Am, Soc, Rev*, 24, 1959.

Merton R. K., *Social theory and social structure*(rev, ed), 1957.

www.dcs.nsw.gov.Au/information – research

안녕하십니까?
보호관찰제도가 시행된 지 어언 19년째를 맞이하는 오늘, 보호관찰이라는 막중한 국가사업에 열심히 노력하시는 여러분을 보면서 존경과 노고를 함께 치하 드립니다.

저는 여러분과 같은 애정을 가지고 맡은 바 책임을 다하였던 보호관찰관이었으며, 서울보호관찰소장을 역임한 바 있는 사람입니다.

이 연구를 수행하는 저는 보호관찰업무에 사랑과 애착을 가진 부족한 선배로서 보호관찰에 대한 연구주제를 가지고 앞으로의 보호관찰에 대한 미래의 발전방향을 제시하고자 하여 설문서를 제작해 보았습니다.

여러분의 업무와 관련하여, 보호관찰의 문제점 및 활성화 방안, 소년법개정과 보호관찰에 관한 분석을 통하여 보호관찰조직의 발전을 위한 학문적 연구자료로 이용할 목적으로 실시되는 설문조사입니다.
성의 있게 작성해 주신다면 매우 귀중한 자료로서 많은 도움이 될 것입니다.

설문내용에 대해서는 비밀이 철저하게 보장되며 보호관찰의 연구목적 이외에는 절대 사용되지 않습니다.

감사합니다.
2008년 3월
연구자 신석환 드림

〈작성방법〉

1. 현재까지 맡아 온 업무에 관한 귀하 생각을 1~5점까지 체크해 주시기 바랍니다.

2. 흑색 볼펜이나 사인펜을 사용하시고, 수정 시에는 두 줄로
   긋고(≠) 작성하시면 됩니다.
3. 기타 문의사항은 설문조사원에게 문의하시기 바랍니다.

♣ 다음은 귀하의 개인적 특성에 관한 것입니다.

1. 성별: ① 남 ② 여

2. 연령: 만   세

3. 학력: ① 고등학교졸업 이하 ② 전문대 이상 ③ 대학 이상
   ④ 대학원 이상

4. 직급: ① 9급   ② 8급   ③ 7급   ④ 6급   ⑤ 5급 이상

5. 근무경력: 년   개월

6. 보호직렬통합 전 근무처(0표 요망)
   (① 보호관찰직   ② 소년보호직)

7. 소년보호관찰업무 중 개선이 시급한 사항 5가지만 지적하여
   주십시오.

....

....

....

8. 소년보호관찰업무 중 애로사항을 5가지만 지적하여 주십시오.

▶ 보호관찰제도에 대하여 다음 질문을 읽고 해당란에 (✔) 체크하십시오.

질문	매우 그렇지 않다	그렇지 않다	보통 이다	그렇다	매우 그렇다
※ 보호관찰조직과 관련된 질문입니다.					
1. 보호관찰업무의 활성화를 위해 보호관찰조직을 본부급으로 격상시킬 필요가 있다.	1	2	3	4	5
2. 보호관찰업무의 활성화를 위해 지청 이하 단위까지 확대 및 증설할 필요가 있다.	1	2	3	4	5
3. 보호관찰업무의 활성화를 위해 하위직 일선인력을 확충할 필요가 있다.	1	2	3	4	5
4. 보호관찰업무의 활성화를 위해 직원보수 및 처우를 개선할 필요가 있다.	1	2	3	4	5
5. 보호관찰업무의 활성화를 위해 차량지원 및 장비를 보완할 필요가 있다.	1	2	3	4	5
※ 보호관찰제도의 전문화에 관한 질문입니다.					
6. 보호관찰제도의 전문화를 위해 보호관찰조직 출신 책임자가 필요하다.	1	2	3	4	5
7. 보호관찰제도의 전문화를 위해 연구인력 보강 및 부서 설립이 필요하다.	1	2	3	4	5
8. 보호관찰제도의 전문화를 위해 새로운 운영프로그램 개발이 필요하다.	1	2	3	4	5
9. 보호관찰업무에서 임상심리사·사회복지사 등 전문가 채용이 필요하다.	1	2	3	4	5
※ 소년보호에 관한 질문입니다.					
10. 소년보호업무의 활성화를 위해 촉법소년의 연령인하가 요구된다.	1	2	3	4	5
11. 소년보호업무의 활성화를 위해 우범소년의 규정이 개선되어야 한다.	1	2	3	4	5
12. 소년보호를 위한 전문운영프로그램(ex. 예절교육, 또래상담)이 필요하다.	1	2	3	4	5
13. 재범위험성이 높은 대상자를 특별 관리할 집중보호관찰프로그램이 필요하다.	1	2	3	4	5
14. 전자감독제도의 도입이 보호관찰업무에 도움이 될 것이다.	1	2	3	4	5
15. 전자감독제도가 전면적으로 확대되어야 할 것이다.	1	2	3	4	5

질문	매우 그렇지 않다	그렇지 않다	보통 이다	그렇다	매우 그렇다
※ 판결전조사와 관련한 질문입니다.					
16. 판결전조사제도를 성인범으로 확대할 필요가 있다.	1	2	3	4	5
17. 판결전조사제도의 활성화를 위한 전문인력 확보가 요구된다.	1	2	3	4	5
18. 판결전조사제도의 활성화를 위한 예산/장비 지원이 요구된다.	1	2	3	4	5
※ 보호관찰의 지역사회 연계와 관한 질문입니다.					
19. 보호관찰업무에서 범죄예방위원 제도가 현재 업무에 도움이 된다.	1	2	3	4	5
20. 보호관찰업무에서 특별범죄예방위원 제도가 현재 업무에 도움이 된다.	1	2	3	4	5
21. 보호관찰소에서 관리하는 범죄예방위원제도가 필요하다.	1	2	3	4	5
22. 보호관찰업무 중 타 부처(ex. 경찰, 검찰) 업무협조가 잘되고 있다.	1	2	3	4	5
23. 보호관찰업무 중 민간섹터(ex. 학교, 지역사회) 업무협조가 잘되고 있다.	1	2	3	4	5
※ 조직통합에 관한 질문입니다.	1	2	3	4	5
24. 보호직렬통합 이전의 본인업무에 근무 시 더 보람이 있었다.	1	2	3	4	5
25. 보호관찰 통합으로 인하여 보호관찰제도가 더욱 발전할 것이다.	1	2	3	4	5

▶ 개정 소년법의 보호관찰 관련 항목에 대하여 다음 질문을 읽고 해당란에 (✔) 체크하십시오.

질문(2008. 6. 22. 시행)	매우 그렇지 않다	그렇지 않다	보통 이다	그렇다	매우 그렇다
1. 소년법 적용 연령 상한선 하향조정은 시의적절하다.	1	2	3	4	5
2. 촉법소년 및 우범소년의 연령 하향조정은 적합하다.	1	2	3	4	5
3. 보호관찰소장의 통고처분 신설(제4조 3항)은 적절하다.	1	2	3	4	5
4. 보호관찰소에 대한 법원의 결정전조사 의뢰는 당연하다.	1	2	3	4	5
5. 소년심리절차에서 국선보조인제도 신설(제17조의 2)은 시의적절하다.	1	2	3	4	5
6. 소년심리절차에 피해자 진술권 보장(제25조의 2)은 시의적절하다.	1	2	3	4	5
7. 소년심리절차에서 화해권고(제25조의 3) 신설조항은 적절하다.	1	2	3	4	5

질문(2008. 6. 22. 시행)	매우 그렇지 않다	그렇지 않다	보통 이다	그렇다	매우 그렇다
8. 독립처분으로서 수강명령과 사회봉사명령제도 도입은 적합하다.	1	2	3	4	5
9. 1개월 이내의 소년원 송치제도 도입(제32조 1항 8호)은 적합하다.	1	2	3	4	5
10. 아동복지시설, 소년보호시설 감호위탁과 보호관찰 병과 가능은 합당하다.	1	2	3	4	5
11. 1개월 이내 소년원 송치와 장기 보호관찰 병과 가능(제32조 2항 5호)은 합당하다.	1	2	3	4	5
12. 사회봉사명령, 수강명령 부과연령 하향조정은 시의적절하다.	1	2	3	4	5
13. 보호관찰처분의 부가처분 신설(제32조의 2)은 적합하다.	1	2	3	4	5
14. 단기보호관찰 기간의 연장은 적절하다.	1	2	3	4	5
15. 검사의 결정전조사제도(제49조의 2) 신설은 적절하다.	1	2	3	4	5
16. 검사의 조건부 기소유예제도 신설(제49조의 3)도 적절하다.	1	2	3	4	5
17. 비행예방정책 관련 규정 신설(제67조의 2)은 시의적절하다.	1	2	3	4	5
18. 보호관찰소에 대한 법원의 결정전조사 의뢰는 소년은 물론 성인도입이 필요하다.	1	2	3	4	5
19. 보호관찰지도에 범죄예방위원 활용이 절실하다.	1	2	3	4	5
20. 소년법개정으로 인한 보호관찰조직의 확대가 절실하다.	1	2	3	4	5

♣ 기타 여러분이 조직발전을 위해 평소하고 싶은 사항이 있으시면 아래에 기재해 주시면 감사하겠습니다.

<u>바쁘신 중에도 오랜 시간 설문에 응해 주신 점 감사드리며,</u>

<u>항상 건승하시길 기원합니다!</u>

신석환 ───

▌약 력

창원대학교 행정대학원 졸업(법학석사)
경성대학교 대학원 졸업(법학박사)
대전, 대구, 부산, 서울 보호관찰심사위원회 위원
법무부, 창원, 대전, 대구, 부산 보호관찰소장
서울 보호관찰소장(고위공무원단)
법무부 서울보호관찰소 특별범죄예방위원
법무연수원, 보호관찰소, 범죄예방위원 교육 강사
삼육대 보건복지대학원, 부산외대, 경성대 외래교수
현) 백석대학교 법·경찰학부 겸임교수

▌주요 저서 및 논문

신보호관찰론(공저, 학현사, 2005)
교정복지론(공저, 양서원, 2001, 2007. 2판1쇄)
신형사정책(공저, 형설출판사, 2005, 2009. 개정판)
교정학개론(공저, 청목출판사, 2009)
소년 보호관찰 운용실태 분석을 중심으로(2008)
사회내처우와 기본권(범죄연구, 1999) 외 다수

보호관찰론

초판인쇄 | 2009년 8월 31일
초판발행 | 2009년 8월 31일

지은이 | 신석환
펴낸이 | 채종준
펴낸곳 | 한국학술정보㈜
주 소 | 경기도 파주시 교하읍 문발리 파주출판문화정보산업단지 513-5
전 화 | 031) 908-3181(대표)
팩 스 | 031) 908-3189
홈페이지 | http://www.kstudy.com
E-mail | 출판사업부 publish@kstudy.com

등 록 제일산-115호(2000. 6. 19)
가 격 39,000원

ISBN   978-89-268-0309-7 93360 (Paper Book)
       978-89-268-0310-3 98360 (e-Book)

내일을여는지식 █ 은 시대와 시대의 지식을 이어 갑니다.